U0134113

〔英〕温斯顿·丘吉尔

二战回忆录

日本的猛攻

〔英〕温斯顿·丘吉尔◎著

蔡　亮◎译

吉林出版集团股份有限公司 | 全国百佳图书出版单位

图书在版编目（CIP）数据

日本的猛攻 /（英）温斯顿·丘吉尔著；蔡亮译
. -- 长春：吉林出版集团股份有限公司，2023.7
（二战回忆录）
ISBN 978-7-5581-7130-7

Ⅰ.①日… Ⅱ.①温…②蔡… Ⅲ.①第二次世界大
战—史料②丘吉尔（Churchill，Winston Leonard
Spencer 1874–1965）—回忆录 Ⅳ.① K152 ② K835.617=5

中国版本图书馆 CIP 数据核字（2022）第 006567 号

审图号：GS（2021）134 号

二战回忆录

RIBEN DE MENG GONG

日本的猛攻

著　　者：〔英〕温斯顿·丘吉尔
译　　者：蔡　亮
出版策划：崔文辉
项目统筹：郝秋月
责任编辑：姜婷婷
出　　版：吉林出版集团股份有限公司（www.jlpg.cn）
　　　　　（长春市福祉大路 5788 号，邮政编码：130118）
发　　行：吉林出版集团译文图书经营有限公司
　　　　　（http://shop34896900.taobao.com）
电　　话：总编办 0431-81629909　　营销部 0431-81629880/81629900
印　　刷：三河市兴国印务有限公司
开　　本：720mm×1000mm　1/16
印　　张：28
字　　数：405 千字
版　　次：2023 年 7 月第 1 版
印　　次：2023 年 7 月第 1 次印刷
书　　号：ISBN 978-7-5581-7130-7
定　　价：75.00 元

印装错误请与承印厂联系　　电话：0316-7151807

致　　谢

我应该再次感谢丹尼斯·凯利先生、伍德先生、迪金上校、艾伦海军准将、陆军中将亨利·博纳尔爵士、爱德华·马什爵士。我之前的各卷就是在他们的帮助下完成的。我也要感谢其他许多审阅过原稿并且提出了意见的人。

在本卷的写作中，伊斯梅勋爵和其他朋友继续给我提供帮助。

我能将某些官方文件的原文复制在本书中，有赖于英王陛下的同意，我在这里特别表示感谢。按法律规定，这类文件的王家版权属于英王陛下政府文书局局长。本书所刊载的某些电文，考虑到保密的因素，应英王陛下的要求，由我根据原来的意思加以了改动，但是并没有改变原来的含义。

我还要感谢美国海军预备队塞缪尔·埃里奥特·莫里森上校，他所写关于海军战斗的一些书籍，将美国舰队的战斗行动清晰地呈现了出来。

我还要感谢罗斯福财物保管事会以及我的一些其他好友，前者同意了我在本书中引用总统的一些电报，后者同意发表他们的一些私人信件。

温斯顿·斯宾塞·丘吉尔

序　言①

对第二次世界大战的导火索，纳粹德国征服欧洲，英国顽强地孤军奋战，直至德国进攻苏联，以及苏联和美国因为日本猛攻而加入我们，我就我所掌握的信息通过《形势危急》《最荣耀的时刻》及《伟大的同盟》②各卷进行了叙述。

本卷的叙述开始于1942年1月17日我降落于普利茅斯时的情况。在1941年年末到1942年年初的那段时间，在双方海军顾问的支持下，我和罗斯福总统在华盛顿宣布成立了伟大的同盟，同时对未来战争的主要战略做了安排。现在，我们需要面对的是日本的猛烈攻击。

由于我是英国首相，同时又是肩负军事上特殊责任的国防大臣，我也是站在这两个身份的立场上来写本书的，我有必要重申这一点。我复制了我相关的电报、指令和备忘录，而它们在我当时起草的时候又意义和关系重大，此刻我也写不出表述这些材料的更好词句了。在事情当头的时候，我通过口授让秘书写成了这些文件。我希望自己做出判断时能以这些文件为依据，因为它们是我的手笔。但我必须把对事情的评判权交给历史学家，他们在时机成熟时自然会公布判断，在事情水落石出之后做一个事后的

---

① 本册及下册《挽回非洲败局》在英文原版中同属一卷。——译注
② 英文版原卷名。——译注

智者太容易了。

　　在这一卷所涉及的时间里，我们不再面临接连不断的灾难，转而不断地获得胜利。我们在最开始的六个月当中什么事情都不顺利，但在最后的六个月当中又诸事皆顺。同时，这种让人喜闻乐见的转变一直持续到战争的结束。

温斯顿·斯宾塞·丘吉尔
写在肯特郡威斯特汉的恰特威尔庄园
1951 年 1 月 1 日

目　　录

第一章　大洋洲的顾虑 …………………………………………… 1

第二章　沙漠上的挫折 …………………………………………… 19

第三章　马来亚的惩罚 …………………………………………… 36

第四章　信任投票 ………………………………………………… 61

第五章　调整内阁 ………………………………………………… 75

第六章　新加坡失守 ……………………………………………… 94

第七章　潜艇的较量 ……………………………………………… 111

第八章　荷属东印度群岛失守 …………………………………… 137

第九章　缅甸保卫战 ……………………………………………… 156

第十章　锡兰和孟加拉湾 ………………………………………… 179

第十一章　船只匮乏引发的困扰 ………………………………… 196

第十二章　克里普斯访问印度 …………………………………… 215

第十三章　占领马达加斯加 ……………………………………… 234

第十四章　美国海军的胜利 ……………………………………… 254

第十五章　北极护航运输船队 …………………………………… 270

第十六章　空中的军事行动 ·· 294

第十七章　马耳他岛和沙漠 ·· 308

第十八章　"马上开辟第二战场" ·· 334

第十九章　莫洛托夫访问英国 ·· 349

第二十章　作战计划的抉择 ·· 368

第二十一章　隆美尔的攻势 ·· 380

第二十二章　再访华盛顿 ·· 398

第二十三章　不信任投票 ·· 415

附　　录 ·· 434

伟大的同盟的力量在不断增大。

第一章　大洋洲的顾虑

战争出现新形势——我们必将获得最终的胜利——英美在太平洋上联合奋战——澳大利亚和新西兰可能成为日本攻击的目标——我和卡廷先生频繁通电——卡廷先生对罗斯福总统的期望——新加坡陷入危机的报告——《墨尔本先驱报》刊登卡廷先生的文章——我开始全面负责分配英国的物资——我在1月3日给卡廷先生的电文——我在1月14日给卡廷先生的电文——新加坡迎来第一支护航队——我在1月17日给新西兰方面的电文——卡廷先生和我在1月18日的电文——对战局的总体观察——澳大利亚的情况——太平洋战争委员会分别在伦敦和华盛顿运转

1942年以全新的形势出现在了英国面前，对于第二次世界大战而言，这也是全新的一年。此时的英国，由于有了两个强大的盟国，因而不再是孤军奋战了。这两个盟国将与英帝国密切合作，并肩战斗，直至胜利。他们就是美国和苏联。不过，对于他们而言，选择与我们合作的原因各不相同。在这种形势下，除非德国人掌握了某种新武器，或者某种压力的干扰让我们的合作分裂，否则我们必将因这种合作取得最终胜利。事实上，掌握某种新武器并非不可能，因为参战双方都在紧锣密鼓地探究着。如同后来发生的事实表明的那样，已经占据有利形势的同盟国，又掌握了原子弹的机密。虽然我们谁都无法预测面前的这场浴血奋战的进展，但我们有十足的把握取得理想的结果。

日本经过长期充足准备的攻势，是我们这个"伟大同盟"在此时此刻必须面对的难题。日本将英美前哨作为猛烈攻击的目标。由于日本的进攻，美国在太平洋、菲律宾群岛和其他岛屿损失惨重，而英国和倒霉的荷兰则在东南亚遭遇失利。尽管不论什么人在什么时候都不会相信美国会被日本打败，但是，至少目前来说，日本占据着上风。同一时期的苏联正在和德国拼命，他们面对的是德军主力，因此，他们因日本的攻势而损失的，无非是英美向其他方面挪用了本打算给它的援助。长期来看，英美的暂时失利不可避免，尽管对两国人民而言这是不能接受的，但战争最终的结果并不会受到影响。面对日本的攻势，英国几乎毫无应对之力，因为受到了其他战场的掣肘。由于还处在组织的起始阶段，同一时期的美国，虽然有取之不尽的资源，但也显得应对不及。虽然形势还在不停地恶化，但是英国的民众只要认真地想一想，就会知道我们必胜。

*　　　*　　　*

新的前线似乎是澳大利亚和新西兰——至少这两个国家有这样的感觉，并非英国本土，因此，相比于我们身上新增的责任，英国本土面临的危险却没有增加。澳大利亚和新西兰发现，敌人有直接进攻他们的领土的可能。这样的话，在援救祖国的危机时，战争就变得简单多了，因为没有带着装备和物资穿越茫茫大海的必要了。澳大利亚的沿海地区分布着所有的大城市，而海岸线又很漫长，无法处处设防，在攻击澳大利亚和新西兰本土时，新敌人就更加游刃有余了。至于澳洲的军事力量——他们几乎没有空军，陆军最优秀的军官、仅有的四个受过训练的义勇师和新西兰师，又都在大洋对岸，离得很远。于是，几乎在顷刻间，日本便掌握了太平洋的制海权，根据目前的情况看，夺回制海权遥遥无期。

澳大利亚为恐惧不安的气氛所笼罩，面对这种形势，内阁的精力倒是很集中，但考虑的只是他们自己的安危。我们看到这种情况时，已经不足为奇了。现在已经到危急存亡的时刻了，连澳大利亚联邦自己的政府官员和顾问团队，都认为联邦有灭亡的可能。然而，此时此刻，出现了一个永远令人感到诧异的现象：他们依然不能团结一致，共同抗敌。控制澳大利亚政局的是顽固的地方主义，这是因为他们力量弱小的政党态度太过僵硬。凭借两个议席的优势，工党将所有的行政权牢牢地掌握在自己手里，导致无法实施征兵政策，连保卫本土的力量都严重不足。由此可见，我们的任务因这些有派系政治色彩的决策而愈发艰巨，而这些决策本身与澳大利亚的民族精神是相背离的。尽量保证他们的安全，同时尽量保持全球战略的平衡，就是我们的任务。

本书色彩最暗淡的叙述，得从我和澳大利亚总理卡廷先生的电文通信谈起。在调动图卜鲁格的澳大利亚部队一事上，我们的会谈有些不顺。不过，后来大家对他有了更深的了解，发现他是一位杰出的政客，最终给予他广泛的尊敬与爱戴，我和他之间也有了私人友情。这一切都发生在局势好转以后，那时他来了一趟伦敦。遗憾的是，我们的友情很快就中断了，因为他突然离世了。不过，对于我们之间存在的众多重要分歧，我显得更为在意，因为我正受到来自各方面的压力。而且，我极其遗憾电报中流露出来的急躁情绪。

在华盛顿期间，经由澳大利亚驻华盛顿代表凯斯先生，我收到了卡廷先生和澳大利亚外交部部长埃瓦特博士发来的多封电文。当时，罗斯福总统也收到了卡廷先生发来的这样的电文：

1941 年 12 月 26 日

1. 在这个危急时刻，二位为推动我们共同的事业而展开会谈，我想借此机会，谈谈我的意见。

2. 望二位考虑俄国的问题，因为俄国问题与同日本交战同样重要。关于俄国问题。我给丘吉尔先生发了电报。

3. 下面我要重点谈谈我对一项更为迫切的问题的意见。

4. 从任何一份报告中都能明确地得知，北马来亚的空域和海域已经被日本人控制。我们已经给马来亚和荷属东印度派了增援，分别派一个空军中队和两个空军中队，因为这里兵力薄弱，只有少数英军和一个澳洲师。为避免重蹈希腊和克里特岛的覆辙，为了避免新加坡陷入危机，空军必须支持陆军。

5. 如果新加坡失守，那么菲律宾群岛将被孤立；如果荷属东印度失守，那么所有的基地可能被包围。如此一来，太平洋和印度洋的联系将在这一区域内被切断。

6. 美国和我们的利益，在面对这场失利时，遭遇的后果同样严重。

7. 我们认为，联合王国即将增援马来亚的力量并不够用，飞机方面更不够用，作战飞机尤其不够。如果增援太少，必然不会起作用。从实际来看，联合王国和美国提供的增援，将在马来亚抵抗日军攻势时起决定作用。

8. 在过去，我们的士兵作战勇猛；在将来，他们仍将勇猛作战。不过，这有个前提，即足够的支援。我们有三个师在中东战场，我们的空军一部分在英国和中东的战场，一部分在加拿大接受训练。此外，尽管我们的资源是很有限的，但我们还给英国、印度和中东运送了大量军用物资。

9. 面对这种局势，你们可以应对自如。在太平洋地区，我们愿意被美国的一位海军司令指挥，只要美国有这个意向，就能很快办到。在提到澳大利亚时，总统说过，作为一个基地，澳大利亚会更加重要。但是，只有给新加坡增援，才能让澳大利亚成为真正的基地。

10. 我们在背负沉重困难的情况下坚持增援马来亚，并且仍将如此。

11. 我将因此问题被视为极其急迫之事而感到荣幸。

我已经拿到了埃瓦特博士从英联邦驻新加坡代表鲍登先生处得到的报告。报告反映的情况已经得到证实，的确极其严重。

1941 年 12 月 26 日

空军的情况一天比一天糟糕，这一点可由今天的报告明显看出。以昨天为例，日本损失战斗机三四架，而英国则损失了八架。

尽管我方空军侦察使用的前方降落场有吉隆坡和瑞天咸港两处，但我们依然很难进行空中侦察，因为日本飞机的优势太大了。为了保证岛屿和基地的安全，我们原本已将大部分战斗机撤退至新加坡。但是，由于运载急需的援兵和物资的海军护航队就要来了，空军指挥官称，他只能让新加坡脱离战斗机的保护，转而派它们去护卫海军护航舰队。

报告继续说道：

整个防御体系有可能全线崩溃，因为保卫马来亚的形势日趋严峻。尽管装箱运输的新式战斗机已经按时到位了，但它并不能改变我们的处境，一方面是因为它们需要几个星期的组装时间，另一方面是它们在组装期间可能被敌人炸毁。尽管苦苦期待的援军也按时到位了，但他们同样不能改变我们的处境，因为他们要接替在前线疲劳作战的部队。包括澳大利亚皇家部队在内的保卫马来亚的先头部队将陷入孤立，因为为了保证新加坡岛的海军基地的安全，我们根据英国眼下的防御政策，向新加坡岛集中了大部分原本用于保卫马来亚的战斗机和高射炮。

从效果上看，目前援助马来亚的措施只是一种姿态。怎样切实地给新加坡提供援助呢？我的意见是，立即用飞机调来中东战场的以师为单位的部队——既包括新式战斗机，也包括训练有素的士兵。而且，为了给调遣留下充足的时间，必须立即到达才行。除此之外，没有战斗力的、不是现代化的和不能立即参加战斗的，都毫无作用。

也许几个星期之内新加坡就会失守，这是我根据目前的形势做出的判断。因此，只有立即采取真正有效的措施，新加坡和在马来亚驻防的澳大利亚皇家部队才能得救。如果不能对新加坡立即实施空中支援，失守也是必然的。在目前的局势下，我对澳大利亚部长到访的作用并不看好。

形势所迫，时不我待，不能考虑几天才做决定，应该在几小时之内就行动起来。

伊瓦尔博士认为，这份报告正确地列明了形势，他因此发出警告：为了避免严重后果，我应该遵从鲍登先生的建议。

＊　　＊　　＊

1941 年 12 月 27 日的《墨尔本先驱报》刊登了卡廷先生的一篇文章，这篇文章还有他的亲笔签名，结果被敌人利用，在全球范围内广泛宣传。

在文章里，卡廷先生写道：

现在有种说法，将太平洋的战役称为整个战争的附属，我们反对这种说法。当然，我们的意见不是说相比于太平洋战区，其他战区不重要。我们的意思是，我们要求提出一个坚决打败日本的联合计划，一个能集中各个民主国家的最大力量的计划。因此，我们认为，在制订作战计划方面，美国和澳大利亚作为民主国家，应该有充分的发言权，这是太平洋战役应该首先符合的标准。

关于寄希望于美国这一问题，澳大利亚没有内疚心理，即使我们与联合王国有历史渊源，我们也没有内疚。这是我要明确地说明的。至于联合王国目前的处境，一直都有被入侵的可能，我们很清楚。分散力量会有什么危险我们也很清楚。不列颠会继续存在下去，而澳大利亚不会这么幸运，这一点我们同样很清楚。

我们不能让澳大利亚陷入崩溃，我们决心保卫澳大利亚。因此，我们要尽全力制订一个计划，让澳大利亚有信心坚持到敌人落下风那一刻。我们承认，这个计划将以美国为主。

　　综上所述，制订一个关于太平洋的战略计划是澳大利亚的外交政策。这个政策需要我们与发挥主要作用的美国共同行动，需要联合英国、荷兰和中国的力量，也需要争取俄国的帮助。

　　无论是在加拿大还是在美国的上流阶层，都受到了卡廷先生的观点的坏影响。在我看来，澳大利亚民众的情绪不是的，尽管它能够被理解，在澳大利亚也没有普遍代表性。事实证明了我的推断。联邦统一党领导人比利·休斯先生在第一次世界大战期间担任过澳大利亚总理，他很快做出反应，说道："相比于其他伟大的盟国，如果政府认为英国的支持并不重要，那就相当于自取灭亡。这种认识不仅不可靠，而且相当危险。"一场激烈的讨论由此在澳大利亚国内展开。

　　当时我还在华盛顿，马上给艾德礼先生发电报，称"我希望不要将这件事越闹越大，不仅如此，我们还应该给他们提供全力支援"。我是否应该给澳大利亚人民发表一场直接的广播演讲呢？我很犹豫。该我承担的责任我都愿意承担。我继续对艾德礼先生说道："在我回国以前，我希望你能暂时将所有问题搁置下来，不管有什么反对意见，都交给我处理。对于我已经做出的决定，我愿意承担首要责任，但不会有所改变，包括因利比亚与俄国的局势，马来半岛陷入孤立。请向议会说明，回国后我会亲自答复他们的质询——如果他们有质询的话。"

　　我立即给卡廷先生回复了军事方面的情况：

首相致卡廷先生　　　　　　　　　　　　　　1942 年 1 月 3 日

　　当前正在采取军事行动的地区才是韦维尔将军的指挥区域，而且他的权限仅限于此。至于澳大利亚和新西兰，以及包括美国与澳洲之间的交通线在内的实际存在的任何海上交通线，都不在他的权限之内。如果因此认为在资源能够到达的区域里，我们拒绝保护交通线和重要区域，又是不对的。我们的意见是，负责保护与澳大利亚和新西兰海岸相邻的岛屿、交通线的，应该是美国的海军部队。海军上将金刚刚开始指挥美国海军，目前还没有同意担负这项责任，我们正在全力说服他接受这一主张。如果最终的结果是，我们没能说服他，那么我们只能尽全力依靠自己。无论如何，我依然希望能说服他。如果能够如愿，在那里的所有舰艇——既包括我们的，也包括你们的——都归美国指挥。我不知道你从哪里听到要在新划分的西南太平洋战区集中盟军主力的消息，自始至终都没人提出这种意见……

为了尽力妥当处理与你们的安全和利益相关的事宜，为了处理其他战区和其他危险带来的问题，我昼夜不停地坚持工作。任何一项危险都不能置之不理，而我们的资源又没有那么多。你提出将最先进的武器装备给中东的澳大利亚部队，中东战区的战事还没有结束，只是有所好转而已。如果在不能确定日本是否参战时，就在马来半岛部署飞机、坦克等武器，就会影响奥金莱克将军的计划。在我来看，这是不明智的。现在，之所以能给你们提供大量增援，是因为高加索地区的局势趋于平稳了，俄国和奥金莱克将军也胜利了。你已经得到相关通知，当马来亚成为战区，让中东做出暂时的牺牲，就没有什么不可了……

我们的沟通还在继续。

澳大利亚总理致首相   1942 年 1 月 11 日

除了柔佛，马来亚在毫不费力的情况下就落入了日本之手。如果现在对这块有限的地区实施保护，总司令认为还要遇到某些危险。这真是一个令人难以安心的消息。

我得到关于第八澳大利亚师的报告，他们将与敌人展开决战。对于他们完成任务的能力，政府很有信心；在保持澳大利亚皇家部队优秀传统上，政府也很有信心。不过，在增援马来亚方面，我希望你能遵照我早些时候的建议，能按照你自己的计划，想办法做到更多。如果空军再次出现类似希腊和克里特岛战役那样的结果，必然引发舆论的愤怒。为了避免这一悲剧，必须有所行动。

我们同意向荷属东印度群岛派遣近东的澳大利亚第六师、第七师及直属部队、基地组织和后勤补给。很快你就能看到我们的决定。

对于我们统一东南亚指挥政策的原因，我也做了详细解释。这样做的目的，只是给澳大利亚政府做出进一步的保证。在即将离开华盛顿时，我就我们的情况给卡廷先生做了总述。

首相致澳大利亚总理   1942 年 1 月 14 日

1. 在我们必须跟德国、意大利浴血奋战的情况下，如果日本掌握了制海权，那么谁还能完成坚守马来亚的任务呢？我不知道能依靠谁了。新加坡要塞及其重要的后方，是最为重要的地方。为了争取时间，我们的保卫战可能会沿着半岛打响，这样一来，恐怕反而会消耗掉能够长期保卫新加坡的力量。我们原本有相当于四个师的兵力用于保卫新加坡，但是，为了争取到一个月甚至六个星期的时间，已经失去了一个师，另一个师也有损耗。怎样才能减少损失呢？有人可能认为，当初应该调动得快一点。

2. 我们的责任，是对最高统帅的决策予以全力支持。现在我们面临两个选择：其一是现在就让所有部队退到岛上坚守要塞；其二是在半岛的西北部继续战斗，从而使丰盛港承担一定的风险。这两个选择哪个更好？我们无法做出判断，因为我们距离那里太远了。三军参谋长支持韦维尔将军的意见，我个人也表示赞成，认为它是正确的。你一定能接受这个意见，至少能同意它大部分的内容。

3. 在接下来的战斗中，你们的部队将以无畏的勇气完成任务，对此我毫不怀疑。我们正在采取各种措施对新加坡及其后方实施援助。已经到达的援助，包括装载着第四印度旅团和运输工具的两支护航队，13日还有一支运载英国第十八师主力旅的护航队到达，这支护航队极为重要。说实话，我很不放心这四千五百名官兵，因为他们要乘坐一艘军舰通过巽他海峡。为了帮助澳大利亚友军完成任务，希望他们能旅途顺利。我告诉你的是我们掌握的向这一战场移动的部队的所有情况，也包括他们到达目的地的日期。如此看来，在2月中下旬，韦维尔将军是有可能发动一次反攻的。

4. 将巴勒斯坦的两个澳大利亚师调到与你们密切相关的新战区，这是我提出的，你一定已经看到了。他们的换防力量将由我们从国内调来，我们将为此竭尽全力。运输船只问题是实现这一调动的唯一障碍。

5. 我拒绝接受与克里特岛和希腊相关的一切指责。为了应对当前的危机和被入侵的威胁，我们正在国内竭尽所能。为此，我们不仅搁置了党派间的纷争，甚至将实施普遍义务兵役制的范围扩大到了妇女群体。为了支援远东战场，我们派遣了性能最先进的舰艇，遗憾的是，其中的两艘已被击沉。现在，我们打算再组织一次最大能力的援助，兵力就从已经惨遭削弱的海军里抽调。根据报道，截止到1月7日，英帝国在利比亚战役中损失惨重，仅在人员方面，就损失了一千二百名军官和一万六千名士兵。要知道，在沙漠地带，这样一支小规模的部队足以维持前沿战线。只要稍不留意，一场大战就将在阿盖拉地区爆发。过去，长期守卫图卜鲁格的任务由你们的部队承担，在他们撤走以后，我们派去接防的部队就对该地区实现了解围。我希望你抱着谅解的心态，评价关心澳大利亚人民生命和财产安全的人。

他还收到了如下一些好消息：

首相致卡廷先生　　　　　　　　　　　　　　　1942 年 1 月 14 日

　　包括美国"芒特弗农"号运输舰在内的一支极其重要的护航队，已于昨日准时抵达新加坡。这支护航队运载着五十架"旋风"式飞机、一个拥有五十门大炮的反坦克团、一个拥有五十门大炮的重高射炮团、一个拥有五十门大炮的轻高射炮团，以及英国步兵第五十四旅团的九千名士兵。

同样表现得很焦虑的还有弗雷泽先生。下面这封电文就是我回复给他的：

首相致新西兰总理　　　　　　　　　　　　　　1942 年 1 月 17 日

　　1. 对于你的意见，我是同情的。我像过去那样欢迎你直爽地发表意见，也像过去那样欢迎你以讲理的态度发表意见。

　　2. 这场战争开始于欧洲的局部地区，其后逐渐向全球扩张，如今已经来到了新西兰的国境线跟前。对于这场战争，新西兰政府和人民的立场始终都是切合实际和具有意义的。

　　3. 尽管事实上我们不论何时都没有忽视过你们的需求，但你认为我们在过去没有重视你们。尽管惠灵顿与伦敦的距离很遥远，但我能确定的是，距离不会让我们在你们陷入困境时拒绝予以安慰，同样也不会使我们漠视你们。

　　4. 如果我告诉你，在我有权支配的时间里，对于你提出的每个意见，我无法做到仔细地考虑，你一定能谅解。从你给我发来电报开始，你就可以从我的回电中了解到我们和美国正在派遣的援助的情况。现在开辟了澳新军团新的海军战场，希望你能感到满意。需要强调的是，美国对远东地区的援助不止这些，他们还计划尽快向那里派遣更多的陆军和空军。

5. 不过，因为我不能兑现提供援助的承诺，所以你也不能指望我对此能有承诺。同样，只要时间足够，远东的局势终究会得到改善，所以你也不能指望我答应对远东局势做出干预。

6. 在过去，你责怪我们对整个太平洋和新西兰可能发生的局部危险考虑不周，责怪我们过于相信自己对战事的见解，结果导致吃亏。事实上，没有人能预料未来发生的事情，所以我们没有预料到，在最初的 12 月 7 日美国海军舰队就遭受重创，也没有预料到随后又丧失了两艘先进的舰艇。

我们无法预料战争的各种变化并非全是坏事。德国的参谋部在这方面的表现如何呢？能料事如神或者永不犯错吗？这我就不知道了。据我所知，希特勒在经历不列颠战役、大西洋战役和俄国人的顽抗以后，对于自己的军事预测水平，一定产生了怀疑。

*　　*　　*

收到我在 14 日的电文以后，卡廷先生很快做出了答复。

澳大利亚总理致首相　　　　　　　　　　　　　　1942 年 1 月 18 日

1. 从我的电文里，你是怎么得出"我们认为即使失去海军的优势也能保住整个马来亚"这个结论的？我百思不得其解。

2. 澳大利亚政府于 1941 年 12 月 1 日发出第一次新加坡会议的电文，在这封电文里，你能看到如下内容："代表团一致认为，由于远东地区没有主力舰队，因此，如果日本人大规模进攻马来亚，那么马来亚目前的防御力量是无法抵御的。"

3. 下面是联合王国的三军参谋长的部署：

（1）必要的保卫马来亚的陆军。

（2）供上述部队使用的装备。

（3）能给马来亚带来"极高安全系数"的必要的空军。

4. 我们已经在这一地区用尽了我们所能利用的所有力量，既包括陆军和空军，也包括物质。此外，在加强防御工作方面，我们坚持"继续加强"的传统。然而，由于日本人的快速推进，现在出现的不思进取的苗头，是很危险的。我之所以在12月5日的电文里说"忧心时局"，就是担心这些。

......

6. 联合王国在1937年时就说过，联合王国要让新加坡成为坚固的要塞，这同样也是澳大利亚联邦政府在那时得到的保证。澳大利亚的高级专员在1933年时，向视察新加坡防务的帝国国防委员会指出，如果新加坡失守或者主力舰队不能发挥作用，将会引发何种严重后果。这位专员指出，保住新加坡和派驻主力舰队是澳大利亚本土防御体系的基础；如果澳大利亚不能保证这一基础的牢靠，为了弥补海军防御力量的缺失，为了抵御这种威胁，只能被迫组建强大的陆军和空军。我只是想区分清楚帝国防务和地方防务的定义，才提到这些往事。我们手里的资源相比于在太平洋战场承担的责任，简直是太少了，这种责任和资源之间的矛盾，已经对其他战区的行动造成了影响。

7. 我并不是想指责你或者想对谁做出定论，才提到克里特岛和希腊的意见。我之所以坦率地向澳大利亚人民说明实情，是为了避免误会，否则，他们以为局势万无一失，结果却令他们失望。坦白地讲，毕竟我们没有按照承诺落实空军的援助。我的意见是，让他们认清形势不是坏事。

8.没有人像联合王国人的远亲——澳大利亚人——那样尊重他们做出的努力。但是，我们不打算说明我们自己的努力，也不打算对你认为我们没有做的事情做解释。帝国每个地区的情况和资源存在着差别，面临的问题也不一样，这些你是明白的。

对于澳大利亚政府经历的磨难和面临的危险，我应该给予充分谅解。但谅解并不代表我要忽略一些事实。在战前，以工党为主的澳大利亚各党疏于防范，主张妥协。在此记录如下能总结我的态度的电文：

首相致卡廷先生　　　　　　　　　　　　　　1942 年 1 月 19 日

1.我对你坦诚地发表意见表示感谢。过去，我有十一年不在政府部门任职，而且在战争开始前六年的时间里，我也多次发出警告。因此，战前对绥靖政策的支持和国防政策的失误上，我不必负责。在资源调派的顺序安排上，我从 1940 年 5 月担任首相起担负全部责任。从担任首相开始，我就动用了一切运输飞机坦克的方法，发挥了最大的运输能力，只是为了向东方派遣援军和飞机。在我看来，相比于新开辟的美、英、荷、澳等战区，中东战区的形势最为紧迫。而且，我们对俄国还有运送军火的承诺，这一承诺必须兑现。尽管我们并不了解日本的计划，但是美国会在日本攻击我们——我们和你们——时参战。因此，在确保澳大利亚的安全和战争最后的胜利上，我们有信心。

2.在中东战场，三个月前我们面临的两面夹击的危险你应该没有忘记，因为那里也有澳大利亚皇家部队的身影。当时，隆美尔的部队从西部和北部的波斯、高加索、叙利亚、伊拉克等地直扑而来。面对被夹击的威胁，集中全部兵力打垮一部分敌人成为各方理论的共识。我考虑的不仅仅是在地中海东岸—里海一线构筑强大的战线，还有争取打垮隆美尔。虽然我们的资源不能满足这样一条战线的需求，但结果令人满意，尽管有侥幸的成分，我们还是消灭了隆美尔接近七成的力量，并清除了昔兰尼加敌人。要知道，当韦维尔将军被奥金莱克将军取代时，还看不出孰胜孰负。

3. 尽管我们没有肃清隆美尔的所有兵力的把握，但至少我们解除了一个巨大的危机，从实际效果看，我们还是成功的。这样一来，我们不仅将重要兵力腾出来了，而且在俄国的帮助下还得到了休整时机。相比于带给我们的影响，俄国对德国出人意料的抵抗，带给地中海东岸——里海战线的影响可能更大。在这种形势下，我们就可以向远东战场增派更多中东的兵力了，第一个可以调动的是第十七印度师，稍后还可以调动原本部署在地中海东岸——里海战线的几个印度步兵师、英国第十八师、澳大利亚第七师、澳大利亚第八师、装甲部队和飞机等装备。这些调动正在紧锣密鼓地落实着。但是，假如我们吃了败仗，敌人占领高加索、波斯和巴库的油井，你可以想到我们的处境会有多艰难。因此，当日本还没有展开行动之时，我们决不能向马来半岛派遣用以攻击隆美尔的力量。你应该明白这样的道理：在哪里都想得到安全，其结果必然是在哪里都不会占据上风。

4. 因为俄国获胜、我们对抗隆美尔的成功，以及日本同时袭击了我们和美国，我们更有理由庆幸。不论是在政府部门担任职务的人，还是在野的人，只要没有意识到纳粹的危害、没有将它扼杀在摇篮里，就应该为我们过去和未来必须面对的危险负责。

5. 英美两国的海军部队，在1941年年末至1942年年初，遇到了不能预知的危机。美国海军在一个小时之内就丢掉了在太平洋上的优势，好在这种局面只是暂时的。"威尔士亲王"号和"击退"号也在接下来的一个小时之内被击沉了。于是，太平洋的制海权到了日本人手中，好在这种局面也是暂时的。在远东战场，一定还有更大的灾难等着我们呢。我决定批准组建一支新舰队，到印度洋帮助你们应对新的危机，这一安排或许能有大帮助。这支舰队将由三艘地中海快艇、四艘"皇家"级战列舰和"沃斯派特"号（刚刚修理完毕）组成。

6. 想来你已经收到了"巴勒姆"号被击沉的噩耗。遗憾的是，我还得告诉你一些噩耗：敌人的"人控鱼雷"袭击了我们的"伊丽莎白女王"号和"勇敢"号，它们遭受重创，要想修复它们，分别需要三个月和六个月的时间。我们军舰受损的情况当然不能通知敌人，好在他们也不知道这些。因此，你一定得保密。

7. 困难总会过去的。到了5月份，美国将在夏威夷部署一支先进的舰队。为此，我们愿意加重自身的责任。我们曾经表示，他们如果认为有必要，可以从大西洋调走他们的两艘军舰。为了增援印度洋，我们也有计划，准备抽调两三艘新式航空母舰到那里去，要知道，我们总共只有四艘新式航空母舰。这一计划正在落实，"沃斯派特"号即将到位，"勇敢"号则紧随其后。如此一来，我们的海军实力在印度洋和太平洋的比拼中，一定能占据上风。当然，占据上风的前提是不再遭受损失。到那个时候，日本再执行海外计划时，信心将大不如今。为了改善地中海地区没有战列舰队的局面，我们正在努力增强那里的空军。美国在大西洋的力量，因为支援太平洋而有所削弱，不过，我们有能力应对这种局面，因为"约克公爵"号就要造成了，而"岸森"号很快也会到位，它可是我们最先进的战列舰。

8. 我们应该紧密地团结在一起，既不能丧失信心，也不能推诿埋怨。对于澳大利亚和新西兰，我忠心耿耿，你们对此不能怀疑。我们面对着一场严峻的考验，对于未来我不能做出承诺，但我坚信我们能安全而伟大地渡过这道难关，对此我充满信心。

我收到了如下答复：

澳大利亚总理致首相   1942 年 1 月 22 日

1. 我对你详细的回复深表感谢，为回报于你，我愿与你团结一致，共同努力。

2. 对于大西洋的形势，我们认为，你们的看法比我们的更准确。这一点，在你们之前预料欧洲局势时已经证明了。

3. 对于马来亚的形势，我们的看法的正确性已经被证明了。在看到戈登·贝内特的报告以后，我得知形势危急，就更加不安了。

即将到来的困难才是我们迫切需要解决的，而不是长远的未来，因此，你的长远规划最大的作用只能是令人兴奋。日本很快就会遭遇反攻，在这种情况下，他们可能猛烈地攻击我们，受到他们攻击的那部分力量，也可以被我们用来赶走他们。

关于日本带给远东战区的威胁，澳大利亚人自认为有了深入的掌握和分析。在他们看来，相比于我在伦敦的认识，他们的认识才是正确的。在这个问题上要分出孰对孰错，只能依据战事的大局了。他们用全部精力考虑自己的处境固然无可厚非，而更多人的处境就得我们考虑了。

*　　*　　*

我们提议在伦敦组建一个机构，方便我们在对日作战中始终得到荷兰、新西兰和澳大利亚三国政府的支持。为此，我向澳大利亚总理和新西兰总理通报了这个机构的最终模式。

                                1942 年 1 月 19 日

组成这个远东委员会的人员应该全都是部长级的官员。他们应该是在国防委员会上代表我的掌玺大臣达夫·库伯，以及荷兰、新西兰和澳大利亚的代表。至于主席的人选，本人愿意担任。至于澳大利亚的代表，目前可以假定为厄尔·帕奇，新西兰最初的代表可能是高级专员，荷兰的代表应该是内阁大臣。在处理事务时，与他们协商的是联合王国的计划委员会，给他们提供帮助的则是为自治领联络官出谋划策的人。他们的职责一方面是整理代表国的意见，然后向主席做出汇报，另一方面则是给委员会传达主席的意见。在内阁举行与澳大利亚有关的会议时，厄尔·帕奇仍然可以参加，并不会被新的身份妨碍。现在我正在征求弗雷泽先生和荷兰政府的意见。对于这个提议，你是否同意？

太平洋作战委员会在 2 月 10 日召开第一次会议，审核对日战争中太平洋战区的基本政策，是这次会议的主要任务。我作为主席主持了这一会议，掌玺大臣达夫·库伯、外交大臣、荷兰首相 P.S. 哥布兰蒂博士、荷兰大臣乔奇尔·E. 米切尔·范·维托那先生、澳大利亚政府代表厄尔·帕奇爵士、新西兰政府代表 W.J. 乔丹先生、印度和缅甸代表埃默里先生、三军参谋长出席了会议。中国政府起初没有参加会议，但后来他们也派了代表。

华盛顿的太平洋作战委员会在罗斯福总统的倡导下也成立了，与伦敦的太平洋作战委员会联系紧密。1943 年 8 月，伦敦的委员会召开最后一次会议。对于没有派代表参加常设机构的国家而言，太平洋作战委员会意义重大，尽管指挥战争的还是以前的机构，但他们对战争的意见，可以拿到这个委员会发表。

然而，紧接着发生的众多危机扰乱了这种局面。

第二章　沙漠上的挫折

德军撤退至阿盖拉——运输设备严重不足——1942 年 1 月令人悲伤——我在华盛顿与奥金莱克将军通信——奥金莱克将军依然充满信心——奥金莱克将军计划在 2 月中旬发动攻势——奥金莱克将军在 1 月 15 日的电文——我军接受敌人的大投降——我回到英国——我要向议会做报告——德军发起侦察——一则坏消息——我们丢掉了班加西——奥金莱克将军去了前进司令部——奥金莱克将军在 1 月 26 日的电文——隆美尔的优势——放弃班加西——奥金莱克将军在 1 月 29日和 31 日的电文——我军后撤三百英里——反复变幻的命运——英国装甲部队的情况——第一装甲师打了败仗——这场失利影响深远

　　在长时间的准备以后，奥金莱克将军终于在西非的战场上收获了胜利，敌人对图卜鲁格的包围终于解除了。这件事在前一卷中我已经叙述过。而这件事使我有了与他沟通下一步计划的信心。有这个打算时，我还在华盛顿访问。此时的隆美尔也没有闲着，他有序地将部队后撤到加柴拉以南，不幸的是，在加柴拉的新家，他遭到我方第十三军（由戈德温·奥斯汀将军指挥）的攻击，苦战三天之后，他再次后撤。这时的时间已经到了 12月 16 日。为了阻止隆美尔向班加西方向撤退，我方决定从侧翼包围他们。执行这一任务的是机动部队，他们打算从沙漠迂回过去，但不幸失败，因为他们遇到了天气、道路和后勤补给等多方面的困难。虽然第四英印师的追击令敌人狼狈不堪，但敌人还是如愿以偿地撤退到了班加西。在敌人通过梅基利一带的沙漠公路时，我方第七装甲师对他们的装甲部队穷追不舍，后来我方警卫旅加入其中，共同追击敌人。

由于形势有利于我们，因此我们也产生了获得去年那样的战果的希望。此后，我方部队快速挺进至安塔莱特，切断了意大利部队由班加西向南撤退的道路，两军交战，我方获胜，抓获不少俘虏。但是，由于我方无法及时地组织一支强大的部队，因此先头部队到达安塔莱特时，就停止前进了。他们之所以停止前进，是因为敌人担心再次陷入包围，决定顽强抵抗。隆美尔趁着这个机会，将部队全都撤至阿杰达比亚。1月7日，他又将部队撤退到阿盖拉，随后修筑起一道坚固的防线，打算在此严防死守。

第十三军的供应已到极其匮乏的地步，先头部队能得到的供给也是杯水车薪，无法从根本上解决问题，因为班加西港的整顿工作，受恶劣天气和敌机骚扰的影响，没有及时完成，所有供应只得经由陆路从图卜鲁格运来。同样的原因，位于班加西的第四英印师无法向南调动。如此一来，我方只有警卫旅和第七装甲师独自与阿盖拉的敌人周旋。1月中旬，从国内抽调而来的第一装甲师替换了第七装甲师。在这段时间，我方处境艰难，攻势组织不起来，防线也修筑不起来。这一切的根源都是实力不足。

＊　　　＊　　　＊

一年之后，灾难再次降临在相同的地方。这一次，英国1942年在沙漠地带的战役遭遇整体性的失败。我认为有必要真实地叙述一下，在这个倒霉的1月里到底发生了什么。

1月9日我还在华盛顿，收到奥金莱克将军发来的电报。在这封电报中，他首先汇报了他的战略部署，然后报告了其他的情况：

我对敌人下一步的行动有以下猜测：敌人的总体策略是坚守阿盖

拉—玛拉答防线。其中，驻守阿盖拉地区的部队有意大利的第十军团、布雷西亚师和帕维亚师，为他们提供支援的是德国的第九十轻快师一部；驻守玛拉答的部队有意大利的机动部队、特兰托师、的里雅斯特师和德国的第九十轻快师余部，他们在驻防玛拉答的同时，还要给阿盖拉提供保护，阻止我军从南面包围阿盖拉。后备伺机反攻部队有德国的第十五装甲师和第二十一装甲师，可能还有爱利尔特装甲师。

在第二天，他又发来如下电文：

截至昨日，在阿杰达比亚西南十二英里，我军警卫部队的两个营仍滞留在阵地里，无法脱身。

我很快就明白了这些看上去简短的电文反映的重大问题，因为在看到电报时，我正在白宫的地图室。

我给他回电如下：

首相致奥金莱克将军   1942 年 1 月 11 日

在你看到我的这封电报的同时，也许敌人正沿着交通线逃跑，数量大概是七个多师的大部分。情报显示，的黎波里来了九艘一万吨的船只，大概与此事有关。为了包围意大利的步兵，你的计划是走阿卜德一线。你认为这样的计划绝对万无一失，但是，由如今的形势来看，他们显然被漏到包围圈外了。我们制订过长途奔袭的黎波里的"杂技大师"计划，如今的变故会怎样影响这一计划呢？毫无疑问，就连"体育家"计划和"超体育家"计划也会遭受极大的影响。尽管你和你的部下肯定尽力了，但我们还是要面对这种情况。

再次引起我的注意的是，第八集团军未来在海战中受到的影响。现在，在危急时刻，隆美尔的部队能够及时地得到护航舰队的援助，本来这些护航舰队很难安全通过海面，但是，现在马耳他舰队被摧毁了，而"海王星"号巡洋舰也于12月19日在的黎波里的水雷区沉没了。

如果在法属北非地区的魏刚将军愿意接受援助的话，那么我们制订"体育家"计划就是为了援助他。在我们的安排下，英国的一个装甲师和三个野战师随时待命，只等出发通知。与他们一起待命的，还有一个相同兵力的空军分遣队。我们希望尽快打败隆美尔，占领的黎波里，进而直扑突尼斯。只有我们打败隆美尔，实现由的黎波里直扑突尼斯的意图，魏刚和维希才有可能改变主意。

至于"超体育家"计划，则是一项更远大的计划，制订者也是英美两国，目标也是法属北非。在12月16日，我发出提议，将它当成英美在1942年的西方战役中主要的两栖作战计划，在我看来，罗斯福总统同意这一提议。因此，从"超体育家"计划的角度看，相比于敌人在沙漠地区对我军的阻挠，他们坚守阿杰达比亚和撤退至阿盖拉更有意义。我和总统都将这些视为不利之处，但好在事实并非如此。奥金莱克将军来电称，很快就能实施关键步骤了。

奥金莱克将军致首相   1942年1月12日

1. 大部分敌军部队应该还没有摆脱我们的追击，因此现在断定他们已经逃脱为时尚早。虽然他们的师已是徒有虚名，但他们仍然以师为单位行动。以德国第九十轻快师为例，它现在的兵力只有三千五百人、一门野战炮，要知道它原本的兵力可是九千人。

2. 我认为，乘机逃脱的德意部队的人数应该是德国一万七千人、意大利一万八千人，不到原有数量的三分之一。他们虽然有三万五千人的数量，但绝不会有与数量相匹配的实力，因为他们既没有组织指挥，又缺乏物资补给，早被我军追得疲惫不堪。

3.的黎波里最近来了六艘船只，平均吨位达七千二百吨。

4.我们有很多理由实施"杂技大师"计划，继续同时在俄国和利比亚两个战场攻击德国，就是其中一个重要理由。不过，不论是我还是里奇将军，都不会被迫草率行动。我认为我们应该继续在利比亚战场上压迫德国，在听到俄国战场传来的喜讯后尤应如此。相比于我们的预料，敌人实际的困境一定更大。

奥金莱克将军致首相   1942 年 1 月 12 日

1.看上去敌人已经全部撤退至梅尔塞—阿盖拉一线了，在这两地之间，还有卜雷加港、马特克斯和季奥芬等地。在上述地区的东部和南部，我们跟他们多有纠葛。从数量上看，敌军的部队编制和作战单位都很薄弱，我们由他们的分布得知，为了让意大利部队快速恢复战力，德国人动用了他们所剩不多的物资。

2.陆上基地班加西的情况很顺利，但恶劣的天气一直持续着，这很影响正常的使用，因为有时会有严重的沙尘暴，能见度几乎为零。

3.敌军已经越发脆弱，更加接近溃败了。但里奇将军没有放弃他的计划。在不久的将来，希望我们可以在前线集结更强的部队。

首相致奥金莱克将军   1942 年 1 月 13 日

我已经收到你 12 日的电文，并在今天送到总统手里。你争取在阿盖拉—玛拉答一线准备决战的计划，我认为是正确的。请你放心，我对你的支持不会因结果而改变。

在阿盖拉的阵地上，从 1 月 12 日到 1 月 21 日之间的九天里，隆美尔始终毫无动作。为了加强防范，敌人在地中海往南到一处名为"利比亚沙海"

的地方，用地雷和铁丝网加强了防御工事，那条战线上多数地形便于守卫，而现在却出现了一条长达五十英里的缺口。因为这些缘故，奥金莱克将军的意见是，2月中旬以前不能攻击这里，只能派零星部队袭扰他们。为此，他派出了警卫旅的两个主力营、第一装甲师的后备部队。至于第一装甲师的大部队，则在梅塞维将军的指挥下驻扎在他们背后九十英里之处，地名为安塔莱特。后来，他们成了由戈德温·奥斯汀将军指挥的第十三军的一部分，一起被编入第十三军的还有第四英印师。由于第四英印师驻扎在班加西及其以东地区，导致十三军分布太广，不便后勤补给，又远离援军，力量薄弱，也没有巩固防线。因此，隆美尔如果发动反攻，我们的先头部队除了后撤，别无出路。不过，奥金莱克将军认为，他有足够的时间派遣援兵和补充补给，也不相信隆美尔能发起反攻。

奥金莱克致帝国总参谋长　　　　　　　　　　　1942 年 1 月 15 日

1. 阿盖拉一带的阵地被敌军加固了。……我们认为，前线的敌人只是原有兵力的三分之一，即一万七千名德军、十二辆中型坦克、二十辆轻型坦克、五十门野战炮和七十门反坦克炮，一万八千名意军、五十辆 M13 坦克、六十门反坦克炮和一百三十门野战炮。

2. 我方的先头部队在全线与敌军周旋，这部分部队包括警卫旅团、第一装甲师和第七装甲师的后备部队[①]、第二装甲旅和四个装甲车团，阿盖拉—玛拉答也出现了我方的巡察部队。

3. 尽管敌人的空军频频采取行动，但是，除了空军以外，他们没有其他行动。我们猜想，可能是因为补给船已抵达的黎波里，他们补充了燃料，才加强了空中行动。班加西以东的陆路交通和我方港口是

————————

①　第七装甲师的后备部队于敌人进攻前的 1 月 19 日奉命撤回，随后接受了整编。——原注

他们的攻击目标，好在他们带来的损失并不算大。除了应对敌人的攻击外，我们的空军还承担着掩护我方港口安全和先头部队的任务。

4.虽然天气和海面的风浪给班加西港造成了一些影响，但还能保持正常进展。

＊　　　＊　　　＊

第十三军很快就有好消息传来了：他们接受了巴尔迪亚、塞卢姆和哈尔法亚及一万四千名敌军士兵的投降，此外还缴获大批物资，解救一千一百名我方战士。在此过程中，我军的伤亡在五百人以内。

＊　　　＊　　　＊

直到回国以前，我再也没有收到重大消息。在离开华盛顿前夕，我意识到，在北非大冒险的想法上，我和总统是统一的。后来的事实证明，这是正确的认识。回到伦敦以后，还是好消息不断。通常来说，在新的战役打响之前，往往有一段平静期。只是，相比于我们的预计，这段时间可是太长了。

回国以后，百事缠身，尽管如此，我还得为议会一场必不可少的会议做准备。自从上次在下议院做了报告以后，世界上发生了很多大事。英国到处都能感受到不利的气氛，我拿起报纸看新闻，或者每天花费一个小时读材料，都能感觉到这种氛围。这种认识认为，对日本在东方和远东的突袭，我们毫无准备。至于沙漠地区的战事，英国人的看法很乐观，认为进展得很不错。我需要议会给我足够的时间，因此，能向议会说明情况也是一件好事。

＊　　　＊　　　＊

隆美尔卷土重来的可能被奥金莱克将军低估了，这给我们造成了不幸。在空军少将劳埃德的指挥下，意大利的舰艇和港口遭遇马耳他岛的皇家空军"秋季攻势"的袭击，与此同时，我们在陆地上的战斗中也获得了胜利。不过，这些成功并没有维持多久，在12月份就丧失了，敌人为此动用了西西里岛最强的空军力量。海军上将坎宁安率领的舰队，由于近期在海战中频遭不幸，力量已经有所削弱，因此，在一段时间内，他们无法切断敌人通往的黎波里的补给线。这样一来，隆美尔可以源源不断地得到补给了。实力有所加强以后，隆美尔在1月21日发起侦察，派出由坦克支援的每队一千人的摩托化步兵组成的三个纵队。我军由于部分部队缺少坦克的掩护，因此迅速被敌人突破了。戈德温·奥斯汀将军令部队退守阿杰达比亚，顺势切断了敌人通往莫苏思的道路。

23日收到一条坏消息。

奥金莱克将军致首相　　　　　　　　　　　　　1942年1月23日

1. 由于预料到我军即将发起攻势，隆美尔于1月21日向东转移。他发现挡在面前的只有轻快部队时，决定继续前进。他认为我们主要的交通线是以班加西为基地的，产生了袭扰它的企图。1月21日，第一装甲师后备部队的几个纵队撤退时，在阿杰达比亚东南遭受损失，死伤数人，失去了七门大炮和一百辆战车。

2. 隆美尔如果执意继续前进，那么，我军装甲部队在交通枢纽班加西地区——我方在这个地区不仅部署有美国坦克，还集中了一百五十辆巡逻坦克——就能攻击他东面的侧翼。安塔莱特昨晚出现了少许敌军，我们分析那是敌人的突击纵队。

3. 由于敌军夺回了阿杰达比亚，英国人民可能会再次感到紧张。事实上，隆美尔已经在我们的引诱下，来到了对我们有利的地盘。我们原定的进攻阿盖拉的准备，因为隆美尔的行动被迫终止了。不过，我们一直没有进攻阿盖拉，主要原因是班加西始终没有足够的支援部队。阿盖拉不仅交通不便，而且遍地沼泽，我坚信，为了在比阿盖拉更有利的地方发动攻击，里奇将军正在寻找机会……

我认同奥金莱克将军的意见，至于1月21日发生了什么并不知情，也不知道所有向前推进的部队正在集体迅速撤退。恰恰相反，我得到的消息是我军即将发动进攻。因此，即使到了现在，我也不相信灾难要来了。我们似乎已经错过了向的黎波里达尼亚转移的时机，好在对于未来的形势，奥金莱克将军似乎很有信心。

然而，24 日传来的消息令我大吃一惊。

奥金莱克将军致首相　　　　　　　　　　1942 年 1 月 24 日下午 3 时
……

敌军的初步行动似乎的确使我军的先头部队遭遇了暂时的失利，如此看来，敌军似乎拥有能够使他们向前推进的出人意料的兵力。你知道的，他们不仅已经远离交通要道，而且力量很弱小……这是隆美尔的又一次大胆的尝试……他也许会像去年那样，因为初步的成功超乎想象而变得忘乎所以和变本加厉。然而，去年他还有可用的生力军，即使是补给情况，与去年的相比，这次也远远不及。老实说，局势的发展不可能时时如我心愿，但我仍希望扭转它，让它向着我们。

当天晚上，我又收到一封军用电报，还是令人震惊的消息。

第八集团军海军联络官致地中海总司令　　　　1942 年 1 月 24 日
我们正在进行仅仅是作为预防措施的撤离班加西的准备，至于破坏工作，现在还没有开始实施。目前，非战斗人员正在夜间向东做尽可能远的转移……班加西失守的话，德尔纳也将失守。

因为奥金莱克将军还没有给我发过这种报告，所以，在看到这封电报以后，我立即给他发了下面的电文。

首相致奥金莱克将军　　　　　　　　　　　1942年1月25日

　　我感到不安，因为我获得了班加西和德尔纳的第八集团军撤离的报告。我没有想到还可能发生这种情况，因为从来没有人告诉我这些消息。战事将因为非战斗人员的向东转移、还未实施的破坏行动而发生变化，与我们考虑的完全不同。在安塔莱特，我方真的失利了吗？全新的装甲部队真的不能对抗卷土重来的德国坦克吗？在我看来，这是一个出乎意料的严重危机。第四英印师为什么不能像德军坚守哈尔法亚那样坚守班加西，为什么要迅速撤退？"十字军战士"计划和"杂技大师"计划因为现在的这些退却，看来是失败和破产了。①

　　奥金莱克将军立即就到前进司令部见里奇将军去了。

奥金莱克将军致首相　　　　　　　　　　　1942年1月26日

　　1. 我是昨天从开罗来到这里的。形势的确有些危险，尽管第一装甲师和警卫旅团奋勇作战，但并不能稳定局势。昨天，我军被击败，退却至莫苏思，而且已经越过了这一地区。就在昨晚，仍然在莫苏思以东移动的纵队与敌军有过激战。②

　　……

　　4. 在我的批准下，所有重型装备和基地设施已经由班加西撤出了，但这只是预防措施。目前，第四印度师在里奇将军的亲自统率下，从班加西以南发起攻势，至于位于安塔莱特一带的敌军的侧翼和交通线，则派遣混合纵队予以切断。除了保护第四印度师的侧翼，第一装甲师正竭尽全力地将敌军牵制在察鲁巴以南和梅基利以西之地。

---

① 我军进攻利比亚的计划和挺进至的黎波里的计划。——原注

② 详细部署参考地图。——原注

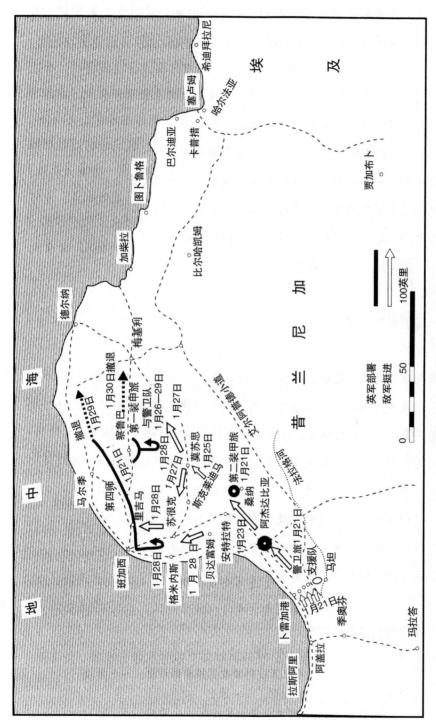

1942 年 1 月在沙漠上遭遇的挫折

5. 在与敌军交战后，我们认为敌军的编制是第十五装甲师、第二十一装甲师、第九十轻快师和爱利尔特师。

将主力部署在莫苏思后，隆美尔的选择更加丰富了，既可以向西北进攻班加西，又可以向正东进攻梅基利。他的决定是同时进攻这两个地方。事实上，他向东北方向派出的只是佯攻部队，目标是我方的交通线，而向西北占领班加西才是他真实的意图。他的这一计划获得了成功，我们本来计划抽调班加西的第四印度师一部和装甲师、察鲁巴的警卫旅向南反攻，得知他的消息后，只得停止反攻，从班加西撤出。于是，第十三军全军后退到了加柴拉—比尔哈坎穆一线。

*　　　*　　　*

班加西失守之事立即成了焦点。

奥金莱克将军（在前进指挥部）致首相　　　　　　　1942 年 1 月 27 日

我同样因为过早地在班加西采取行动感到不安，但我认为这可能是误会所致。经过调查，下级军官竟然草率地下令全体海军人员撤离，撤离之前又做了一些破坏，好在只是港口上的几根系船柱和几艘驳船遭到了损坏。而且，除了几个敌军仓库以外，由陆军管制的港口并没有遭到破坏，也就是说，还没有实施主要的破坏措施。也是由于同样的误会，皇家空军的燃油稍有损失。虽然造成的损失并不算大，但这些本可避免的误会毕竟发生了，实在令人遗憾。我正在追究责任。

在详细叙述军事动向以后，奥金莱克将军又总结了详细过程。

我方的装甲部队遭遇了严重的损失，以至于没有给敌人造成相同损失的能力。我也在因为他们可能没有与敌人展开正面较量而担心。我还不知道失利的具体原因，大概是我方兵力太过分散，无法集中地对密集的敌军予以还击。也许这只是其中的一个原因。现在，在装甲车队的掩护之下，第一装甲师或它的残存部队已经集中起来了，他们的师长马上要给我递交报告，希望他们可以继续战斗。我即将展开对其他方面的行动的调查。我军的目标是重新夺回主动权，并对敌军实现步步紧逼，进而在时机成熟时消灭他们，即使不能消灭他们，也要迫使他们后退。为了实现这一意图，里奇将军决心已定。另，我和特德空军中将现在还在这里。

第二天，他又发来电文。

敌军的企图似乎是同时占领班加西和梅基利，他们已经展开了队形。这是隆美尔惯用的伎俩，但他对我军的防御能力估计错误。我们认为，担任向东突击任务的可能是大批坦克。除了向班加西挺进之外，里奇将军事先部署的反攻并没有因隆美尔的动作而落空。

*   *   *

对于沙漠地区已经发生的事情，奥金莱克将军一直都不了解，因为他在电文里始终没有提到第二装甲师（也就是第十三军）的情况。虽然写到这里时，我对这一点很清楚，但在当时我和他一样不了解。所以，既然他在里奇将军的指挥部，我就希望他能了解清楚这些情况。

首相致奥金莱克将军   1942 年 1 月 28 日

1. 我完全信任你，并且为你能坚持感到高兴。

2. 关于隆美尔的意图的那份情报，你一定看到了。他的企图是，在撤退到阿盖拉附近前，彻底清剿班加西—莫苏思—梅基利组成的这个三角地带。我们的坚持似乎因为他的企图变得更有必要了。

3. 我军装甲部队被劣势敌军打垮之事，的确是一次沉重的打击，我迫切地希望得到进一步的消息。

对于装甲部队的失败，奥金莱克将军能做的就是抱怨我方坦克落后，除此之外没有别的解释。

更坏的消息随之传来。

奥金莱克将军致首相　　　　　　　　　　　　　1942 年 1 月 29 日

恐怕我们必须要暂时撤出班加西了，因为形势已经恶化。

第七印度步兵旅在今天早晨被敌军击退了，他们遭遇的是由两个兵种混编的敌军优势纵队，每个纵队拥有不少于二十五辆的坦克。敌军还向阿比亚尔挺进，这支纵队更加强大，拥有不少于一千五百辆的机械化车辆。第四印度师的师长决定，如果有可能，将立即停止在班加西以南的行动，因为他们可能陷入敌军的重围……综合考虑当前的形势，我支持他的意见。我们全面启动了针对班加西的破坏措施，好在那里没有贵重财产。

敌军的胜利出乎交战双方的预料，不仅我们没有预料到，连他们自己都没有预料到。他们的战术大胆而高明，这是必须承认的事实。为了维持进攻班加西所需的强大实力，隆美尔要将驻扎在莫苏思一带的装甲部队分散到什么程度，这是我们需要关注的。出现这种局面，隆美尔和我们都承担着大风险，目前看来他是正确的。但我们没有放弃，我和里奇将军正在设法扭转局势。

第一装甲师的坦克和大炮损失严重，他们是我们的主力部队，但在短期内他们可能要损失一些战斗力了。我只能希望事实不至于如此。

根据我的观察，我军没有丢掉士气，也没有出现散漫或者混乱的情况。

奥金莱克将军致首相　　　　　　　　　　　　1942 年 1 月 31 日

　　1. 昨日下午收到了 1 月 28 日的电文，非常感谢你的信任。我们不得不放弃班加西，尽管这很令人遗憾，好在只是暂时失利。

　　2. 第一装甲师的情况：虽然我们原本在作战地区的坦克在力量上可能是超过敌军的，但现在我不知道相比于我们每天整装待命的坦克，敌军的坦克到底少多少。你已经收到了我的报告，知道了我军装甲部队战败的一些原因，在我看来，这些原因都能成立。至于其他的原因，就是我提到的目前无法解决的那些困难：其一，与德军的大炮相比，我军的大炮射程短、性能差；其二，与德军的坦克相比，我军的巡逻坦克机械不可靠。因此，对于认为我军装甲部队能够凭借高超的战术指导水平抵消德军战斗力上的优势的论调，我深感不满。无论如何，局势落入这个境地令人遗憾，但短期内也无法改善。

　　3. 综上所述，我得出一个倍感无奈的结论：在现有装备水平、组织水平和指挥水平下，如果我方装甲部队希望以必胜的决心战胜德军的装甲部队，只能在数量上超过德军，至少要有二比一的优势才行。即便有数量上的优势，想要取得胜利，还得仰仗步兵和炮兵的协助。要知道，我军的步兵和炮兵对付相应的德军部队还是绰绰有余的，他们只是在反坦克方面表现稍差。现在，我们正密切结合局势的发展运用这些原则。有迹象表明，对于自己的装备，在某些情况下，皇家装甲部队的人员缺乏信心。我很担心这个问题，必须尽力解决。

　　4. 关于隆美尔可能的意图，正在我和里奇将军的密切关注之下。在我看来，不论他有什么意图，在遭到抵抗之前，他肯定愿意用最小的纵队争取最大的成功。我们已经准备好了对付他的计划……

　　世人再一次见识了隆美尔在沙漠战术领域的造诣，与我们的指挥官相比，他才是高明的行家。在他重新占领昔兰尼加大部领土以后，我们败退三百英里，我们放弃的不仅有班加西，还有希望。为了实施盼望已久的2月中旬的进攻，奥金莱克将军集中了大批物资，如今全都丢失了。起初，隆美尔只是在能够纠集的部队的支援下，派遣了三支小纵队发动进攻，现在他一定很惊讶，因为取得了出乎意料的绝对胜利。第十三军的残部和从加柴拉、图卜鲁格一带调上来的其他部队，在这里得到里奇将军的重新整编。此后，战役进入对峙阶段，因为不论是追击者还是被追击者，都筋疲力尽了。隆美尔要等到5月底才能再次发起攻势。

沙漠战区之所以形势复杂、战事艰难，根本原因在于敌军能得到补给和支援。他们的装甲部队能得到补充，是因为可以在地中海上自由航行；他们能得到飞机支援，是因为可以从俄国战场抽调空军。只不过这一点没有从战术的变化上得到体现。1月25日，敌军突破防御，直抵莫苏思，使这一天成了有决定意义的一天。此后，主动权落到了隆美尔手中，因为形势更加混乱了，我军的计划也一再变化。当撤退的命令再三地传到警卫旅时，他们仍旧希望继续抵抗，最终只得服从命令。同样的遭遇也发生在第四英印师身上，他们也没能继续抵抗。

我方从敌人最近的文件里获悉，在坦克的性能方面，他们远胜我们。事实上，不仅性能比我们强，数量也比我们多。我军第一装甲师只有一百五十辆坦克，他们的非洲军团有一百二十辆坦克，意军也至少有八十辆坦克。在这样的劣势下，我方虽然有一个装甲师，却没有利用起来，除了奥金莱克将军在电文里说的"该师刚刚从联合王国而来，缺乏沙漠作战的经验"之外，我至今不知原因。在前述电文里，奥金莱克将军概括称"我军比德军差的不仅仅是作战坦克，在作战时的机械性上，巡逻坦克也远逊敌人。不仅坦克差，机械又靠不住，再加上反坦克武器少于敌人，情况日趋糟糕也在情理之中"。

我们应该仔细分析这些原因。我军最好的部队就是第一装甲师，在这支部队服役的大部分士兵都接受过两年以上的训练，即使与正规军相比，他们的水平也丝毫不落下风。为了使他们更适合沙漠作战，在离开英国之前，我们动用了一切力量，根据当时掌握的所有情报和经验，更新了他们的车辆。11月份在埃及登陆以后，他们又在开罗接受了例行检查，之后才踏上沙漠之旅，于1月6日到达安塔莱特。在通过所有的沙漠地区时，为了保护履带，坦克由特殊的运输车运送。

令人想不到的是，还没有参与真正的大战，第一装甲师这样一支精锐主力就损失了一百多辆坦克，大批燃油也被遗弃在仓促撤退途中，以至于后来连坦克都因燃料耗尽而遭到遗弃。在撤退时，警卫旅先是发现了他们遗弃的大量汽油，后来又发现了他们遗弃在沙漠里的坦克。于是，警卫旅运来汽油，开走了这些坦克。以康斯特瑞姆的一个连为例，他们开走了六辆坦克，其他部队开走的就更多了。一些部队学着德军的样子，让坦克和摩托化步兵协同作战，发挥了比之前更强的战斗力。

组建一个装甲师，不仅需要专家，还需要接受过训练的士兵，付出的代价和劳动力可想而知；将它绕过好望角送到前线，付出的努力可想而知；派它上战场作战，要做多少准备同样可想而知。想到这些，我们就感到痛心；看到因处置错误产生的后果，我们更心痛。与德军的表现相比，我们真是脸上无光，我们失败了，而胜利的德军原本距离的黎波里的基地有四百多英里之远。在追究真相时，英国人民如果相信造成此次影响深远、损失巨大的失败的是我军坦克在技术上的落后，就是被人诱导，受到蒙蔽。

第三章　马来亚的惩罚

激战马来半岛——日军继续前进——希伽默——麻坡之战——我军退至新加坡岛——值得商榷的战略问题——守卫新加坡的部队兵力分散——博纳尔将军的备忘录——我批评了海军在西海岸的防务——海军大臣向我做出解释——韦维尔将军不认为能保住新加坡——我在1月15日的电文——我在1月16日给韦维尔将军的电文——没有连接陆地的固定堡垒——没有野战防御工事——我在1月19日给三军参谋长的备忘录——三军参谋长在1月20日给韦维尔将军的指令——我在1月20日给韦维尔将军的电文——保证滇缅公路的畅通意义重大——韦维尔将军的报告很悲观——三军参谋长也很为难——厄尔·帕奇爵士出面阻挠——卡廷先生在1月23日的电文——卡廷指责我们背叛了他们——我们决心在新加坡战斗到底

在上卷书中，我已经提到马来亚在1941年年底以前的情况。陆军中将希思指挥的第三军（由第九英印师和第十一英印师组成），在新年伊始就在东西两侧的海岸同时遭受打击。此时，原本驻扎在哥打巴鲁的敌人，已经由海岸公路向南挺进至关丹，我军驻扎关丹的是第九师的一个旅团。在西面的金宝驻扎着我方的第十一印度师，他们部署在一个坚固的山头阵地上。在山头左侧的霹雳河一带，驻扎着我们的一个旅。为了避免敌人从丰盛港海滩登陆，实现挺进至我军先头部队身后的目的，我们在柔佛邦部署了第八澳大利亚师的两个旅，其中一个旅就驻扎在丰盛港。敌人在宋卡集中了大量船舰，由此可知，除了已经派出的至少三个师，他们还会增派兵力。但这不至于引起我们的担心，因为我军苦苦等待的援军也要来了。英国第十八师的主力旅——第四十五印度旅——将在1月中旬到达，同期到达的还有五十架"旋风"式战斗机。该师的剩余部队和另一个印度旅也将在1月底到达。

只有派出我方除小型舰艇以外的全部海军力量和几乎所有残存的战斗机，我们才能在新加坡以南的海面上为这些运输船队提供保护。但这样的行动有一定的风险，我方部队和交通线将遭到日本空军的肆意攻击。为了切实履行协议，为了保住新加坡，荷兰派来四个飞行中队。遗憾的是，他们的到来不但没有改变局势，还遭遇了重创。最终，他们只剩下几架轰炸机，处境跟我们的空军中队相差无几。由于没有掩护他们的战斗机，剩下的轰炸机没有用武之地，变得毫无用处。在这种形势下，我方部队需要做的，就是将敌人尽力吸引到北面的阵地上，以便争取等待援军到来的时间。在此期间，为了给新加坡本岛的保卫战保存实力，他们还不能恋战。

为了实现沿西海岸攻击敌军身后的目的，我们在临近12月底时计划派遣一支两栖作战小分队。12月27日，这支小分队实施了一次极为成功的突袭。然而，我们没能扩大战果，我方力量薄弱的海军迅速被敌人压制，根本无法到瑞天咸港外参加战斗，因为制空权似乎全在敌人手中。在新年的第一天，我们就遭遇打击。拥有六艘快速登陆艇的一支小舰队被敌人消灭了，要知道他们可是刚刚从美国来到这里的。在此之后，我们无计可施，如果在海面上遇到敌人，只能迅速躲避。

第十一印度师承受着敌人长达四天的持续猛攻，好在始终没有丢掉金宝阵地。到了1月2日，情况发生了变化，情报显示，他们有被敌军切断后路的可能，因为霹雳河河口一带已有敌人登陆。得到消息以后，希思将军决定从瑞天咸港发动一次两栖反击战，执行这一任务的是皇家海军陆战队的一个小分队。希思将军的猜想是，敌人将对距离其后方只有几英里的瓜拉雪兰莪一带发动海上攻击。遗憾的是，反击毫无收获。后来又有情报显示，瓜拉雪兰莪一带在1月3日夜晚至1月4日凌晨有敌人的登陆。但是，我们的情报只限于此，因为我们截获的情报不仅很少，而且很混乱，因此并不掌握这部分敌人的实际情况。事实上，抛开情报因素，我们也没有兵力阻止他们的行动。我们只好撤退到斯林河一带，在那里组建新的防线。为了预防敌人从后方发动袭击，我们又在西南方部署了一个旅。

＊　　　＊　　　＊

在过去的三个星期里，我方部分部队连续作战，已是疲惫不堪。因此，当敌人在1月7日发动猛攻时，他们有些招架不住。目前而言，他们只能在静止中等待迟早到来的攻击。在月色的帮助下，日本坦克沿着大路迅速挺进，很快就突破了我们的防线。在敌人的攻击下，我们的两个旅陷入混乱，虽然成功逃脱，但损失惨重。我们拖敌待援的打算，在经历这次失败后，又被打乱了。部署在东海岸的第九师也受到拖累，稍早以前，驻扎在关丹的一个旅发起过一次反击，取得了消灭两千名敌人的战果，但现在已随大部队转移至劳乌附近。他们的侧翼迟早会暴露，要避免这一点，就得停止在西海岸的后撤。

此时的韦维尔将军已经来到了新加坡，他的目的地是美、英、荷、澳司令部。为了让疲惫不堪的部队彻底摆脱敌人，使他们到生力军或相对生力军的后方休整，他命令全军大举撤退。他给这些疲惫之师提供的休整地点在希伽默左侧，距离麻坡河约一百五十英里。陆续到达那里的部队有从东海岸撤下来的第九英印师、澳大利亚第二十七旅、新来的第四十五印度步兵旅，指挥官是澳大利亚的戈登·贝内特少将。从1月10日开始，惯打头阵的第十一英印师开始撤退，准备到后方休整。为了摆脱敌人的纠缠，他们进行了一场激烈的战斗。新的防线在四天以后组建完毕，瑞天咸港的

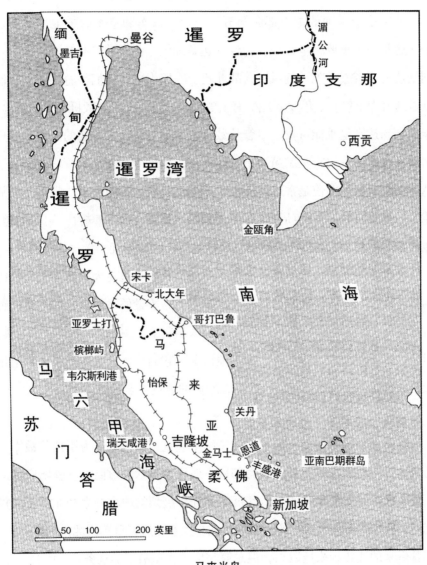

缅甸

墨吉

曼谷

暹罗

印度支那

湄公河

旬

暹罗

暹罗湾

西贡

金瓯角

南

海

宋卡

北大年

哥打巴鲁

亚罗士打

马

槟榔屿

怡保

来

韦尔斯利港

关丹

亚

瑞天咸港

吉隆坡

金马士

恩道

亚南巴期群岛

苏门答腊

马六甲海峡

柔佛

丰盛港

新加坡

0 50 100   200 英里

马来半岛

海上基地也在那时被弃，至于港内残存的轻型舰艇，则退往本加兰港。我们放弃瑞天咸港没几天，日军的一个小分队就在那里登陆了。此时，能拦截敌人的舰艇只有两艘，他们却连敌人的影子都没有见到。

英国第十八师的主力部队第五十三旅在海军和空军的护卫下正在赶来，这是一支重要力量，现在已经到达新加坡，正在港口起卸。随他们一同抵达的还有五十架"旋风"式战斗机。在路途中，他们一直在敌人控制空域的海面上航行，不仅要经受海上的风险，还要冒着被敌机袭击的危险，能顺利到达真是难能可贵。尽管从数量上看他们是至关重要的，但实际作用远没有那么重要。至于第四十五印度旅，则是一个新兵旅，没有接受过丛林作战训练，即使是常规训练也没有全部完成。英国第十八师是其中战斗力最强的，但需要恢复周期，因为他们刚刚完成三个月的航行。可惜的是，他们登陆后的第一场战斗，结果已经注定了，必败无疑。

背负着万众期待的是那五十架"旋风"式战斗机，大家认为，它们的到来，使我方拥有了能够与日本飞机抗衡的高质量的飞机。它们被迅速地装配起来，迅速地投入战斗。起初，它们深孚众望，的确让敌军吃尽了苦头。但是，由于新来的飞行员不了解实地情况，它们很快又败下阵来，将上风让给数量更多的日本飞机了。之后，它们的数量逐渐减少。

＊　　　＊　　　＊

异常猛烈的希伽默—麻坡之战持续了整整一个星期。为了堵住敌军，戈登·贝内特将军将大部分兵力部署在通往希伽默的道路上。驻防麻坡河下游的兵力，主要是第四十五印度旅和先后赶到的两个澳大利亚营。战役期间，我军在希伽默前线的一次伏击战中大获全胜，日军因此损失数百人。尽管后来的战斗越来越激烈，但总算完成了拦截敌军的任务。1月15日，日本调动整个禁卫师团对麻坡实施围攻，而我方的兵力只有四个营。敌军不仅从正面发起冲锋，还不断地从侧面发起登陆战。我军抵挡不住，多次向南撤退，又多次被包围。后来，为了成功突围，他们只好分散成小分队，丢掉沉重的运输设备。虽然最终得以突围，但伤亡惨重，包括旅长邓肯、各级副指挥和各营营长在内的三千多人牺牲，这支原本有四千人的部队，活下来的只有八百人。这支人数极少的部队，抵挡住了数倍于己的敌人，抵挡住了握有制空权的敌军，保护住了希伽默的侧翼和后方，为希伽默驻军赢得了撤退的时间。英国第五十三旅的两个营也被调动起来参加这个任务。为了阻止敌人在本加兰港以南海岸登陆，正在后方休整的第十一英印师也被调动起来了。

现在，我们的部队分布在九十英里长的战线上，从丰盛港延伸到本加兰港，遍布马来半岛南部。敌人死死缠着我们，在丰盛港、居銮和西部海岸激烈交战。在这些战斗中，西海岸的激战最为关键。驻防本加兰港的只有两个英国营，在直接出口全被封堵的情况下，他们坚守了五天，后来后退二十英里，才在夜间由海军协助撤离。

1月15日，宋卡来了一支大型护航船队，为敌人送来了两个师的生力军。至此，日军获得了强有力的支援，在马来亚的兵力达到五个师。这两个师很快就挺进到了居銮，给我军防线的中心带来极大的威胁。尽管我方的空中侦察力量极其薄弱，但他们表现得很勇敢，他们在1月26日报告说，兴楼一带的海面发现两艘运输舰、两艘巡洋舰、十一艘驱逐舰和许多小舰艇。当时，我方能集中起来的参战飞机有二十三架，在得到消息后立即行动，对它们实施空袭。然而，由于它们有战斗机的保护，我军失利了，损失极大，老式"牛羚"战斗机损失更大。不过，我们也击中了他们的两艘运输舰，击毁至少十三架飞机。在这次英勇的行动中，我们的空军有了重整雄风的迹象。

第二天晚上，从新加坡方向驶来两艘驱逐舰，我军出面拦截，有一艘被击沉了。成功登陆的日军迅速自兴楼南下进攻丰盛港。至此，在1月17日这一天，在我军战线中心居銮、丰盛港战线右侧以及已经暴露的左翼，都发生了大规模的激战。珀西瓦尔将军下令退守新加坡岛。要登上新加坡岛，需要逐人逐车地通过一段长堤。就在这个阶段，我军再次遭受挫折，损失了一个旅的大部分兵力。所有部队直到 1 月 21 日早晨才完全通过长堤。之后，长提被炸毁了。

*　　*　　*

如果我们在最初阶段牵制南下马来半岛的日军的只是轻快机动部队，如果我们在最初阶段就集结全部兵力守卫新加坡岛，结果会不会比现在好？我认为这个问题值得商榷。当地指挥官提出建议，为保卫新加坡将战场改在柔佛，我同意了，但仍然要求他们尽量拖住向新加坡挺进的敌军。

保卫马来半岛的战斗，几乎都是接二连三地在撤退中展开的自卫防御战，所有参战部队和他们的指挥官因此得到很高的荣誉。各种便利条件几乎全都在敌军一方。在战前，他们就详细勘察和研究了地形，又事先制订了周密的计划；在战斗打响之前，特务就渗透进来，为自行车队准备车辆。因此，开战以后，敌军很快在兵力和装备上占据了上风，更何况在丛林作战方面他们还有丰富的经验。尽管我们有援军，但作用微弱，他们全都被敌军分批牵制住了。

我在之前说过，因为我们要应对其他地区的需求，所以制空权才到了日军手中。因此，这虽然是个极其惨痛的后果，但马来半岛的指挥官对此不必担负任何责任。这带给我们的结果是，我们派去守卫新加坡的部队的主要力量，几乎全部消耗在了马来半岛的战斗中，甚至在日本宣战之后派往那里的援军也几乎消耗光了。我们的部队历经磨难终于到达指定目的地时，已是筋疲力尽，毫无斗志。后来，当地部队和基地小分队同他们合兵一处，尽管这些部队在战斗力方面对他们帮助不大，但至少增加了他们的数量。与他们会合的还有刚刚经历长途航行、在意外而陌生的地方登陆的英国第十八师的两个新兵旅。他们原本准备在这个战场上行使一项崇高的使命，原本准备在新加坡与敌军决战，结果在敌军进攻之初就遭遇重创，虽然还有十万兵力，但更像是乌合之众。

*　　*　　*

博纳尔将军写于 1949 年的那份能够充分说明战前我们在新加坡要塞实施的方针的备忘录，被我收录在了本书的附录[①]里。我们在 1940 年 8 月及以后日军占领印度支那时做的决定，也收在备忘录里。由这些决定可以看出，我们不断增加守军的数量，其中空军的力量增加得最多。正像我在上面提到的那样，在日本宣战和美国参战以前，我们的部队所需的物资全都被挪用了，日本宣战和美国参战后才实现大规模正常供应，但为时已晚。与三军参谋长的想象相比，前线指挥官需要的物资实在太多了，别说全都满足了，甚至都不能满足哪怕其中一个人。在这里我只说说当时的情形，至于具体的叙述，那份备忘录反映得很真实。

＊　　　＊　　　＊

得知我们在新加坡遭遇惨痛失利后，国内立即展开正式讨论。在这一时期，我分别与韦维尔将军、卡廷先生频繁地收发电文。

首相（在华盛顿）致韦维尔将军　　　　　　　　　　1942 年 1 月 9 日

自始至终我都盼望着驻守在马来半岛的英军能够尽可能多地保存下来，以便能够继续履行守卫新加坡要塞和柔佛的职责。我的这种心情你在之前的电文中也感受到了。因此，对于目前采取的自卫防御战，我持赞成态度，这样既能拖住敌军，给他们造成损失，还有时机破坏对他们有利的一切物品。但是，我们的防线为什么不断地因敌军在海上的行动而发生变化？敌军被渔船甚至是木船运送到西海岸的南端，又顺着河港返回来，这样的行动就能迫使我们撤退？我认为，要击沉这些没有武器的渔船、木船，只需派出一两艘潜艇，用口径为四英寸的大炮或者鱼雷就能解决问题，或者封锁敌军可能利用的河口也行。如果敌军派飞机轰炸，也可以让潜艇躲到水底。这样一来，我军西面

---

① 参见本书的附录。——原注

的侧翼就有了保护，即使要被迫将手中的每一寸阵地让给敌人，也可以在不至于使自己陷于危险的情况下，让敌人付出尽可能大的代价。我经常跟罗斯福总统讨论各方面的战况，如果你能将目前的情况告诉我，再告诉我还能做些什么，我就能向他提要求了。如果你能做到，我会很高兴。

韦维尔将军解释了我军在马来亚西海岸的防线，因日军的活动不断变化的原因。下面是他的回电：

韦维尔将军致首相　　　　　　　　　　　　　　1942 年 1 月 10 日

你应该已经看到了我就马来亚的总形势向三军参谋长汇报的电文。我在我军西海岸侧翼遭遇威胁之初，就考虑让海军出战。我最初安排了巡逻船，但白天敌军总是用空袭对付他们。刚刚过去的三个夜晚，我命令苏门答腊基地的"侦查"号驱逐舰出动。如今，在马来亚的只有三艘荷兰潜艇，但我已经从其他的军事行动中抽调出一艘潜艇，从 12 日起增加到槟榔屿和雪兰莪之间的西海岸。

这样的解释无法令我满意，之后收到的详细的解释同样无法令我满意。

首相致第一海务大臣　　　　　　　　　　　　　1942 年 1 月 22 日

情况的确有些糟糕。一支没有军舰掩护的敌军部队在马来亚的西海岸压倒了我们，而且他们已经取得了战斗的胜利。我们的部队无计可施，只得接二连三地后退，士兵们普遍产生了惊恐不安的情绪，而且敌军还因此赢得了宝贵的时间。敌军为什么能得到这些船只呢？这是我们的一个显而易见的错误。尽管直到最近我们一直都牢牢控制着这片海域，但是我们的船只少得可怜，可能只有两三只。报告称重机枪的攻击是岸上发出的，那么，敌军又是怎么到达岸上的呢？他们不可能将重机枪装备到控制海岸的每一个据点上，因此他们肯定是沿着海岸来的。

你得到的情报必须准确详细。马来亚半岛西海岸的控制权居然落入了连一艘军舰都没有的日本人之手，难道这样的败仗还不能算是英军海战史上令人震惊的失败吗？实在抱歉，我承认我对你发了脾气。但是，我还是要求你提供完全调查之后的详细报告。

庞德海军上将详细地回复了我。

第一海务大臣致首相   1942 年 1 月 24 日

1. 你在 1 月 22 日发出的指示，对马来亚西海岸战事的分析完全是从海军角度出发的。如果敌人掌握了制空权，那么小船只在近海的任何地方都能畅行无阻。这是我们得到的一条惨痛的教训。因此，这不仅仅是海军的问题，也是空军的问题。

2. 如果是在 1914 年发生类似沿着海岸渗透的情况，或许可以指责海军，但是它发生在 1942 年，就不能这么说了……

3. 依据我们目前的调查，事实似乎是这样的：

（1）殖民地事务大臣收到的来自总督的电文称，为了避免敌军得到哪怕是一艘小船，他们在战前就将所有舰船运送到了河流上游。显然，所有舰船在军方得知西海岸地区有危险时，就已经到了河流上游。不过，由于敌军从林间小路渗透到了岸上，又挺进至我们隐藏舰船的地方，所以这一部署遭遇了局部失败。好在可以肯定，我们早已破坏了大多数舰船和所有机动船。

（2）失败的局面似乎是从槟榔屿开始的，"焦土政策"在那里遭遇彻底失败。敌军因此得到了大批小船，之后乘船沿着海岸南下。

在这个过程中，敌军掌握着制空权，我们不仅毫无防御，而且也保全不了什么。

（3）为了在槟榔屿发起反击，我们得首先到达距离新加坡三百四十英里的这座岛屿。于是，我们调动了战斗发生时临时准备的少量装着轻炮的小船。由于制空权在敌军手中，这些小船不能在白天行动，即使做出尝试，也会被迅速击沉。

（4）敌军经由陆路从宋卡运来一批摩托登陆艇，已经投入使用了。

4. 为了增加巡逻艇的数量，马来亚的海军少将竭尽了全力。至于荷兰部队能否提供援助，已询问过韦维尔将军；至于印度皇家海军能否提供援助，也询问过印度政府。另外，空军力量尽管有限，也愿意予以配合。

我军能够参与战斗的舰艇的力量，只能勉强保证增援运输舰队的安全，使他们能够畅通无阻地到达新加坡。这是我们应该承认的事实。除了一些经过改装的装备着简单武器的商船和几只装备简陋的小舰艇之外，我们再没有能够用于沿海防御的力量了。面对敌军强大的空军优势，我们如此薄弱的海军，坚强地坚持了下来。由此可见，他们缺乏的是克敌制胜的方法，并不缺乏战胜敌人的勇气。

＊　　　＊　　　＊

情况很快就弄清楚了：对于我们能否长久守卫新加坡一事，韦维尔将军一直心存疑虑。相信读者早已明白，日军如果企图围困要塞，就得先把重型大炮搬运到岸上，然后找到合适的地方，最后再安装好。因此，我只能寄希望于新加坡岛和它的要塞撑得住。离开华盛顿之前，我认为抵抗两个月应该毫无问题。因此，尽管目睹我军从马来亚半岛撤退时遭受的损失，我也始终没有加以干涉。

韦维尔将军致三军参谋长　　　　　　　　　1942 年 1 月 14 日

　　我是在昨天——1 月 13 日——抵达新加坡的，随后坐汽车到达希伽默，在那里见到了希思、戈登·贝内特。敌军的进军速度超出了我的想象，因为第九师、第十一师在吉隆坡以北的战斗中又遭遇了人数和士气方面的打击。好在我们的计划正在实施。保卫新加坡的战斗会很吃力，要让运输舰队安全地如期而至，我们只能期盼运气不要太差。昨天下了一整天的雨，不仅掩护了运输舰队的最后一段行程，还可能延缓了敌军的挺进速度。我认为，戈登·贝内特及澳大利亚部队一定会痛击敌人，因为他们精神饱满，士气旺盛。

＊　　　＊　　　＊

　　我一直都以为，在近陆防御和对抗包围方面，新加坡是万无一失的。为此，我给韦维尔将军发电文，希望了解这方面的情况。

首相（在华盛顿）致韦维尔将军　　　　　　　1942 年 1 月 15 日

　　1. 如果我军被迫撤退到岛内陆地上，情况如何呢？请告诉我你的判断。

　　2. 需要多少部队才能守住这里？如果要阻止类似香港那样的登陆，该怎么办呢？你们在靠近陆地的地带布置了哪些防御工事？如果用要塞的大炮反击围攻炮兵的企图，行得通吗？你是怎么安排非战斗人员的？所有的准备都做好了吗？一方面，我希望你们能坚持到保卫战的最后一分钟；另一方面，我又不希望战事发展到如此惨烈的程度……

　　3. 我们能感觉到你是怎样满怀信心地完成肩负的艰巨任务的，并因此对你的来电感到高兴。就像你在英国的朋友那样，所有的美国人同样信任你。

　　韦维尔将军在我回到伦敦后才回复了我。

韦维尔将军致首相   1942 年 1 月 16 日

　　近日，在滞留新加坡期间，我专门讨论了关于守卫新加坡岛的事宜，要求他们制订详细的计划。目前为止，我们所有计划的基础，都是击退由海上向陆地发起的攻击和牵制对柔佛以北地区的攻击。我们虽然制订了炸毁长堤的计划，但是为了阻止敌军横渡柔佛海峡，在北部地区修筑防御工事的计划却没有任何进展。尽管要塞里最大的重型大炮可以向任意方向旋转，但如果用以反击围攻，由于弹道是平直的，因此并不适用，我也就没有把握。后勤补给还能令人满意。为了避免拥挤，我已经下令将一些空军物资和备用物资转移到爪哇和苏门答腊。只要得到详细的计划，我会再次向你汇报。不过，确定大部分的计划得根据空军的情况。

　　我看到这封电文时已是 19 日的早晨。城市和海军基地竟然没有修筑永久防御工事，这使我震惊和苦恼。不仅如此，自战争打响以来，尤其是日军占领印度支那以后，关于修筑野战防御工事之事，居然没有任何一位司令官计划过，甚至于都没有人提及这方面的疏漏。这真是令人惊讶。

　　我相信，以我对战争的了解，只要花费几个星期的时间，就可以修筑完毕足以对抗现代火力的强大野战防御工事，至于阻碍或者限制敌军的进攻，也可以利用地雷和其他障碍物。这个著名要塞的后方竟然没有永久护卫它的彼此分离的围成一圈的炮台。这是我从来都没有想过的。我怎么可能不知道这些呢？真是想不明白。不仅当地官员没有意识到这项重要的措施，国内同样也没有军事顾问意识到此事。没有人——哪怕是一个人，包括看到我的电文的人——向我提及此事。

　　我以为敌人采取的肯定是常规的围攻，这是一个错误的假设，我也是据此发出电文的。以前，我在书上看到过发生于 1877 年的普列文战役的情况。当时，面对俄国人的袭击，土耳其人在虎口之中的普列文修筑了临时的防御工事。这是发生在机关枪时代之前的事情。我也在 1917 年考察过凡尔登，1916 年的凡尔登，驻扎着一支野战部队，他们之所以能取得后来的辉煌战绩，皆因分布在彼此分离的炮台之间。在我看来，为了攻破新加坡坚固的据点，敌人必须调用大量的炮兵。即便如此，他们也面临诸多困难，陷入旷日持久的拉锯战中，不仅炮兵部队的集结会受到影响，沿着马来亚交通线集结的军火也会受到影响。但是，如今的情况不是这样，我看到的是毫无防备的光秃秃的新加坡岛，退到岛上的部队尽管没有筋疲力尽，但也疲惫不堪了。

我不是为了让自己得到原谅才写下这些的。相反，这是我和我的顾问团队早就应该知道的事情，或者他们早就应该告诉我，或者我早就应该询问他们。在我的意识里，就像战舰下水时不会没有舰底一样，我同样认为新加坡不会没有野战防御工事。正因为这个，在我提出的几千个问题里，它是唯独没有提到的。我能想到他们的借口：缺少工人；部队忙于训练和在北马来亚修筑防御工事；受困于战前经济的限制和陆军部的集中管理；陆军的职责不是沿岸作战，而是应付北海岸的战事，以便守卫北海岸的海军基地。在我看来，不论如何，新加坡早就应该修筑防御工事了，这些借口未必站得住脚。

我立即想到要尽快做出补救。于是，我口述了这样一份备忘录：

首相致伊斯梅将军，转参谋长委员会　　　　　　1942 年 1 月 19 日

1. 我感到惊讶，因为我看到了 16 日韦维尔将军发来的电文和关于同一问题的其他电文。我惊讶的是，拥有半英里到一英里宽度天堑的新加坡要塞的大后方，居然没有用于抵抗北方的攻击的任何防御，这是我没有想到的。约翰·蒂尔爵士跟我一样，也没有想到，因为我曾经在出航时与他谈及此事。如果新加坡没有成为一个城堡，那么即

使将它视为要塞，又有什么用呢？即使在非战争时期，修筑一道能够使遍布于低洼地带的电网、障碍物与探照灯、交叉射击互相结合的独立防御工事，准备充足的弹药，确保要塞的大炮能够压制敌军在柔佛的大炮，也是必备的措施。真是难以想象，一个已经有二十年历史的要塞，居然没有这些措施。即便在战前没有修筑任何工事，那么在这次战争期间，是不是就该修筑好呢？要知道战争已经进行了两年半。在任何时候，谈论起这些问题，你们中间竟然没有哪怕是一个人指出这一点。我不明白这是为什么。在近两年的备忘录中，我反复强调，我们抵御正式围攻的策略不是克拉海峡计划，而是新加坡岛的防御要塞。因此，我们早就应该做到这一点。此时此刻，在英国的我们已经意识到，为了防止炮台后方发生登陆袭击，必须加强对它的保护力度。长期以来，这都是一个行之有效的方案，这一点已经被朴茨茅斯的波茨唐山炮台证实了……

2.所谓要塞，指的是一个四周完全设防的坚固的防御阵地，一个海军基地和几座面朝大海的炮台可不能被称为要塞。不论如何，如果没有要塞炮台和保护后方的永久防御工事，即使有面朝大海的炮台，这种设计也无法被容忍。整个要塞的安危会因为这样的疏漏，被乘坐小船强渡海峡的一万名士兵掌控。我要提醒你们，这是可能暴露出来的丑闻里最骇人听闻的。

3.柔佛战役正在进行，为了完善我们的工作，应当立即制订计划。以下几个方面应当包含在计划里：

（1）应尽可能地将要塞大炮运用于北方战线。首选是弱炸药，次选是一定数量的高爆炸药。

（2）在有空间集结大量兵力的可能的登陆地点，修筑路障，埋上地雷。

（3）将铁丝网和陷阱布设在遍布栲树的沼泽地带。

（4）修筑能够进行机枪交叉射击和炮战的野战防御工事。

（5）征调在柔佛海峡或其他火力能及的地区发现的船只，部署在我军控制范围内。

（6）在海峡各端部署隐蔽得当的装备有探照灯的野炮，只要发现有进入海峡企图的敌军船只，要立即予以消灭。

（7）组建三四个反攻预备纵队的机动指挥部，如果我军被迫放弃柔佛，可以以此为基础组建部队。

（8）在修筑防御工事时，要把岛上所有的男性都动员起来，为确保所有的锄头、铲子都能被利用起来，必要时可以动用最激烈的强制手段。

（9）除非敌军战胜了我们的每一支部队、每一个据点，否则，我们不仅要竭尽全力保卫新加坡，还要保证整个新加坡岛都奋战到底。

（10）为了将保卫战进行到底，必须将新加坡改造成一座坚固的城堡，决不考虑投降……

三军参谋长据此发出如下电文：

三军参谋长致韦维尔将军　　　　　　　　　　1942 年 1 月 20 日

你们应该为柔佛战役做充足的防备，与此同时，也要做好保卫新加坡岛的所有准备。以下几点需注意：

1. 做好让要塞大炮应对针对陆地的攻势的充分准备，并做好有效的射击操纵组织。还需要多少高爆炸药？请在检查战略储备时告知我们。

2. 可以使用地雷、陷阱或者铁丝网等一切可以利用的障碍物，阻断由海峡通往陆地的道路、岛上的登陆点和出入口。

3. 在西部和北部部署一些用于保卫海岸的大炮和机枪。

4. 不论是在海峡内还是在海峡外的船只，不论是大船还是小船，只要在火力范围内，都要在我们的掌控之下，否则必须予以销毁。

5. 陆地防御是整个防御计划的基础，因此，任何有可能遭受攻击的通道，都必须在陆地防卫的控制之下。建立针对沼泽地带的预备体系，为方便实施快速反击，应当组建一支机动部队。此外，为了防止敌军成功登陆后在短期内扩大阵地，应该在陆地的腹地修筑防御网络。应当动员一切能够利用的军用和民用力量，以便尽快完成防御工事。

6. 加强对敌军通过突袭实现夜间登陆的防备，为此要采取一切可行的措施。考虑到日军战略和机动的特点，对于认为不可能登陆的地区，要再做一次巡察。

7. 根据情报，日本空运部队正在印度支那做准备，为了防止他们入侵，对柔佛、新加坡的机场及其他可能登陆的地区，要采取适当的保护措施。另：让皇家空军部队充分发挥作用。

8. 在疏散和引导当地居民方面，以及在压制"第五纵队"方面，也要采取有效的措施。

9. 所有参与固定防卫任务的人必须接受武装，要在计划中为他们分配清楚职责。

10. 要保持通信的畅通和稳定，苏门答腊机场可以充当近距离支援的飞机的基地，因此要保持联络的畅通。

11. 上述计划中的一些措施应该已经开始实施了吧？请将具体情况通报给我们。还没有实施的措施应该立即实施，不得拖延。另外，为做好打长期的保卫战的准备，要采取一切可行的措施。

我也给韦维尔将军发了电报。

1942 年 1 月 20 日

我不能直接给你发布命令，因为你已是美、英、荷、澳四国在西南太平洋驻军的最高指挥官。在这种情况下，华盛顿的罗斯福总统将通过联合参谋长委员会给你发出作战命令——我希望这种命令尽可能少一些。尽管如此，我仍然希望与你继续保持联络，尤其在我对你有建议或者疑问时，更应该继续联络，在关系到诸如新加坡那样的要塞防务时，同样要保持联络。我因为你的很多电文而感到不安，你要以这样的精神阅读参谋长委员会在今天发给你的有关新加坡岛海岸防御计划的电文。我要明确地指出：为了避免敌军利用我们的物资或者防御设施，我们必须将它们全都销毁；我希望你们寸土必争，如果还没到在新加坡市区发起巷战的地步，就不能有投降的念头。

随后，我也给三军参谋长发去电文。

首相致伊斯梅将军，转参谋长委员会　　　　　　　1942 年 1 月 20 日

作为三军参谋长，应当对增援缅甸的事务提出意见（尽管此事由最高统帅负责）。不论什么都不能让我们从新加坡保卫战上分心分神，至于将部队迅速转移到缅甸之事，得在新加坡失守之后才能考虑。我的意见是，从战略目标方面考虑，相比于保卫新加坡，更重要的是保证滇缅公路的畅通。

三军参谋长致珀西瓦尔将军（在新加坡）　　　　1942 年 1 月 21 日

1. 关于最近一段时间马来亚的局势，战时内阁进行了讨论。

2. 关于我方马来亚西岸防线后面仍有日军登陆的报告，内阁感到不安。为了应对可能没有武器装备的敌船的攻击，内阁原来的想法是，希望能临时组织起当地的海军。你们是否已经采取了措施，计划采取

什么措施？请做出详细的汇报。

3. 内阁还讨论了新加坡岛的供水问题。鉴于香港有因无法供水而被迫投降的往事，如果新加坡与马来半岛的联系被切断，还能维持供水吗？你对此有多少把握？

4. 我们在一个月前就给总督下令，要求他疏散没有军事任务的人员。我想知道现在已经疏散了多少人，接下来有什么计划。

＊　　＊　　＊

21日早晨，我刚刚醒来，就看到放在公文匣最上面的韦维尔将军的来电。他的这封关于新加坡守卫战前景的报告显得很悲观。

韦维尔将军致首相 1942年1月19日

被我派去研究新加坡防御计划的人已经回来了。我们正在制订防御新加坡北部的计划。守卫新加坡岛所需的人数，跟守卫柔佛所需的人数大体相当，甚至更多一些。[①]珀西瓦尔将军应该已经收到我的命令了，在将柔佛守卫战进行到底的同时，他还要做好准备，一旦柔佛失守，也要将抵抗延续到最大限度。但是，我对柔佛失守之后新加坡还能守卫多久没有把握，这一点我必须向你汇报。我们在设置要塞大炮时，交给它们的任务只是打击船只，因此很多大炮只能向海面射击[②]，而大部分炮弹也只能用来打击船只。同样，修筑防御工事的初衷也是攻击海面。我将部分部队派到柔佛去了，留下来的部队有很多，但说不好能有什么用。我不希望你误解新加坡岛的要塞，因此，很遗憾让你看到悲观的前景。对于柔佛，我的希望是坚持到护航舰队再次到来的那一刻。

---

① 斜体字是我使用的。——原注

② 这种说法有错误，也有很多大炮可以向陆地射击。——原注

下面的电文是后来收到的：

博纳尔将军致首相   1942 年 1 月 20 日

形势日渐危急，韦维尔将军已紧急飞赴新加坡。

麻坡的情况极为混乱。为了实现与第五十三步兵旅会合的目标，第四十五旅和澳大利亚第二营将从巴克利地区撤出，之后，他们会执行第五十三步兵的占领巴戎山的任务。目前，他们的右翼已经撤至希伽默河一带，预计今天晚上就能撤到拉比斯。

韦维尔将军回来后会再行汇报。

韦维尔将军致三军参谋长   1942 年 1 月 20 日

1. 我是在今天飞抵新加坡的，随后与希思、西蒙斯和珀西瓦尔会面。马来亚的局势很严峻，在麻坡以东巴克利地区的第四十五印度步兵旅和澳大利亚的两个营没能完成撤退，他们被敌人切断了。此外，在巴克利以东二十英里的巴戎的第五十三旅也遭遇严重失利。

2. 我们认为，由于南部形势的变化，驻守在希伽默—拉比斯一线的部队也应该撤退，未来可能先向柔佛、巴鲁一带撤退，直至撤到岛上。

3. 我们正在动用仅有的一些物资积极准备本岛的保卫工作。保卫战的结果，由从柔佛撤回的部队的数量和情况、支援到达的时间、岛上空军战斗机的能力等因素决定。不出意外的话，可以保卫得长久一些。

4. 今天早上，敌军大约五十架飞机轰炸了两次新加坡。目前还不清楚损失情况。

我是在晚上才看到韦维尔将军对我 20 日的电文的答复的。

韦维尔将军致首相　　　　　　　　　　　　1942 年 1 月 21 日

1. 我感到很高兴，因为你愿意继续告诉我你的意见。

2. 对于新加坡的防卫情况，我希望你不要有错误的印象或认识。我们以前的防御计划针对的只是海面的攻击，最近我才意识到这一点。我们详细研究了三军参谋长电文中指出的各点，目前正在尽全力落实。

3. 如果我们不得不增加保卫新加坡岛的兵力，那么，我的意见是，将第十八师的剩余部队和印度旅也派到新加坡。如此一来，在扣除伤亡情况后，就会有三个师左右的兵力用于保卫新加坡岛。爪哇和苏门答腊的防守力量很薄弱，因此后来的援军应该会被派往这两个地方。我们正在跟荷兰拟订计划。

*　　　*　　　*

韦维尔将军在 19 日的来电使我陷入了沉思。一直以来，我能做的都是鼓励他们，尽力强令他们坚守新加坡的要塞和城市。在过去，我的态度始终如此，除非政策发生决定性改变，否则不会改变。但现在我有些改变了，开始更加关注缅甸的情况和支援新加坡的部队。这些援军或者被敌军阻击，或者改变前进方向，他们还有足够的时间调整航向前往北方的仰光。我立即给三军参谋长草拟了一份备忘录，为了赶上他们在 21 日十一点半召开的会议，又及时送给了伊斯梅将军。实话实说，尽管我的同僚们也很难受，但我还得依靠他们，因为我下不了决心。

首相致伊斯梅将军，转参谋长委员会　　　　1942 年 1 月 21 日

1. 在今晚的国防委员会会议上，我们必须再次讨论目前的整个局势。这都是因为韦维尔将军给我们带来了一则坏消息。

我在船上发出的电文里提到的错误，正是我们现在所犯的错误。我们原本能够在柔佛部署一条坚固的防线，即使在柔佛不行，至少可

以将这条防线围绕新加坡海岸部署出来。但现在不行了，因为我们的部队已经被逐个儿打败了。我们没有在连接陆地的地带修筑防御工事，敌军在西部海岸的包抄行动也没有遭遇我方海军的阻挠。几乎可以确定的是，柔佛的战斗我们已经失败了。韦维尔将军表示，相比于在柔佛取得胜利，保卫新加坡岛需要更多的部队。

韦维尔将军对长久地守卫新加坡岛不抱希望，这一点从他的电文就能看出。显然，这种防御计划是要将援军推向死亡的境地，而这些援军正在赶来的路上。新加坡保卫战能拖延几个星期吗？如果韦维尔将军没有信心，那么我们不得不面对这样一个问题：为了集中力量保卫缅甸，为了确保滇缅公路的畅通，我们是否应该立即毁掉炮台、码头和工厂？

2. 我的意见是，我们不仅需要立即考虑这个问题，还应该将我们的意见坦率地转告韦维尔将军。对敌人而言，如果海军和陆军能完全地执行破坏计划，那么，相比于西南太平洋上的诸多港口，新加坡还有什么特殊的价值呢？但是，如果我们失去缅甸，后果就很严重了。中国的部队是所有对日作战部队中最成功的，一旦失去缅甸，就断绝了我们与中国的联系。如果我们在这件事上犯糊涂，或者在被动的选择上有所顾忌，那么，不仅保不住新加坡，还会丢掉滇缅公路。我们要根据守卫新加坡的时间做出这个决定，没有必要为守卫几个星期损失掉所有的援军和飞机。

3. 如果新加坡失守，每个人都得想到，克里奇多尔也会失守。克里奇多尔的失守又会极大地震撼印度。因此，如果必须支援印度，一方面需要强大的援军，另一方面需要在缅甸获得胜利。

请在今天早上的会议上讨论以上各项。

*　　*　　*

犹豫不决的不仅仅是三军参谋长，还有我们所有人。在当天晚上召开的国防委员会会议上，我们还在犹豫，没有拿出一个明确的决定。至于我本人，虽然有自己的看法，但是考虑到问题的复杂，也没有坚持。事实上我自己也没有下定决心，否则我一定会坚持。新加坡保卫战竟然进行了三个多星期就结束了，当然是以我们的失败告终的，我们谁都没有预料到这个结果，如果有所预料，我们起码会花一两天的时间讨论。

＊　　＊　　＊

我没有邀请厄尔·帕奇爵士参加参谋长委员会，因为他是澳大利亚的代表，也不能参加国防委员会。我不知道他通过什么途径看到了我的备忘录，总之他立即向澳大利亚政府做了汇报。于是，在1月14日这一天，卡廷先生给我们发来了表示严厉责备的电文。

卡廷先生致首相　　　　　　　　　　　　　　　　　1942年1月23日

得知战时内阁将在今天召开讨论马来亚形势的紧急会议，我特地发来这份电文。

……

帕奇先生在报告中称，撤出马来亚和新加坡的事宜已经列入国防委员会的议程。我们认为，如果撤出新加坡，对我们而言，就意味着背叛，因为我们已经得到了所有的保证。新加坡在帝国和地方防务体系中，是位于中心的一个要塞。我在电文中也提到，不论遇到任何困难，新加坡都能够坚持下来，都能等到主力舰队来援，因为它很坚固。

另一方面，即使到了最危急的关头，即使援军必须撤出新加坡和马来亚，那也不该撤到缅甸，而是应该撤到荷属东印度。如果援军没有撤到荷属东印度，那么，不论他们撤到哪里，都将招致盟国的反对，荷兰甚至可能会因此单方面求和。

由于得到援军会源源不断地到来的保证，在履行协议规定的责任时，我们才愿意不遗余力。因此，希望你不要撤退，不要偏离整体目标。

　　澳大利亚因马来亚的形势和敌军对拉包尔的攻击而惶恐不安，在他们看来，软弱无能的盟军根本不可能抵御日军的攻势。我的政府认为，为了让自己的人民具备抵抗入侵的能力，一方面应该履行让他们提前做好准备的责任，一方面应该向他们解释，我们为什么不能阻止敌军靠近我国海岸线。我们认为，我们有责任充分讨论形势的各种发展趋势。

　　澳大利亚自愿参战的人数最多，在海外服兵役的人数也最多，但

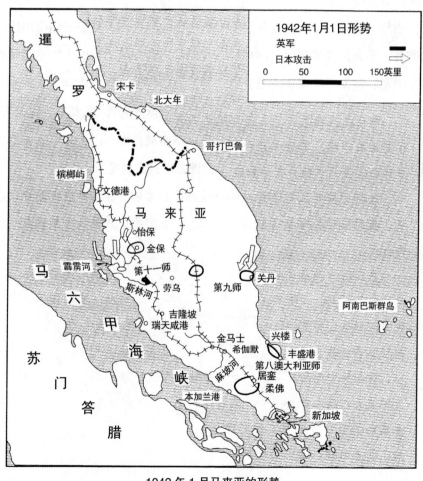

1942 年 1 月马来亚的形势

是，他们不能理解，在无法挽回自身防御、帝国威望和盟国事业时，为了等来局势的改善，为什么还要等待许久。

卡廷先生的措辞严厉，耐人寻味。与事实相比，"背叛"的指责言过其实，并不属实。如果现实是看待问题的出发点，那就不存在"背叛"。试想一下：在灾难临头之时，我们躲得开吗，能平衡得失吗？而且，到目前为止，我们还牢牢掌握着主要兵力和重要地区。从事实上看，我们能够拯救的只有缅甸，澳大利亚的战事委员会似乎并没有考虑大局，否则他们就不会要求我们放弃缅甸了。

当然，卡廷先生的电文并没有发挥决定性的作用。只要我们得出统一的方针，那么，就像我说过的那样，我们肯定会直截了当地告知韦维尔将军。但是，我发现参谋长委员会有一种强烈的意见，要求放弃这个远东著名的据点。如果我们真的选择放弃，那么，对全世界而言，尤其对美国而言，影响将极其恶劣——美国人正在克里奇多尔奋战，而英国人却临阵撤退？既然如此，什么样的决定才符合军事常理，就显而易见了。

最终的意见是，英国第十八师继续开往新加坡，在继续援助新加坡的问题上，我的同僚们同意或默许。事实上，英国第十八师的先头部队已经登陆了。

第四章 信任投票

令人不舒服的政治氛围——有必要警告议会灾难即将到来——人们要求设立制造部——斯塔福德·克里普斯爵士回国了——我邀请斯塔福德·克里普斯爵士出任军需大臣——下议院拒绝给我的演讲录音——我要求举行信任投票——表决的重要性——关于沙漠战役的报告——我表扬隆美尔——我们在远东战场遭遇困难——资源方面的困境——我愿意承担所有责任——前景难料——友好的议会辩论——四百六十四比一——盟国对表决结果感到欣慰——三成自由党议员弃权——斯塔福德·克里普斯爵士拒绝出任军需大臣——我在 1 月 31日写给斯塔福德·克里普斯爵士的信

　　人们希望我能就前往华盛顿的使命详细地向议会做个汇报，当然，在我离开英国的五个星期发生的事情也在汇报之内。我下意识地想到两点显而易见的事实。其一，战争的胜利终将属于同盟国一方；其二，在接下来的一段时期，我们将因日本攻势面临众多灾难。不过，由于关乎英帝国存亡的威胁基本不存在了，因此，这个国家不会有任何危险，每个人都看到了这一点，都能因此感到欣慰。在这种情况下，不论是善良的评论家还是别有用心的评论家，在评论过去的错误时，都能毫无保留。他们中的一些人甚至认为自己肩负着某种使命，即通过改进指挥方法达到缩短战争进程的目的。但是，我的心情不是这样。我们遇到的各种失败使我感到不安，因为它们预示着更大的灾难即将来临。然而，在这种时候，我感到周围的政治氛围是无法让人舒服的。我来到议会时，总能感觉到周围充斥着目光短浅且肤浅片面的议论，压得我喘不过气，又无法回应。构成这种气氛的，有澳大利亚政府的态度，有毫无根据的报纸评论，有二三十位议员的嘲讽攻讦。

但是，从另一个角度看，我很快就发现，我处在一个有利的位置上。我可以寄希望于英国人民，也许他们对我还有些好感，要知道，在过去的1940年，我曾努力保护过他们。正是他们的忠诚支撑着我坚持前进，而我也始终没有低估过他们的力量。我不仅能指望人民的忠诚，还能依靠战时内阁和三军参谋长的支持，他们向我表示过效忠之意。有了他们，我就能充满自信。我向身边的人明确表示，我不允许任何人削弱我的权力和职责。我之所以有如此表态，也是形势所需。包括舆论在内，没有人反对我继续担任首相和发表演说，他们只是希望我委托他人负责具体指挥战争。我不愿意接受这种意见，所以我决心承担起所有责任，绝不向任何人让步。我向下议院提出要求，对我进行信任投票。法国有句谚语："On e règne sur les ames que par le calme。"①

我认为有必要通过议会向全国发出警告，告诉人们灾难就要来了。作为从事领导工作的人，最大的错误就是提出一个瞬间就会破灭的虚假的希望。勇敢乐观的英国人民向来无法容忍公仆让他们生活在假设之中，因为他们有面对任何灾难的能力。我认为，不论是从我自己的地位而言，还是从指挥整场战争的角度考虑，为了显得蔑视即将降临的灾难，我有必要利用悲观的语调描述眼前的处境。由于此时情况特殊，因此，这种做法不至于对军事局势产生影响，也不至于对人们取得最终胜利的信念产生影响。这段时间几乎每天都有噩耗传来，沙漠地区的失利也让我感到了迫在眉睫

---

① 这句法国谚语的大意是：要想掌控心灵，就要做到心灵的镇定平和。——译注

的危险，但我依然决定花费十几小时的时间，集中精力写一篇内容新颖丰富的报告；依然对我们的处境做好了分析。

＊　　　＊　　　＊

设立制造部、将制造大臣的名字列入战时内阁成员名单，是人们在这段时间的一个普遍诉求。在第一次前往美国访问的1941年7月，我认为没有设立制造部的必要，为此还在下议院做了时间很长的辩论。然而这并没有改变舆论的意见。不仅如此，到了后来，这个诉求愈发强烈了，因为事态在不断变化，而且相关部门和相关官员的处境也有了改变。在美国，罗斯福总统已经任命一位负责生产的官员，那么，英国就不能有一位与此对应的官员吗？关于出任这一职务的人选，大家一致看好比弗布鲁克勋爵。不得不说这是一个非常合适的人选，在美国最上层人士当中，比弗布鲁克勋爵有着极大的影响力，因为他曾经在华盛顿取得过成就。我本人主管过在1917年和1918年归军需部负责、现在又归军需部和飞机制造部负责的那部分事务。在原料和技工这两个方面，这些部门有很多矛盾。因此，从这一点考虑，也应该设立一个统一部门。现在，这种诉求更加强烈了，因为各个部门的任务越来越重。比弗布鲁克勋爵完全能胜任领导这个联合部门的工作，因为他不仅有美国的好感，还得到俄国的信任。

飞机制造部和军需部原本就有业务上的关联，在比弗布鲁克勋爵完成转任以后，这两个部门之间发生了很多矛盾。我的希望是，这两个负责军事生产的机构能够在内阁成员级别的大臣的领导下，团结起来，互相协作，提高效率。我之所以认为比弗布鲁克勋爵能胜任这一工作，是他早就获得了这样的地位。安德鲁·邓肯爵士是我认为能够胜任军需大臣的人选，他和现任飞机制造大臣的穆尔·布勒勃宗上校，创造力和判断力方面表现出色，可以充当比弗布鲁克勋爵的帮手。正当我还在考虑这一任命之时，出现了一位新人选。

＊　　　＊　　　＊

无论是在战争期间还是在战争结束以后，对担任驻苏联大使的英国外交官和美国外交官而言，这一职务毫无吸引力可言。因此，斯塔福德·克里普斯爵士——英国驻苏联大使——迫切地希望结束他在苏联的使命。苏联还没有因希特勒的攻势被迫跟我们站在同一条战线时，几乎完全无视我们的大使。我们的大使不仅很难接触到斯大林本人，甚至连莫洛托夫也用冷淡的态度对待他们。苏联外交部在12月份的那场危机中搬迁到古比雪夫。在那里，原先的令人无法舒畅的外交局面不仅得到延续，还变本加厉了。在这种情况下，为了与苏联保持联系，罗斯福总统和我只好亲自出面联系斯大林本人。至此，英国和美国驻苏联大使便不再处理决定性事务。早在德国人进攻时，身处国内的斯塔福德·克里普斯爵士便向我表达了离开苏联的意愿，但我认为，在苏联刚刚遭遇危机时就召回外交使节是不妥当的，他赞同我的意见。现在，时间又过了将近八个月，在这种时候，他希望回到国内的政治中心来，希望回到下议院来，作为一位有身份的政治家，是有理由这样要求的。于是，我1月初批准他的要求，让阿齐博尔德·克拉克·科尔爵士担任驻苏联大使，将他调回伦敦。

　　斯塔福德·克里普斯爵士是在1月23日回到伦敦的。在几年前，工党出现了针对他的极端主义，他被驱逐出工党，因此此时的他已经脱离了工党，是一位重要的党外政客。苏联人英勇抵抗德国的事迹赢得了英国人的好感，由于他担任过驻苏联大使，人们也因此对他很有好感，他因此声名鹊起。左派势力和他们控制的报纸甚至认为，正是由于他的影响，苏联才愿意与困境中孤独无助的英国站到同一战线上。左派中的一些极端人士甚至认为，他应该尝试一下成为候选首相。这些人声称，他将领导一批新的政治批评家，成为议会中一股不可忽视的重要力量。就政府而言，愿意得到一切可能得到的帮助；就我个人而言，很希望他能进入政府部门，因为我既深知他的能力，又喜欢他的为人。好在这一主张没有遭到原先与他一起在工党任职的同僚的反对，于是我决定找机会将他拉进来。

我只能依据是否合理的原则处理这件事，因为我虽然掌握着大量消息，但并不清楚左派势力的意见。我在第一次世界大战期间担任军需大臣，那时的斯塔福德·克里普斯爵士在帝国最大的炸药厂任职，那时的他就是一个既有经验又有智慧的人。我认为，委派他掌管军需部符合人民的利益，同时也是设立制造部这个重大计划的一个组成部分。

1月25日，我在契克斯与斯塔福德·克里普斯爵士夫妇一起吃午饭。饭后的那个下午，我和他进行了一次长谈。我向他阐述了军需大臣在军事生产中的重要性，并明确建议他接受任命。他表示要考虑一番。

＊　　　＊　　　＊

我在1月27日向下议院提交了问题，辩论就此开始了。他们都很生气，这是显而易见的。回国后，为了方便在大英帝国和美国的广播里播放我即将要做的汇报，我提出给我录音的要求，他们表示反对，理由却与当时的局势没有半点儿关系。我知道，这种请求在这个世界上的其他任何一个议会都能得到支持，但我还是放弃了。我就是在这种背景和气氛中开始发言的。

从美国回来以后，我发现必须让下议院对我进行一次信任投票，以便让我得到下议院的支持。这是一种正常的、民主的和符合宪法的必要程序。

为了进行这场与战争有关的辩论，我安排了整整三天的时间，我的态度是完全放手、完全自由的。每一位议员都可以畅所欲言，都可以毫无顾忌地说出自己的意见，既可以反对内阁，也可以反对政府的组成或政府的成员。如果说他们还有什么不能说的，那只有一点，就是军事秘密。不过我并不为此担心，因为下议院在这方面一向做得很好。其他国家很少有这样的制度，在国家处于生死存亡时期还能延续这样的制度的国家更少。世界上还有超过这种制度的自由吗，还有超过这种制度的民主吗？

关于我要求下议院在这个时候给予我支持，也是有原因的。有人提出这样的辩论应该持续三天，担负较轻责任的人会在辩论中激烈地批评政府，最终的结果必然是，辩论草草结束，连表决的步骤都省略了。如果出现这种情况，就会给持反对态度的评论家（一些人已经公开表态持反对立场）以口实。此后，他们会到处宣扬政府信用破产的论调。在辩论结束之后，他们又会发出风声称，曾经有人私下向我宣称，我草率地对议会提出信任投票的要求……

远东地区近期传来很多噩耗，我的判断是，很快还会传来更多噩耗。我之所以做出这种判断，是有依据的。在这些噩耗当中，还有一些事故，说明我们在见识和行动方面犯了错误。如果有人说那些事故是在我们没有犯错的情况下发生的，那就是胡说八道。我之所以要求下议院进行一次严肃正式的信任投票，原因之一就是我们正面临着这些波浪般的事故的袭击。下议院在这种斗争中一向毫不退缩。下议院如果没有坚持辩论的自由和投票的真实，就是失职。我们真实的处境，在投票结束以后才能清晰，那么必须与我们保持交往的人，也会在知道我们的真实处境的同时，知道自己的真实处境。他们也许是我们的朋友，也许是我们的敌人，也许在国内，也许在国外。可能只有二三十位议员有资格参加这场辩论，但我们举行的是完全自由的辩论，因此，在座的所有四五百位议员。不论是否有资格参与辩论，都应该发表意见。

正是因为目前的形势很糟糕，而且将来的形势可能更糟糕，我才要求进行信任投票。如果批评内阁的议员有一致的态度和行为，那么，即使他对内阁发表措辞严厉的谴责，我也会支持他，甚至愿意鼓励他更激烈一些。同样，如果有人对内阁很不满意，或者认为应该代表人民的利益推倒内阁，那么，我会支持他在辩论中表明立场。谁都不能反对用最直接的方式讲明白道理，为了尽可能地符合在辩论中确定的标准，政府会竭尽全力。不论是谁，都没有必要在辩论中只说冠冕堂皇的好话。同样，不论是谁，都没有必要在投票时显得懦弱不堪。过去，我给我当选后支持的政府投过反对票，当我再次想起这件事，我的心情很愉快。明白自己的职责、履行自己的职责，是所有人都应该做的。时局越是困难，我们越应如此。

*   *   *

我向他们报告了一些沙漠战事的情况。

为了在即将进行的战役中获得胜利，奥金莱克将军做了五个月的准备。不过，11 月 18 日他就发动了进攻。

在两个多月的时间里，沙漠地区的部队之间，发生了持续的激战。这些部队很分散，但装备都是新式的。在这两个多月的时间里，他们每天清晨就开始搜寻对方，然后在整个白天激战，直到深夜才结束。发生在这里的实际战斗的结果，竟然跟最初的预计大相径庭，最终的局面更加混乱，分布更加分散。虽然并不是所有的战斗都依靠下级军官和个别士兵，但大部分战斗是依靠他们的。

也许这场战役在 11 月 24 日就应该宣告失败。但是，由于奥金莱克将军的亲自指挥，局面扭转了。奥金莱克将军改变了原先的计划，为了坚持攻击和给敌人持续施压，付出了极大的代价。如果奥金莱克将军没有在关键时刻做出果断决定，也许我们现在已经退到当初的出发点了，甚至可能还得再撤退一些。那样的话，敌军不仅可能已经占领了图卜鲁格，甚至可能已经挺进至尼罗河了。但是，这些假设都没有出现，现在的局势好转了，我们不仅收复了昔兰尼加，还能守住那里。隆美尔的部队没有被我们消灭干净，但他的部队或者负伤，或者战死，或者被俘，损失达三分之二。[①]

由于议员们不知道在迅速征服的黎波里达尼亚后，英军即将执行的计划，因此，对于隆美尔反攻的意义，他们也毫无体会。所有人都知道班加西和阿杰达比亚失守的消息，但这并不要紧，沙漠战事中没有常胜将军，这只是个例证之一。不论发生了什么情况，也不论是因为什么发生的，连我得到的情报都不准确。

我觉得必须对隆美尔提出表扬。

对于昔兰尼加西线现在的情况，我不能做出说明。我们的对手不仅有杰出的军事才华，而且胆量过人，我甚至可以用"伟大"这样的词汇形容他——当然，这样的评价得抛开战争的破坏因素。我认为他一定有兵力方面的支援。现在正在进行另一场战役，你们想知道结果吗？很遗憾，我从来不预测战果，这是我的原则。这条原则能经常带给我欣慰。我们会获胜吗？我不知道，不过也没有人认为我们不会获胜……

我对隆美尔的赞扬在当时没有引发任何后果，后来才听说有人对我指出敌人指挥官的优点感到不舒服，他们对我的这一行为的态度是不解。他们不理解我，我倒是能理解他们。但是，即便是能理解，我还是要指出，他们的意见与获得战争的胜利、建立持久的和平的目标不符。

*　　　*　　　*

---

① 关于伤亡数字，第三卷下部第三十章附有战后敌军伤亡数量的资料，根据该资料，英军总计伤亡一万七千七百零四人，敌军总计伤亡约三万三千人。——原注

之后，我谈到了一个更严重的问题：在远东地区，我们已经到了手无寸铁的地步。

我已经向下议院汇报了我在这几个月的工作，我们缺少资源，各位应该看到这一点了。我们能够在这种情况下活到现在真是不容易，不是因为我们有什么能耐，完全是因为我们运气好。假如在三四个月前我们遵照那些声嘶力竭的呼吁，假如我们向法国或其他低地国家发起攻击，我们现在会是什么处境？说真的，我无法想象。时至今日，"尽快开辟第二战场"的标语还挂在墙壁上，它的吸引力感染着我们每一个人。但是，我们如果真的被它吸引了，现在又会是什么处境呢？那时，我们就得在法国或者其他低地国家的海岸线上投入我们所有的船舶、飞机、坦克舰队和兵力。到那时，敦刻尔克问题将比远东和中东的灾难更加糟糕。

此时，有人肯定会摆出姿态，机智地质问我：我们在马来亚、缅甸、婆罗洲和席里波斯为什么没有足够的部队？在过去，还是这一拨人，曾滔滔不绝地发表意见，主张在法国或其他低地国家开辟第二战场，甚至不惜为此高声疾呼。他们不知道的是，过去的两年半我们的处境并不轻松，只能说是勉强应付。虽然我们似乎依然处在困境之中，但我们也看到了希望，看到了光明的前途。我们只要团结起来，用我们仅有的那点儿力量努力拼搏，就会发现，胜利就在前方……

在做好保卫远东地区的准备方面，我们没有足够的力量，也是情有可原的，因为，为了对付德国和意大利，我们正在这里和尼罗河流域苦战。我们总有一件应该做好却没有做到的事情，如果不是这件事，必然就是另一件事。因此，不能做好在远东抵御日本人的准备，就是必然的了。在无法确定美国即将参战之时，在避免与日本发生冲突之事上，我们宁愿付出任何代价。这是内阁始终坚持的政策。在最困难的时候，在无可奈何之下，我们只好选择忍耐，在几个月的时间里一直封锁滇缅公路。下议院应该还没有忘记这件事。我记得，当时有人显得相当愤怒，但是我们别无良策，只能那样做。现在，这些人持批评意见。不论是过去还是现在，当然也包括将来，我们大不列颠或大英帝国，永远不可能独自与德国、意大利作战，不可能在进行不列颠战争、大西洋战争和中东战争的同时，将远东地区的缅甸、马来半岛保卫得滴水不漏。要知道，日本是一个庞大的军事帝国，有强大的空军、排名世界第三的海军、数量在七十多个师的陆军，有八九千万勇猛善战的人口。如果在战争伊始，我们就将兵力分散开，部署到远东广袤无垠的土地上，那么，我们不仅不会取得胜利，恐怕都坚持不到现在。同样，如果我们在兵力部署上犯下错误，在尚未发生战争甚至永远都不会发生战争的地区，部署前线迫切需要的大批援军，那么，我们就会错过能够安全脱离困境的机会（在现在看来，我们可能错过的机会可不止一次）。

我们的决定是设法帮助俄国打败隆美尔，部署一条从地中海东岸直抵里海的强大防线。为此，为了预防想象中的来自日本的威胁，我们要在远东地区做适当的准备。我们能做到的只有这么多。我们要在尼罗河流域优先部署坦克、高射炮、反坦克部队和现代化空军。至于新加坡，我们能做的只有集结六万兵力。

我个人在战略和与俄国的关系方面，对这个决定负全部责任。在使用我们的资源时，如果出现不当行为，我的责任是最大的；在今晚为马来亚准备坦克和现代化空军上，如果出现意外情况，我的责任也是最大的。既然如此，我就不必接受向指挥官、空军或者海军推卸责任、让他们当替罪羊的要求。同样，我也不必接受为了让英国和澳大利亚的舆论闭嘴而赶走忠诚的同僚和朋友的要求。尽管赶走他们，不仅能抵消在马来亚和远东的失利，还能避免即将到来的灾难，我也没有必要这样做。

由于我的长篇大论，下议院被迫受累两个小时。尽管他们接受了我讲的每一句话，但他们的表现是沉闷的，毫无激情可言。对我来说，我必须这样做。他们有什么反应吗？在我的记忆中，他们是有反应的。在我的演讲即将结束时，我认为应该对未来做一番悲观的预测，因为灾难很快就要来了。虽然我的预测不会让人们绝望，但也不会向他们保证什么。

我们将跟其他国家的人民一道，被胜利掀起的浪潮送到安全和平的彼岸。尽管我有这样的感觉，但我依然要承认，相比于 1940 年的那个夏天，我们现在背负的战争责任更大了。此时此刻，在谈论起复杂的战争情况时，我们能更加坦诚了。战争有多么复杂呢？我们开辟了很多条战线，守卫着很多脆弱的地区，要面对许多无法避免的灾难，我接受很多刺耳的批评。

我之所以来到这里，之所以站在这里谈论这些，是因为我是下议院的公仆，我要请求你们，求你们不要给我压力，不要逼得我为了保住自己的地位，放弃正确的判断，违背道德良心，不顾战争的需要，做取悦于人的事。请你们支持我、帮助我。虽然我从不预测未来，但我也有我坚持的原则。在过去，我献出了勤奋、鲜血、泪水和汗水；在五个月之后，我又献出了缺点、错误和失望。

尽管如此，尽管光明躲藏在乌云背后，但我还是看到它了，它照亮了我们前进的道路。于是，我决定鼓起勇气，要求下议院为联合王国制造一件新武器。这件新武器就是进行一次信任投票。

*　　*　　*

辩论持续了整整三天，但是，在我看来，议员们对我的语气很友善，这是我没有想到的。对下议院而言，有些事情是非做不可的，政府的工作得到了以艾德礼先生为首的战时内阁的同僚的支持。我在29日结束了辩论。我担心只有辩论而没有表决结果。为了迫使对我们持批评意见的人到投票走廊发表意见，同时拉拢那些放弃反对的人，我甚至想过使用激将法。然而，在我有勇气说出口的话里，却找不到可以对工党、保守党和自由党中心怀不满的人构成刺激的。独立工党在信任投票交付表决时提出不同意见，但他们势单力薄，只有三个议员，其中两个还是点票员，只有一人投反对票。最终的表决结果在我的预料之内，四百六十四比一。少数派的领导人詹姆斯·马克斯顿非要将这件事彻底弄清楚，说实话我很支持这种做法，也很感谢他。

由于新闻界的持续宣传，我收到了来自四面八方的祝贺电报和慰问电报，美国白宫的朋友表现得最为积极。罗斯福总统在六十岁生日那天给我回复电文，称"能和你生活在同一年代是件美妙的事情"。新闻界里有些人天生喜欢唠叨，不论什么结果，他们都能找到话题，在当墙头草时更是敏锐。他们声称没有必要进行信任投票、没有人试图挑战联合政府，等等。在我看来，这些噪音预示着灾难要来了。

首相致议会保守党领袖　　　　　　　　　　　　1942年1月31日

我要向你表示祝贺，贵党在投票中成绩不凡，在过去的两年里，票数始终保持持续增加。

下面这封信是我写给自由党领袖的，想谈一谈他们的投票。我认为你有阅览的必要，因此附在这里。如果你没有不同意见，最好能立即发出。

"丘吉尔先生致阿齐博尔德·辛克莱爵士　　　　　　1942年1月31日

我认为应该请你留意一下在下议院信任投票时贵党的情况。贵党在下议院有二十位议员，投票的只有十四人，另外六人则缺席或放弃投票。在投票的十四人中，包括你、福特和约翰斯顿，你们三位都是大臣。除了这二十位议员，贵党在贵族院里还有一位次官。如果用一种话形容这种情况的话，就是船帆大而船体小。在本届政府执政期内进行的三次投票中，保守党分别投票二百五十二、二百八十一和三百零九。因此，也许保守党会对不支持政府的党派产生不满。

敌对态度最坚定、批评声音最尖锐的报纸是《新闻纪事报》，但是，相比于《曼彻斯特卫报》，它也只能甘拜下风。对于这些情况，我的意见是，你应该加以留意。我要判断贵党在议会中的力量时，从来不依据贵党在议会中席位的多少。但是，既然现在席位已经很少了，那么，我认为贵党应该团结才行，在支持政府的行为上更应如此。"

* * *

在下议院的整个辩论中，斯塔福德·克里普斯爵士始终没有发表意见。在辩论期间，他给我发来一封措辞友善的信件，他无法在我的条件范围内接受军需大臣的职务。他指出，如果想让增产满足预期，军需大臣不仅握有军需部的所有大权，还得进入战时内阁负责物资的分配和重点的取舍。他写道：

你能由此看出，我觉得我无法胜任这一职务，不仅不能胜任，甚至可能使大家失望。因此，在这种条件下接受任命，对我而言并不合适。我知道你肩负着重任，也很希望能给你帮助。但是，十分抱歉，我不得不给你一个令人遗憾的答复。为此，我经过了紧急而慎重的考虑。

我答复道：

你的意见是，如果你要在军需部任职，或者给我们提供帮助，我就得满足你另外的条件。很遗憾，在我的权限之内，我没法满足这些条件。

议会刚刚表示要坚持"制造大臣主管所有军需品制造部门"这一原则，让军需大臣进入战时内阁的做法恰恰违背了这一原则。在现政府成立时和成立后，舆论始终都在强调"尽可能地缩小战时内阁的规模"的原则，这种做法也违背了这一原则。战时内阁的人数已经由五人增加到八人，算上驻开罗的国务大臣的话，就是九人了。而且，从职权角度看①，军需大臣如果能进入内阁，那么飞机制造大臣也完全符合入阁条件，没有理由不让其入阁。但是，同时让军需大臣和飞机制造大臣进入内阁，就没有理由不让他们供应的作战部门的大臣入阁。最终导致的局面，必然是下议院和民众的不满，因为内阁同时违背了两个原则。

我同意你我二人保持经常性会晤的建议，说实话，我乐意如此。过去，我希望你对我有实际行动上的帮助，今后，我会随时做好接受你的意见的准备。而且，我相信我迟早会得到你的实际帮助。

这件事就这样被暂时搁置下来了。

---

① 在 2 月 9 日给斯塔福德·克里普斯爵士的信中，我加上了"从职权角度看"几个字。——原注

第五章　调整内阁

国内的政局愈发紧张——比弗布鲁克勋爵健康状况堪忧——我和比弗布鲁克勋爵的交情——比弗布鲁克勋爵出任制造大臣——斯塔福德·克里普斯爵士的态度——我想出一条临时对策——默因勋爵不再担任殖民地事务大臣——2月灾难——调整内阁成员——比弗布鲁克勋爵在2月17日的来信——比弗布鲁克勋爵辞职——奥利弗·利特尔顿先生出任制造大臣——新旧战时内阁对比——调整其他大臣——日常的会议安排——我的地位——弗雷德里克·莫里斯爵士写给我的信——我继续担任国防大臣

　　信任投票带来的安慰只是短暂的。我知道大的灾难就要来了，虽然我无法阻止它，但我已经发出了足够的警告。果然，灾难在2月份到来了。与此同时，政局的紧张形势似乎也在发展，相继有人提出要求，或"加强政府"，或给政府注入"新鲜血液"。显然，在这种形势下，"新鲜血液"指的应该就是斯塔福德·克里普斯爵士，因为他就摆在眼前，每个人都看得见。在下议院的辩论中，谈到此事时，我发表过一些强硬的意见，因为我不愿意因为压力而被迫做出变动。但是，在2月份以后，从形势上看，要想设立制造部，无论如何都要有所变动了，而且得是类似改组内阁那样的变动。毫无疑问，政治斗争会给英国带来极大的危害，这一点已经为全世界的人所知晓，派驻世界各地的新闻人士已经做了报道。在这种形势下，我们明显地感到，处理好棘手的人事变动问题，真的是当务之急。虽然可能可以用激烈的方式设立制造部，但相比于温和的方式，它就不算好了。

比弗布鲁克勋爵在我即将完成设立制造部的计划时突然垮掉了，这个消息使我倍感难过。据我所知，他经常整夜都睡不着觉，因为严重的哮喘病折磨着他，但这是一个恶性循环，只有睡得好，病情才能有所好转。从华盛顿回来的一个晚上，我在新楼召集会议。开会期间，从外面传来一阵连续不断的嘈杂声。我没有多想，随口说道："快让那只讨厌的猫儿闭嘴吧！"所有的人都不说话，我这才意识到，发出声音的不是猫儿，是比弗布鲁克勋爵，我的那位可怜的朋友犯病了。这件事以我的道歉而收场。由于这件事既能说明在那个令人疲惫的时刻的紧张状况，又能说明比弗布鲁克勋爵为什么有所行动，我才在这里提到它。为了能够因高度而减轻发作的哮喘病症状，他有一个愿望：每天晚上都在一万英尺以上的高空飞行三四个小时。

造成比弗布鲁克勋爵精神萎靡的根本原因是哮喘病，请原谅我，"精神萎靡"是我能想到的最合适的词汇。访问华盛顿期间，他冲动地向我提出辞职，我没有同意。但是，现在，他发自内心地厌倦承担的职责，这种感觉已经更加强烈更加直接了。跟我的大部分同僚一样，他虽然也希望得到更大、更自由的权力，但在内心深处，更愿意远离焦虑和重任。

除了我本人之外，其他人并不了解比弗布鲁克勋爵在任职期间的贡献，也不知道他有坚定的决心和出色的魄力。不知道这些的人，也就不会知道他对我的影响有多大。在第一次世界大战的重要工作和收尾工作中，我和他有过长期的共事。大法官西蒙勋爵一直受到我的尊重，但我们的关系一直不够亲密。不过，在那场战争期间，他跟我一起辛勤工作，一起担惊受怕。除了他以外，有这段经历的人就只剩比弗布鲁克勋爵了。我们算是政界的老前辈了，虽然我们在前段时间的争论中立场不同，甚至有激烈的争执，但总体而言，我们一直保持着友好的交往。与他的交情是我连续不断的政治生涯中重要的一部分。由于我们之间的私交始终没有中断，因此，尽管经历了仕途的起起落落，我们的关系反而更加牢固了。对我而言，与一位虽然始终没能掌握行政权力却能发布命令的人，在这个充斥着狂风暴雨的时代，谈论眼前的困境，与过去的困境做比较，未尝不是一件好事。那时，其他同僚还是默默无闻的，在那个至今仍然让人印象深刻的年代里，他们中的大部分人还是年轻军官，在战场上拼命。

我做好了给比弗布鲁克勋爵一个艰巨的新任务的准备。有了我的这些准备，他遇到的能够使他生气的障碍就会少很多，他就能尽情地发挥才干了。2月4日，我正式向议会宣布设立制造部的决定，同时宣布比弗布鲁克勋爵原来的职务由安德鲁·邓肯爵士接替，他转任制造大臣。不过，这只是一项对外任命，在幕后还要妥善安排一些重要的细节。

我将军事运输部划归正在筹建中的制造部，这是比弗布鲁克勋爵的要求，也征得了莱瑟斯勋爵的同意。本来我不打算进行这项合并，但莱瑟斯勋爵表示希望与比弗布鲁克勋爵一起工作。我认为这种合并是有利的，因为莱瑟斯勋爵认为，既然主要领导是比弗布鲁克勋爵，那么和谐共事就不成问题。不过，在划分责任时，我们就像经历了一场战争，为每一个细节斗争。我自认为耐心不差，但最后受不了了。

丘吉尔先生致比弗布鲁克勋爵　　　　　　　　　1942年2月10日

我现在寄给你的这份校样文件，就是在接下来的几个小时内我要向议会递交的白皮书。这意味着，我认为它已经完全定稿了。我在上个星期为此花费了许多时间和精力，只为安排好这一切，只为你能满意、对人民有利。除此之外，我还花费了大量时间和精力，只为给你做足准备，消除与你有关联的其他机构的顾虑。这就是我所有能做的了。你义不容辞的责任，就是承担这项任务，并尽最大努力完成它。

对此，我百分之百相信，你有完成它所需的所有能力。

我认为，在军事运输部对商船的类型应有有效的发言权这一问题上，由于军事运输部是唯一的权威部门，而且熟悉情况，因此莱瑟斯勋爵的观点是有分量的。我得坦率地提醒你，在解决了其他的问题之后，如果你在这个问题上出现差池，或者在这个部门有关的其他问题上出现差池，那么，你肯定会遭到国内和美国的批评。至于原因，则是眼下形势极度危急，而这些问题又牵扯极广。为了避免你的祖国、朋友和你自己的名声遭遇挫折，希望你能以大局为重。

我将在今天上午递交白皮书，按照既定计划办理此事。不过，我也可能向议会提出请求，请求他们允许我在星期四提交报告，前提是你决定与我断绝关系。布瑞奇斯会将这封信转交给你，你给我的回复也请他带回。

比弗布鲁克勋爵没有提出反对意见。于是，2月10日这一天，我正式向议会提交了白皮书，其中明确规定了制造部的职责。在议会上，我宣读了开篇的主要的四节内容：

1. 制造大臣在战时内阁和国防大臣的指导下工作，对战时所有的生产事宜负主要责任。除人力和劳工事务之外，制造管理委员会原来的所有职责都由制造大臣承担。

2. 制造大臣的职责包括：分配现有生产力及其原料（包括安排进口原料事宜），决定必要时的生产优先权，领导和管理各有关部门、下设机构。

3. 制造部有关各部门的大臣在处理各部事务时，虽然本白皮书有规定，但对议会依然有责任、有关正当履行职责方面的问题，各部门所有的大臣级长官均拥有向国防大臣或战时内阁申诉的权利。

4. 在国内和美国设立的处理盟国物资分配和原料进口的联合机构内，制造大臣是战时内阁的代表，主持该机构的会议。

霍尔·贝利沙先生的提问打断了我。他的问题是，人力和劳工方面的问题为什么没有包含在白皮书之内。这件事不仅跟比弗布鲁克勋爵有关，还跟欧内斯特·贝文先生有关，他们的关系有些水火不容。为了解答这个问题，我宣读了另外三节的内容：

8. 原本由制造管理委员会负责的人力和劳工方面的职责，由劳工和兵役大臣在战时内阁的领导下负责。劳工和兵役大臣的职责包括：分配武装部队、民防事业、民用工业和战时制造等方面的人力，管理制造上的劳工事务。

9. 劳工和兵役大臣的职责之一，是处理人力资源的要求和分配，因此，他在认为自身能够更有效地使用人力的前提下，有发布指令的责任。为了实现这一职责，他的下属有根据需要获取人力资源方面情报的权利。

10. 制造大臣和劳工大臣应亲自协商解决两部之间发生的一切劳工问题，或各自派出代表协商解决。对上述三个供应部门现有的独立劳工组织予以保留。

宣读结束后，我向议会提出要求：仔细研究白皮书，并给它机会试行。我还表示，如有需要，我愿意配合辩论。

* * *

斯塔福德·克里普斯爵士的态度和立场，在事态发展过程中显得更加重要。他似乎有话要说。从莫斯科回国以后，他发表过一次受到人们热烈欢迎的广播演讲。他深受鼓舞，向新闻大臣提出要求，希望再发表一次广播演讲。我在 2 月 9 日给他写了一封信。

在布里斯托时，你回答关于参加政府的提问时说过"应该向丘吉尔先生提问"这样的话。既然如此，我有个想法，希望对外发布你在 1 月 29 日给我的来信和我在 1 月 31 日给你的回信。你是否同意呢？

第二页有"军需大臣如果能进入内阁"这几个字，但我忘记在它前面加上"依据职权"了。比弗布鲁克爵士之所以能进入内阁，原因不是他担任了军需大臣。早在他担任飞机制造大臣的 1940 年的秋天，他就进入内阁了。为了说明白我的原意，我才提出加上这几个字。

他不同意我对外发布那两封信，我听从了他的意见，当真没有发布。但是，人们普遍欢迎他加入战时内阁，这是显而易见的事情。满足人们的这一愿望并不难，但是，如果同时还要满足实力派人物要求缩减战时内阁规模的愿望，那就太难了。我必须想出一个全新的临时对策。

在这届政府刚刚组建的 1940 年 5 月，我在同时担任很多职务的情况下，兼任下议院议长。不过，我在下议院的工作并不繁重，因为日常工作由艾德礼先生主持，我只处理一些必须由我经手的重要事务。斯塔福德·克里普斯爵士不仅是议员，还是一位出色的辩论家，因此，我认为他有领导下议院的能力。如果任命他为下议院议长，再加上战时内阁成员的身份，他完全可以称为内阁在下议院的发言人。如此一来，他就能拥有更大的活动范围，这可是他们至今还在默默争取的。艾德礼先生是个无比忠诚的人，在面对这种局势时，他的忠诚尤为宝贵。我跟他商量此事，建议由他担任副首相，并领导自治领事务部，将掌玺大臣及下议院领袖的职务交给克里普斯先生。他接受了我的建议。由于没有变动组织结构，因此这并不是实质上的变动，只是形式上的变动。

我又做克莱勃恩勋爵的工作，请他由自治领事务部转任殖民地事务部。

原来担任殖民地事务大臣和贵族院领袖的是受我尊敬的一位朋友——默因勋爵。对他而言，不在政府部门任职称得上是一个不小的打击，说实话，我也是于心不忍。他在后来发生的一系列事件中遭遇不幸，最后在开罗被一个以色列刺客杀害。

亲爱的瓦尔特：   1942 年 2 月 19 日

我必须调整殖民地事务部，不论是公事方面，还是私事方面，我都必须这么做。政府必须进行一次重大改组，以便满足形势和舆论的需要。很多人态度坚决地提出主张，要求由战时内阁成员领导自治领事务部，因此我必须将艾德礼先生调到这个部门。因此，按照安排，克莱勃恩先生将接替你的职务，希望你能理解。我相信你能理解，也接受我的要求，因为我很了解你，因为你在这场战争中表现出色。

我的心情很愉快，因为在这个艰难的时刻能与你成为同僚。我要感谢你在履行殖民地事务大臣和下议院领袖的职责时表现出的才能，还要感谢你对我的帮助。

默因勋爵接受我解除他在内阁的职务的建议。在面对这个问题时，他态度严肃，心情愉快。他一向如此。在回信中，他写道：

你不必向我解释什么，我明白你必须改组政府。如果我必须说点儿什么，那我只有一句话：我永远感激你，因为你一直关照我，还给我机会，让我在一个有意义的部门任职。

正当我们为应付政府部门出现的动荡而焦头烂额时，又发生了来自国外的灾难：2 月 15 日，新加坡宣布投降（我将在下一章详述这方面的情况）。

这场预料之中的灾难让十万名英国士兵成了日本的俘虏。事实上，在新加坡失守的三天前，即2月12日，还发生了一个小事故。虽然在我看来它只能被称为小事故，但是在英国人民看来非同小可，足以令他们感到不安和愤怒。这个小事故是，德国的"沙恩霍斯特"号和"歌奈森诺"号战列巡洋舰、"欧根亲王"号巡洋舰闯出英吉利海峡，逃离了布雷斯特。英国人民得到的消息称，它们尽管遭到多佛尔炮台和我方空军、海军的猛烈攻击，仍然完好无损地逃脱了。由此看来，内阁指挥战争能力不被人们信任，也是有依据的。我会在适当的时候再次谈到这件事。

*　　*　　*

从实际情况上看，政府内部进行的不仅仅是调整，似乎更像一次改组。不论是调整还是改组，起因都是新组建了制造部，以及给带来新力量的斯塔福德·克里普斯爵士安排职务。我决定借着这次调整的机会，再进行一些变动。陆军部的常务次官詹姆斯·格里格爵士被我提名为陆军大臣，至于他的前任玛杰森上尉，不再担任这一职位。不论是效率方面还是意志方面，格里格都称得上是位明星官员。他曾经当过我的秘书，那时我还在担任财政大臣，他为我服务了整整五年。事实上，他一直表现出色，不仅有财政部的经历，还担任过印度总督行政会议的财政委员。他不仅很熟悉陆军部的工作，还深得陆军部同僚的拥护。为适应政治家广泛多样的交际范围和灵活的手段，在必要时他得获得一个选区的支持，因为他不肯在上议院担任议员，又没有在下议院担任议员的经验。必须承认，他在多个方面——毅力方面、勇气方面和奉献方面——表现出色。如果让他成为大臣级的长官，那么，我就失去了一位能干的文职官员。

我对飞机制造部也做了调整，委派卢埃林上校顶替穆尔·布勒勃宗上校的职务。卢埃林上校在美国的工作很出色，现在，我们的飞机制造已经完全跟美国接轨了。至于穆尔·布勒勃宗上校，则接受了贵族爵位。

亲爱的穆尔·布勒勃宗：

由于形势和舆论的压力，我必须对政府进行改组，必须调整飞机制造部。当我向你诉说这些时，心情很难受。

我知道你一直在飞机制造部努力地工作，感谢你始终对我保持亲切。你是知道的，面对这场激烈的战争，我处境艰难。我很珍惜我们之间的友谊，希望它不会因工作的分离受到影响。

1942 年 2 月 21 日

他的品质在他的回复中得到了充分的体现。

亲爱的首相：

我谅解你的难处。我发现了一两处政策上的重点，本该尽早与你探讨，但现在已经没有必要了。

我很满意过去经历的所有事情，很感激你对我的信任。与我刚来时相比，飞机制造部现在好多了。

祝

万事顺利。

布勒勃宗

1942 年 2 月 21 日

我必须说服财政大臣退出正式内阁成员的行列，目的是缩减战时内阁的规模。

丘吉尔先生致金斯利·伍德爵士　　　　　　　　　　1942 年 2 月 19 日

我认为有必要组织新的战时内阁，因此给你附上成员名单。在这份名单上你能看到，财政大臣的名字没有被我列入其中。实际上这并不是新变化，因为在这届政府组建之初的计划里，财政大臣就不是内阁成员。

我对此深表歉意，除了抱歉，我也是别无他法。尽管如此，在公务上需要你出力时，还请你勉力而为。

最终，金斯利·伍德先生接受了我的安排，为了缩减战时内阁的规模，同意退出。他的爱国精神和无私精神在此事件中得到充分证明。

*　　*　　*

比弗布鲁克勋爵在我改组内阁期间提出很多宝贵意见。虽然在看待自己的事情时无法冷静理智，但是，在看待别人的事情时，他表现得极为冷静理智。

亲爱的首相：

以下就是在电话里我提到的那封信件。

人民已经失去了对自己信心，于是抬起头望着政府，希望能重振信心。毫无疑问，政府要履行职责，帮助他们重拾信心。那么，在改组内阁时，政府应该怎样满足人民的要求呢，应该为此做些什么呢？

1.邀请斯塔福德·克里普斯爵士加入政府吗？不可否认，人民的确有此意愿，但这种热情只是一时的，现在已经逐渐消退了。

2.为国防部增加一位大臣或次官吗？但是，又很难找到合适的人选，甚至是根本找不到的。担任这一职务的人，必须满足两个条件，其一是让人民满意，其二是让你满意。

斯塔福德·克里普斯爵士是个合适的人选吗？也许他能让人民满意，但他不会让你满意。

3.组成一个只有几名大臣参加的战时内阁吗？这几位大臣每个人都领导好几个部门，但又不担负具体的职责？我认为这个计划很不错，可以付诸实施。

现任内阁成员当中，贝文能力最强，艾登声望最高，而艾德礼是工党领导人，他们理应成为战时内阁的成员。

至于现任内阁中的其他几位成员，虽然是令人敬佩的勇士，但还是不能与那三个人相提并论，因此应该退出战时内阁。

4.在人民看来，政府中的一些官员并不称职，没有发挥作用。你知道他们是谁。

不论从哪个角度看，有一位或两位国防大臣与人民的愿望极不相称。

我本人并不愿意支持人民的任何情绪。因此，这只是一封私人信件。

你永远的朋友

马克斯

1942 年 2 月 17 日

在这封信里，他引用了一段修昔底德的语录，不过没有注明日期。他可能已经在自己身上套用了这段话，结果自然是徒劳的。

与斯巴达的会谈应该终止了。眼前的困难并没有压垮你，你应该让他们知道这一点。无论他们是代表一个国家，还是只代表他们自己，要想成为真正的英雄，在困难面前不仅不能退缩，反而要激烈地抗争。

* * *

比弗布鲁克勋爵在一切落定以后，提出辞职的要求。他觉得负担不起新加在他身上的沉重的职责，因为他的健康状况更加不好了。我不希望他辞职，于是竭尽全力地劝说他，结果却无济于事。就在我面前，他和其他几位大臣展开了长时间的讨论，我为此感到气恼，觉得最好的选择就是不再勉强他。于是，我接受他退出战时内阁的决定。之后，我将他派到了美国，尽管他依然担任着职务，但并没有明确的职责。要知道，即使在美国，他依然能够给我们提供帮助，他可以给罗斯福总统身边的人施加影响。这样的安排对他的身体也有好处，他可以到西印度的岛屿上休养。他辞职以后，一些人——不了解他的品行或不了解他对战争的贡献的人以及与他结怨的人——感到很高兴，只有我除外，因为我感受到的只有失落。

几天之后，我收到他的最后一封信。这封信说明了我们"分手"的经过。

亲爱的温斯顿：

我将在今天离开岗位，回到原来的地方。现在，我要告诉你这二十一个月里我的经历，在我看来，这就像是在冒险。我必须这样做，因为在此之前我可没有这种经历。

在这二十一个月的每一天里，我是在你的支持和信任之下，进行着每一项工作。让我进入内阁就使你承担了极大的风险，把我留在这里又使你遭到一些内阁成员的反对。相比于你为我付出的这些，我回报给你的真是太少太少了。我获得了极大的名声，但那也是因为你的支持。人们愿意给予我信任，也是因为你。在你的鼓励之下，我变得充满勇气。我在你的助手的行列里获得了一个位置，这也是你给我的恩惠。你的工作是解救我们的人民，作为你的助手，我们在为你工作。

值此分别之际，我专门写了这封信，对政府的领导、人民的救世主和自由世界的象征表示感谢。

你的亲爱的

马克斯

1942 年 2 月 26 日

我打算等他疾病痊愈、心情平静之后，再将他召回内阁。不过，我的同僚们并不知道我的这个想法。

* * *

比弗布鲁克勋爵辞职以后，制造大臣的职位就空缺出来了，需要再找一位继任者。但是，在我看来，这并不难办到。我童年的时候，结识了奥利弗·利特尔顿先生，在经过长期的考验以后，我确信他是一位能力过人、经验丰富的人。在我的帮助下，他于 1940 年从平民中间脱颖而出，不仅担任贸易大臣，还进入议会。他在贸易部任职期间，由于赢得了各个党派的一致信任，得以转任驻开罗国务大臣。不幸的是，中东战事的失利让他遭受挫折。后来，他被调到大后方，负责行政工作和铁路工作。在此期间，他提出或主持了众多改革。这段经历使他与艾夫里尔·哈里曼先生产生了交集。我决定让他接任制造大臣以后，就开始了另一项工作：寻找一个合适接任驻开罗国务大臣之职的人选。我中意的人选，是澳大利亚驻华盛顿代表 R.G. 凯斯先生。

我们于 2 月 19 日宣布改组战时内阁，尽管又增加了两位新成员，但内阁成员总数不增反减，由八人缩减为七人。是的，我完全实现了我的目标。战时内阁的成员不是相应部门的挂名顾问，不是无所事事的闲人，是掌握着实权的部门领导人，除了考虑问题、发表演讲、根据中间方案或少数服从多数原则做出决定外，还有很多工作。这个结果完全出乎舆论的预料。

旧内阁成员

首相	丘吉尔先生
掌玺大臣	艾德礼先生
枢密大臣	约翰·安德森爵士
外交大臣	艾登先生
不管部① 部长	伍德先生

---

① 政府机构中不专管某项事务的部门，只要是其他部门不管的事务，它都可以管，因此在实际上管很多事务。——译注

供应大臣	比弗布鲁克勋爵
财政大臣	金斯利·伍德爵士
劳工大臣	贝文先生

新内阁成员

首相	丘吉尔先生
副首相兼自治领事务大臣	艾德礼先生
掌玺大臣兼众议院议长	斯塔福德·克里普斯爵士
枢密大臣	约翰·安德森爵士
外交大臣	艾登先生
制造大臣	奥利弗·利特尔顿先生
劳工大臣	贝文先生

  各种问题不可避免地出现了。上议院议长克莱勃恩勋爵认为，他应该在战时内阁成员名单里，即使不能进入内阁，至少也要享有参加内阁会议的权利。他的目的是想在上议院加强政府的力量，使政府能够赢得上议院的辩论。虽然宪法里没有强制规定，但是通常来说，至少两位国务大臣应该是上议院议员。我想到了詹姆斯·格里格爵士，他有贵族身份，可以给他一个新职位。

丘吉尔先生致克莱勃恩勋爵   1942 年 2 月 20 日

  由于大家坚决主张小规模的讨论，因此就不能将"经常参加战时内阁的会议的绝对权"赋予上议院的领导人。在过去，唯一能联系上议院和战时内阁的人是比弗布鲁克勋爵，但他通常不参加内阁的会议，即使出席会议，也只是参与与他本人相关的讨论。

  由上议院任命的各部门的次官，就一定是在议会中有经验和地位的人吗？我无法保证这一点。但我清楚地知道，我需要保证重点部门的工作效率。至于是否能赢得上议院的辩论，当然也是我关心的一个方面。我猜测也许兰开斯特郡大臣达夫·库伯公爵希望得到提升，不过我还没有征求他的意见。

我不想在最近的两三天里做出任何最终的决定，这当然也包括你提出的人事建议。也许，我会考虑将职责一分为二，让两位大臣分别领导上议院和殖民地事务部。这种可能并非不存在。

感谢你能以坦率的态度给我写信。我会想办法解决这些困难。

几天之后：

我无法安排他到上议院帮助你，因为詹姆斯·格里格爵士决定遵照下议院的意愿，继续留在下议院。这样一来，就保持了宪法的精神。不过，我仍然可以安排达夫·库伯公爵以兰开斯特郡大臣的身份到上议院帮助你。请你考虑是否需要。当然，你也可以再看看情况，再尝试一段时间。

在一些非重要部门，我也做了一些调整。在这个过程中，我得到很多帮助，有九位部门次官表示，我可以随意调整他们的部门。依靠这些帮助，这个过程不再那么艰难了。几个星期以后，所有的调整都被落实了。

经过调整之后，名单发生了如下变动：

1942 年 2 月 22 日

殖民地事务大臣	克莱勃恩勋爵（接替默因勋爵）
飞机制造大臣	卢埃林上校（接替穆尔·布勒勃宗上校）
贸易大臣	道尔顿先生（接替卢埃林上校）

经济作战大臣	塞尔伯恩勋爵（接替道尔顿先生）
陆军大臣	詹姆斯·格里格爵士（接替玛杰森上尉）
公共工程大臣	波特尔勋爵公爵
	（接替 1942 年 3 月 4 日辞职的里斯勋爵）
主计大臣	威廉·乔伊特爵士（接替海基勋爵）
副总检察长	马克思维尔·法伊弗少校
	（接替威廉·乔伊特爵士）

　　我用前文提及的方法，解决了战时内阁的上议院代表这一问题，虽然其中的几位大臣不是正式的内阁成员，但可以经常参加内阁的会议。完成这些工作以后，我终于赶在月底之前，让内阁进入了正常轨道。

首相致爱德华·布瑞奇斯爵士　　　　　　　　　　1942 年 2 月 27 日

　　你下个星期的工作应该有如下内容：

　　1. 时间：星期一下午五点半。地点：十号。人员：全体，包括经常参加内阁会议的人、三军参谋长、各自治领和印度代表。议程：一般性的战争局势（不涉及即将进行的军事行动等特殊机密），及其他适合讨论的议题。

　　2. 时间：星期二下午六点。地点：十号。事项：太平洋会议。

　　3. 时间：星期五中午十二点。地点：下议院。人员：只有你和战时内阁成员。如果需要其他人参与讨论特殊议题，再临时召集。

　　4. 时间：星期四中午十二点。地点：下议院。人员：仅限战时内阁成员。如有必要，在星期三、星期四的下午六点继续。

　　5. 时间：星期五晚上十点。地点：国防委员会。人员：三军参谋长、海军大臣、陆军大臣、空军大臣。我本人、副首相、外交大臣、印度事务大臣、自治领事务大臣等人，在需要或被指定时，也可参加。

奥利弗·利特尔顿先生也可能参加。

先试试看能不能这样安排。

对于主要方面的改组措施，舆论和人民能大体满意。经过这次重大的调整以后，议会认为政府部门应该保持稳定。我们就这样得到了应付已经出现的种种灾难的时间。

*   *   *

这段时间，尽管国内政局紧张多变、国外战事频遭失利，但对我自己的地位似乎没有任何影响。我几乎没有时间考虑自己地位的变化，因为我无时无刻都要处理大量的工作。从实际情况看，我的地位不仅没有下降，反倒有些上升了，权力也有些加大了，这是因为部分同僚或准同僚的地位和职责尚未确定。有人企图罢免我的职务，但我并未因此而难过，对于我而言，我希望的是，我的愿望在经过适当的讨论之后得到满足。各个部门都察觉到了一个现象：我和三军参谋长的联系更加密切了，当然，这都是战事不顺引发的。政府前所未有地团结，不论是在战时内阁成员之间，还是在人数众多的内阁大臣级官员之间，既没有对立，也没有阴谋。然而，外界却并不消停。为了收获更好的战果，外界通过给我不断施压的方式，希望得到改变作战指挥的目的。他们声称"我们的目的不是要推翻首相，我们只是希望他能给自己减负，放下一些担子"。除了坚持这些意见，他们还有一些指望强加于人的看法。

我收到了弗雷德里克·莫里斯爵士的来信。这是一件能令我高兴的事情。

亲爱的首相

我和一些议员认为，你可能恢复劳合·乔治先生在 1916 年至 1918 年出台的制度。我们认为这不是你的主动选择，你只是迫于压力，不得不如此。那项制度的内容是：由不管部部长牵头组建一个很小的战时内阁，三军参谋长将代替已被废除的国防大臣，直接联络战时内阁。

我在这项制度里有过任职经验。在我看来，除了有一个例外之外，你的制度比劳合·乔治先生的更好。在帝国国防学院等军事院校期间，我始终支持这种制度。我的意见是，应该保留一位国防大臣，以个人名义与三军参谋长直接联络。如果是在战争期间，首相是可能担任国防大臣的唯一人选。

你的优点表现在由普遍原则转至特例方面。你的另一个优点是大多数政客所不具备的，这就是你能跟三军将士说到一起。三军参谋长在战时内阁会议上无法畅所欲言，无法有单独联络首相那样的自由，因此，如果要求他们参加战时内阁的会议，就是在浪费他们的时间。

我的身份当然是局外人。站在我的角度看，联合计划委员会是目前的制度中的唯一败笔。通常而言，联合计划委员会的成员根本做不到专心工作，因为他们每个人都有繁忙的本职工作。本职工作忙不完，自然无暇顾及委员会的工作。这是我的经验之谈。因此，在召开会议时，他们能找到的都是反对的理由，根本没有好的建议。我的意见是，必须严格挑选计划的负责人，帮助他拟订计划以后，再将计划报告给你和三军参谋长，由你们审核。这样的话，你和三军参谋长就能确定计划是否合适、是否具备实施条件。只有这样，他们的工作才能有成效。

在这个危急时刻，你同情你艰难的处境。

祝你好运。

F. 莫里斯

1942 年 2 月 14 日

在 1942 年 2 月 24 日写给弗雷德里克爵士的回信中，我补充道："我得出一个结论：在布置一项任务时，应该根据任务的性质，将任一指挥官的地位提拔得高于其他人"。

我已经决心牢牢地掌握指挥战争的所有权力。要掌握和行使这种权力，必须让首相兼任国防大臣才行。相比于有做出决定的权力本身而言，在消除反对意见和处理有冲突的分歧时，来自其他方面的困难和麻烦更大更多。处在最高的位置上，就要有统一的思想，就要掌控全局、领导全局。为了保证完整性，最重要的是做到协助和纠正。所有人都知道，如果不让我担任国防大臣，那么我会立即辞去首相之职，连一小时都不愿意耽误。这个想法替我挡住了所有的诘难，甚至包括在最危急时刻的诘难。有了这种想法，那些善意的建议——不论它是来自组织委员会，还是来自非个人的机构——就全都失去了意义。

对于所有助我一臂之力的人，我必须表示感谢。

第六章　新加坡失守

我们没有调查新加坡失守的原因——珀西瓦尔将军的部署——驻军的实力有所削弱——破坏计划的重要意义——美、英、荷、澳战区的总体政策——我在 2 月 2 日给三军参谋长的备忘录——新加坡空军的情况——日军在 2 月 8 日渡过海峡——日军巩固在岛上的落脚点——我在 2 月 10 日给韦维尔将军的电文——韦维尔将军给我的回电——11 日和 12 日的全面激战——日军失利——一次不幸的海上旅行——新加坡市区的境况——韦维尔将军要求抵抗到底——韦维尔将军在 2 月 14 日给我的电文——我们授予韦维尔将军决定投降的权力——韦维尔将军给珀西瓦尔将军的最后一道命令——新加坡投降——罗斯福总统给我的电文

　　我在判断后得出结论：由于人力、时间、精力方面的困难，不可能在战斗正激烈进行时，就新加坡失守的原因委派皇家委员会展开调查。议会同意我的看法。但是，我已经决定，战事停止以后，就立即对此展开全面调查，以便对有关人员有一个公正的评判。事实表明，这个想法没有被后来的政府执行。这件事已经过去很多年了，很多见证人也已经离世了。或许我们永远都不会对这场英国历史上最大的失利和投降做出公正评判，因为我们没有一个负责任的法院。我并不打算在回忆录中就个人的行为发表

意见，更不打算承担法院的职能。我能做到的，就是引用当时的文件，记录下我相信的事实。至于评判，则由读者依据我的记录得出。

对于回忆录里的军事叙述我负全部责任。为了帮助我完成这部分内容，博纳尔将军贡献颇大。事实上，在华盛顿会谈决定组建美、英、荷、澳联合司令部时，他已经是设在新加坡的远东司令部总司令了。他本来要被派去担任珀西瓦尔将军的职务，联合司令部成立以后，他最终在韦维尔将军那里当参谋长。

通过地图可以知道保卫新加坡岛时珀西瓦尔将军的兵力部署。贝克维斯·史密斯少将的英国第十八师以及基少将的整编了第九师剩余部队的第十一英印师，组成了希思上将的第三军的主力。其中，贝克维斯·史密斯少将的部队是在1月29日到达那里的。第三军的防区沿着北部海岸向长堤延伸（但不包括长堤），戈登·贝内特少将的澳大利亚第八师守卫长堤。几天前刚刚到达这里的第四十四印度旅也由戈登·贝内特少将指挥。组成这个旅的是只接受过部分训练的新兵，这个情况与第四十五印度旅相同。西蒙斯少将指挥的包括两个步兵旅和马来亚义勇队的要塞部队，负责守卫南部海岸。

在对付集结于密林中的敌人时，尽管部署在海岸上的重型大炮可以向北射击，但是它们炮弹不足，因此作用有限。留守在岛上的空军部队是一个战斗机中队，可供他们使用的飞机场只有一个。最终集结到位的守卫部队只有包括基地后勤人员等非战斗人员在内的八万五千人，由于经历了大量的伤亡和消耗，数量远远低于陆军部估计的十万六千人。在这八万五千人当中，被武装起来的有战斗能力的大概只有七万人。虽然在修筑野战防御工事和布置障碍物时动员了大量当地居民，但是，由于即将承受敌军猛烈攻势的前线实际上还没有固定的防御工事，因此工人的数量依然无法满足目前的需求。而且，在经历了艰难的长途撤退和岛上的苦战之后，部队的士气极其低落。

宽度在六百码至两千码之间的柔佛海峡，可以作为北部海岸和西部海岸的屏障，减缓敌军攻势的威胁，遍布河口的、桉树丛生的沼泽也可以充当掩体。植被繁茂的植物园将大部分陆地遮盖住了，人们根本看不到远处的情景。由于无法观察到对岸敌军的活动，因此必须对长达三十英里的海岸线加强防守。物资仓库和三个供水水库都分布在武吉智马村一带，那里因此变得极为重要。再往后是居住着不同种族的大约一百万居民和大量难民的新加坡市区。

*   *   *

在国内的我们，已经没有了长期保卫新加坡的打算，讨论的问题只有新加坡还能坚持多久。1月21日，三军参谋长开始留意破坏工作。他给珀西瓦尔将军发电报，告诫称，如果局势危在旦夕，一定要做好新加坡的破坏工作。他在电文里要求："'焦土政策'应该全面彻底，绝不能遗漏任何可能被敌人利用的物资。"在同一份电文里，他还特别提到对军火的处置。关于军火的处置问题，我在1月31日做出如下批示：

> 最好的办法显然是把弹药用到敌人身上。决不允许主动撤退，即使要被动撤退，也要用两三天的时间陆续撤退……我们早已确定了要塞失守时的做法，那就是把弹药全都用到敌人身上。这也是理所应当的做法。对此应该留出时间，做充分的安排。如果能很好地守住要塞，我们就不会剩下弹药，反而会觉得弹药不够用。

两天后，我又发出如下电文：

首相致伊斯梅将军，转三军参谋长委员会　　　　　　1942年2月2日

1. 必须处理如下事项：

（1）完全毁掉海军基地，要保证至少在十八个月内不能重新启

用所有的工厂和港口。

（2）完全毁掉要塞的所有大炮，同样确保它们在十八个月内不能再次使用。

完成这些破坏工作，对于敌人而言，新加坡就失去了作为海军基地的价值。这些破坏措施因为都是在普通民众不能进入的军事禁区进行的，因此不能引发大范围的恐慌。炸药交给工兵处置。

2. 其他财物的破坏工作也应该有相应的计划。不过，不能削弱防守力量，是实施任何破坏措施的前提。正如将军所说，对新加坡岛的防守越久越好，哪怕只能延长一天，就有一天的好处。

＊　　＊　　＊

我和参谋部花费了很长时间讨论印度洋的形势，在此期间，我提出很多问题。

首相致伊斯梅将军　　　　　　　　　　　1942 年 2 月 2 日

我准备召开一次讨论进一步援助马来亚与缅甸的会议，其中也涉及保卫印度洋的问题，参会者是三军参谋长。会议时间就定在今晚十点钟。

我有下面几点想法：

1. 新加坡岛上有三个机场，其中的两个处在马来半岛的炮火控制之下，关于此事，我们为什么直到上个星期才知道？我们为什么没有修建备用机场？还有，对北部海岸的防御进展如何？在保护内陆交通、公路网络方面，采取了哪些措施？是否已经为遭到破坏的长堤加强了火力？在登陆作战方面，似乎我们毫无作为，但敌人能做的有很多。那么，我们在防范敌人登陆方面有什么计划？有从海上打击日军进攻马来亚的路线的计划吗？

2. 救援新加坡方面，你在派遣护航舰队运送部队、飞机和粮食方面，已经做了什么，正在做什么？为了袭击日本机场，是否动用了爪哇和苏门答腊的重型轰炸机？在附属岛屿上有建立新的空军基地的计划吗？对滞留在岛上的男性居民，是否安排了义务劳动，都安排了什么劳动？我的意见是，对岛上的闲散人口，必须继续予以疏散。为了确保没有疏漏，虽然韦维尔将军有全权处理的职责，但我们必须了解其中的很多事情。

3. 在确保印度洋基地方面，正在进行的工作有哪些？亭可马里守备队是什么情况？大炮的情况如何？附近是否有可用的机场？在保护进出口方面有什么准备？印度洋的防御工作应由海军负责，那么，海军的增援计划有哪些？三艘航空母舰什么时候可以起航？修缮"勇敢"号的工作进行得如何？将来"沃斯派特"号有什么行动安排？在盂加拉湾，有一艘商船被潜艇击沉了。那么，是否对航行在这一带的商船进行了武装？是否安排了科班出身的炮手？在利用当地的力量保卫盂加拉湾方面，正在采取什么措施？我们现在好像已经没有能够执行任务的舰队了，不论是重型舰队还是轻型舰队都没有了。因此，在印度洋的海面上，你们准备部署哪些驱逐舰、驱潜快艇或者巡洋舰呢？请你寄给我一份增援的时间表，这个时间表要包含未来四个月的增援情况。

4. 除了向美、英、荷、澳战区调派澳大利亚的两个师之外，还有其他的增援计划吗？我国至少还要派出四个师的援兵，因为美国将到北爱尔兰实施"磁石"作战计划，同时由于俄国等方面的原因，推迟了进攻的日期。应该将这些援兵具体派遣到哪个战区这一问题以后再说——埃及、地中海东岸—里海一线、印度及美、英、荷、澳战区都有可能，目前要解决的是让他们行动起来。为了能调动更多的兵力，在减少补给和进口货物方面，我们必须有所准备。也可以考虑尽量使用小型商船运送部队。弗里敦派出的西印度旅现在是什么情况？还有，在苏伊士以东地区，我们需要更多的兵力。总之，要对整个战区的情况再做一次调查。

5. 我很关心一个问题：整个亚洲对日本人的胜利态度如何，有什么反应？向印度派遣援兵已经是刻不容缓之事了，在有必要时，应该增加印度的英国部队。驻扎印度的英军的目的是保卫印度国内的安全，避免出现叛乱，因此，这部分驻军可以考虑使用登陆师或独立营，不必是整编师。

6. 美军有可能开赴波斯湾，在地中海东岸—里海一带编组部队，这些情况我在其他文件中已经提到了。

你有哪些详细的考虑？也请添加到上述内容中。另外，希望你在寄给我实施时间表的同时，寄给我以上各项的行动计划。

*　　*　　*

新加坡空军的情况每况愈下。

首相致韦维尔将军　　　　　　　　　　　　　　1942 年 2 月 2 日

刚刚抵达新加坡的"旋风"式飞机按照你的命令去了巨港。看起来，这似乎说明你对守卫新加坡已经失望了。希望你能阐述你的理由。

韦维尔将军致首相　　　　　　　　　　　　　　1942 年 2 月 3 日

在 1 月 29 日与皮尔斯一道访问了新加坡后，我才做出将大多数战斗机撤至苏门答腊的决定。我这样做的考虑有二：其一，岛上的四个机场中的三个，在大部队退守新加坡岛后，将处在敌军的大炮攻击范围内；其二，敌军对机场空袭的规模一天比一天大。因此，为了保证战斗机的安全，我才将它们转移到相对安全的苏门答腊基地。正是因为马来亚的失守，我们才应该更加重视对苏门答腊南部的防御。为了实施反攻，我们必须在苏门答腊占有机场，调派战斗机保卫机场就很有必要了。而且，这样也可以迫使敌军减小对新加坡的空袭。

相反，如果在新加坡已经暴露的机场上保留战斗机，那么，不出几天它们就会被炸毁。为了保护这些战斗机，我们不惜动用所有的力量，比如让一个飞行中队驻防坎兰机场，以及在形势允许的情况下，让来自苏门答腊的战斗机到其他机场加油。

我认为，新加坡空中防御的前景已经被上述计划指明，这恰恰体现了我们守卫新加坡的决心。

首相致韦维尔将军　　　　　　　　　　　　　　　1942 年 2 月 4 日

1. 我感到欣慰，为了利用战斗机保卫新加坡，你准备给来自苏门答腊的"旋风"式战斗机加油。这是个好消息。

2. 但是，这样做有一点不利因素：要浪费从苏门答腊到新加坡的时间。这都是因为大部分战斗机不能从各自基地起飞，而要经由苏门答腊起飞。

3. 我已经明白新加坡的飞机有被炸毁的可能，但我还有不明白的地方：在日军攻击新加坡之际，你却认为应该利用战斗机守卫苏门答腊基地，这是为什么呢？在 2 月底以前，我们将安排"雅典娜"号和"无畏"号运输给你大约九十架"旋风"式战斗机。如果有些风险是必不可少的，那么，在利用战斗机保卫新加坡时，我希望你能大胆冒险。

4. "野牛"式飞机占留守新加坡岛的飞机的一半，是这样吗？我不明白这是为什么。在限制数量的前提下，应该保证最好的性能才对。

＊　　　＊　　　＊

巡逻队在 2 月 8 日早上报告说，新加坡岛西北部的种植园出现大批敌军，同时我方各个阵地都遭遇炮轰。当晚十点三刻，日军第五师和第十八师在科利斯河以西袭击了第二十二澳大利亚步兵旅，敌人还从柔佛海峡派来了装甲登陆舰。敌人的登陆艇为什么来得这么迅速呢？原来，他们为此做了充足的秘密准备，战前就将登陆舰运到了下水点。很多舰艇在激烈的战斗中沉没，但敌人还是在很多地点完成了登陆，我方在岛上的兵力太少，根本无法阻止他们。登陆以后，敌人赶在我方部队恢复战斗力之前，迅速占领了交通交汇点阿玛肯村。第二天早上八点，敌军对登嘉机场发起进攻。此时，第二十二澳大利亚旅和第四十四印度旅奉命退守科利斯河上游和裕廊河上游，利用那里较窄的一道地沟组织防线。为了配合他们的行动，司令部后备队派出了两个营。

我收到有如下内容的报告：

珀西瓦尔将军致韦维尔将军　　　　　　　　　　　1942 年 2 月 9 日

昨晚，敌军强行在西部海岸登陆，目前已完成五英里的推进，占领了登嘉机场。守卫机场的是澳大利亚旅，在激战中遭受重创，伤亡极大。好在司令部及时派出了预备队，暂时挡住了敌军的攻势。但形势仍然没有好转，因为我军需要守卫的海岸线太长了。我们已经做出在必要时集中力量掩护新加坡的计划。

*　　　*　　　*

敌人于 9 日夜间对科利斯河至长堤之间的防线发动与之前类似的进攻，守卫这段防线的第二十七澳大利亚旅被打败，敌人则站稳了脚跟。这标志着，在第二十七澳大利亚旅和科利斯河—裕廊河防线之间出现了缺口。由于这道防线没有修筑防御工事，因此西边的两个旅奉命撤退至此补防。结果，他们迷失了方向，敌人趁机越过防线。为了收复戈登·贝内特战线上的失地，我方先后派出第十一印度师的一个旅、英国第十八师的三个营，但为时已晚，日军于 10 日晚逼近武吉智马村，在坦克的掩护下连夜推进数十英里。

得到消息后，我立即给韦维尔将军发去电报。

首相致韦维尔将军　　　　　　　　　　　　　　　1942 年 2 月 10 日

　　我们对新加坡局势持何种看法你应该是清楚的。在给内阁的报告中，帝国总参谋长说，珀西瓦尔将军麾下有包括三万三千英军和一万七千澳军在内的十万人。日军在整个马来半岛有这么多兵力吗？我很怀疑。他们的前线有五个师吗？后方能马上派来第六个师吗？由此可见，相比于已经渡过海峡的日军的数量，我方的防守兵力肯定远远超过他们，完全有能力一战消灭他们。这场战斗必须做到不惜任何代价地坚持到底，既不能不忍心牺牲平民，也不能不舍得投入兵力。如果能取得胜利，不仅英国第十八师能够青史留名，甚至英国军队的名誉、大英帝国的名誉都可以一战而定。俄国人在战场上的表现很出色，美国人正在吕宋顽强作战，我们英国的荣誉和民族的荣誉就靠这场战斗了。因此，不论是司令官还是高级将领，都要有与部队并肩作战的准备。你应该派出所有部队，与敌人短兵相接，决一死战，不能同情任何的软弱或退缩。我希望分担你的负担，才明白地说出这些话。我相信这也是你的心声。

　　在向我汇报访问情况时，韦维尔将军显得很悲观。

韦维尔将军致首相　　　　　　　　　　　　　　　1942 年 2 月 11 日

　　1. 我今天才从新加坡回来，在那里我停留了整整一天。我是在正准备离开那里时看到你的电文的。在新加坡时，我召集所有总督和师长，传达了你的指示，此外还给珀西瓦尔将军留下了同样内容的文件。

　　2. 新加坡保卫战遇到了很大的麻烦。依靠一贯的渗透战术，日军在西部以远远超过合理速度的进度推进。为了对这部分敌人实施反击，珀西瓦尔将军派出西部所有能调动的部队，但效果不佳。我根本找不到士气旺盛的部队，因为几乎所有的部队都萎靡不振。在四面环海的岛上，需要守卫的临水陆地太多了，而且地形条件也不利于防守。增援部队缺乏训练和我军自卑怯战是目前主要的困难。

3. 为了鼓舞士气，让部队以乐观的情绪参加战斗，我们想尽一切办法。但是目前我不能保证这些办法都能达到目的。所有部队必须坚持战斗到底，不能有投降的心思，这是我最新的命令。

4. 与你提到的兵力数量相比，我认为珀西瓦尔将军能动用的兵力没有那么多，他麾下的所有兵力不会超过六七万人。不过，即使数量不多，如果他们能以饱满的士气和坚定的决心迎战，消灭已经登陆的敌军则毫无问题。

5. 敌军已经占领了北部的三个机场中的一个，另外两个也不能使用了，因为它们遭到了敌军的空袭。虽然南部也有机场，但在敌军不断的轰炸下，作用也不大了。

6. 在从新加坡回来时，我在码头上摔了一跤，背上的两根骨头伤了。虽然我得住几天院，但并无大碍。在未来两三个星期，我可能就像个废人。

*   *   *

整个新加坡战场在2月11日这一天掀起一片混战。敌军在麦克里奇水库和武吉智马公路之间撕开了一道缺口，为了补防这个缺口，司令部后备队派出一支混合部队。敌军破坏了靠近他们那侧的一段长堤，只要我军撤出掩护部队，他们就会立即修好它。当晚，日本禁卫旅越过长堤向义顺村挺进。第三军在第二天即12日撤退至环形阵地，驻守在武吉智马公路和第五十三师驻守的两个水库之间，后来又扩展至坎兰和巴叶利巴村。在这一线的后方，是由章伊岬调来的要塞部队。

12日的激战集中在武吉智马公路以南地区。尽管敌军在长达四十八小时的时间里，对驻守武吉智马村以南阵地的第二十二澳大利亚师展开持续围攻，但该师仍然坚持，未见退缩。不过，他们最终还是撤退到了东陵，因为他们早已陷入孤立无援之地。他们的防线交给了第一马来亚旅和第四十四印度旅，这两个旅又向南延伸了防线。

日军在13日没有取得大的进展，在重炮轰击两个小时后，他们的第十八师团向巴施班让山岭发起攻势，反倒被马来亚团打败。

*   *   *

由海路将三千名指定人士转移到爪哇的计划，是从13日开始实施的。这三千人包括负责指挥要塞空军的蒲尔弗德空军少将、负责指挥要塞海军的斯普内海军少将、重要人物、技术人员、军事参谋、医护人员和有特殊战争价值的人员。不幸的是，由于途中遭遇一支日本海军部队的袭击，这次海上航行成了他们生命中最后的旅行。这支日本部队的任务并不是袭击他们，而是保护进攻苏门答腊的舰队。在执行任务途中，他们袭击了大约八十艘从新加坡出发的各种小船。

直到战争结束，我们才得知他们遇袭的详细经过。蒲尔弗德和斯普内这两位少将是在13日深夜离开新加坡的，在海面航行一天后，于2月15日遭遇袭击，被迫停靠在一个小岛上，整船四十五人顺利登陆。他们当中有位年轻的新西兰军官，决定独自驾船出海，在历尽艰难险阻之后，于2月27日到达巴达维亚。尽管当时爪哇的局势也很混乱，但当局仍然决定营救他们。遗憾的是，营救行动没有成功，他们只好继续滞留在小岛上。后来，他们染上了疟疾，尽管没有敌军的袭击，活下来的希望也很渺茫。包括蒲尔弗德少将在内的十四人在3月底前死了，斯普内少将等四人在4月份也死了。5月14日，空军中校艾特金斯决定投降，带着七个人去了苏门答腊。日军接受了他们的投降，派人接走了小岛上的其他人。最终，他们被关进新加坡的俘虏营，饱受磨难。

*   *   *

武吉智马公路的南段在14日发生激烈战斗，我军失利，被迫继续后撤，直至最后一道防线。此时，新加坡市区发生了令人震惊的动乱。工人纷纷溃逃，饮用水的供应被迫中断，军粮和军火也用完了。此时，仓库已经被敌军占领，因此也无法补充。在这种情况下，预先制订的破坏计划开始全面实施，被销毁的有绝密文件、秘密装备、航空汽油、空投炸弹、永久防御工事的大炮和所有的野战炮、高射炮。但海军基地的破坏工作有些缓慢，很多计划都没有完成，只毁掉了浮船坞、干船坞的铁浮门和抽水设备。

海峡殖民地的总督在 14 日给殖民地事务部提交了一份报告，其中有这样的内容：

1942 年 2 月 14 日

我得到报告，将近一百万人聚集在半径为三公里的范围内，因为市区遭到激烈的围攻。我们面临断水的危险，因为饮用水的供给问题严重，恐怕维持不了超过一天的时间了。大街上到处都是来不及安葬的死尸，随之而来的将是瘟疫的肆虐。

*　　　*　　　*

以下是来往于韦维尔将军和珀西瓦尔将军之间的几封电文。由于我的要求，几个星期以后，伦敦方面才看到它们。

韦维尔将军致珀西瓦尔将军　　　　　　　　　　1942 年 2 月 13 日

你必须战斗到底，必须始终像现在这样坚持。另一方面，你们也要做好在竭尽全力以后的准备，一些勇敢果断的人必须逃离那里。可以安排他们乘坐小船，经由各个岛屿，往南前往苏门答腊。可以考虑给船只装备保护沙袋、小炮或者发射两磅弹炮的机关炮。将来，它们还可以用于保护苏门答腊的海面。

珀西瓦尔将军致韦维尔将军　　　　　　　　　　1942 年 2 月 13 日

敌人野战炮的射程覆盖了整个新加坡的市区，他们距海岸的距离，已不足五千码。除了战局不利，我们还面临断水断粮的危险。下级指挥官汇报说，所有参战部队均已疲惫不堪，不仅没有力量实施反攻，甚至连防守都很困难。尽管我们有机会摆出一些反攻的姿态，但实际上已经不可能反攻了，即便只是做做样子，我们也没有兵力了。

在我看来，面对此情此景，我们未必能再坚持一两天的时间。我和下级指挥官一致认为，如果新加坡市区遭受巨大损失和惨重伤亡的作用，仅仅是争取时间，必然是不划算的。我认为有必要向你转达海外帝国的看法，因为他们很关心我们的安危。他们认为：为了部队和平民的利益，再流血牺牲是毫无意义的。

我们正在执行你于2月10日发出的指令。不过，我希望你能允许我自由行动。

*　　　*　　　*

韦维尔将军致珀西瓦尔将军　　　　　　　　　　　　1942年2月14日

你必须继续坚持消耗敌军，这样的状态持续得越久越好。如果有必要，还要发起巷战。你要知道，你们牵制和消耗敌人的行为，会极大地影响其他战区的形势。我了解你的困难，但我要做的，还是鼓励你继续坚持战斗。

韦维尔将军在14日发来看上去是最终结果的消息：

韦维尔将军致首相　　　　　　　　　　　　　　　　1942年2月14日

珀西瓦尔将军在电文中称，他们已经无法继续反击了，因为敌军已逼近新加坡市区。我命令他考虑展开巷战，以便继续消耗敌军。我所担心的是，即使是巷战，可能也不能持续多久。

*　　　*　　　*

我在1月21日给过三军参谋长一份备忘录，读者应该还记得。我在

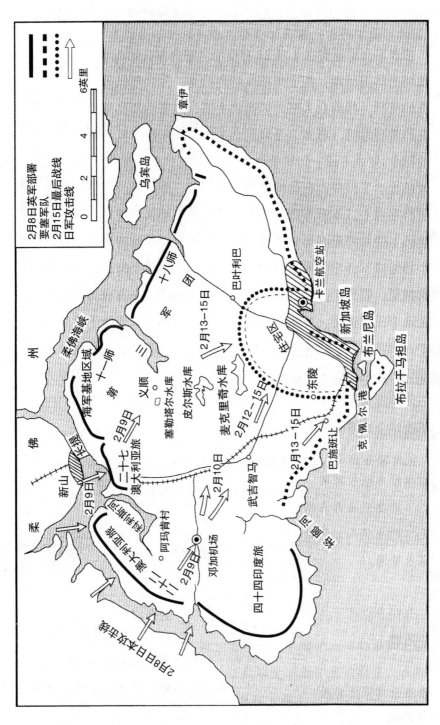

新加坡岛

备忘录里提出，放弃新加坡以后，要将援军部署到仰光，不过当时我并没有坚持自己的主张。那时，我们决心在新加坡决战，只有严厉命令部队奋不顾身地战斗到底，我们才可能获胜，才是正确的办法。事实上，我们希望的并不是获得胜利，而是争取时间。韦维尔将军不仅完全服从命令，还保证要坚决执行命令。事实上，他的确是这样做的，因为他的确向珀西瓦尔将军下达了最强硬的命令。说到这些，不得不提到一个亘古不变的道理：前线的将军只需接受简单明确的指令，不必理会指挥整个战争的长官的顾虑。但是，此时的新加坡的确没有任何希望，在这种形势下，如果固执地在新加坡强调付出和牺牲，是毫无意义的，不仅不能反败为胜，还可能使新加坡市区陷入巷战的恐怖之中。对于人口稠密的新加坡市区而言，它早已惊恐不安了。我跟布鲁克将军谈及这些想法，他的意见是，如果形势要求韦维尔将军做出某种决定，我们应该允许他有这个权力，而不是给他施加压力。于是，我立即给韦维尔将军发电报，同时表示愿意为他的决定承担责任。

首相致韦维尔将军   1942 年 2 月 14 日

　　如果新加坡无法获得更好的结果，那么唯一能决定它命运的人就是你。帝国总参谋长同意你以此身份给珀西瓦尔将军发出指令。

　　很快，韦维尔将军就给珀西瓦尔将军下达命令。这道命令被附在他给我的电报里：

韦维尔将军致首相   1942 年 2 月 15 日

　　珀西瓦尔将军在四十八小时内给我发来两份电文，称他们的抵抗能力大不如前，原因是面临缺水和其他困难。我回电要求他必须坚持抵抗。

下面是我给他的电文：

"韦维尔将军致珀西瓦尔将军　　　　　　　　　1942 年 2 月 15 日

你必须坚持战斗到底，除非你不能再消耗敌人，除非你的部队没有坚持下去的力量。在这种紧要关头，最重要的就是争取时间和消耗敌人。到你认为的的确确已经不能再坚持下去了，你才可以根据情况停止战斗。

不过，在停止战斗之前，必然做好破坏工作，毁掉可能被敌人利用的一切武器、装备和运输工具。在停止战斗之前，要将意志坚强的人武装起来，尽全力保证他们有逃离新加坡岛的机会。

请将你的计划告诉我。不论什么结果，我都万分感谢在最后几天里你和你的部队的英勇表现。"

他们是在 2 月 15 日这一天投降的。当时，他们只有足够两三天食用的粮食，饮用水更少，只够维持一天。其他方面，军火弹药几乎没有了，汽油则完全没有了。在这种情况下，高级军官提议，或者反击突围，或者向敌军投降。毫无疑问，部队早已筋疲力尽，根本不具备突围的能力。珀西瓦尔将军只好决定投降。他给韦维尔将军发出最后一封电报，语气悲伤至极。

　　　　　　　　　　　　　　　　　　　　　1942 年 2 月 15 日

我们的粮食、饮用水、弹药和汽油在敌军的攻击中损失严重，已经全部用完了。官兵们已经竭尽全力，实在不能坚持战斗了。感谢你对我们的支持。

新加坡的敌对状态在当晚八点半结束。日本人终于等来了无条件投降的那一刻。

*　　*　　*

　　我们最伟大的盟国的总统，在这个悲伤的时刻来电慰问：

罗斯福总统致前海军人员　　　　　　　　　　　1942 年 2 月 19 日

　　你和英国人民会因新加坡的失守遭受怎样的影响我是清楚的，坐在后面的那位著名的监督会因此得意整整一天。对于我们遭遇的挫折，我从来都没有低估过。不过，不论它们有多么严重，我们都要时刻期待我们接下来的计划。我知道你得到了英国人民的信任，希望你能在这几个痛苦的星期里静下心来。

　　你要知道，我无时无刻不在想着你。如果你认为我能为你做些什么，你一定会立即告诉我，是吗？

　　期待你的回复。

第七章　潜艇的较量

敌人疯狂地增加潜艇数量——敌军潜艇袭击美国沿海——英美在 1942 年 2 月的损失——希特勒在国内集中大批舰队——向特隆赫姆派遣"提尔皮茨"——希特勒决定将"沙恩霍斯特"号和"歌奈森诺"号撤回德国——"沙恩霍斯特"号和"歌奈森诺"号成功逃回德国——国内的愤怒情绪——希特勒的调动对我们有利——罗斯福总统的意见——我在秘密会议上为海军部辩护——美国大西洋沿岸遭遇德国潜艇的攻击——我们向美国派出反潜艇舰队——我在 3 月 12 日给哈里·霍普金斯的电文——罗斯福总统要求对德国的潜艇基地实施空袭——我给罗斯福总统解释我们的主张——圣那泽尔的功劳——美国海军实施护航措施——邓尼茨海军上将更改攻击目标——希特勒犯下没有集中力量发动潜艇战的错误——盟军在 1 月至 7 月间遭受的损失——秋季攻势——对远程飞机和护航运输舰队的需求——我在 11 月 4 日召集新的反潜艇委员会——我向麦肯齐·金先生求助——我们在冬季得以休整

对于美国的参战，我们的心情是轻松的，情绪是激动的。从此以后，一位拥有无限资源的盟友，将与我们共同挑起重任。我们现在就能预料到，从此以后，敌军的潜艇将迅速在海战中屈服。在接下来的一段时间，由于盟友还没有动用全部的力量，我们还会遭遇损失，但是，我们在大西洋的供应线将在美国的协助下，得到有效的保护。不仅如此，在欧洲和中东战场，我们的"反希特勒战争"也能打响了。灰暗的形势只会在远东战场出现，而且还是暂时的。

许多令人震惊的事件仍然会在 1942 年发生。1942 年这一年，是大西洋战区在整个战争期间最艰苦的一年。邓尼茨海军上将在 1941 年年底报告称，德军的潜艇数量已经增加到了二百五十艘左右，有战斗力的超过一百艘，不仅如此，他们还在以平均每月十五艘的速度增加。尽管我们最初的联防力量比单独作战时强大，但还是无力应对敌人的攻势，因为敌人可以攻击的目标变多了。在长达半年的时间里，在美洲的海面上，敌军潜艇如入无人之境，无人能挡。如果形势一直这样下去，我们必然会陷入永无限期的战乱之中。除非我们放弃联合作战计划，否则我们不仅不能停止在大西洋上的航运，也不能采取临时的限制措施。

在 12 月 12 日举行的有德国元首参加的一次会议上，敌人做出在美洲沿海一带发动潜艇战的决定。不过，德军的大部分潜艇和能干的指挥官都集中在地中海，再加上希特勒要求邓尼茨必须在挪威和北极海面部署一支强大的潜艇部队，因此，德军只派出六艘七百四十吨型的潜艇，不过这只是他们最初的规模，后来就远远不止这个数了。12 月 18 日至 30 日期间，这些潜艇离开比斯开湾港，到达纽芬兰和纽约之间沿海航线的北端，随即埋伏在供返航运输船队会合的港口附近。很快，它们的行动就取得了成功。美国和加拿大沿海截止到 1 月底被击沉的船只有三十一艘，合计二十万吨。在此之后，它们的攻势向南推进，最终越过汉普顿海峡和哈特勒斯角，来到佛罗里达海岸。在它们行进的这条海上大通道上，有很多毫无防备的盟国和美国的船只，甚至还有往返于委内瑞拉和墨西哥湾之间的数量繁多的运油船队。我们的整个战时经济和全部作战计划将因为这条交通线的被截而深受影响。

德国潜艇在加勒比海面上最喜欢袭击的对象是运油船只，他们袭击的范围不仅有盟国的船只，也有中立国家的船只。总之，只要是跟同盟国的船只同时出现，不论是哪国的船只，都会惨遭袭击。每过一个星期，它们的袭击范围就会扩大一些。在2月份的大西洋海域，被德国潜艇袭击的船只多达七十一艘，共计三十八万四千吨。在这七十一艘船只当中，有六十九艘是在美洲遇袭的。自开战以来，这次遭受的损失最严重。不过，这种局面很快就会过去。

＊　　　＊　　　＊

尽管德国潜艇造成的破坏还没到最严重的1917年那个程度，但已经是这场战争中最严重的了，远超历史记录。这些破坏都是德军潜艇在这个区域造成的，始作俑者是十二至十五艘德军潜艇。美国海军在连续几个月的时间里提供的保护远远不够。令人惊讶的是，在过去的两年里，虽然战火正在向美洲蔓延，但他们对于来自潜艇的打击是准备不足的，甚至没有丝毫准备。美国总统提出的"支持英国的战斗，但我们不参加战斗"政策帮了我们很大的忙，我们拿出价值极大的西印度群岛基地，从美国人那里交换来五十艘旧驱逐舰和十艘缉私船。可是，还没过多久，他们又惦记上了这批船只。对于美国海军而言，珍珠港事件之后的太平洋地区是他们压力最大的区域。我们在防御方面的情报，不论是在战斗之前还是在战斗期间，他们都能完全掌握。但是，令人困惑的是，在保护护航船只和增加小船方面，他们居然没有制订任何计划。

在针对海岸线的防空方面，美国也没有制订具体计划。虽然几乎所有的以海岸为基地的军用飞机都在美国陆军航空兵的控制之下，但这些飞机缺乏反潜艇作战方面的训练；美国海军虽然拥有水上飞机和水陆两用飞机，但又不具备反潜艇作战的办法。因此，在经历犹豫不决和种种麻烦之后，美国才在这几个极为重要的月份里逐步建立起针对德军潜艇的有效的防御系统。在这个过程中，不论是美国还是盟国，在船只、运输和人员生命方面都遭受了极大的损失。如果德国人在大西洋动用重型水面舰艇，这个损失还会加倍。

希特勒很重视挪威北部的局势，在那里部署了所有可以调动的水面舰艇和大部分潜艇，因为他认为我们会在近期进攻那里。然而，这一部署使得他错过了在大西洋上取得更大成功的好机会。关于这个问题，他说道："挪威将决定这次战争的命运。"读者固然明白挪威地区的重要性，但德国此时此刻的好机会在大西洋。德国的海军上将敏锐地察觉到了这一点，纷纷主张在大西洋采取海上攻势，但希特勒固执己见，没有采纳将军们的主张。后来，由于缺乏燃料，希特勒的战略决策显得更加有理有据了。到了1月份，他将"提尔皮茨"号战列舰派往特隆赫姆。"提尔皮茨"号战列舰是当时全世界最强大的一艘战列舰，独一无二，没有之一。

首相致伊斯梅将军转参谋长委员会　　　　　　　1942年1月25日

1. 我得知在三天前"提尔皮茨"号战列舰就到达特隆赫姆了。因此，当前海战方面最大的任务就是击毁或者击伤它，除此之外的目标都不值一提，不能与它相比。它现在已经失去了像布雷斯特和德国本土港口那样的高射火力的保护，但即便如此，即便只是将它击伤，迫使它回到德国去，依旧是很难完成的任务。因此，尽管夜晚的袭击效果不如白天，我们也应该把最佳攻击时间选在有月亮的夜晚。如果能够成功摧毁它，我们将改变全世界的海军形势，将会重新夺回太平洋上的制海权。

2. 必须强调空军、海军与航空母舰的互相配合，尤其是空军轰炸机部队和海军航空兵部队，必须与航空母舰协同行动。在派遣航空母舰上的鱼雷飞机和重型轰炸机实施袭击方面，应该立即制订计划，我的意见是，袭击时间可以选在白天或黎明时分。"提尔皮茨"号战列舰不仅战胜了四倍于己的英国主力舰，还将美国的两艘全新战列舰困在大西洋。因此，在这个阶段，它应该是所有战略计划的目标。这是一个急迫且意义重大的任务，我不仅会在明天向内阁提出此事，还会在星期二晚上的国防委员会会议上讨论。

＊　　＊　　＊

"沙恩霍斯特"号和"歌奈森诺"号这两艘战列巡洋舰，被希特勒选定为防御计划的组成部分，因此要被调回德国。在此之前的一年里，它们一直被封锁在布雷斯特，一直威胁着我们海上运输船队的安全。为了它们调回德国，德国方面于 1 月 12 日召开特别会议，讨论了将它们调回德国的事宜。希特勒发表了如下讲话：

> 由于驻扎在布雷斯特的海军牵制了敌军的空军，德国本土才得以免遭空袭。在这方面它们发挥了重要的作用。只要这些舰艇始终保持完好，敌军就不敢轻视它们，它们就能够继续发挥这种作用。既然它们能在布雷斯特牵制住敌军的海军部队，那么将它们调派到挪威也能发挥同样的作用。我愿意让它们继续留在布雷斯特，前提是在未来四五个月里它们仍然能保持完好，还能根据形势的需要前往大西洋。可是，我认为未来的形势未必会如我所愿。为了避免将它们暴露在危险之中，我决定将它们调离布雷斯特。

我认为有必要谈谈希特勒的这个决定，因为它在英国国内引起了一场混乱和争论。

＊　　＊　　＊

"沙恩霍斯特"号战列巡洋舰、"歌奈森诺"号战列巡洋舰和"欧根亲王"号巡洋舰是在 2 月 11 日夜间逃离布雷斯特的。离开布雷斯特之后，它们迅速穿过英吉利海峡，再次进入德国港口的保护范围。就像我在前面提到的那样，由于冬天我们在地中海遭受了损失，再加上整个东方舰队暂时无法发挥作用，为了防范发生在埃及的海上攻势，我们几乎派出了所有的鱼雷飞机。

尽管如此，在监视布雷斯特方面，我们依然有足够的准备。在我们的计划里，如果敌军胆敢突围，我们将动用鱼雷和炸弹，从海面和空中两方面坚决打击。此外，我们还沿着荷兰海域和英吉利海峡的可能航线，布置了水雷阵。我们的防范措施是万无一失的，但是，由于海军部的失误，它们最终还是成功逃脱了。海军部认为，它们可能会在夜色的掩护下通过多佛尔海峡，但德国海军上将的决定并非如此，他选择在白天冲出多佛尔海峡，在晚上躲避我方的巡逻。总之，它们就这样逃离了布雷斯特。

我方的巡逻飞机是在 12 日早晨发现那三艘德国舰艇的，如果我方能立即采取措施，还不算太晚。但是，就在那个瞬间，飞机的雷达突然失灵，它们又从眼皮底下消失了。尽管还有地面雷达作为补充，遗憾的是，等地面雷达发现它们时，为时已晚。我们将飞机机载雷达的突然失灵认定为意外事故，后来才发现不是意外，是德军的有意为之。我们在战役开始后得到情报，为了加强雷达干扰方面的能力，德国雷达总监马蒂尼制订计划，添置了大批新式设备。但是，为了在关键时刻发挥作用，为了避免被我们怀疑，他们没有同时启用所有新式设备，而是慢慢地逐步启用的。在我方看来，在雷达干扰方面，除了德国的干扰在一天天增强以外，没有其他异常，因此也就没有发现异常。

这种干扰在 2 月 12 日变得异常强烈，最终导致我们的沿海雷达系统陷入瘫痪。但是，海军部直到这一天的十一点二十五分才得到相关报告。然而，为时已晚，在护航飞机和驱逐舰的保护下，那几艘德国巡洋舰已经行驶到距离布洛涅不足二十英里的地方了。多佛尔海峡的重炮台在中午过后集体开火，由五艘摩托鱼雷快艇组成的第一梯队则奉命出海追击，此外，肯特郡麦斯顿的六架"旗鱼"式鱼雷飞机也加入战斗，在埃斯蒙特少校的指挥下发起攻击。他们本来应该得到"烈焰"式战斗机的支援，但是，不幸的是，他们没能等到"烈焰"式战斗机，只得孤军奋战，结果遭遇敌机的反击，在付出沉重代价之后，完成了投掷鱼雷的任务。最终，六架"旗鱼"式鱼雷飞机全都坠毁，五位飞行员获救，埃斯蒙特少校阵亡了。

此后，又有大批轰炸机或鱼雷轰炸机加入战斗，对敌人展开持续不断的攻击。这场直到傍晚才结束的激烈的空战，以我方失败告终，我方战机的数量远远落后于敌人，损失自然也大于敌人。下午三点半左右，这些巡洋舰终于驶离荷兰海岸。但这并不代表它们安全了，因为它们又被五艘来自哈利基的驱逐舰纠缠住了。这五艘驱逐舰冒着猛烈的炮火，在距离敌舰三千码的地方发射鱼雷，表现得异常顽强。然而，这些德国舰艇在多佛尔海峡炮台的炮火打击下，在鱼雷的袭击下，竟然安然无恙地继续前进着。13日上午，它们终于完成航行，顺利抵达德国。

消息传到英国国内，人们为此感到惊讶不已，一些不明真相的人甚至认为英吉利海峡已经被德国控制了。事情的真相当然并非如此。我们的间谍人员很快发来消息：我们的军事行动没有失败，"沙恩霍斯特"号和"歌奈森诺"号被我们的鱼雷击中，损失极其惨重。情报显示，"歌奈森诺"号报废，再也没能回到战场；而"沙恩霍斯特"号则用了六个月的时间才重回战场。但是，我们不能公开这些消息，只能任由国内的愤怒情绪不断蔓延。

我们用一场正式调查缓解国内的愤怒和指责，但是，被写进调查报告的，仍然是一些可以公开的消息。不过，从后来发生的事情看，如果从整体局势的角度分析，国内的愤怒和指责倒并非全是坏处。罗斯福总统的电文说道：

有人将这场战斗定性为"失败"，因此，我决定在星期一晚上发表广播演说时，对此事发表一些评论。我认为，德国已将全部潜艇调回德国境内了，事实上这是确定无疑的。这样一来，北大西洋的局势对我们的海军而言，就很好应付了。

尽管事实正如罗斯福总统所说，但是，对同盟国的其他人而言，这仍然是一场糟糕的失败，因为只有少数几个人知道真相。

我的看法与罗斯福总统是一致的。

首相致罗斯福总统　　　　　　　　　　　　1942 年 2 月 17 日

领海海面和大西洋海域的海军形势，势必因德国海军撤离布雷斯特而得到缓解。如果它们继续驻扎在布雷斯特，势必对我们所有驶往东方的运输船队构成威胁，为了运输船队的安全，我们必须派遣两艘护航舰艇。此外，它们的分队还能同时开赴大西洋的商贸联络线和地中海海域，给我们带来更广泛的威胁。因此，为了集中攻击德国本土的轰炸机，我们很希望它离开原来的地方，到现在的地方。

"欧根亲王"号被击伤了，而"沙恩霍斯特"号和"歌奈森诺"号也被鱼雷击中了，"沙恩霍斯特"号甚至被击中了两次。你可能已经知道这些消息了。这样的结果使得至少在未来六个月的时间里，它们不能再横行于海面。我们的海军力量会在这段时间得到补充，这是一个好消息。最遗憾的莫过于我们没能将它们击沉，不仅没有击沉，甚至在光天化日之下让它们逃脱了。我们还不知道它们能够在白天逃脱的原因，但我们正在展开调查。

＊　　＊　　＊

两个多月以后的 4 月 23 日，我才在下议院的一个秘密会议上宣布了这些事实。

忠诚的英国人民因为两艘敌军舰艇顺利通过英吉利海峡而感到震惊，他们的忠诚令我感动。由于埃及方面需要鱼雷飞机，所以我们的鱼雷飞机有所减少。此外，由于众所周知的原因，我们也没有在英吉利海峡部署海军的主力舰艇。请大家注意一个事实：我们能够向德国战列巡洋舰发动攻击的舰艇，只有六艘驱逐舰。那么，我们其他的舰队部署在什么地方？这是很多人都很关心的问题，有人还因此向我发出质询。我对这一问题的回答是：不论是过去还是现在，它们全都在遥远的大西洋海域。它们在那里执行的任务，是为来自美国的运输粮食和军火的船队提供保护。这一安排合情合理，因为，没有粮食和军火的话，我们就完蛋了。

德国舰艇顺利通过英吉利海峡使很多人惊讶和惊慌。是的，它们还可以向南挺进，最终抵达地中海；或者可以长途跋涉至大西洋，袭击那里的商船；还可以向北航行，设法经过挪威峡湾，最终回到德国。总之，在大部分人看来，可供它选择的路线有很多，但最不应该的一条线路就是经过英吉利海峡和多佛尔海峡。既然如此，我认为我有必要宣读一遍海军部的述评摘要。这份摘要起草于2月2日，距离德国巡洋舰逃离布雷斯特还有十天。在那段时间，它们的种种行迹——演习、航行尝试、增派护航驱逐舰等——都暴露了它们的企图。

摘要说：对德国人而言，经由英吉利海峡北上是冒险行为，但由于他们的巨型舰艇作用有限，他们很可能冒险，很可能选择经过英吉利海峡的航线。一方面，他们能够借助飞机和驱逐舰的护航作用；另一方面，我们只有在英吉利海峡部署大型舰艇，才可能阻挡他们，而他们恰恰明白，我们在那里没有大型舰艇。因此，我们才会看到这样一幅情景：在五大五小共十艘驱逐舰、二十架战斗机（还有随时能提供支援的力量）的护卫下，两艘战列巡洋舰和一艘装备有八英寸口径大炮的巡洋舰，经由英吉利海峡向北驶去。

对德国舰艇而言，综合各种因素可以发现，相比于取道峡湾前往挪威的选择，向东行驶经英吉利海峡北上的风险反而更小。因此，在做好充分准备之前，他们不会冒险，他们一旦离开布雷斯特，最可能选择的航线就是穿过英吉利海峡。

跟我预料的一样，有了海军部在这次失利之前起草的这份摘要，下议院对此事有了清晰的认识，如果只借助事后的说明，就不会有这种清晰认识。

*　　　*　　　*

在驻扎在布雷斯特的德国舰队经由英吉利海峡逃回德国的同时，德国潜艇依然肆无忌惮地骚扰着美国的大西洋沿岸。德国的一位潜艇司令在给邓尼茨的报告中称，德国潜艇在大西洋海域不缺目标，即使再投入十倍的潜艇，也能搜寻到大量目标。白天，它们静静地潜伏在海底，到了晚上则全速出击，追击它们认为最有价值的目标。它们从不浪费鱼雷，每一枚鱼雷几乎都能击中目标；即使用完了鱼雷，大炮也能发挥同样的作用。每天晚上，那些曾经灯火通明的位于大西洋沿岸的城市，都能听到海岸附近传来的战斗声，都能看到海面上的船只起火或者沉没。美国人和英国人在此时有了一些共性：对政府有同样的愤怒和失望。好在美国人虽然很容易发怒，却不容易退缩。

身在伦敦的我们，只能以焦急和苦闷的心情看着这一切。事实上，早在2月6日，我就对霍普金斯发出了私人告诫。

不知总统先生是否注意到这件事：在大西洋的西北方向，有船只被德国的潜艇击沉了，损失很大？希望总统能有所了解。1月12日至今，已经证实的损失有十五万八千二百零八吨，预估的损失有八万三千七百四十吨，可能的损失有一万七千三百六十三吨，三者合计共有二十五万九千三百一十一吨。

　　我们于2月10日给美国海军提供了一批舰艇，有二十四艘设备齐全的反潜艇拖网船、十艘驱潜快艇，当然也包括相应的船员。3月份，第一批反潜艇拖网船和驱潜快艇到达纽约。尽管数量很少，但我们已经尽力了，派出了能够抽调的全部力量。由于缺少必需的组织，而且也没有集中最低限度的护航舰艇，因此沿海运输船队还不能投入使用。目前能依靠的只有舰艇和战斗机，但它们的作用也很有限，只能对有威胁的地带加强巡逻。然而，敌人依然能够到其他区域袭击没有设防的船只，因为躲过巡逻太容易了。

　　荷属西印度群岛阿鲁巴岛的大油港外，于2月16日出现一艘德国潜艇，它先击毁和击伤两只小油船，然后又对港口的设施发起攻击，万幸的是造成的损失并不大。之后，它试图向旁边的一艘大油船发射鱼雷，但没有成功。与此同时，同一海域的三只油船被其他德国潜艇击沉了。之后不久，英属圣卢西亚岛的卡斯特里港口也出现一艘德国潜艇，在击沉两艘油船后大摇大摆地离去。起初，定期向远东运送部队的邮轮一直在这个港口补充燃料，发生这次袭击事件后，我们被迫给它更改了航线。但包括"玛丽王后"号在内的其他大型邮轮在经过这一地区时，始终没有遭遇攻击，或许我们应该因此庆幸。

　　查尔斯顿和纽约一带在3月份是形势最紧张的地区，令我们难以接受的是，即使是单独行动的一艘德国潜艇，也敢在整个加勒比海和墨西哥湾横行。在这个月里，有接近五十万吨的船只被击沉，这其中，在距离美国海岸三百英里以内的地区被击沉的占到四分之三，一半的吨位是油船"贡献"的。与此对应的是，在同一段时间，在同一海域（美洲海域），德国潜艇的损失少得可怜，只被纽芬兰海面护航的美国飞机击沉两艘。4月14日，我方水面舰艇第一次在大西洋沿岸击沉德军潜艇,完成这一"壮举"的是"罗珀"号美国驱逐舰。

*　　*　　*

3月份,我开始重新考虑一个重要问题。

首相致哈里·霍普金斯先生　　　　　　　　　　1942年3月12日

1. 在加勒比海地区和西经40度以西海面,德国潜艇击沉我方大量油船,我为此担忧不已。在1942年刚刚过去的两个多月里,我方在这一区域的损失极为惊人:1月份有十八艘油船、计二十一万一千吨货物被击沉或击伤;到2月份这个数字增加到三十四艘和三十六万四千九百四十一吨;在3月份刚刚过去的十一天里,被击沉或击伤的船只是七艘,损失货物计八万八千四百四十九吨,仅昨天一天就占到三万吨。这两个多月来,我方合计损失近六十艘油船、约六十七万五千吨货物。除了造成这些损失之外,德国潜艇的袭击还使得大量油船耽误了行程。

2. 美国的很多驱逐舰由于大西洋运输船队的任务的调整,可以承担其他的任务,不必再承担横跨大西洋航线的护航任务了。我们提供给你们的二十四艘反潜艇拖网船中的二十三艘已经到位了。

3. 鉴于当前严峻的形势,我们必须采取一些果断的措施。因此,在我们的十艘驱潜快艇参加战斗之前,我希望你能在太平洋战区抽调出一些配备有护航力量的驱逐舰,到西印度群岛的百慕大地区承担紧急运输任务。

4. 如果你很难抽调出这部分驱逐舰,那么还可以考虑两个应变方案:其一,冒着影响供应我方战略物资的危险,暂停油船的航行计划;其二,通过减少运输量,实现加大哈利法克斯—联合王国运输周期的目的。不论采取哪个方案,都可以在一段时间内向西印度群岛增派足够的护航舰队，以增强那里的运输力量。需要注意的是，这种做法会严重影响我们每月的进口额，而且在短期内无法恢复。

5. 最高级别的海军当局最好能对上述两个方案展开讨论。如果给我们的进口额因加大运输周期而不得不暂时减少，那么，到了下半年，你方必须考虑通过增派新吨位给予我们补偿。另：请告诉我，以上提议是否合适直接向总统提出。

6. 那份总统对各项重大问题的见解的电文我已经收到了，让我感到欣慰和安心的是，在战争方面，我们有着一致的意见。请向金和马歇尔转达我的私人问候，我要向他们说："好日子又来了。"

＊　　　＊　　　＊

对于我提出的问题和海军的总体形势，罗斯福总统与海军上将们进行了紧急讨论，之后给我做了详细答复。对于我们的反潜艇拖网船和驱潜快艇的快速到位，他显得很高兴。在横渡大西洋的护航部署方面，他提出很多节省力量的方法。对于我提出的加大运输周期的意见，他表示同意，由于在7月1日美国将实现对飞机和小型护航舰艇的加大生产，因此他同意在7月1日之前落实。同时，他还保证，对我们下半年的进口额予以补偿。

几天之后，我收到了他的补充说明电文。

罗斯福总统致前海军人员　　　　　　　　　　1942年3月20日

你在发给霍普金斯的电文中，谈到采取果断措施反击大西洋上的德国潜艇一事，由此可见你很关心此事。为了从源头上遏制德国潜艇的活动，我认为，应该对潜艇的基地及建造、修理场所实施围攻。我建议你对这些行动有所考虑。

针对罗斯福总统提出的建议，我们进行了研究，还制订了计划。我给他如下答复：

前海军人员致罗斯福总统　　　　　　　　　　　1942 年 3 月 29 日

1. 在破坏德国潜艇今后的企图方面，我们的主张也是对其基地实施打击。于是，昨晚我们袭击了吕贝克，派出包括四十三架重型轰炸机在内的二百五十架轰炸机，取得巨大成功。需要指出的是，正是遵照你的意思，我们才发动了这一行动。

2. 如果德国潜艇前往加勒比海和美洲沿岸作战，比斯开湾的港口就是其绝佳的出发点。为了加强比斯开湾各海口的巡逻，海军部和皇家空军海防总队制订了一项联合计划。白天潜伏在海底，晚上则全速行动，是德国潜艇惯用的伎俩。为了破坏它们的夜间活动，我们希望飞机实施夜袭。如果能让它们在夜晚劳而无功，那么它们就只能在白天活动。因此，我的意见是，不仅在夜里袭击它们，还要加强白天对它们的威胁，在缩短你们的作战时间的同时，加大它们的航程。我们每个月都可能获得一些战果，因为出没于巡逻区的潜艇始终多于六艘。相比于可观的战果，以上好处就有些不值一提了。

3. 即使运输船队得以顺利组成，但是能弥补的也只能是部分损失，因为你们还承受着极大的损失。因此，为了更好地落实在比斯开湾开展的新的巡逻任务，海军部决定立即向那里陆续增派四个轰炸机中队和六个空军中队。对于海军部的这一计划，我完全同意，愿意尽量满足，因为它能带来如此之多的好处。

4. 空袭德国是另一方面的必要措施。为了搜寻目标，我们动用了全新的方法，现在已是初见效果。遗憾的是，在扩充空袭部队方面，我们的实际进展远远落后于我们的期望。另一个遗憾是，"兰开斯特"式轰炸机在结构上存在缺陷，对此我们除了遗憾和失望，似乎别无他法。这个挫折造成的影响是，我们四个轰炸机中队里性能最优越的飞机无法及时投入战场，需要等待好几个月。天气条件在此时有所好转。天气好转以后，战场的形势发生了变化：为了进攻俄国，德国将高射炮部署到市区之外的地方；为了打击德国潜艇，你希望我们袭击它们的基地；石油成了引人注目的目标。当战场上发生这些变化时，当哈利斯的表现很不错时，说实话，我很难再抽调出轰炸机司令部的六个中队。

＊　　＊　　＊

在圣那泽尔，我们在 3 月底终于获得了伟大的胜利。当"提尔皮茨"号在大西洋沿岸活动时，圣那泽尔是唯一能给它提供修理的地方。圣那泽尔拥有世界上最大的船坞，当"提尔皮茨"号打算离开特隆赫姆前往大西洋时，如果这里被毁掉了，就将面临极大的危险，因此完全没有必要冒险。这是一项与战略构想紧密地结合在一起的伟大的任务，任何一支突击队都希望能得到执行这个任务的机会。最终，我们选定了由埃塞克斯团纽曼上校协助、由皇家海军的莱德中校指挥的一支部队。那是一支拥有两百五十人的由驱逐舰和轻型舰艇组成的部队，于 3 月 25 日从法尔默思出发。为了完成任务，他们不仅要通过由敌军密集巡逻的四百英里海面，还要经由卢瓦尔河口逆行五英里。

毁掉大水闸的闸门是这支突击队的任务。在密集的炮火的掩护之下，装载着三吨烈性炸药的美国旧式驱逐舰"坎贝尔敦"号，径直冲向闸门。按照预先的安排，它在到达闸门后会就地沉入水中，等到一定时间，舰上装载的大型引爆装置就会引爆炸药，从而炸毁大水闸闸门。指挥它执行这一任务的是贝蒂少校，而其他的登陆部队则在科普兰少校的指挥下由甲板登陆，破坏岸上的船坞及设备。遗憾的是，登陆的目的没有实现，而是遭遇了强大的敌人的阻击，经过一番激战，伤亡惨重，只有五个人得以生还。在遭遇失利以后，舰艇上的残存兵力在莱德中校的指挥下撤退，最终死里逃生，经由大海平安回国。由于爆炸装置出现故障，炸弹没有立即被引爆，"坎贝尔敦"号的残骸就一直停留在闸门处。

第二天，德国军官率领大批舰艇研究人员登上"坎贝尔敦"号。就在那时，炸药突然被引爆了。最终的结果是，大水闸的闸门不仅被炸毁了，数以百计的德国军官及军工人员也被炸死了。整个第二次世界大战期间，这道大水闸始终都没能修复。我们的被俘人员受到德国人的优待，有人得到维多利亚十字勋章。但是，法国人倒了大霉，受尽折磨。

*   *   *

美国海军从4月1日起落实对部分沿海地区的护航计划。起初，这个计划只能保证几个有护航力量的船队在白天穿行于戒备森严的停泊港口之间，总行驶里程也不过一百二十英里；到了夜间，还是无能为力，所有船只还得停航。然而，这样的护航制度远远无法满足需求，因为每天往返于佛罗里达州和纽约州之间的船只当中，需要护航的多达一百二十艘。需求不足引起了船只的延误，而船只的延误又引发了另外的问题。直到5月14日，这个问题才得到彻底解决，因为出现了一支由汉普顿海峡驶往基韦斯特的力量充足的护航运输船队。也正是从那时起，护航计划迅速向北推进，到达纽约和哈利法克斯。又过了半个月，一条由基韦斯特沿东部海岸向北延伸的防线形成了。从此以后，局势有了好转，尽管我们没能大批消灭敌人的潜艇，但损失的船只大幅减少了。

当时，加勒比海和墨西哥湾还没有落实护航计划，于是，邓尼茨海军上将马上将那里视为重点攻击对象。也就是在那时，加勒比海和墨西哥湾的油船损失迅速飙升，德国也扩大了潜艇的活动范围，最远甚至到达巴西海岸及圣劳伦斯河流域。由护航计划构筑的遍布所有海域的防线的全面形成，是这一年年底的事情。不过，在6月份，形势并未完全改变，只是稍有好转而已。至于发生在美洲沿海地区的由德国潜艇主导的这场

1942 年的大西洋防御体系

灾难，直到 7 月下旬才宣告结束。在 1942 年的前七个月里，在大西洋战场上，因德国潜艇造成的盟国的损失在三百万吨以上。其中，护航船队的损失不足十分之一，英国损失船只一百八十一艘，计一百一十三万吨。

至于敌人付出的代价，在 7 月以前只损失了十四艘潜艇，而且是在整个大西洋和北冰洋海域损失的，北美洲海域只击沉了六艘。7 月份以后，形势有所好转，我们逐渐占据了主动权，敌人才付出了更大一些的代价：仅 7 月份这一个月，仅大西洋海域，我们就击沉五艘德国潜艇。总体而言，在 7 月份一个月里，我们总计击沉十四艘德国潜艇，其中有一半是护航舰

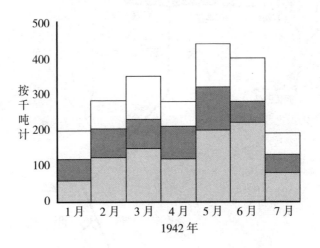

在美国和加拿大海防线内
（距美国海岸 300 英里）

美国

英国

其他国家

大西洋

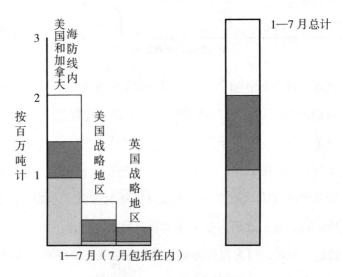

1942 年 1—7 月潜艇带来的损失

队击沉的。这是一个令人激动的消息，在此之前，我们还没有在潜艇战中获得过如此胜利。

然而，德国的潜艇实在是太多了，相比于被我们击沉的潜艇数量，新服役的德国潜艇数量更多。

盟国不仅在潜艇数量上不占优势，在作战策略上也慢敌人一拍。在得知盟国即将在某处实行反潜艇措施的消息后，邓尼茨海军上将就会立即行动，调走那里的潜艇。由于海洋给潜艇的活动提供了宽敞的场地，因此，在我们赶到以前，德国潜艇又会在新的地盘安全地活动一段时间。5月份，在爱尔兰以西大约七百英里的地方，一支运输船队遭到德国潜艇的袭击，七艘商船遭受损失。在横渡大西洋的航运方面，虽然我们有过安全、自由的时光，但是，从那以后，这份安全与自由就不复存在了。此后，我们在直布罗陀和弗里敦也见到了德国潜艇的踪迹。

在这个关键时刻，为了粉碎盟国占领亚速尔群岛和马德拉群岛的企图，希特勒执意组建一支备用潜艇部队。他的这一决定再次帮助了我们。从某个角度讲，希特勒的这一考虑不无道理，只是，即使他有备用的潜艇部队，也不可能依靠潜艇阻止我们占领亚速尔群岛和马德拉群岛的行动。当时，美洲沿岸的宁静刚刚被打破，雄心勃勃的邓尼茨海军上将准备卷土重来，再次攻击主要航线上的运输船队。因此，他在得知希特勒的决定以后，只好无可奈何地放弃了野心。

我们面临的最严重的威胁就来自于德国的潜艇，从这个角度来看，不惜一切代价地发动潜艇战是德国人最明智的选择。在我的记忆中，父亲说过"一旦抓住政治上的机会，就绝不能轻易松手"这样的话，现在看来，这个原则也同样适用于军事领域。潜艇战的作用因不断出现充满诱惑的猎物而变得不再重要，形势也因此有所缓解。在1940年的不列颠战役中，戈林不停地更改空袭目标，也是犯了这样的错误。即便如此，对我们而言，在运气不佳时遭遇潜艇战，也是很恐怖的。

应该对下面这份统计表做些研究和分析。

大西洋上的商船受潜艇袭击造成的损失

1942 年 1—7 月（包括 7 月）

月份	1. 美国海防线（位于距南北美洲海岸三百英里以西）		2. 美国战略地区（即西经 26 度以西，不包括 1 地区）		3. 英国战略地区（即西经 26 度以东）		合计	
	船数	吨数	船数	吨数	船数	吨数	船数	吨数
1	31	196，243	9	68，284	6	32，575	46	297，102
2	50	286，613	19	86，555	2	10，942	71	284，110
3	61	354，489	13	70，058	7	35，638	81	460，185
4	48	276，131	13	88，917	6	30，975	67	396，023
5	91	451，991	26	133，951	3	15，567	120	601，509
6	80	416，843	25	164，186	9	45，982	114	627，011
7	45	192，851	8	46，383	16	111，529	69	350，763
合计	406	2175，161	113	658，334	49	283，208	568	3116，703

以上总共五百六十八艘船只（三百一十一万六千七百零三吨）当中，只有五十三艘（二十八万四千吨）有护航力量。

*　　　*　　　*

我认为可以在这里对其他地方的局势做一番叙述，也可以对直到 1942 年底大西洋战役取得的进展做一番叙述。

到了 8 月份，特立尼达一带和巴西北海岸吸引了德国潜艇的注意力。对德国潜艇而言，在那里航行的为美国航空工业运输铁矾土的船只以及满载战略物资的中东船只，都是充满诱惑的猎物。除了这些德国潜艇，在弗里敦及其周边还有一些行迹不定的德国潜艇，在向南直达好望角，甚至深入印度洋的地区也有它们的踪迹。我们曾经因南大西洋的局势感到不安。到 9 月和 10 月份，在南大西洋海域独自航行的五艘大邮船被德国潜艇击沉了，它们之所以惨遭不幸，也许是因为没有护航舰队的保护，只要是有护航力量的船只——比方所有前往中东的运送部队的船队——都能安全通过这个区域。

北大西洋的主要航线上，这段时间发生了一些重要的战斗。此时的德国潜艇终于知道了我方飞机的威力，长了教训，将新一轮的活动区域选定在远离我方冰岛和纽芬兰基地的地方，那些地方我方飞机保护不到。在8月份，两支护航运输船队在那里遭到攻击，损失惨重。在整个8月份，我们损失了一百零八艘共计五十余万吨的船只。德国潜艇在9月和10月份故技重施，在光天化日之下搞海底袭击，继续给我方造成损失。

在这段时间，我们眼睁睁地看着船只遭遇袭击却无计可施，因为德国投入的兵力越来越多，远远超过我们的护航能力。在这种情况下，我方空军海防部队拥有的超远程飞机无法满足战斗需要的问题，引起了我们的重视。在本书附带的大西洋地图上，读者可以清楚地看到，空军掩护能够覆盖的范围，距离海岸上的基地不到六百英里，距离纽芬兰也只有四百英里。因此，在通过地图中央那块广阔的没有设防的区域时，飞机根本无法保护水面上的护航舰艇。

*　　　*　　　*

对我们的空军海防部队而言，1942年最初的几个月真是一段倒霉的日子。大量飞机和飞行员被派往远东和地中海一带增援，不仅如此，他们还要支援其他地方，导致他们的力量分散得很开。虽然我们希望通过增加超远程飞机的数量，达到增强他们的力量的目的，但是最终还是放弃了这个愿望。我们的空军部队为了应付紧张的局势，动用了所有的力量。

尽管海军护航舰队在应对德国潜艇白天发起的袭击时，为运输船队提供了可靠的保护。但是，对距离运输船队较远的地区，他们就显得力不从心了；而且，如果敌人从运输船队两侧发起攻势，他们也是应对乏力。在敌人的潜艇发起联合攻击时，我们的防御也会被他们利用数量的优势冲破。针对这种情况，我们想到一个补救办法：为了及时发现游弋在运输船队附近海面的潜艇，同时逼迫它们潜入海底，除了在海面上派遣护航舰队，还要在空中提供足够的飞机支援。为了给运输船队打通航道，我们必须让飞机和护航舰队协同作战。在对付德国潜艇时，如果依靠只有护航舰队的单纯防御，是不可能取得胜利的。只有海空协同行动，多方搜寻，发现目标就立即实施攻击，才能取得胜利。尽管我们没有足够的飞机、飞行员和空中装备，尽管我们还没有决定性的优势，但是，为了尽快采取行动，我们已经组成了一支分遣队。事实上，很早以前就有人提过这一战术，之所以迟迟没有落实，是因为我们没有手段。

在后来的潜艇战里成长为一支强大舰队的第一支分遣队，起初只有两艘海岸炮艇、四艘驱逐舰和四艘刚刚投入战场的快速巡洋舰。它之所以能迅速成长起来，也是有原因的，原因就是有经验丰富且训练有素的船员，有数量充足且性能优越的武器。它的任务是，在脱离护航舰队保护下，前往被敌军威胁的任何地点，搜寻、追捕和消灭敌人的潜艇。追捕德国潜艇时，它可能在跟踪一艘潜艇过程中发现大批潜艇，进而发现一个潜艇群。它之所以能大获成功，主要原因在于实现了与飞机的密切配合。飞机搜寻到德军潜艇后引导它实施围捕的战术，在1943年得到广泛应用。

我们注意到运输船队需要空军在海上的支援。读者可以回忆起来，在前面几本书里，我提到过第一艘护航航母"勇气"号，虽然它的生命很短暂，但取得的成就很伟大。遗憾的是它在1941年12月遇难了。一年以后的1942年年底，战场上出现六艘跟它一样的航空母舰，后来美国也有了很多航空母舰。在今年9月，英国的第一艘"复仇者"号开始给苏联的运输船队护航。一个月后的10月下旬，它又为"火炬"运输队护航，其间首次与德国潜艇交手。为了适应形势的需求，为了实现在全面深海侦察时不借助陆上基地、密切配合海面护航舰艇的目的，我们给它们配备了"旗鱼"式飞机。经过一系列机智精妙的完善，在反潜艇作战方面，我们取得了明显进步。但是，我们要应对的困难并没有因此减少，因为敌人也在进步。

如果忽略德军损失的潜艇数量，那么，在1942年1月到10月的十个月里，德国可以用来作战的潜艇的数量，从九十艘增加到了一百九十六艘。在 1942 年的秋天，我们在北大西洋的运输船队遭到数量更多的德国潜艇的袭击，损失更加严重，这是因为在那个秋天，有接近一百艘德国潜艇在北大西洋频繁活动。另一个原因是，为了支援非洲战场的主要战斗，我们必须不断地削减北大西洋海域的护航力量。在整个战争期间，盟军 11 月份的海上损失是最大的，除了其他原因造成的十万吨损失，仅德国潜艇就让我们损失了一百一十七艘船只，总计超过七十万吨。

＊　　＊　　＊

由于空军无法为外围海域提供掩护，因此那里的局势显得更加糟糕。为了解决这个问题，11 月 4 日，我亲自召集、成立了一个反潜艇委员会，这个委员会在潜艇战争中作用极大，因为它有权做出一切有深远影响的重要决定。为了增强有雷达设备的"解放者"式飞机的航程，我们决定对它进行一番改造，于是让它们暂时退出战斗。在我的要求下，罗斯福总统同意给我们提供美国飞机，他甚至将所有的装备有最新雷达的飞机调给我们。有了这些美国飞机，我们的设备更先进、实力更强了，又能在比斯开湾执行任务了。直到 1943 年，我们才看到这个措施的成果，同时看到的还有 1942 年 11 月的其他措施的成果。

首相致麦肯齐·金先生　　　　　　　　　　1942 年 11 月 23 日

1. 横跨大西洋航线的运输船队在近期遭受重大损失，我因此感到不安。如果有空军的保护，德国潜艇就很难形成攻击群，因为它们要在白天潜入海底。

2. 我们现在只能依靠基地设在海岸的远程飞机，而且必须依靠它们，因为辅助航空母舰还无法投入使用。目前，联合作战动用了所有的辅助航空母舰，因此，未来几个月之内，它无法为所有的运输船队提供保护。为了将"解放者"式飞机的有效航程增加到两千三百海里，

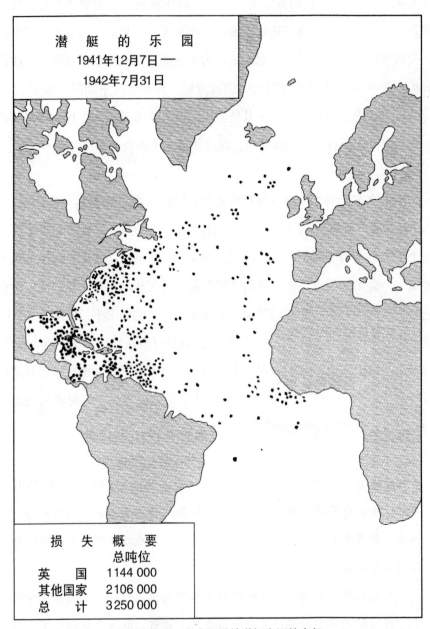

潜 艇 的 乐 园
1941年12月7日—
1942年7月31日

损 失 概 要
总吨位
英 国 1 144 000
其他国家 2 106 000
总 计 3 250 000

大西洋战役：在大西洋被潜艇击沉的商船

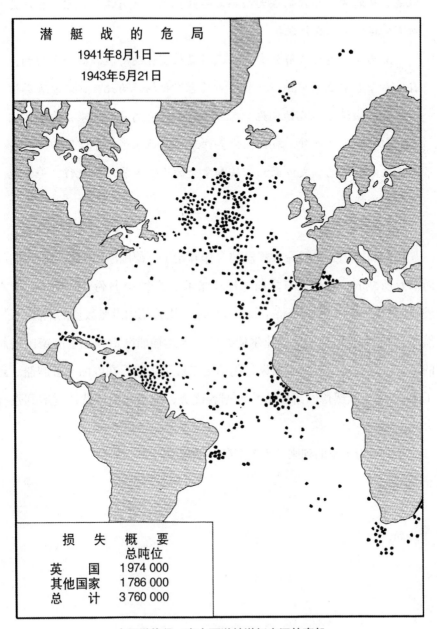

潜 艇 战 的 危 局
1941年8月1日——
1943年5月21日

损 失 概 要
总吨位
英　　　国　1 974 000
其他国家　1 786 000
总　　　计　3 760 000

大西洋战役：在大西洋被潜艇击沉的商船

我们准备加大它的油箱。不过,它们不仅需要利用冰岛和北爱尔兰的机场,还需要利用你们在大西洋沿岸的机场,只有这样,它们才能为所有的运输船队提供保护。

3. 为了给这些"解放者"式远程飞机实施反潜艇作战提供便利,我们希望它们能利用拉布拉多半岛的古思机场。为此,你们能否尽快准备好加油设施和地勤设施?在甘得我们也有同样的需求,希望你们也能配合我们。此外,我们很快会向这些基地派遣一个空军中队。在减少运输船队的损失方面,如果加拿大的飞机也能增加航程,一定能发挥重要作用。

＊　　　＊　　　＊

我们和加拿大之间最大规模的合作开始了。德国潜艇的攻势因我们的防御有所减弱,气焰没有之前那样嚣张了。整个 10 月份,我们击毁十六艘德国潜艇,这个数据是整个战争期间单月击毁德国潜艇数量的最高纪录。然而,在 1942 年年尾,亚速尔群岛的一支运输船队遭到二十艘德国潜艇的围攻,我们在三天之内损失了包括十二艘英国船只在内的十五艘船。到了 1943 年,虽然德国潜艇依然占据着优势,但是我们依然让它遭到强有力的挑战。

我们因为冬季的到来,得到了休整的机会。

第八章　荷属东印度群岛失守

短暂存在的美、英、荷、澳战区——美国很重视中国——韦维尔将军在重庆见到蒋介石——韦维尔将军在万隆设立总部——英美在加强美、英、荷、澳战区方面的努力——1 月份日本的进展——德国人的看法——韦维尔将军面临危机——韦维尔将军在 2 月 13 日给我的电文——韦维尔将军在 2 月 16 日给我的报告——我给三军参谋长的备忘录——我在 2 月 17 日给总统的电文——韦维尔将军建议向缅甸调派澳大利亚部队——日本人在 2 月 28 日对爪哇发动进攻——我打算让韦维尔将军再次担任印度总司令——我和韦维尔将军的通信——韦维尔将军在飞往锡兰途中遭遇危险——海军的困局——海军上将图尔曼英勇牺牲——盟军舰队灭亡了——"埃克塞特"号沉没——爪哇守军苦苦支撑——荷属东印度群岛完全落入日本之手

英国、美国、荷兰、澳大利亚、新西兰、印度、中国等国是用最安全的密码拍发电报，这些电报数量惊人，多达数万字。各国政府商定，在最高统帅之下成立由海、陆、空三军人员组成的美、英、荷、澳联合司令部，组成人员由各国按照要求的比例委派。但是，这个过程并不轻松，在诸多问题上——如怎样让美国和英国做出全面部署、海军是否应由一位来自荷兰的高级指挥官统领、澳大利亚能获得什么利益——经过漫长而艰难的争

论，才达成一致。然而，我们终于在所有问题上达成共识时，才发现日本已经占领相关的大部分区域。不仅如此，在爪哇的一场海战中，盟国联合舰队再次遭遇失利，被日军击沉。

起初，我们和蒋介石产生过一些不至于影响局势发展的小纠纷，但它对微妙的政治关系还是有些影响的。我察觉到，在美国人眼里，甚至在美国高层眼里，中国有着超乎寻常的重大意义。我在华盛顿访问时就意识到了这一点。美国人是怎么看待中国的呢？我发现，按照美国人的标准，中国与大英帝国实力相当，而中国部队与苏联部队不相上下。当然，我的意见是，中国能够贡献给这场全面战争的作用，被美国舆论严重高估了。在与罗斯福总统的交谈中，我提出了这些看法。但是，这些意见没有引起总统的重视。他反问我，如果中国这个有着五亿人口的大国，像日本在十八世纪那样，迅速发展，掌握先进武器，局面将变成什么样。我回答说，我关注的是眼前，就当前的局势而言，如果战争继续下去，我们的处境会更加艰难。我也向总统阐述了我对中国的看法，我表示，尽管我对中国腐败透顶的政治感到失望，但我敬佩这个民族，也愿意帮助他们，愿意与其友好相处。对于美国舆论对中国的评价，我表示，我不会认可一个与事实不符的评价标准。

韦维尔将军在担任印度总司令期间，做过一件令美国人满意的事情：越过喜马拉雅山去了一趟重庆，拜访了蒋介石先生。然而，从结果上看，这是一次失败的会晤。蒋介石认为，对中国在解决自身问题方面做出的努力，这位来自英国的将军显得不够关心。罗斯福总统听到了他的这些抱怨。

我认为有必要澄清事实。

首相致韦维尔将军   1942 年 1 月 23 日

1. 中国部队愿意协助我们守卫缅甸和滇缅公路，但你拒绝了他们的好意。我不明白你为什么拒绝。虽然中国第四十九师和第九十三师的帮助已经被你接受了，但你闲置了他们第五军和第六军的其余兵力。缅甸有可能被日本人侵犯，因此，我实在不能理解为什么我们不愿意接受中国的帮助。我们在日本人的攻击下处境多么艰难，而中国人却能在孤立无援和装备落后的情况下坚持抵抗，而且已经持续很长时间了。

2. 关于美国人对中国的看法，我要告诉你的是，在很多美国人看来，中国跟英国地位相当。你很得罗斯福总统赏识，但是，他惊讶于蒋介石在见过你以后的糟糕心情。你之所以能负责缅甸的战事，是由于美国三军参谋长的坚持。你知道他为什么支持你吗？因为他认为你会对中国妥协，进而打通滇缅公路。你要知道，保证滇缅公路的畅通，是这场世界大战获胜的必需步骤。亚洲人团结一心的阴影可能就出现在这些情况背后，这将使我们面对更加严重的灾难和挫败。

3. 如果让我用一个词概括访问美国的收获，这个词就是"中国"。

韦维尔将军很快回复了我：

韦维尔将军致首相

事实上我没有拒绝来自中国的帮助。早在 12 月 23 日在重庆时我就接受中国第四十九师和第九十三师的帮助了，并非你认为的现在才接受。只是，他们出于自己．的原因，一直没有调动。根据我掌握的情况，组成第五军的正是这两个师，剩余的那个师战斗力太差。由于在供给上存在困难，因此我才提出不要将第六军也派遣到中缅边境的要求……

我的意见是，如果有足够的运输能力，应该从非洲或者印度的战场调英国部队到缅甸，只要一切顺利，这样的部署也足够应付局面……

美国人对中国的看法我也知道，但是民主国家的人在看待问题时通常不是从理性的角度出发，而是喜欢带着感情色彩。这与高级军官的责任相违背。高级军官的责任是——或者应该是——理性地制订计划。

尽管在接受中国第五军的两个师的帮助和要求第六军留在昆明这两个问题上，我的行为引起了令人遗憾的误会，但我依然认为自己做出了正确的判断。如果有机会，希望你能改变总统的这种看法。

你说英国人在中国的威信不高，我也有与此相同的看法，但是在没有取得一些成就以前，我们很难改变这种状况。即使我们承认，在不接受中国部队帮助的情况下我们守不住缅甸，也不会改变这种状况。

首相致韦维尔将军　　　　　　　　　　　　　　　　1942 年 1 月 28 日

我很高兴，因为我们达成了一致。我会找机会向总统说明情况的。

*　　　*　　　*

韦维尔将军到达巴达维亚的时间是 1 月 10 日。随后，他将总部设立在万隆附近，那里同时也是荷兰司令部所在地。事实上，他搬迁到那里的只能算是一个指挥核心，距离增援地有些偏远。当他为建立盟军的第一个战时司令部而专心工作时，激烈的战斗正在那条五千英里长的战线上的许多据点展开。他就在这种状况下进行复杂而急迫的工作。

在接连取得几场胜利之后，日军对马来亚南侧包括苏门答腊和爪哇在内的诸多岛屿形成威胁。苏门答腊和爪哇是这些岛屿中面积最大、地位最重要的两个岛。它们的东面是菲律宾的巴丹半岛，但那里的形势更加危急，麦克阿瑟将军在没有支援的状态下苦苦支撑。它们的西面是大部分的领地早已失守的英属马来亚。此外，新加坡也危在旦夕。敌军的一个分队穿过形似迷宫的荷属诸岛，经由已经受到威胁的盟军两翼的主要防线向南挺进，位于婆罗洲和席里波斯的两个荷兰油港、文莱、沙捞越等地，全都失守。为了巩固占领地区，同时为攻占下一个目标做准备，敌军每到一处就着手建立空军基地。他们的活动始终在以海岸为基地的空军掩护范围和航空母舰的掩护范围之内，从不越界，也从不脱离。通过这些战略行动，日本完成了军国主义国家的所有远大计划。

增援部队的到达时间决定着韦维尔将军的所有行动。现在已经设法对守卫中部岛屿上重要据点的荷兰部队实施救援了，至于新加坡的情况，已在掌握之中。荷兰人在一开始就动用了全部的家底，现在只能眼看着这些力量慢慢地减少，因为德国占领了荷兰本土，因此也不可能再从荷兰召集兵力。中东战场派来两个澳大利亚师和一个装甲旅，但目前还没有到达。在爪哇空空如也的机场上，急匆匆地赶来三个高射炮团，但他们注定不会有什么作为。"无畏"号上的四十八架"旋风"式飞机正在飞往苏门答腊，还有两个轰炸机中队也从埃及经由印度飞往那里。此外，爪哇也得到八架轰炸机。我们派出了能够派出的所有力量，美国也尽力了，给盟军司令部调集到一批飞机，但是由于距离太远，不能发挥明显作用。此外，为了加强英国海军和荷兰海军的力量，美国还将亚洲舰队从菲律宾群岛抽调过来。

席里波斯岛的肯达里和东婆罗洲的大油港巴厘巴板在1月底先后失守，安汶岛及其重要机场也失守了。位于美、英、荷、澳战区以东区域的新不列颠岛和所罗门群岛也遭到日军攻击，拉包尔和布干维尔岛失守。占领这些地区，是日本切断澳大利亚通往美国的联络线计划的第一步。新几内亚的芬什哈芬在2月初出现日本的第一批登陆部队，但是在其他地区的干扰下，短期内他们还不能控制这些地区。此时，位于大洋另一端的缅甸，也是战斗不断。

＊　　　＊　　　＊

2月13日，发生了一件极为有趣的事情：我们知道了德国人的想法。在那一天，德国海军上将雷德尔向元首做出如下汇报：

　　在几个星期之内，日本人就能占领仰光和新加坡，很可能还能占领达尔文港。我们认为，日本人在苏门答腊不会遇到强大的阻力，相比而言，爪哇的抵抗可能会坚持得久一些。为了给印度洋上的这一阵地提供保护，日本人正在计划占领重要据点锡兰。除此之外，他们还准备夺取这一地区的制海权，海军的优势将为他们提供支持。

目前，活动在孟加拉湾、锡兰附近海面以及苏门答腊和爪哇两侧海峡的日本潜艇有十五艘。

处在波斯湾和美洲大陆之间的那些最后的油井，将在日本人占领仰光、爪哇和苏门答腊以后丢掉。届时，只能从美洲或者波斯湾长途运来澳大利亚和新西兰所需的汽油。日本人如果占领锡兰，让锡兰成为他们的舰队和海军航空部队的基地，那么，英国只能依靠有强大护航力量的运输船队，保持与印度及近东地区的联系。那时，英国的大型舰艇在那个区域的休整基地，就只有德班、西蒙斯敦和亚历山大港了。

＊　　　＊　　　＊

为了应对这场危机，韦维尔将军付出了最大的努力，将一支空军的主要力量部署在巨港。进攻婆罗洲东西两面的敌军，遭到美国和荷兰的潜艇的坚决打击。此外，侵犯巴厘巴板的日军也遭到顽强抵抗，四艘运输船被四艘美国驱逐舰击沉，还有一艘运输船被荷兰飞机击沉。我方面临的问题是空军消耗太大，补给只能补充消耗，并不能增强实力。2月4日，一支敌军的运输船队自望加锡海峡而来，我军的一支小型海军航空队试图拦截，结果遭遇失败，只得被迫放弃拦截。

有情报称，阿南巴斯群岛有一支力量强大的日本部队正在集结。我方部署在巨港的空军，以几个澳大利亚空军中队为主，拥有六十架轰炸机，五十架"旋风"式飞机，但是面临地勤力量、弹药和高射炮力量的不足。在2月13日，他们主动出击，派遣全部轰炸机袭击由阿南巴斯群岛开来的一支日本运输船队，这支船队拥有至少二十五艘甚至更多的运输船。但是，我们的出击没有得到决定性胜利，不仅如此，还损失了七架轰炸机。第二天上午，日军派遣伞兵争夺巨港的机场。当时，有七百名日本伞兵空降巨港，与我方地面部队展开长达一整天的激战。如果敌人不支援这些伞兵，我们就能将他们一举歼灭，但意外出现了。15 日，日本登陆艇将一支强大的先遣队运送到河口。为了抵御敌人的这次强行登陆，我们派出了所有的飞机，他们因此遭受重创，被迫停止进攻。不过，我们知道，敌人还是会卷土重来的，因为我们的空军力量进一步削弱了。经过这一战，我们在巨港的空军只有四十架轰炸机和二十架"旋风"式飞机了，不仅数量少、大部分没有作战能力，而且机场也没有地勤设备。当天晚上，我们只能撤退，日本人马上就能占领整个南苏门答腊了。新加坡在那时也失守了。

韦维尔将军赶在这场悲剧发生前给我们发来一封紧急电文，详细地分析了局势可能的发展方向。我将这一消息传达给了有直接关系的两位自治领总理。

韦维尔将军致首相　　　　　　　　　　　　　　1942 年 2 月 13 日

……在新加坡，敌人的挺进出人意料地迅速。在我们的计划中，南苏门答腊有着极为重要的作用，因此，我们在得知敌军向南苏门答腊派出一支护航运输队的消息后，便不得不重新审视我们保卫荷属东印度群岛的计划。虽然目前我们还没有准备好防御阵地，但是只要有充足的时间，我们就能构筑起坚固的防线，因为派往南苏门答腊的澳大利亚第七师那时就到位了。

大概要到 3 月 8 日前后，澳大利亚第七师的先遣步兵旅才能投入战斗；整个第七师全部投入战斗，则要等到 3 月 21 日。

如果我们守不住南苏门答腊，那么也就不能长期固守爪哇了。从面积上看，这个岛的守卫力量注定很薄弱。目前我们正准备派遣澳大利亚第六师增援爪哇，但在 3 月底之前还无法到位。要想让爪哇尽快得到支援，可以考虑从南苏门答腊抽调澳大利亚第七师。

如果连南苏门答腊也守不住，那样的后果真是不敢想象。从空军方面分析，我们很难守住爪哇。即使空军的增援能立即到位，由于消耗很大，补充不及时，因此也是于事无补。

我们的空军不能对我们自己的海上运输提供保护，因为他们实力有限，不仅要与敌人的空军展开直接较量，还要破坏敌人的海上运输，任务很繁重。

显然，要想守住爪哇，就必须守住南苏门答腊。尽管我们现在还不必马上改变计划，但只要局势这样发展下去，我们迟早得被迫改变计划。如果必须改变计划，由于这个军团里有大部分训练有素、装备齐全的澳大利亚部队，因此，他们的目的地是我们应该首先考虑的。

只要增援还能起到一些效果，我们就不能停止对苏门答腊的增援。之后增援爪哇的话，可能就没有必要了。

*　　*　　*

最高统帅在新加坡失守的第二天再次对战区内的形势进行了研究。在描述当时的情况时，他写了一份条理清晰、全面详细的报告。

韦维尔将军致首相　　　　　　　　　　　　　　1942 年 2 月 16 日

1. 由于新加坡和南苏门答腊在最近发生的情况，我们面临异常危险和非常迫切的战略方针问题。我想你已经猜测到这一点了。

2. 地理情况。爪哇海岸线的长度是五百英里，大致相当于从伦敦到伊沃内斯的距离。更重要的是，北部几乎都是利于登陆作战的海滩。

3. 敌人的规模和可能的行动。在未来十天至两个星期之内，敌人如果有运输船队和护航力量，可能会向爪哇派出四个师；在未来一个月之内，可能再增派两个师或更多的兵力。他们可能发起的最大规模的空袭，可能由包括从航空母舰上起飞的飞机在内的四五百架战斗机和三四百架轰炸机参与。

我们部署了如下的应敌兵力：

（1）海军。在参战部队方面，最多可以调集三四艘巡洋舰和大约十艘驱逐舰。岛屿两端是受威胁最大的紧要之地，如果将他们分别派遣到那里，力量会进一步减弱；如果将他们集中在一起，又无法及时赶赴紧要地点，因为距离太远了。此外，不论分散还是集中，他们都将面临敌军的空袭。

（2）地面部队。主要兵力是荷兰的三个力量薄弱的师，此外还有装备轻坦克的英国第三轻骑兵旅的一个营、分散在各部队的三千名澳大利亚士兵、装备不全的一个美国野战炮团。虽然有数千名皇家空军的地勤人员，但他们中的一部分没有武装。

（3）空军。拥有战斗机五十架、中型轰炸机或俯冲式轰炸机六十五架、重型轰炸机二十架。想要依靠空军的力量阻止敌人登陆爪哇，有一个必要的前提，即海空力量占据优势，但事实上我们根本没有这种优势。因此，敌人只要能成功登陆，就能迅速占领岛上主要的军事基地，因为我们根本阻止不了。

大概到月底时首批空运而至的澳大利亚部队才能到达爪哇，他们投入战斗则要等到 3 月 8 日；至于整师投入战斗，必须要等到 3 月 21 日。再到 4 月中旬，剩余的那个师才能到达。

结论如下：缅甸和澳大利亚在与日军的作战中非常重要。的确，不论从哪个方面讲爪哇的失守都是一次沉重的打击，但还算不上致命打击。所以我们也就不必因为努力增援爪哇而降低缅甸和澳大利亚的防御能力。

澳大利亚部队的目的地应该是哪里，是眼下我们面临的主要问题。如果形势允许，就像一年前对希腊的行动那样，我会坚决地主张冒险，将他们安置在岛上，在具备条件时实施反击。我在当时认为，既然我们有机会遏制德国人的入侵，那么，不论结果如何，都有必要冒些风险。可是，现在我要说的是，结合目前的情况分析，冒险行动从战术和战略上都不合适。而且，对于牵扯到的各种政治因素我也有充分的认识……

我对这些情况做了如下备忘录：

首相致伊斯梅将军，转参谋长委员会　　　　　　　　1942 年 2 月 17 日
　　在我看来，我们不可能采取与韦维尔将军主要意见相反的行动。我个人同意他的意见。下面是我认为的最好的办法：
　　1. 只要澳大利亚政府点头，就将澳大利亚的先遣师派往缅甸。
　　2. 调派原本分配给澳大利亚第二师使用的船队，经由孟买将第七十师也运送到缅甸。注意，在途经锡兰时，将一个旅留在锡兰。
　　3. 在等到空闲的运输船队时，便立即将剩余的两个师送回澳大利亚。
　　4. 为了保证亭可马里的安全，高射炮部队应交由 W.S. 第十七运输船队运送。他们的剩余船只开赴仰光待命。
　　我不清楚韦维尔将军计划怎样部署爪哇的已有兵力，为了拖延时间，打算让他们与荷兰人一道坚守到底，还是要将他们调到别处实施另外的计划？相比于之前的几个问题，这个问题更值得引起争论。

我向罗斯福总统说道：

　　1. 我想你已经看到韦维尔将军的电文。在电文中，他谈到新加坡的沦陷和日本在苏门答腊的登陆引发的新形势。今天和明天，我们将会分别召开国防委员会会议和太平洋作战委员会会议，讨论的议题都是我们的处境问题。如果我们有什么建议，我会告知你的。希望爪哇

和苏门答腊的守卫战能乐观一些，这样的话，我们就不必考虑是否应该将所有增援都派到仰光或者澳大利亚去了。澳大利亚政府多次提出要求，希望将他们的两个师调回国，都被我拒绝了，但我不能一直拒绝下去。除了他们提到的那两个师，巴勒斯坦的第三师也可能被调回。我的意见是，能够让我们与中国保持联系的仰光是目前最重要的地方。原本应该在本月 20 日到达那里的英国装甲旅已经被韦维尔将军调开了，你知道这件事。三军参谋长在明天会经由军事途径告知你我们的会议结果。

2. 利比亚即将爆发一场大战，这一次隆美尔应该会以攻为主。不论如何，我们希望得到好消息。另，我们在昨天的第一阶段的空战中表现不错。

日本人对爪哇这块我们最后的根据地的攻势是在 2 月底开始的，这出乎韦维尔将军的预料。依照目前的力量和可能得到的援助来看，我们根本没有取得胜利的希望。因此，他提出建议，把还在途中的澳大利亚部队调往缅甸。18 日这一天，爪哇的东邻、美丽的巴厘岛失守。几天之后，帝汶岛也失守了。帝汶岛是我们控制的与澳大利亚保持空中联系的唯一基地，我们与澳大利亚的空中联系被就此切断。此时，由四艘大型航空母舰组成的一支日军舰队，在战列舰和巡洋舰的簇拥下来到帝汶海海域。这是一支快速航空母舰舰队，在珍珠港事件中名声大噪，指挥官是海军大将南云忠一。他们在 19 日对达尔文港发动狂轰滥炸，无数船舰被毁，我军伤亡惨重。在经历了这场时间极短的战斗之后，达尔文港失去了军事基地的作用。

日本人是在 2 月 28 日对爪哇发起进攻的。我们组成一支包括五十六艘运输船和一艘护航舰艇的西方战斗分队，于 18 日驶离法属印度支那的金兰湾；一天之后，我们又组成一支包括四十一艘运输船只的东方战斗分队，也驶离苏禄海的和乐岛，前往巴厘巴板。四天之后的 2 月 23 日，他们顺利到达目的地。韦维尔将军是在 21 日接到联合参谋部发出的通知的，得知他们不再向爪哇派遣援军，而那里的现有部队要抵抗到底。与此同时，他还接到将司令部搬离爪哇的命令。他反对搬离司令部，建议解散美、英、荷、澳司令部。我们同意了。

*   *   *

局势在不断向前发展，我的眼前已经有了结局。

首相致韦维尔将军   1942 年 2 月 20 日

1. 敌军在各方面的迅速发展使我们对美、英、荷、澳战区的保卫计划受到了极大的影响。我们已经决定，爪哇现有部队和正在增援途中的部队要抵抗到底，其余的主要援兵则派往缅甸和印度。按照总统的计划，我们将集中兵力守卫或收复缅甸与滇缅公路，护卫澳大利亚侧翼的任务则交给美国。不过，这一打算的前提是尽一切可能延长爪哇的战事。锡兰是我们的海军发起反攻的唯一据点，因此总统也认识到了锡兰的重要性。

2. 我认为，当麦克阿瑟将军肯放弃克里奇多尔，就有很大的可能顾及澳大利亚。在被迫撤离爪哇以后，你打算将总部搬到哪里？请告诉我你的打算。

3. 我的个人意见是，再次任命你为印度总司令，哈特列将军[①]则回到北方司令部。将你安排在这个中心点上，可以让我们在与日本的战事中更活跃。

---

①   在韦维尔将军前往美、英、荷、澳司令部任职时，哈特列将军担任了印度总司令。——×× 注

韦维尔将军在 2 月 21 日回复了我。显然，他有些悲观。

美、英、荷、澳战区的防御恐怕已经被粉碎了，而爪哇也保卫不了多久。决定防御是否稳固的是空战能力，但是，在现在这种情况下，投入什么兵力都不可能让战斗延续下去了；因此，你想挽救什么是现在的主要问题……在我看来，我的这个总部的使命已经结束了……

我想在最后说说我自己。和过去一样，你认为应该让我到哪里去，我都非常乐意，并且愿意继续努力工作。但是，如果换个比我高明的指挥官承担这里的工作，也许我们早就获胜了，而我却有负于你和总统……

你说要将我调回印度，我依然愿意服从命令，但是，你是否真的认为这是最好的安排，是否真的认为我在印度能发挥更好的作用？我认为你应该与总督谈谈，看看在经历了这场失败以后，我是否还有威信和影响力。威信和影响力这两样东西在东方世界里是很重要的。此外，你们还应该谈谈北方司令部面临哪些困难，听听哈特列将军和他的继任者的需求。

我感到很难过，因为就要跟坚强勇敢的荷兰人分开了。如果我留在这里能起到作用的话，我愿意留下来跟他们一起抵抗到底。

送给你最好的祝福。也许你正面临极大的困难，但我相信你有战胜它们的勇气。

就我看到的而言，我始终信奉这样的原则：评价一位军事指挥官，应该从努力工作的质量上入手，不应该只看工作的效果。眼下我考虑的是如何拯救缅甸和印度，对于美、英、荷、澳战区，我从来没有不切实际的幻想。在邀请韦维尔将军承担这场疾风暴雨似的灾难时，我们的态度是严肃庄重的。在面对一个难以处理的困难任务时，有些人会找出一堆借口婉拒，有些人则会提出一些几乎办不到的附加条件。因为他们明白，如果没有完成任务，会使自己的名誉受损。但韦维尔将军不是这样的人，他表现出的坚决和冷静令我钦佩，他的行为符合陆军的传统。

我给他回复电文：

首相致韦维尔将军　　　　　　　　　　　　　　1942 年 2 月 22 日

你一旦不再指挥美、英、荷、澳战区的战事，就应该立即动身前往印度。我们的要求是，你将以印度为主要基地，继续负责与日本的战事。因此，你将被再次任命为印度总司令。

为了减轻你处理日常工作的压力，你应该需要一位副手，分担你的日常工作。但你现在不必考虑此事，等到了德里再解决也来得及。除此之外的问题都不重要。

你在严峻的形势和不利的条件下出色地完成指挥美、英、荷、澳战区战事的任务，得到了总统和华盛顿联合参谋部，以及我、你在国内的朋友的高度评价。希望你能知晓这些情况。

他来电答复道：

离开日期被我们暂定为 2 月 25 日。你在电文中表现出的宽容厚道和再次将印度总司令职务交付给我的信任，令我感激不尽。希望能让哈特列担任我的副手，这样的安排必有裨益。

25 日那天他又发来电文：

我将在今天晚上与皮尔斯一起前往科伦坡，之后再根据哈特列的答复情况，决定前往仰光还是德里。

在离开万隆时，韦维尔将军和皮尔斯乘坐的是一位美国飞行员驾驶的飞机。在有人走进座舱时，这位驾驶员说道："我只有一张铁路地图，但这不会影响我们的旅行，因为我们要去的地方是'塞龙'，地图上恰好有这个地方。"在飞行了大约两千英里以后，他们来到了"塞龙"。在空中旅行方面，韦维尔将军可谓经验丰富，因为他有很多非凡经历，仅足以致命的危险情况就遇到过六七次，好在每次都能化险为夷。他也因此得到"飞机上的约拿"这一称号。这一次他也遇到了危险，在他熟睡时，机舱内发生了火灾，由于机组人员的奋力扑救，才没有酿成大祸。有意思的是，他甚至都没有被火灾惊醒。

在锡兰时，韦维尔将军收到我的电文：

首相致韦维尔将军 　　　　　　　　　　　　　1942 年 2 月 26 日

　　锡兰是个重要的地方，我们可不希望它成为第二个新加坡。请你慎重考虑是否应该在锡兰安排一位出色的指挥官。如果需要，博纳尔将军是否合适？

3 月 6 日，博纳尔将军出任锡兰驻军的指挥官，负责统率三军，兼管民事。

＊　　　＊　　　＊

下面这封电报，是我发给那些同荷兰人一道留守爪哇的人的。

首相致空军少将摩尔特比 　　　　　　　　　　1942 年 2 月 26 日

　　我将最美好的祝福献给你和留在爪哇的所有英军战士，愿你们在这场战斗中收获胜利与荣耀。我知道你会竭尽全力战斗下去，竭尽全部人力延续这场战斗，哪怕只能延长一天，对我们而言都是宝贵的。

现在担任日益减少的盟军海军部队指挥官的是荷兰海军上将哈尔弗里克。这是一位性格刚强的荷兰人，不论处境如何，他从未感到过绝望，始终坚持发起猛烈的攻势，既不惧怕敌人在兵力上的优势，也不惜付出任何代价。他是荷兰历史上一位著名海员的后裔，他的行为也配得上这一光荣的身份。他组建了两支主攻部队，以应对敌人派遣大批运输船队从海上进攻爪哇的威胁。其中，东线部队由海军上将图尔曼指挥，驻守在苏腊巴亚（泗水）；西线部队由英国舰队组成，驻守在巴达维亚的丹戎不碌港。西线部队由"龙"号巡洋舰、"丹纳"号巡洋舰、澳大利亚的"霍巴特"号巡洋舰和"侦查"号驱逐舰、"坦尼多斯"号驱逐舰等舰艇组成，由于丹戎不碌港燃料不足，而且总是遭到敌人的空袭，因此他们在 28 日经由巽他海峡撤退至科伦坡。如果他们没有撤退，就会被编入东线部队，但结果不会有什么不同。

26 日下午六点半，在图尔曼海军上将的率领下，英国的"埃克塞特"号重型巡洋舰、后炮失灵的美国"豪思敦"号重型巡洋舰、荷兰的"爪哇"号轻型巡洋舰、澳大利亚的"珀斯"号轻型巡洋舰及四艘美国驱逐舰、三艘英国驱逐舰、两艘荷兰驱逐舰纷纷从苏腊巴亚出发，执行哈尔弗里克海军上将"持续进攻至敌人崩溃"的命令。他们的攻击目标是日本的运输船队，危险小，收获大，从这个角度讲，这是一个正确的命令、明智的行动。但他们恰恰忽略了敌人占据着压倒性优势这一事实，而且制空权在敌人手中，且西线部队已经撤退到科伦坡了。此外，图尔曼海军上将的任何一道命令都不能直接发送给各个舰艇，必须经过"德累特尔"号上的一位美国联络官翻译，因为他们没有共用的电讯密码。在遭遇敌军猛攻时，他向苏腊巴亚求救，希望留在那里的战斗机能赶来支援，但没有得到回应。他在26 日夜间四处搜寻敌人，但一无所获。然而，他回到苏腊巴亚为驱逐舰补充燃料时，却接到了袭击巴韦安岛以西敌人的紧急命令。

当时，图尔曼海军上将的舰队已是疲惫不堪了，但他仍然率领着他们出发了。他们于下午四点钟遭遇敌军，战斗随即打响。起初，双方没有因远距离炮战遭受损失，日本驱逐舰虽然发射了鱼雷，但没有起到作用，敌我双方势均力敌，不分胜负。半小时后，一艘日本舰艇被击中，进而起火。接着，我方"埃克塞特"号的一个锅炉房也被击中，被迫减速，随之掉头返回港口。跟在后面的舰艇见了，纷纷掉头回去了。就在这段时间，"科多纳"号荷兰驱逐舰被日军鱼雷击沉。图尔曼海军上将见势不妙，只得停止战斗，向东南方撤退。此时，坚持战斗的只有"伊列克特拉"号驱逐舰，他们企图在烟幕的掩护下用鱼雷袭击敌舰，结果在三艘日本驱逐舰的截击下沉没。图尔曼海军上将的指挥舰"埃克塞特"号被迫停了下来，过了一段时间才再次起航，在残存的荷兰驱逐舰的保护下，以十五海里的速度回到苏腊巴亚。

经过这一场打击，图尔曼海军上将的舰队数量有所减少，力量有所分散，为此，他重新整编了舰队，又率领他们绕到敌人侧翼，试图袭击敌人的运输船队。但他的计划又落空了，因为敌人不仅补充了实力，还通过空军掌握了他的意图和行动。在用尽所有的鱼雷以后，美国驱逐舰被迫回到苏腊巴亚。英国驱逐舰"丘比特"号则倒霉多了，他们碰到了荷兰舰艇敷设的水雷，很快沉没。向前挺进的图尔曼海军上将在十点半以后遭遇两艘日本巡洋舰的拦截。在这场激战中，荷兰的两艘巡洋舰被鱼雷击沉，图尔曼海军上将牺牲了。他是一位勇将，在敌众我寡的局面下仍表现出色。美国的"豪思敦"号重型巡洋舰和澳大利亚的"珀斯"号轻型巡洋舰则成功脱险，于第二天下午返回巴达维亚。

＊　　　＊　　　＊

我们还得继续听完这个故事。美国巡洋舰和澳大利亚巡洋舰当晚在巴达维亚补充燃料之后又出发了。他们打算通过巽他海峡，结果闯到日本西线部队的主力舰队当中。当时，日本运输船队正停靠在爪哇西端的班滕湾，船上的部队正在那里登陆。"机不可失，失不再来"，他们决定趁机袭击这支运输队，结果获得胜利，两艘日本运输船被击沉。但他们的行为不能算是立功，只是在毁灭之前为自己报仇罢了。他们很快被日本西线部队的主力打垮了，两位舰长跟着舰体沉入海底，幸免于难的将近七百名士兵被俘。

在同一时间段，"埃克塞特"号和"迎敌"号英国驱逐舰返回到苏腊巴亚，虽然"迎敌"号幸运脱险，"埃克塞特"号却身负重伤。不过，他们还得继续撤退，因为苏腊巴亚也要失守了。虽然敌人已经完成了对苏腊巴亚的包围，堵住了所有退路，但他们还是驶离了港口。已经在一天的战斗中用完了所有鱼雷的四艘美国驱逐舰仍然冒险前行，于2月28日晚穿过狭窄的巴厘海峡。在此期间，他们遇到敌人的一艘巡逻舰，他们没有理睬，奇怪的是敌舰也没有发动攻击。黎明时分，他们终于走出危险区域，向南驶向澳大利亚。这条航线总体而言还是很安全的，但是并不适用于"埃克塞特"号，因为它的吨位太大了。"埃克塞特"号选择的航线是经由巽他海峡前往锡兰。2月28日夜间，它联合"会战"号、"波普"号一起出发。很不幸的是，敌人在第二天一早就发现了它们。在飞机和驱逐舰的配合下，四艘日本巡洋舰向它们发起攻击。最终，由于敌人占据着优势，在1939年的普拉特河口战役中立下赫赫战功的"埃克塞特"号很快就被击垮了，还没到中午就遭到来自鱼雷的致命一击。

它的同伴"会战"号和"波普"号也被击沉了，船上的五十名军官和七百五十名士兵及幸存者成了日军的俘虏。

*　　*　　*

敌人就这样毁灭了我们的海军，现在，他们随时可以实现对爪哇的三面合围。我们的空军也在迅速衰竭，为了迅速补强实力，运载着五十九架战斗机的两艘美国舰艇正在赶来。在即将到达目的地时，它们遭到敌人的空袭，那艘名为"兰利"的旧的飞机供应舰被击沉，另一艘则安全抵达。

但是，即便有战斗机运来，我们也没法儿让它立即投入战斗，因为我们想不到能将装载它的箱子运到岸上的办法。荷兰人在最高司令部解散后接过了指挥留守爪哇的所有盟军的大权。留守爪哇的主要是由普尔顿将军指挥的两万五千名荷兰正规军，由西特韦尔少将指挥的英军分遣队后来也加入进来了。不过，这支分遣队是临时拼凑起来的，其中既包括三个澳大利亚营、第三骑兵旅的一个轻坦克营等正规军，也包括英国皇家空军的四百五十名后勤人员和美国炮兵部队的后勤人员。空军方面有十个荷兰空军中队，但战斗力有限，因为他们的许多飞机已经不能使用了。英国皇家空军在撤出苏门答腊后改编为五个空军中队，但他们能用的飞机只有四十架左右。此外还有美军留下的大约二十架轰炸机和战斗机。

这支力量羸弱的守卫部队，担负着保卫爪哇的重任。在爪哇长达八百英里的北部海岸线上，遍布着数不清的适合登陆的海滩。日本的运输船队从东西两个方向向这里运送部队，已经运送来了四五个师的兵力。敌我双方兵力悬殊，再也不能坚持抵抗了。荷兰在3月8日决定投降，包括空军指挥官摩尔特比、空军五千名、英军和澳军共八千名在内的所有人，向日军投降。

即使不可能获得胜利，但是我们依然决定与荷兰人在爪哇并肩作战，坚持到底。由于我们的坚持，敌人被迫推迟攻击新目标的时间。

此后，荷属东印度群岛完全被日本占领。

第九章　缅甸保卫战

日军对仰光实施空袭——日军于 1 月 16 日自暹罗侵入缅甸——第
十七英印师在萨尔温江遭遇失败——渡过锡当河——我们后撤至勃固
河——令人痛心的与澳大利亚的分歧——澳大利亚的看法——我在 2
月 20 日给卡廷先生的电文——我给罗斯福总统的电文——罗斯福总
统给卡廷先生的电文——卡廷先生拒绝总统的要求——卡廷先生在 2
月 22 日给我的答复——我将澳大利亚的护航运输船队调往仰光——
澳大利亚的不妙反应——我们同意澳大利亚在 2 月 23 日提出的要
求——罗斯福总统的努力——澳大利亚部队不会被派往缅甸——亚历
山大将军被委任为指挥官——亚历山大将军开辟出一条通道——我军
顺利撤至贝谬——复杂的战区指挥——我军残余部队脱险——通往印
度的道路被阻断了

    日本人对仰光的空袭在还没到 12 月底时就开始了。这出乎所有人的
预料，因为人们普遍的看法是，在马来亚没有取得胜利之前，日本人不会
大举进攻缅甸。事实表明，这种看法是不对的。日本空袭仰光时，我方部
署在仰光的空军只有两个战斗机中队，一支来自英国，另一支来自美国的
空军志愿队。而且，美国空军志愿队并不是为缅甸而建的，是为了援助中
国而建的，之所以能留在仰光，是因为我向罗斯福总统提出这样的要求。

首相致罗斯福总统   1942 年 1 月 31 日

    我得到消息，在 1 月 31 日以后，蒋介石有可能召回在仰光的美国空军志愿队的一些战斗机中队，这些部队在协助守卫仰光的战斗中表现极其出色。对于蒋介石而言，仰光的重要性跟我们是一样的。但是，在原定的 2 月 15 日至 20 日抵达仰光的"旋风"式战斗机到来之前，如果贸然撤走这些战斗机中队，可能产生极其不好的结果。马克鲁德将军大概已经得到了命令，正在就此事与蒋介石交涉。但我认为应该让你知道，因为这件事事关重大。

    我的要求最终被罗斯福总统接受了。坦白地讲，这些部队的力量并不强大，但在战斗中发挥的作用很重要，能让实施空袭任务的日本飞机吃尽苦头，遭受严重损失。日本的空袭没有在军事上造成重大损失，却在城市里造成混乱，导致大量平民的伤亡。在这种形势下整个仰光人心惶惶，政府部门的基层公务员和工厂工人四散逃跑，导致港口受到极大的影响，虽然还能正常运转，却无法保证效率。我方空军在 1 月和 2 月对日军的空袭予以顽强阻击，只要他们发起空袭，就会给自己造成一定损失。

    日军决定由暹罗进犯缅甸。他们于 1 月 16 日开始进攻土瓦，没有遭遇太大的抵抗就得手了。在日本发动进攻以后，我方负责守卫南方丹老的部队经由海路撤走了，因为他们人数太少，根本不可能抵挡住日军。两军于 1 月 20 日在高加力激战，结果，我方的印度旅被日军的一个师击败。随后，日军从东逼近毛淡棉，只用几天的时间便占领了毛淡棉。

    在日军入侵缅甸的几个星期里，缅甸总督雷钦那德·多尔曼·史密斯爵士显得平静而勇敢。我觉得可以利用新加坡失守的时机，向他指明随时可能出现的危机，便给他发去如下电文：

首相致缅甸总督 1942 年 2 月 16 日

虽然我从来都没有用电报打扰你，但我要告诉你，对于你在日益困难和危险的情况下表现出的坚毅勇敢的精神，我和我的同僚们都深感敬佩。

在新加坡失守的情况下，日本人一定会加强对缅甸的攻击。我们已经决定立即向缅甸增派援军。在不久的将来，包括一个装甲旅和两个"旋风"式战斗机中队在内的强大的援军将到达那里。我们的援助不仅仅只有这么多，今天晚上我们还会召开讨论进一步援助的会议。对整个东方战场而言，缅甸的安危、与中国的联系是两个重点问题。

*　　*　　*

与占据优势且不断有援兵支援的日军激战两个星期之后，第十七师的三个英印旅被迫后撤至萨尔温江，随后在米邻一带继续与敌人激战，但处境依然是敌众我寡。2 月 20 日，我方的劣势更加明显。为了避免全军覆没，他们再次被迫后撤，撤退到锡当河一带。锡当河是一条宽达五百码的水流湍急的大河，只有一座桥梁。在第十七师的主力到达桥梁之前，一支强大的日军部队便对桥头堡发起进攻。与此同时，我方纵队在后撤至桥梁时，也遭到一支刚刚增援到位的敌军的袭击，双方在我军侧翼展开激战。桥头堡前线的指挥官认为，在遭到敌人四面开花式的打击后，我军正在后撤的三个旅已经遭受重创，甚至落入了敌人的包围圈。于是，他请求炸毁桥梁，师长批准了他的计划。当第十七师冲破敌人的包围准备渡河时，桥梁已经被炸毁了，挡在他们面前的是湍急的河水。但他们没有后退，依然设法渡河而去。最终，第十七师得以生还的兵力只有三千三百人，还损失了大部分武器装备，只剩一千四百支步枪和几挺机关枪。对我们而言，这是一场惨痛的失利。

至此，能够阻挡日本进攻仰光的只剩勃固河这一道防线了。驻守这道防线的是第十七师的余部，还有印度派来的三个英国营、中东派来的英国第七装甲旅。英国第七装甲旅本来的目的地是爪哇，韦维尔将军将他们临时调到缅甸。驻守在北面的是缅甸第一师。他们原本驻扎在南掸邦，后来中国的第六军接替了他们，他们就被派来守卫通往曼德勒的公路。

*　　*　　*

我们和澳大利亚政府间发生了一段令人悲伤的关系，其中包括他们拒绝援助我们之事。由于叙述缅甸战事的需要，现在我必须提及这些。但是，需要说明的是，我多么希望提到这些情况的那个人不是我。在英国和澳大利亚，已经有人知道了这些事情，但他们掌握得并不全面。为了让人们更公正地评判此事，为了吸取教训、指导未来，我有必要全面地谈一谈当时的情况。

伦敦的军政两界情绪有些悲伤。不过，在这种紧张时期，战时内阁和三军参谋长总能保持意见的统一。跟我们意见不统一的，是澳大利亚政府。在孟席斯先生的带领下，上一届澳大利亚政府为了给母国提供支援，不仅组建了澳大利亚皇家部队，还向母国派出一支至少有四个师兵力的勇士部队，跋山涉水远道而来。正是有这些忠诚的表现，战争的形势和防务的疏忽与他们无关。在为保卫埃及而发起的沙漠战斗中，澳大利亚部队和新西兰部队表现出色，作用突出。我们不仅在胜利前夕见识过他们的实力，在惨痛的失利中也见识过他们的精神。八个月之后，阿拉曼战役打响，澳大利亚第九师参与其中。后来，他们又参与了希腊的所有危险行动。在柔佛的战斗中，有个澳大利亚师表现出色，引人关注。后来，由于英国在指挥方面不可推卸的责任，他们在新加坡遭受重创。

缅甸的命运似乎是由锡当河的失败决定的，但是，在物资的调配方面，由于造成严重短缺和重大失误，英国也负有责任。然而，日本人占据着兵力方面的优势，还掌握着制空权和制海权，可以随意选择进攻的地点。只要知道这些事实，每个人都会相信，日本如果打算占领美、英、荷、澳战区的所有区域，只需要短短几天时间。

在澳大利亚政府的意识里，新加坡是整个防御体系的重点。为了让美国再次拿到太平洋的制海权，为了得到美国的援助，为了在本土集中和组织更多的部队，他们希望能够借助和依靠新加坡，以便争取到必要的时间。他们明白，澳大利亚有可能遭到日本人的进攻，甚至可能在短期内发生。他们明白，日本人带来的恐惧将会影响所有澳大利亚人。缅甸对他们的意义，只是这场世界大战的一个方面。我必须承认，缅甸对我们的意义也是如此。他们不明白的是，日本对缅甸的进攻能给澳大利亚带来致命伤害，对英国本土却毫无影响。英国指挥战争的能力让澳大利亚政府失望，同样，对英国国内局势的分析也让他们对我们毫无信心，更何况我们在此时面临的形势似乎也在说明我们终将失败。他们因此认为，此时此刻，为了应对城市和人民面临的致命危险，必须动用所有能动用的力量。

他们的决定使我们不由自主地想起了1940年的往事。那时，我们处在比他们更有可能发生这种危险的时候，但那时的我们并没有丧失理智，在满足事关生死的其他需求方面，我们坚决果断，甚至愿意冒增加危险的风险。正是因为我们经历过这样的往事，在要求澳大利亚有相同决定时，我们更加理直气壮。要知道，在1940年8月，我们向埃及派出一半装甲部队，只为拯救沙漠上的危机。后来的事实表明，我们的决定发挥了重大作用。因此，如果现在的澳大利亚有这样的决心和行动，必然能改变形势。

就我个人来看，在荷属东印度群岛获得心仪的丰厚回报以后，为了与澳大利亚激战一番，日本人愿意派出一支拥有十五万人的部队（为了保证获胜，至少得派出十五万人），千里迢迢地跋涉到赤道以南四千英里处吗？如果有人这样问我，我肯定回答不可能。更何况，从历次的战斗表现可以看出，澳大利亚部队的战斗力并不弱。即便是这样，我还是率先提出建议，从派驻到中东地区的最精锐的澳大利亚部队中抽调出两个师，让他们回到澳大利亚本土。关于这一建议，还没等澳大利亚方面提出要求，我就向议院宣布了。当我还在华盛顿时，罗斯福总统告诉我，他不仅会派美国舰队守卫澳大利亚的领海，还会向澳大利亚派遣九万人的兵力。这些并不仅仅是承诺，而是具体的措施，正在落实当中。

但是，眼下最急迫的战争威胁不在澳大利亚，而是发生在缅甸。我向卡廷先生表达了战时内阁和三军参谋长一致支持的意见。

首相致卡廷先生　　　　　　　　　　　　　　1942 年 2 月 20 日

1. 目前能够及时赶赴仰光的唯一部队，就是你们的先遣师。我想你是完全明白这一点的。他们不仅在时间上来得及，也具备防止仰光失守和防止切断与中国保持联系的交通线的能力。此时此刻，他们的前锋部队正在从科伦坡南部前往荷属东印度群岛的途中，搭乘的是我方仅有的"芒特弗农"号英美运输艇，26 日或 27 日就能在仰光登陆。除此之外，即使在全世界范围内寻找能够填补这个缺口的东西，也找不到了。

2. 你们的调动澳大利亚所有部队回去保卫家园的想法，我们完全赞成；在他们的调动和运送方面，我们也会竭尽所能地予以协助。但是，我们同样也不能忽视事关生死之战的紧急形势，奔赴其他目的地途中的所有部队，也要做好随时改变前进方向的准备。为了早日将你们的先遣师送回澳大利亚，我们也会竭尽所能地尽快接防他们。我没有同意美国提出的让你们向缅甸另外派两个师的要求，所以这两个师会尽快回到澳大利亚。但是，不论如何，现在只有你们的先遣师能扭转局面，至少现在很需要他们。

3. 请你再读一遍你在 1 月 23 日的电文，你说"撤离新加坡是一个不会得到宽恕的背叛"，我们之所以没有将第十八师和其他重要的援兵派到缅甸，而是调到新加坡，就是因为同意你的这个看法。虽然我们命令他们必须抵抗到底，但他们依然没能守住新加坡，依然失败了，否则他们一定能守住仰光。在这个决定上，我和我在国防委员会的同事们要负完全的责任，而你也要负责任，因为你发了那封电文。

4. 美国有能力独立地向澳大利亚派驻必要的陆军和空军，而你在这个危急时刻必须依靠他们的巨大支持。看起来他们现在已经做好准备了。如果与中国的交通线不够畅通，总统就不能对日本发起轰炸，因此他十分重视这一问题。如果盟国给中国的所有援助都被切断了，那么亚洲地区很可能面临更惨痛的灾难。

5. 如果因为你拒绝命令你的先遣师在路过缅甸时弥补这个漏洞，而发生上述使整个战局恶化的情况，那么，我敢肯定，这种情况也会对总统和美国造成严重的后果。你是清楚的，他们是你们最大的依靠。另外，请时刻留意一个动态，美国打算向澳洲调派夏威夷的海军主力。

6. 由于首批运输船即将向相反的方向出发，逐渐远离仰光，每过一天就损失一天的时间，因此我们需要你立即做出答复。我相信你会慎重地考虑我的建议，不光是为了盟国集体的利益，也是为了你们自身的利益。

我给罗斯福总统也发了电报。他很关心滇缅公路的情况，对于我的提议，他态度坚决地要求澳大利亚政府予以考虑。

前海军人员致罗斯福总统　　　　　　　　　　11942 年 2 月 20 日

1. 目前只有澳大利亚先遣师能够及时赶赴仰光，完成阻止敌人和给其他援军的到达争取时间的任务。他们可以在 26 日或 27 日到达仰光。为了局势的需要，我们已经向澳大利亚政府提出要求，要求他们同意调遣先遣师赶赴仰光。为了敦促他们同意这一要求，我们答应他们尽快接防，他们其他的部队即将全部回到本土。但是，令人意外的是，他们竟然拒绝了。我再次呼吁他们能够同意，因为保持滇缅公路的畅通和保持与蒋介石的联系意义重大。

2. 我认为你有敦促盟军做出这一调动的权利，因为帮助守卫澳大利亚的美军由你派出，你还可能为澳大利亚派出海军。我希望你能发给我一封电文，我将在刚刚发出的那封措辞强硬的电文后面附上你的电文。我相信在华盛顿的联合参谋长委员会和我们的三军参谋长在此事上意见一致，态度坚决。你可以考虑跟凯斯商量一番。

很快，罗斯福总统发出两份电报。在2月21日发给我的电文中，他写道：

关于要求澳大利亚政府将他们的先遣师暂时派往缅甸之事，我认为非常重要，希望你能说服他们，让他们同意这样的调动。我正在向澳大利亚地区派遣飞机和部队，在我看来，澳大利亚的形势不仅不会让人感到绝望，反倒应该感到乐观。请将我的这些计划转告给他们。

在发给卡廷先生的电文中，他写道：

罗斯福总统致澳大利亚总理　　　　　　　　　　1942年2月20日

目前的形势极为严峻，在这种形势下，你要做出如何部署从中东调回来的澳大利亚第一师的决定，是一项责任重大的工作，我完全了解你的难处。

你可能已经知道了，除了已经在路上的部队之外，我们决定向澳大利亚再派遣一支数量达到两万七千人的各种装备都很齐全的部队。毫无疑问，我们必须为了我们两个侧翼的安全战斗到底。这两个侧翼一个的基地是澳大利亚，另一个的基地是缅甸、印度和中国。美国所处的地理位置使我们能够在很好地增援澳大利亚的同时，很好地指挥右翼。

我要让你明白，我们正在尽快增强你的阵地，你们应该充满信心。

这就是我向你说明这些的原因。不仅如此，美国海军已经开始实施的军事计划和正在筹备的军事计划，也会为澳大利亚和新西兰或多或少地提供保护。在这个基础之上，我们还必须守住左翼。我认为，丢掉缅甸的话，包括澳大利亚在内的整个局势都将面临严重的危机。现在，能够迅速地支援缅甸的唯一一支部队，就是你的澳大利亚先遣师。我们认为，他们不仅能够立即参战，也具备扭转眼下万分危急的局势的能力。

日本人正在迅速采取行动，对此我当然心知肚明。但是，从澳大利亚的地理位置分析，从正在向你们那里挺进的部队和正在你们周围的部队的情况看，我不认为敌人能够威胁到你们的重要地带或中心地带。

关于澳大利亚部队一直都在全世界战斗之事，我当然也知道，直到现在仍然如此。关于澳大利亚在这场战争中所做的牺牲，我当然也知道。但是，我仍然要求你再次考虑你的决定，就当是为了远东的全局。我希望你做出决定，命令准备撤回澳大利亚本土的一个师立即全速前往缅甸支援英军。

我们愿意用尽所有力量，与你共同作战，直到赢得胜利。你可以完全相信这一点。

早在几天以前，全面负责美、英、荷、澳战区的全部战事且已经得到澳大利亚政府认可的韦维尔将军，就提出了相同的要求，要求澳大利亚的整个军团做出这样的调动。

我们因为这次的反应而惊讶。

陆军元帅蒂尔致首相 1942 年 2 月 22 日

就在刚才，霍普金斯对我说，总统请澳大利亚第一师前往缅甸的要求被卡廷拒绝了。

澳大利亚总理致首相   1942年2月22日

1.我收到你的措辞强烈的请求时，一切已经来不及了。你早就知道我们要将澳大利亚皇家部队部署在太平洋战区的意愿，你在对下议院做的报告里也支持过我们。此外，帕奇在2月15日也收到了关于我方意见的大报告。

2.美、英、荷、澳战区的最高统帅提出了另外增加对缅甸的援助的建议。现在，马来亚、新加坡和帝汶岛已经丢掉了，日本人在短期内势必占领荷属东印度群岛。我们西北部的国土已经遭到占着海军和空军两方面优势的敌人的侵扰，东北部的国土也为来自拉包尔的敌人所骚扰。在增援美、英、荷、澳战区方面，我们已经尽了全部的力量，做出了最大的贡献。我们先向马来亚调派了包括辅助部队在内的一个师（少一个旅）的兵力，后来增派了包括一个机关枪营在内的部队。在爪哇、安汶岛、荷属帝汶岛和葡属帝汶岛，我们也派了包括六个空军中队和澳大利亚皇家海军的两艘巡洋舰在内的部队。

3.你曾经提出将澳大利亚的两个师调到太平洋战区的建议，后来又补充说，如果我们要将澳大利亚皇家部队调回来保卫本土，你坚决不会加以阻挠。于是，对于在爪哇和苏门答腊留下两个师的要求，我们同意了。此外，我们还在2月15日发给帕奇的电文中提到，如果日本人依然占据着有利的形势，那么这种部署就会给我们的部队退回澳大利亚提供路线帮助。

4.我们的命运跟美、英、荷、澳战区的形势紧密地联系在一起，如今美、英、荷、澳战区的形势已是非常严峻，但日本人似乎并不满足，还在向澳洲南部发展。三军参谋长提出过建议，称必须保证击退侵犯澳大利亚的敌人的兵力。既然如此，我们感到困惑，在决定向美、英、荷、澳战区中的偏远地区增援时，为什么还要求我们继续派兵？是的，当有人提出向缅甸另派澳大利亚皇家部队的两个师时，你没有支持，但是，相比于你的态度，我们更关心韦维尔提出的另派部队的要求，更关心蒂尔的报告。蒂尔在报告里说，现在还没有确定澳大利亚第六师和第九师的最终目的地，因为缅甸很可能需要更多的支援。可是，如果其中有一个师参战，那么整个军都会被吸引到缅甸，因为我们不能对此坐视不理。种种迹象表明，发生在希腊和马来亚战事中的教训，又将在缅甸出现。

这个师能够顺利地在缅甸登陆吗？因为日本占据着海空方面的优势，所以这个问题很值得怀疑。完成任务以后，他们能够像之前承诺的那样顺利撤离吗？这个问题更值得怀疑。我们不能否认日本在这一地区的优势，新加坡、槟榔屿和玛达邦的失守就证明了这一点。由此看来，现在的孟加拉湾地区很容易遭受攻击。根据以往的经验，将我们的部队调往这一地区的计划，不仅没有充分的依据，还是一场冒险。如果继续遭遇失利，澳大利亚人的精神状态势必受到影响。总之，我们决定坚持之前的选择。

5. 根据我们的电报，你才将在缅甸的第十八师调到新加坡。是这样吗？对此，我必须指出，这封电报是1月23日发出的，但早在1月14日，你在电报中就告诉我，1月13日将有第十八师的一个旅到达，1月27日将是其余部队到达的日子。

6. 综上所述，结合澳大利亚皇家部队在中东战区的战绩，我们认为我们有权利要求他们尽早回国，为了保证他们能安全回国，我们有权利委派足够的护航力量。

7. 根据我们的顾问的分析，我们非常愿意在不会危及我们自身安全的前提下，将我们的部队调到缅甸或印度。我们向你保证我们愿意这样做，请你代为转告总统。我们为我们共同的事业付出了极大的努力，总统是知道的。

反驳我的文件的内容就是上面的第五段。为了避免提到在做出判断时我们受到了卡廷先生的反对的影响，我小心谨慎，字斟句酌。事实上，在收到他的电报以前，第十八师的一个旅已经安全登陆了，但这也能变更；至于其余的两个旅和其他的增援部队，还没有说明任务。虽然我一再表示我们会为这个决定负责，但是，既然卡廷先生积极地参与了讨论，就不能认为他不该为此负责。

尽管如此，我还想象着能出现一个积极的反应，即澳大利亚的运输船队已经被我调到仰光了，至少这种做法能让澳大利亚政府有时间做更多的考虑。

首相致澳大利亚总理　　　　　　　　　　　　　　1942 年 2 月 22 日

我们没有想到你会拒绝我们和美国总统提出的希望将澳大利亚先遣师调到缅甸挽救危局的要求。我们清楚地知道，在我们等待你的同意之时，如果我们的船只正在驶往澳大利亚，那么他们或者很晚才能到达缅甸，或者就会因为燃料不足而无法到达缅甸。因此，我们做出决定，让运输船队暂时向北方航行。他们现在已经向北航行得很远了，如果他们不能添加燃料，部分船只将不能到达澳大利亚。如果你愿意调查情况的话，由于具体情况的不同，你还有几天时间来观察形势的发展。否则，我们会尽快将先遣师调回澳大利亚，完全尊重你的意愿。

首相致韦维尔将军　　　　　　　　　　　　　　1942 年 2 月 22 日

关于将澳大利亚先遣师派到仰光战场一事，澳大利亚政府坚决反对。不过，由于我们相信澳大利亚政府不会对紧急情况视而不见，因此我们在昨天便指示运输船队向北航行。现在，运输船队已经向北航行了很远的距离，想要顺利到达澳大利亚，就必须补充燃料。我们这样做的目的，是让仅仅以一票优势获得执政权的澳大利亚政府得到

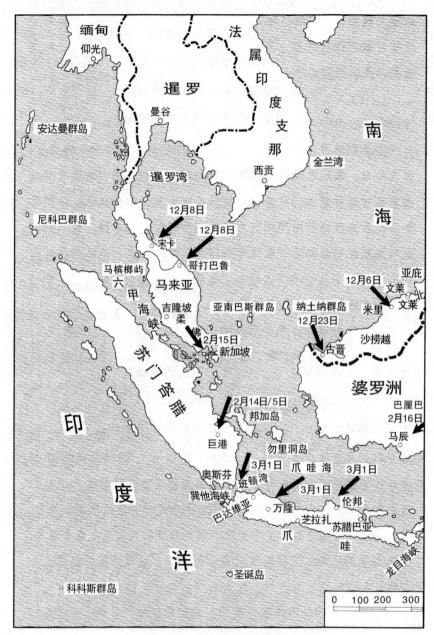

缅甸
仰光

暹罗

法属印度支那

曼谷

西贡
金兰湾

南

海

安达曼群岛

暹罗湾

尼科巴群岛

12月8日
宋卡

12月8日

哥打巴鲁

12月6日
文莱
亚庇
北

文莱

米里

马槟榔屿

六甲海峡

马来亚

吉隆坡
柔

苏门答腊

亚南巴斯群岛

纳土纳群岛
12月23日

沙捞越

2月15日
新加坡

古晋

婆罗洲

印

度

2月14日/5日
邦加岛

巨港

勿里洞岛

巴厘巴
2月16日

马辰

奥斯芬
3月1日
班顿湾

爪哇海

3月1日

巽他海峡
巴达维亚

万隆

3月1日

伦邦

苏腊巴亚

芝拉扎

爪哇

洋

科科斯群岛

圣诞岛

龙目海峡

0 100 200 300

美、英、荷、澳战区形势图

美、英、荷、澳战区形势图

三四天的时间，对总统多次提出的要求重新加以考虑；同时也可以让我们看看赫顿将军指挥的部队如何在缅甸前线活动。

感谢你的祝福。我也相信自己得到了全英国的支持。在目前的形势下，能获得支持是很好的。

澳大利亚政府做出了不好的反应：

澳大利亚总理致首相　　　　　　　　　　　　　　1942 年 2 月 23 日

1. 关于运输船队不会向北航行之意，在你 2 月 20 日的电文中有明显的表露。但是，在你 2 月 22 日的电文中，我们看到你已经命令他们驶向仰光了。在这个关系重大的问题上，我们的同意被你视为一个形式。你要为由此造成的后果负全部责任，因为你的决定将使他们面临更大的危险。

2. 我们已经向总统说明了做出决定的理由。结合他和我们联系的条件，他的答复充满同情，他表示完全明白和尊重我们的决定。我们对此感到满意。

3. 太平洋战争委员会在星期六的会议上审议了韦维尔将军的电文，认为爪哇有可能立即遭到进攻。现在，我们完全暴露了自己的弱势，因为澳大利亚的外围防御正在快速瓦解。

4. 在挽救马来亚和新加坡的败局方面，我们尝试过派遣澳大利亚皇家部队，也设想过失败后再固守荷属东印度群岛。北方的防御已经瓦解了，或者正在瓦解。与在希腊的经历一样，你准备派遣澳大利亚皇家部队挽救缅甸的计划，也得不到空军适当的支援。

5. 为了维持澳大利亚对日作战的基地作用，我们认为挽救澳大利亚才是首要任务。我们并不是为了澳大利亚才提出这一主张的。在这种形势下，你不可能推倒我们的决定的，因为它是我们谨慎思考过和再三强调过的。

6.尽管在 2 月 20 日的电报中你只提到了先遣师，但我们的总参谋长认为，至少目前不能将这两个师分开，这是运输船只的运载量决定的。不仅如此，决定整支运输船队目的地的是首批运输船只的目的地。我们之所做出这个决定，也是得到了这个事实的支持。

我做出如下答复：

首相致澳大利亚总理　　　　　　　　　　　1942 年 2 月 23 日

2 月 23 日的电文已经收到。

1.在科伦坡添加油料以后，运输船队将遵从你的意愿前往澳大利亚。

2.在等待你最后的答复的几个小时里，我决定让这支运输船队向北航行。否则，即使你同意给我们提供援助，可能也来不及赶到仰光了。

3.运输船队向北航行之时，我就增加了它的护航力量。在船队前往科伦坡的途中，护航力量不会减少。如果条件允许，船队离开科伦坡后，护航力量也不会被削减。

4.我当然愿意为自己做出的决定负全部责任。

现在我们已经做到了所有可能做到的措施。

罗斯福总统致首相　　　　　　　　　　　　1942 年 2 月 23 日

1.由于我们的要求最终仍然被卡廷拒绝了，我给他发出了如下电文，希望我们能得到派往缅甸前线的第二支承担防守任务的分遣队。

2."致卡廷。已经收到 20 日的电文，多谢。尽管我无法全部赞同澳大利亚急需第一个调回的师的要求，但你的处境我还算很了解的。

我始终认为，不论是澳大利亚基地还是缅甸基地，我们都必须尽一切努力坚守。目前，缅甸，也就是左翼，遇到了主要威胁；而澳大利亚，也就是右翼，我相信我们有能力守住它，美国派出的装备齐全的增援部队即将到达那里。根据这一事实，再结合未来几个星期内局势的变化，为了协助守卫缅甸或印度，让那里成为一道固定的防线，我希望你能考虑向缅甸或者印度调派第二个调回师。我们将在任何形势下为你们提供支援。罗斯福。"

3. 为了加强对澳洲岛屿的控制，同时进一步阻止日本人的步伐，我正在制订补充计划。

首相致澳大利亚总理　　　　　　　　　　　　　　1942 年 2 月 26 日

1. 收到缅甸总督在 2 月 24 日下午六点半从仰光发来的电文，称"虽然局势没有重大变化，但是我们有能力使局势从根本上得到好转，前提是将澳大利亚部队调来。虽然调来澳大利亚部队并不容易，但我认为值得尝试。否则，缅甸只好为日本人打开大门了"。

2. 收到缅甸总督在 2 月 25 日晚上 11 点 20 分从仰光发来的电文，称"能不能调来澳大利亚部队？请立即来电告知确切消息"。

3. 你的决定已经让我转告给总督了。

首相致缅甸总督　　　　　　　　　　　　　　　　1942 年 2 月 25 日

除了我们发出多方呼吁，就连总统也支持我们的要求，但澳大利亚政府的态度还是拒绝。请继续坚持。

首相致伊斯梅将军，转参谋长委员会　　　　　　1942 年 2 月 27 日

希望你们能简要地告知我：

1. 向仰光前线能调派哪些部队，哪些部队已经在调派中。

2. 印度现有的能够抵抗攻击的部队的情况。

3. 锡兰海军、空军和陆军确切的防卫情况，以及空军和陆军的增援时间。

首相致霍利斯准将，转参谋长委员会　　　　　　1942 年 2 月 28 日

1. 由于仰光的撤退及由此带来的对新的交通线的影响，第七十师第二旅是否应该前往锡兰就有了疑问。这个旅多长时间才能到达锡兰？

2. 希望能写一份报告告知我雷达设施的情况和改进意见。

3. 为了确保我方在得到援助之前的几个星期内有能力击退来自海上的攻势，希望海军部在亭可马里部署数量充足的重型军舰。

4. 我认为可以终止在锡兰的"无畏"号分队的任务。

5. 希望能给我一份海军在 3 月、4 月和 5 月间的增援计划表和建立印度洋舰队的时间表。

＊　　　＊　　　＊

仰光被敌人包围了，但是我们似乎无计可施，因为我们能够调动的部队都无法及时赶赴仰光。我们认为，既然不可能派出一支部队，那么应该能派出一个人。于是，为了解救这个即将受难的首都之城，我们决定派遣亚历山大将军赶往那里。

亚历山大将军想节省路途上的时间，于是打算直接从敌占区飞过去。在出发前，他先到陆军部和三军参谋长那里了解情况，然后来到首相官邸的新楼，跟我和我的妻子一起吃饭。在此之前，我从来没有委派一位将军去冒这种风险，因此至今清楚地记得那个傍晚的情景。亚历山大将军的情绪看上去很好，就像往常那样冷静，还表示乐意效命。他参加过第一次世界大战，那时，他在警卫师服役，担任团级军官，号称刀枪不入，深得士兵的信任和爱戴。从那时起，他一直都显得信心十足，不论是起初担任下

级军官，还是后来升任高级统帅，始终如此。他乐于肩负责任，因为责任能给他带来快乐，而且，越是肩负重大、危险的责任，他就越觉得快乐。他给人的感觉始终是轻松幽默的，从来不会烦恼或焦急。这感染了跟他交往的人，包括我在内的所有人都很喜欢与他相处，很珍惜他带来的快乐。在那个傍晚，我想学习他的沉稳，结果一无所获。

亚历山大将军是在 3 月 5 日到任的，他的任务是尽可能地守住仰光。当然，我们并没有要求他死守仰光。万一仰光失守，他将向北撤退，在守卫上缅甸的同时，保持与左侧的中国部队的联系。到达缅甸不久，他就意识到仰光的失守只是时间问题。日本在进攻勃固的同时，为了切断仰光通往贝谬的公路，又分兵包围我方的北翼。如果让日军的企图得逞，仰光在陆地上的最后一条退路就会被切断。

作为印度总司令，韦维尔将军掌握着缅甸战事的最高指挥权。

韦维尔将军致帝国总参谋长和首相　　　　　　　　1942 年 3 月 7 日

我跟缅甸的联系在前两天出现较长时间的延误，我没有得到亚历山大将军的任何消息，因为无线电通信全都停顿了。我在今早收到海军的消息，据此断定：他在昨晚午夜时分突然决定放弃仰光，不仅命令运输船队立刻返航，还启动了破坏措施。为了得到确切消息，我给他发了电报，但目前还没有收到回复。我会在得到消息后的第一时间向你汇报。

仰光的炼油厂已经被亚历山大将军炸掉了，不仅如此，他还实施了更多的破坏计划。在完成破坏以后，他命令全军经由通向贝谬的公路撤退。日本人计划从西面进攻仰光，他们担心我方袭击他们的包抄部队，在公路上部署了一支精锐部队，在保护包抄部队的同时，还截断了公路。这支敌军让我方吃尽苦头，最初的几次突围行动全都失败了。我方只好集中所有有战斗力的部队，实施强行突围。两军展开持续不断的激战。日本军官在执行命令时大都很古板，这场激战的指挥官也是如此。在认定实施包围的部队已经到位以后，他认为自己的任务已经完成，进攻仰光的战斗就要打响了。于是，在激战二十四个小时以后，他停止阻截公路，转而率部参与围攻仰光。亚历山大将军才得以率部继续前进，炮兵和运输队也逃离了仰光。由于日军在连续作战中伤亡较大，而且处于长途跋涉的疲惫期，因此没有追击我方部队。

最终，我方缅甸师顺利撤回东吁，第十七师和装甲旅也陆续抵达贝谬。

* * *

营救出被困在上缅甸的陆军是一个漫长而痛苦的任务，面临极大的困难，好在韦维尔将军并没有轻视这个任务。

韦维尔将军致首相　　　　　　　　　　　　　1942 年 3 月 19 日

我认为，如果日军坚持继续进攻，我们不能在坚守上缅甸方面抱有希望，因为不仅很多部队缺少武器装备，而且现在下缅甸的失利又动摇了他们的信心。炮兵已经所剩无几，我不认为那几个缅甸的步枪营能发挥重大作用。在这种时候，能落到实处的援助也指望不上。与中国方面合作也不顺利，他们有退却的迹象，因为他们怀疑我们的作战能力。可是，在与日本人的丛林战中，他们的表现能强过我们吗？目前还不能肯定。不论如何，我们可以信赖亚历山大将军的能力。日本人面临的困难也不小。

在亚历山大将军、蒋介石和美国的史迪威将军三人之间，困难最大的问题是指挥权问题。史迪威将军已经离开了中国，指挥着目前在缅甸的由六个师组成的中国第五军和第六军。我方希望亚历山大将军能掌管实际驻扎在缅甸的所有部队，这一要求得到蒋介石的满足，缅甸部队的最高指挥

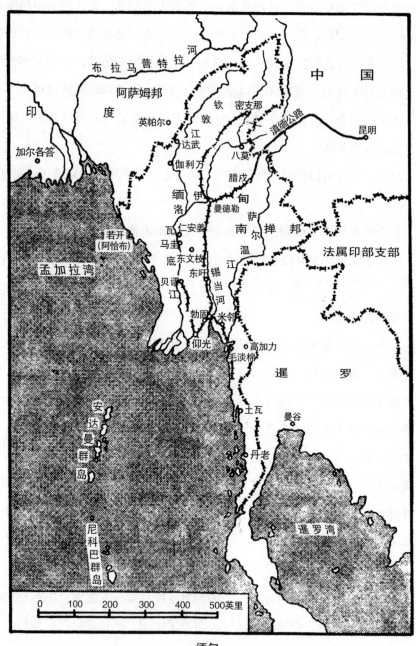

布拉马普特拉河

中 国

阿萨姆邦

印

度

英帕尔

钦敦江

密支那

滇缅公路

昆明

加尔各答

武江达

伽利万

八莫

腊戌

缅洛

伊

甸

萨尔温江

南

掸 邦

法属印部支部

曼德勒

若开
(阿恰布)

瓦仁安姜

马圭

底东文枝

贝谬江

东吁

锡当河

勃固

米邻

仰光

高加力

毛淡棉

暹 罗

孟加拉湾

土瓦

曼谷

安达曼群岛

丹老

暹罗湾

尼科巴群岛

| 0 | 100 | 200 | 300 | 400 | 500英里 |

缅甸

权因此在亚历山大将军手中。但是，总统有不同意见，他认为最好的方式是保持双重指挥权，即亚历山大将军和史迪威将军都有指挥权。我不打算在艰难的时刻为此事争执。

罗斯福总统致首相　　　　　　　　　　　　　　　　1942 年 3 月 20 日

　　你在电文中提到缅甸部队的指挥权，我已经向蒋介石提出继续增援缅甸的要求。此外，在史迪威将军安排合作方式时，要允许他按照联合参谋部批准的方针。最近，史迪威将军发来电文称，在与亚历山大将军合作的问题上，他认为可以继续进行。他同时表示，他们急需中国的援兵。为此，他已经得到蒋介石的许可，可以指挥中国的第五军和第六军。但是，他并不愿意让这些部队开赴缅甸，因为指挥权的归属尚未明确。史迪威将军向援兵下达了向南进军的命令，同时向蒋介石提出要求，希望他能改变主意。尽管指挥权归属尚未明确，但史迪威将军已经制订了能够保证完整合作的计划。然而，即便如此，亚历山大将军依然会因出现一位中国的指挥官而犯难。

　　我了解史迪威将军，他足智多谋，精明能干，能说中国话，称得上"中国通"，他绝对不是一个自私的人。在最近的电文中，他告诉我，"与亚历山大将军的合作已经安排妥当，尽管指挥权归属问题尚未解决，但不会影响对战事的实际指挥。此外，已经向大元帅发出请求，希望尽快向缅甸调动那三个师"。据此，关于指挥权归属问题的争执，我认为可以暂时搁置一下。

　　史迪威将军和亚历山大将军本来应该在执行"超体育家"计划时见面，现在却在眉苗相会了。不过，我认为他们的合作会很密切。

＊　　　＊　　　＊

　　整个缅甸因为仰光的失败而失守了。接下来的战斗与我们无关，将在日本人和即将到来的雨季之间展开，这也是一场残酷的竞赛。因为我们没有可供援兵登陆的港口，因此亚历山大将军已经不能指望得到援兵了。我们的空军原本就少得可怜，在为陆军的撤退提供掩护和追击实力强大的敌机以后，被迫撤退到连警报设施都没有的地点，离开了设施完备的仰光基地。事实上，它们的大部分力量在3月底就被消灭了。为我方投放军需物资和药品的是来自印度基地的飞机，此外他们还协助疏散了包括两千六百名伤员在内的八千六百人。至于其他的部队和非军事人员，要在山路上步行六百英里才能完成撤离。

敌人在3月24日继续发动进攻，中国部队与他们激战一个星期，最终还是丢掉了东吁。占领东吁四天后，敌人经由伊洛瓦底江岸进攻贝谬，最终于四月底进抵曼德勒。至此，我方部队与中国部队保持联系、守住滇缅公路的希望完全破灭了。中国部队在遭遇失利后，一部分撤回国内，一部分在史迪威将军的率领下，经由伊洛瓦底江翻山越岭到达印度。英国部队在亚历山大将军的率领下到达伽里瓦。印度在外其东部国界被一支沿钦敦江北上的日军纵队威胁，在内被印度国大党骚扰，只有做出这种部署，史迪威将军和亚历山大将军才能确保守住印度东部。印度东部的道路就像林中小径一般，沿途都是或伤或病的难民，全都饿得发慌。为了将这些难民带到安全地带，在印度政府的支援、总督及其夫人的参与和阿萨姆邦北部农场主的支持下，亚历山大将军联合缅甸的民政部门推行政策，终于实现了目的。他在雨季到来之后的5月17日报告说，尽管丢掉了多辆坦克和所有的运输车，但他们已经安全抵达英帕尔。

这场战役是亚历山大将军首次独立指挥的战斗，虽然失败了，但体现出他的过人才干和优秀品质。正是因为具有这些品质，后来他终于成长为盟国一流的军事指挥官。

前往印度的通道被阻断了。

第十章　锡兰和孟加拉湾

日本的成功——锡兰是个要害之地——"T港"——英国形成东方战线——增援印度——我们过高估计了日本海军的建设——中国可能成为日本的目标——科伦坡的防御更加牢固了——印度洋的危机——日本舰队发起攻势——空袭科伦坡——倒霉的"多塞特郡"号和"康沃尔"号——肆虐孟加拉湾——我在 4 月 7 日给罗斯福总统的电文——我决定给东非战场调派东方舰队——有必要坚守锡兰——我在 4 月 15 日给罗斯福总统的补充说明——罗斯福总统在 4 月 17 日给我的回复——我再次向韦维尔将军做出保证——日本停止进攻——印度洋上的真空区域——我们坚持主要目标

依靠海军和空军方面的绝对优势，日本继续远征，在袭击荷属东印度群岛上的军事据点之后，又扑向暹罗和英属马来亚全境。在占领缅甸南部和安达曼群岛之后，印度终于处在他们的威胁之中了。在这种形势下，印度沿海、锡兰沿海及更西的地区，还有我们为中东部队提供支援的唯一海上通道，随时可能遭遇袭击。这些情况使我们感到不安。指望维希法国守住马达加斯加是不可能的，他们曾经在印度支那有过让步，再次让步对他们而言并非难事。

派遣一支相当数量的陆军部队给印度提供支援是我们当前最紧迫的任

务，他们不仅要增援印度，还要控制印度洋和孟加拉湾的制海权。锡兰有科伦坡和亭可马里两个港口，因此可以作为基地，供正在组建的东方舰队使用。为了在日本的进攻来临以前在锡兰部署足够的飞机，我们尽了最大的努力。在这个万分紧急的时刻，"无畏"号航空母舰放弃了战舰的职能，奉命全速返航，充当运送飞机的运输舰。为了守住锡兰，澳大利亚也做出贡献，同意由沙漠返回的两个旅在锡兰停留，等待英军的到来。这尽管只是一条临时举措，却受到广泛好评。

海军部对印度洋进行过长期的研究，他们如此煞费苦心，只是为了给我方舰艇寻找战时的隐蔽场所。距离锡兰西南六百英里处的马尔代夫群岛南端，有一个名叫阿杜环礁的环状珊瑚岛，可以临时充当科伦坡的替代者。这个岛的四周环绕着与斯卡珀湾面积相似的深水盐湖，要上下岛屿，必须经过遍布暗礁的四条海峡。更妙的是，这个岛远离主要航线，如果敌人要袭击它，必须经过长途航行。对于我方舰队而言，当科伦坡遭到攻击时，就可以隐蔽到这里，舰队不仅能保证安全，还能得到补充。我们在盐湖里停泊补给舰和修理舰，又将炮台和探照灯部署在周围满是丛林的陆地上。为了便于飞机起降，还在修建机场和水上飞机基地。我们将它称为"T港"，在印度洋有重要的战略价值。在很长一段时间内，敌人都没有发现它。

为了在印度洋组建一支能够保障我们的利益的舰队，海军从年初就开始行动了。在直布罗陀指挥 H 舰队时战功赫赫的萨默维尔海军上将接替了汤姆·菲利普斯将军的职务，乘坐"敬畏"号航空母舰于 3 月 24 日抵达科伦坡。到任以后，他麾下的舰艇包括：在十个月前的克里特战役中遭受重创的"沃斯派特"号战列舰（已经在美国修复）、四艘老式"皇家"级战列舰、十六艘驱逐舰、"赫莫兹克"号等七艘巡洋舰、"赫尔米兹"号等三艘航空母舰。

将这些远道而来的舰艇整编成一支协调性极强的舰队，需要一些时间训练，但我们最缺的就是时间。于是，这些来不及训练的舰艇很快被一分为二，分别驻守科伦坡和"T港"。印度的工作历来进展缓慢，但是，建设空军基地的工作他们不能再耽搁了，因为孟加拉湾的西部海岸已经迎来了一些飞机。我们只好不停地催促他们，甚至一再告诫他们，所有的工作早已协商确定。

首相致伊斯梅将军，转参谋长委员会　　　　　　　1942年3月4日

1. 我要再次提及增援印度。第七十师的先遣旅一定要尽快到达锡兰，请告知我具体的到达时间。紧接着是高射炮和反坦克炮的运输船队、澳大利亚第六师的第十六旅和第十七旅。上述部队至少要在锡兰停留七八个星期，为确保援兵能准时抵达，在调动船只时，必须优先照顾这部分部队的运送任务。目前已有援兵在前往印度途中，除了这些部队，第七十师的另外两个旅也可以调到印度，甚至可以调到缅甸前线。韦维尔将军在得到这些援兵即将到来的消息后，在缅甸前线动用英国保安营时，应该能有更大的余地。

2. 在3月6日，"无畏"号的两个空军中队将到达锡兰。在澳大利亚的两个旅到达以后，锡兰原有的空军跟这两个中队合在一起，保护两个澳大利亚旅和港口里的两艘"皇家"级战列舰，应该就不成问题了。我们认为，即使敌人发动袭击，那也只能来自于一艘航空母舰，因此才做出这种有针对性的部署。"无畏"号航空母舰应该可以在月底之前完成战斗准备，而"沃斯派特"号战列舰很快也会到达。届时，在这一地区，就能集中一支拥有二十艘舰艇的舰队。几周之内，形势必将有利于我们，因为"敬畏"号航空母舰和"勇敢"号航空母舰就要来了。

3. 由于细节上的争执和误解会给我们造成极大的困难，因此，你们是否全都同意以上看法？请将你们的意见告知我。

我们当然很重视日本的实力，但比重视更重要的是，我们不应该过分夸大他们的实力。

首相致海军大臣与第一海务大臣　　　　　　　　1942 年 3 月 10 日

1. 据称，日本正在同时建造两艘大型航空母舰和九艘主力舰，这条消息的依据是什么，是否属实？如果属实，局势的确有些麻烦。如此庞大的一支舰队要在两年之内完成，得需要多少钢板、钢材和新式设备？哪个工厂能够承担起这项任务？这批舰艇是何时启动建造的？日本的军械工业情况如何？事实上我想知道的不止这些。请详细答复我。我们要在尊重事实的基础上，客观看待日本的实力，既不能轻视，也不能夸大。

2. 发展以陆地为基地的鱼雷飞机的计划，在不能完全确认以上推测时，得到了我的批准。

首相致海军大臣　　　　　　　　　　　　　　　1942 年 3 月 19 日

根据我的推断，如果所有舰艇都能如期完工，那么，1937 年就开始建造的"吴港"号应该在 1941 年完工，但是据说它最近才被编入舰队，比计划整整晚了一年。"佐世保"号预计需要五年的工期，而"飘鹤"号只需要四年。这些舰艇，相比于"英王乔治五世"号级的那五艘舰艇，谁的性能更好一些？相比于最先进的美国舰艇，又是谁更好呢？

此外，在四年的时间里建造一艘两万七千吨的航空母舰，日本真的有这个能力吗，能确保在下水的一年内完成吗？如果英国和美国也要建造同样的航空母舰，情况如何？

在采取防范措施时，不能每次都根据最糟糕的情况分析，否则必然导致不能更好地使用资源，事实上，我们资源有限，根本浪费不起。对于海军的情报部门而言，他们完全应该更加谨慎，但是，在我看来，即使一个计划被证实错了，还得坚持下去。我们不应该过分紧张，不仅我们的海军发展晚于书面计划，日本的情况也是如此。我们已经知道了这些事实。

从我方报告来看，我们不必担心日本部队的部署情况。

首相致参谋长委员会   1942 年 3 月 13 日

1.从日军的分布形势分析，澳大利亚不会立即遭遇来自日本的大规模入侵。在你们评估澳大利亚形势时，完全可以依据日本部队的分布情况。

2.我认为，日军有可能向北进攻中国。当然，这是有前提的：其一，他们在经过阿萨姆邦时遭遇阻力；其二，我们稳固地控制着锡兰。

首相致澳大利亚总理   1942 年 3 月 20 日

你提出撤销我们与中东的海上联络线的保护的建议，我们不能接受，要知道，这条联络线是中东大批驻军的依靠，如果没有这条联络线，他们不仅不能战斗，甚至连生存都面临困难。同样，我们也不会忽视锡兰的安危，不仅不会忽视，还要竭尽全力保卫它。我们不会向太平洋派出三艘快速装甲航空母舰（我们总共只有四艘这样的航母），因为我们必须时刻掌握增援印度、保卫印度的方法。也许你已经发现，如果我们将这几艘航空母舰调往太平洋，那么，如果日军袭击我们在印度洋的和正前往印度洋的舰艇，我们将无法保护它们。日本的袭击将导致它们失去战斗力。而且，我们每个月都会向中东或印度输送大约五万人，如果将航空母舰调往太平洋，这些运输船队将失去保护，日本人如果想消灭它们，只需派出由一艘航空母舰提供支援的两三艘快速巡洋舰或战列巡洋舰。你在备忘录中表达了你的进取决心，我们为此深感敬佩；你希望尽早掌握主动权，我们也能理解。但是，我们依然认为，你的意见是不对的，因为其他方面的任务和风险你没有考虑到。

罗斯福总统提出了新的组织提案，届时，议题中自然会包括以上问题。你现在已经知道联合王国陛下政府给罗斯福总统的意见。

如果我们能做好阻止日本攻击澳大利亚的准备，或者说，必要时做好防御准备，那么，他们就不会攻击澳大利亚。对日本而言，最好的策略是尽快战胜中国。

首相致伊斯梅将军，转参谋长委员会　　　　　　　1942 年 3 月 25 日

对日本而言，向北挺进至重庆是最明智的计划。由于我们现在稳稳地控制着锡兰，日本一旦占领重庆，可能就不会进入印度。在这种情况下，我们应该争取蒋介石的好感，因为我们不得不将自己的命运与中国人联系在一起。只要有必要，蒋介石可以提出要求，要求我们按照正确的战略行动。

首相致伊斯梅将军，转参谋长委员会　　　　　　　1942 年 3 月 27 日

1. 由于我们要从科伦坡派出到孟加拉湾作战的舰队，因此，对科伦坡海军基地的完全防卫，是我们在锡兰的要求。如果我们可以从科伦坡派出舰队，就不必动用六百英里之外的"T 港"了。在调动舰艇或兵力方面，坚决不能使海军基地遭遇危险或影响基地的正常使用。

2. 有人提出建议，将"沃斯派特"号航空母舰和另外两艘装甲航空母舰部署到孟加拉湾，我认为这是一种浪费，因此反对这个建议。停泊在"T 港"的是一些没有多大用处的"皇家"级战列舰，派遣一艘快速航空母舰保护它们，有些小题大做。既然这些"皇家"级战列

舰成了我们的负担，为什么不调走呢？可以让它们到海面上巡逻，也可以将它们调到亚丁湾。这样的话，航空母舰就能发挥作用了。相比而言，两艘航空母舰联合作战明显强于分散作战，三艘联合作战也会明显强于两艘的联合或分散作战。

科伦坡的局势在3月底的确有所好转。在我们的努力下，此时的科伦坡，拥有近七十架有战斗能力的战斗机和若干短途轰炸机。有了这些空军力量，我们至少能狠狠地反击敌人的空袭。

*　　*　　*

一件惊心动魄的大事即将在印度洋和孟加拉湾上演。萨默维尔海军上将在3月28日得到消息，日军将在4月1日前后出动包括航空母舰在内的强大部队进攻锡兰。他迅速做出反应，于3月31日将舰队集中到锡兰以南待命。完成战备部署以后，他派出六架"卡塔丽娜"式水上飞机，巡视距科伦坡一百二十英里的海面。与此同时，锡兰总司令莱顿海军上将疏散了滞留港口的商船，传令全军戒备待敌。当时，"多塞特郡"号巡洋舰正在重新装备，接到命令以后，即刻到萨默维尔海军上将的舰队报到。与它一起报到的，还有"康沃尔"号巡洋舰。

锡兰在3月31日至4月2日期间始终处在焦虑不安之中。舰队在备战区域巡视，除了在锡兰东南方发现日本的巡逻潜艇之外，一无所获。2日傍晚，萨默维尔海军上将意识到，或者敌人在等待我方舰队因缺乏燃料后撤，或者之前得到了错误的情报。在他想到这些时，"皇家"级战列舰的确需要补水了。虽然他不愿意让舰队撤回六百英里外的"T港"，但又别无选择。舰队撤退以后，"多塞特郡"号和"康沃尔"号也撤回到科伦坡。

4月4日，萨默维尔海军上将的舰队来到阿杜环礁。正在这时，一架"卡塔丽娜"式水上飞机发现敌情：大批敌舰正扑向锡兰。遗憾的是，没等这架水上飞机侦察清楚敌军的详细情况，敌人就击落了它。由此看来，之前的那个情报是正确的，只是日期有误。到了第二天，锡兰就会遭遇猛烈攻击，情况万分紧急。当天晚上，萨默维尔海军上将就率领"沃斯派特"号、"无畏"号、"敬畏"号及两艘巡洋舰、六艘驱逐舰出发了。在"皇家"级战列舰补水完毕之后，其余舰艇将在威利斯海军上将的率领下出发。

莱顿海军上将在4日夜间多次接到巡逻飞机的报告，称敌人的舰队即将发动攻势。4月5日是复活节，还不到早晨八点钟，敌人就发起进攻，战斗打响了。日军派出近九十架轰炸机轰炸科伦坡，我军发起反击。九十分钟后，激战停止。最终，我军损失十九架战斗机、六架"旗鱼"式飞机，日军损失二十一架轰炸机。我方港口设施遭受轻微破坏，由于提前疏散了滞留港口的商船，因此其他方面的损失更小。被击中的商船只有一艘，但"坦尼多斯"号驱逐舰和武装的"赫克特"号商船被击沉了。

萨默维尔海军上将再次征调了"多塞特郡"号巡洋舰和"康沃尔"号巡洋舰，它们将随他的舰队行动。担任"多塞特郡"号巡洋舰舰长的是艾加海军准将，尽管多次收到敌人近在眼前的警告，但他仍下令全速前进。整个上午，"多塞特郡"号和"康沃尔"号都没有遭遇攻击，只发现了一架日本飞机。刚刚过了正午，情况就发生了剧变，它们遭到了敌人的猛攻。敌人的俯冲式轰炸机以三架一组的队形，轮番轰炸它们，几乎每隔几秒钟就要轰炸一次。只用了十五分钟，它们就被击沉了。大批船员掉进了海里，他们紧紧抓着海面上漂浮着的舰艇残骸，等待着战斗结束以后的救援。第二天傍晚——大约三十个小时之后——"企业"号航空母舰和两艘驱逐舰拯救了他们。在这次战斗中，我们的二十九位军官、三百九十五位士兵阵亡了。

遭遇了一场失败以后，萨默维尔海军上将才明白，日本舰队的实力远在他的舰队之上。直到现在，我们才知道，我们的舰队在4月2日以前等待的对手，就是指挥过袭击珍珠港战役的日本海军大将南云忠一。他指挥的舰队包括五艘航空母舰、四艘快速战列舰、若干巡洋舰和驱逐舰等。对我们的舰队而言，与敌人这样一支舰队较量，将是一场必败无疑的灾难。因此，萨默维尔海军上将决定撤退。在救起"多塞特郡"号和"康沃尔"号的幸存者之后，我方舰队于4月8日早晨回到"T港"。

* * *

锡兰在第二天遭遇更多的灾难。亭可马里在清晨的一次空袭中被摧毁了。在战斗机的掩护下，日本派出的五十四架轰炸机攻击机场和造船工厂。我方飞机英勇还击，以损失十一架飞机的代价击落十五架敌机。我们拥有的轻型轰炸机数量很少，在这种情况下，对它们而言，日本的航空母舰就是不可战胜的庞然大物。但它们无所畏惧，依然发动了一次近似冒险的攻击。结果当然可想而知，只有不到一半的飞机得以生还。为了保证"赫尔米兹"号小型航空母舰和"吸血鬼"号驱逐舰的安全，莱顿海军上将在前一天夜里就命令它们驶离亭可马里，但它们未能幸免于难，在途中被击沉了。

与此同时，日本第二支攻击部队的一艘轻型航空母舰和六艘重型巡洋舰，对在孟加拉湾的我方毫无防备的船只发起反击。科伦坡于3月31日宣布实施紧急措施。就在这一天，加尔各答港也不许停船了。在这一区域，我们的海军力量太过弱小，只得化整为零，将所有船只编成小分队。后来发生的事实证明，这个计划是行不通的，因为加尔各答南面的一艘船被日本飞机击沉了。我们只好要求所有船只停止航行。日本在此之后的几天里更加肆无忌惮，频繁地出动飞机和舰艇攻击我方船只，我方损失多达九万三千吨。南云忠一的舰队在这段时间给我方造成约两万三千吨的损失。两者相加，我们的总损失高达十一万六千吨。

* * *

我们不得不向美国提出要求，希望他们的舰队能对日本海军形成牵制，减轻因日本海军向我方集结带来的压力。

前海军人员致罗斯福总统　　　　　　　　　　1942 年 4 月 7 日

1. 我方掌握的情报显示，日本的五艘航空母舰、五至六艘战列舰（其中两艘还可能装备有十六英寸的大炮)正在印度洋海域执行任务。目前我们没有与他们正面交锋的能力，尤其是面对这样的联合行动，我们更是无力抵抗。我方舰队在印度洋的实力，你应该心里有数。我们确信，日本的三艘"金刚"级舰艇就在印度洋，如果我们派出有其他舰艇协助的四艘"皇家"级战列舰，战胜它们不存在问题。但是，如果要对抗更先进的日本舰艇，那就不行了。在袭击科伦坡时，日本的飞机遭遇重创，但是即便如此，派我方的两艘航空母舰与锡兰以南的四艘日本航空母舰激战，我们也不能保证必胜。眼下的形势是我最担忧的一个问题。

2. 敌人在印度洋的行动是假象吗？或者是总攻锡兰的序幕？现在还不能确定。可以确定的是，我们的海军力量无法与之抗衡。

3. 对美国的太平洋舰队而言，由于你方在太平洋的力量强于日本，因此眼下的形势似乎是个好机会。只要太平洋舰队有所行动，日本就必须撤回印度洋的海军。撤回海军以后，为了避免已经形成攻势的部队陷入绝境，他们只得实施进攻计划。你一定十分清楚它的重要性，我想我不必多说了。

*　　　*　　　*

由于近期战绩的影响，人们普遍认为，至少在短期之内，萨默维尔海军上将无法发动全面作战。事实似乎也印证了这一判断。不论是实力还是战绩，日本海军的航空战术的确有过人之处，他们的鱼雷轰炸机只用了几分钟，就击沉了我方在暹罗湾的两艘先进的主力战舰，现在，他们的俯冲轰炸机又用另一种战术击沉了我方的两艘巡洋舰。在此之前，这种情况在我们与德国空军、意大利空军的所有地中海战斗中都没有出现过。在孟加拉湾被日本控制的情况下，敌人随时可以进一步控制锡兰海域。如果我们坚持在锡兰部署东方舰队，等待我们的只有失败。我们能够投入战场的飞机远远少于敌人，海军舰艇行动迟缓，除了"沃斯派特"号之外，其他舰艇不仅大炮射程近，续航能力也很差。日本飞机有击沉"多塞特郡"号和"康沃尔"号那样的攻击能力，与此相比，我方航空母舰提供给舰艇的空中保护，根本不值一提。在这种情况下，在锡兰部署这样一支舰队，反而成了累赘。在面对来自空中或者海上的大规模攻击时，锡兰毫无安全可言。阿杜环礁更是如此。

所有人都认为，应该将"皇家"级战列舰尽快调离危险区域。在这个问题上，我跟第一海务大臣没有分歧，他很快下达了命令。不仅如此，将萨默维尔海军上将的舰队撤到两千英里外的东非一事，海军部也没有异议，他们甚至允许萨默维尔海军上将自己决定。这样的撤离行动对保护通往中东的联络线是有利的。为了保护我们同印度及波斯湾的海上联络线，萨默维尔海军上将没有撤离，而是亲自率领两艘航空母舰和"沃斯派特"号留在了印度洋。他将孟买选定为在印度洋的基地，得到海军部的支持。新计划很快就开始实施了。由此看来，海军部跟我们有相同的意见。

然而，就在此时，从最高指挥部传来了惊慌的情绪。在守卫锡兰的问题上，我不同意立即从孟买撤走两艘航空母舰和"沃斯派特"号，至少目前它们在孟买很安全。

首相致伊斯梅将军，转参谋长委员会　　　　　　　　1942 年 4 月 14 日

为了守住锡兰，我们必须竭尽全力，即使为此冒很大的风险也值得。我们会在短期内丢掉锡兰和印度南部？孟买也会因此遭遇危机？怎么会有这样的假设呢？我的意见是，萨默维尔海军上将暂时可以留在孟买。不仅如此，还要转告他，不能有撤走锡兰的参谋人员的念头，不论在什么情况下都不能。

将锡兰建造成舰队的主要基地的主张得到了三军参谋长的赞同,他们还同意将英属东非海岸的基林蒂尼建成东方舰队的高速舰艇的基地。在两个星期之后,萨默维尔海军上将到达基林蒂尼。至此,我们放弃了印度洋,只保留了非洲海岸。

*   *   *

我在4月7日的电文一直没有得到总统的答复,我只好重复我的意见。

前海军人员致罗斯福总统　　　　　　　　　　　1942年4月15日

1. 关于印度洋上的严峻形势,我必须再提一次。由于日本可以向印度洋派出一半的航空母舰和三分之一的舰队,而我们又在未来几个月内不能对付如此规模的敌人,才出现现在这种局面。这种局面必然导致如下结果:

（1）锡兰失守。

（2）印度东部面临危险。这一结果带给我们全部战争计划的影响,将是无法估计的。如果我们丢掉加尔各答,那么经由缅甸与中国的联系就被全部切断了。但这并不是唯一的或者最终的结果,恰恰相反,它只是一个开始。在我们有能力调动舰队打响海战之前,我们必须承认,在西印度洋地区日本的实力最强大。在这种情况下,我们通往中东和印度的运输船队会遭遇危险,阿巴丹供应我们的石油也会中断,直接结果是我们将无油可用。如果没有了石油,印度洋地区的所有据点都将陷入绝境,中东阵地会被我们丢掉,经由波斯湾供应俄国的石油也将中断。坦白地说,我们无法承受来自日本的如此压力。

2. 为了给日本人带去另外的顾虑,我们希望美国太平洋舰队在4月底有收复珍珠港的能力。但是现在我们对日本向西扩张的计划似乎无计可施。不过,珍珠港距离印度洋太遥远了,就算珍珠港被美国海军收复了,就一定能让日本感受到强大的压力吗?我们无法确定。当然，你们在太平洋地区的困难我们也有了解。

3. 在迫使日本海军向太平洋移动一事上，如果你不能尽快有所行动，那么，在印度洋建立一支拥有航空母舰和先进的主力舰艇的舰队，似乎是我们脱离目前困境的唯一办法。既然如此，我就有得到空中援助的要求。

4. 将美国的一些重型轰炸机部署到印度，也是同等重要的问题。印度现在只有十四架轰炸机，已经批准但还没有到位的有五十架。不论是已有的还是尚未到位的，它们当中没有一架可以在上个星期对日本舰艇实施轰炸。我们最大限度地调动了利比亚的力量，只保留了足以再次发动攻击的力量。为了加强东方的空军力量，只要是能够在那里作战的飞机，我们全都调过去了。但是，数量还是不够，我们需要你的帮助。

我坚持我的要求。请你有所行动。

总统的意见与我预料的一致，他愿意给我们空军援助。

罗斯福总统致首相　　　　　　　　　　　　　1942 年 4 月 17 日

所有紧急需求都在我们的考虑范围内，当然，我们还会继续这样的考虑。你很快就能看到我方空军的建议，我方已将他交马歇尔转你审议。你能看到，我方派出了以陆地为基地的飞机，但这是飞机抵达印度的最快方式。至少目前来看，你方的舰队应该接受它们的保护。保护你方舰队不是这一计划的唯一目的，如果日本计划在锡兰、马德拉斯和加尔各答登陆，它也能发挥阻碍作用。不论如何，它必然有利于改善印度地区的局势。不过，这一计划对"突袭者"号有些影响。"突袭者"号将无法给自己的飞机充当航空母舰，因为它要给这一计划充当渡船。事实上，"突袭者"号最适合充为渡船，它的隔水装置和结实构造足以让我们引以为荣。

关于太平洋舰队已经实施的各项措施，出于保密考虑，目前还没有告知你详情，但这也是很快的事情。在了解详情以后，你就能放心了。我们在海军方面的缺乏，就像吃面包没有黄油那样令人遗憾。在作战方面，不同兵种之间存在着极大的差异，因此，你们需要重新考虑，锡兰是否应该拥有一支主力舰队和混合部队。希望你能赞同我的意见。

阻止日军在印度或锡兰登陆是未来几个星期最重要的工作。相比于参与印度洋的混合部队，我们更愿意接过你们本土的舰队任务。

我的意见是，你方在印度洋的舰队，在最近几个星期不仅不必参加战斗，还会得到很好的保护。此外，我方以陆地为基地的飞机会袭扰日本的运输船队，这一行动对你们也有好处。

我们能立即实施上述措施。对此你还有什么意见？不妨都说出来。

我将我能兑现的承诺再次转告给韦维尔将军。

首相致韦维尔将军   1942 年 4 月 18 日

为了迫使日本从主力舰队中抽调出一支超出计划的分舰队，我们准备在印度洋组建一支强大的舰队。为此，我向罗斯福总统提出要求，让"北卡罗来纳"号战列舰前往斯卡珀湾，与"华盛顿"号战列舰联合作战。届时，"约克公爵"号就能够与"威慑"号一起抽调到印度洋了。5 月份时，"光芒"号将被编入萨默维尔海军上将的舰队；6 月份时，"勇敢"号的准备工作也将完成。这样看来，在不久的将来，我们的三艘最大的装甲航空母舰和三艘快速主力舰将出现在印度洋上。需要注意的是，我们不仅在增加舰艇，还在努力为航空母舰增加飞机。萨默维尔海军上将的舰队的实力将不断加强，十个星期之内就会变成一支强大的部队。此后，美国舰队将成为日本人优先对付的对象。

不过，上述计划也有完全落空的可能，如果我们在计划实施期间丢掉锡兰或者科伦坡，这一系列行动就是白辛苦了。保卫科伦坡与保卫加尔各答同等重要。因此，眼下最重要的任务，就是动用飞机和高射炮保卫科伦坡。在守卫锡兰至加尔各答的漫长海岸线时，在最近这段时间，我们没有空军力量，因此，既不能指望空军打败登陆的敌人，也不能指望空军给海军提供掩护。而且，日本人愿意用四五个师团的兵力对付马德拉斯吗？他们愿意付出这样的代价吗？相比于占领锡兰，相比于北上彻底打败蒋介石，他们值得为马德拉斯派出重兵吗？除非占领中国，否则他们在今年不会有重大进展。因此，在考虑这个问题时，我建议你做好选择。相比而言，最重要的是确保科伦坡海军基地的安全，确保经由加尔各答与中国联络的畅通。

如果日本彻底打败中国，那么他们至少会腾出十五个甚至二十个师团。那时，就真的有可能对印度发动大举进攻了。

*　　*　　*

我们因将要失去——虽然只是暂时的——印度洋和孟加拉湾上的制海权而感到无比焦虑，但局势的发展很快就冲淡了这一焦虑。此时，日本向西扩张的势头有所减缓，我们就站在他们的最西端。由于他们的攻击范围远远超出政策划定的范围，所以他们停止了大规模的正式进攻，在跨海进攻锡兰或印度南部方面也没有具体计划。但是，他们如果知道科伦坡并没有足够的防御，一定会发动真正的进攻。在此期间，他们可能会与英国舰队交战，并取得胜利。如果这些假设变成现实，那么，不论他们实施什么行动，都不会被阻止。由于在科伦坡遭遇顽强抵抗，他们发现，如果想获得更大的战果，就必须付出更大的代价。后来，他们的空军遭受最大损失，使他们进一步相信，自己遇到了强劲的对手。当然，我们必须承认，在这个过程中，重新在太平洋上崛起的美国海军也发挥了重要作用。此后，印度洋再也没有出现大规模的日本海军，只有少数单独行动的潜艇。他们是突然来到这里的，现在又突然消失了，留下一个没有硝烟的真空区域。

虽然我们在印度洋的所有联络线的威胁都不存在了，但我们对此并不知情。我们依旧认为，日军在夺取制海权后，就会对印度大陆发动大规模进攻。因此，我们从未停止备战、履行责任和紧张焦虑。我们继续要求向东方派遣空中增援，这种增援使欧洲战区的主要计划受到极大影响。

韦维尔将军在 4 月 12 日发给三军参谋长的电文中称：

我要提醒你的是，我没有夸大我们的需求，这些都是必不可少的，如果你们不能认真予以考虑并尽力满足，我们不仅永远不能实现对印度洋和孟加拉湾的控制，而且还有丢掉印度的可能。在敌机实施空袭时，我们尝试派出少于二十架的轻型轰炸机应战，不幸遭遇失败，包括三艘重要军舰的若干军舰被毁，商船损失接近十万吨。后来，我们听说一个德国城市遭到两百多架重型轰炸机的袭击。每次想到这些，我们就愤怒不已。

某些自治领领袖当然很支持这种意见。

首相致自治领事务大臣   1942 年 4 月 16 日

关于让印度和中东也有重型轰炸机部队的意见，是每个人的愿望，眼下肯定很受欢迎。但是，所有能做的有决定意义的措施，我们都已经做出了，因此不会再有类似措施了。我建议你拜访一下空军参谋长，听听他想说什么。如果你能拜访他，我会很高兴。

在我看来，这是一个复杂的问题，但毫无意义。即使我们向那里派遣了飞机中队，他们也只是无所事事，什么都做不了。我们在那里建立了一座大型工厂，目的是通过空袭德国帮助俄国，我们只有这一个帮助俄国的办法。可是，有人却千方百计地破坏它。他们必须明白，想毁掉我们的实力，就得让我们在其他地方得到相应的好处。

我们始终没有分散集中在主要目标上的力量，不仅如此，我们接下来采取的新行动，也没有因此受到影响。尽管这个小插曲给我们带来了一些麻烦，毕竟已是过去时了。现在的我们，开始变得更强了。

＊　　＊　　＊

当时，我们没有预料到锡兰空战在战略上产生的重要影响。南云忠一的那支著名的航空母舰舰队，在过去的四个多月里顺利地取得无数令人震惊的胜利，却在这场空战中遭受重创，三艘航空母舰被迫撤回日本本土休整和补给。当日军在一个月后进攻新几内亚的莫尔斯比港时，他们参战的航空母舰只有两艘。如果他们能够全员参加后来的珊瑚海战役，那么，对美国而言这不是好消息，因为日本很可能扭转这场遭遇战的局势。

第十一章　船只匮乏引发的困扰

东方急需一支机动后备队——我向罗斯福总统借用运送两个师的船只——我向罗斯福总统借用运输物资的船只——我在 3 月 5 日对战事的全面观察——对日战场——罗斯福总统给我的回复——罗斯福总统同意借给我运输船只——罗斯福总统的条件——对美国运输船队潜力的判断和分析——美国空军的部署情况——我和罗斯福总统达成一致——罗斯福总统提议精简战略范围——罗斯福总统在 1942 年第一次暗示开辟一条欧洲战线——美国造船业开始上涨——罗斯福总统在 3 月 18 日给我的信——我在 4 月 1 日给罗斯福总统的回复

潜艇战时刻威胁着我们，令我们感到非常担忧，这种担忧甚至不能因其他重大情况的发生有所缓解。我在 3 月上旬写给罗斯福总统的信件中提到，为了协调好与进口预算的关系，在使用海上运输力量时，要用战略的眼光。我们计划再向东方运输两个师的英国部队，但我们没有运输船只，因此希望美国能借给我们一些。我希望在东方战场部署一些机动部队，因为东方战场范围太大，谁都不能预测那里将会发生什么意外。我得到这样一支船队，就运两个师的兵力在 5 月或者 6 月间经过好望角。到那时，如果埃及、波斯、印度或者澳大利亚需要支援，他们就能迅速到位。

前海军人员致罗斯福总统 　　　　　　　　　　1942 年 3 月 4 日

　　船舶方面的困难将是影响我们在 1942 年的所有计划的最大因素，因此，返回英国以后，我始终密切留意这方面的情况。它之所以有如此大的影响力，主要有两方面的原因。其一是运送兵力。我们计划完成一项调动数量庞大的部队的任务，将中东的英国第七十师和三个师的澳大利亚部队做横跨印度洋的调动，正是其中的一部分。在 2 月、3 月、4 月和 5 月，我们希望从联合王国派出共计二十九万五千人的部队，以便充实中东的力量，大规模地增援印度和锡兰。为此，在 2 月，一支运送四万五千人的运输船队已经出发了。在 3 月，一支运送包括第五师和七个飞机中队的五万人的船队将要出发。在 4 月和 5 月，两支总共运输八万五千人的船队将要出发。你是知道的，完成这项规模庞大的运送计划，需要大量船只。为了增加运输量，我们集中了所有的船只，在加速回航方面也用尽办法，但是，与计划的目标相比还是不够，我们依然缺少十一万五千人。

　　在这种形势下，我想到向你求助，希望得到你的帮助。

　　在未来几个月之内，肯定不能实施旨在干预法属北非的"体育家"计划，关于这一点，我们得有一致的认识。既然如此，为了使我们在未来的四个月里，将总数大约四万的另两个师的兵力运送到印度洋，你能否借给我们一些船只？当然，除了兵力，我们要运输的也包括必不可少的车辆、大炮等。按照我们的计划，我们将在 4 月和 5 月的上半个月开始装船。其中的一万人可以由"磁石"计划——向爱尔兰运送美国部队的计划——的预留船只运送，再加上你借给我们的其他船只，我们认为，向联合王国运送"磁石"计划的大部分兵力不成问题。我们可以优先实施这项运送计划，其他人员的运送稍后再说。

　　我方能支配的运货船主要承担三个方面的任务，其一是运输联合王国重要的进口物资，其二是运输提供给俄国的物资，其三是运输我们在东方的部队逐日增长的物资。由于其他紧急任务抽调了很多协助运输物资的美国船只，因此，不仅我国要从进口方面抽调船只，美国也要如此，不能因此影响向东方运输物资。由此看来，我国的进口方面必将受到极大影响。根据我们的估算，在今年的前四个月，进口量只有七百二十五万吨，与此相对应的是，越来越多的商船被敌人击沉了。

在这种情况下，在今年上半年，我们的储备将会只减不增。我们不能对这种局面置之不理，否则后果不堪设想。为了补充减少的储备，我们在未来几个月内必须加大进口。为了维持我方的所有实力，为了确保年底我方的储备依然在警戒线以上，我们分析了在1942年必须进口的物资。在此基础上，我们清楚地发现，除了油船运载的吨数，绝不能少于两千六百万吨。然而，要想保证不少于两千六百万吨，就必须增加船只数量，否则是不可能的。根据你们的造船进度，并逐渐增加可用船只，我们如果能知道在运输方面，我们能够在进口和由你们运往中东的物资上得到多少援助，一定会对我们制订计划有所帮助。

第二天，我又写道：

前海军人员致罗斯福总统   1942年3月5日

1. 在回忆我们对美国参与战争的渴望时，我吃惊地发现，英国的情况，竟然因12月7日以后的事情恶化到无法理解的地步。我们先是在新加坡遭遇有史以来最大的灾难，接着又在其他地方连续遭遇灾难。尽管你们实力雄厚，但你们离我们太远了，再加上缺少船舶，因此不可能立即发挥影响。更何况，日本人的进攻目标是哪里也很难说。不论如何，在今年我们的牺牲是不可避免的，好在接下来的两年——1943年和1944年——我们就能恢复元气。俄国的成败，将关系到地中海东岸—里海一线的战局。到了春天，德国必然对俄国发动猛烈的攻势。此外，马耳他的局势也逐渐不容乐观，隆美尔得到了大批援兵，他们已经到达的黎波里，目前正在赶往昔兰尼加。

2. 我虽然在上次的会谈中提到了美国陆军、海军和空军与日本作战的计划，但对此我的认识还不够完全。为了能将敌人的注意力不断地分散掉，在5月份，希望你们能在太平洋恢复海军方面的优势。至于在印度洋，虽然已经有完成更新的四艘"拉米伊"级战列舰，但我还希望在3月中旬能为"沃斯派特"号增派两艘联合作战的新式航空母舰。不过，即便如此，我们还是认为力量不够强。因此，在4月和5月，我们还计划分别增派三艘航空母舰和"勇敢"号。那时，在锡兰基地，我们将拥有四艘新式巡洋舰、若干旧式巡洋舰和大约二十艘驱逐舰。锡兰将成为新加坡失守之后一个重要的据点，只要日本没有抽调你方战区的舰队，那么，他们对印度任何形式的攻势，都会被我方锡兰基地的舰队破坏。综上所述，在防止发生上述情况方面，希望日益强大的美国海军能有所作为。

为了实现监控马六甲海峡的目的，希望能有更多的荷兰潜艇逃到锡兰基地来。那时，它们就能与我们从地中海抽调出的仅有的两艘潜艇联合行动了。情报显示，弗里曼特尔将作为来自美、英、荷、澳战区的你方潜艇的基地，以便在巽他海峡和荷属群岛的其余出口巡视。我们的意见是，我们不仅要密切关注进入印度洋的所有日本舰艇，还要猛烈地打击它们。锡兰最危险的阶段是即将到来的这两个月，等到3月底，锡兰即使不能固若金汤，也是能固守的。

3. 我们的北方舰队要承担两方面的任务，其一是保护北部联络线，其二是为俄国的运输船队提供保护。这都是因为特隆赫姆驻扎着"提尔皮茨"号和"舍尔"号。尽管如此，与之前的紧张局势相比，现在的情况算是好多了，因为"沙恩霍斯特"号和"歌奈森诺"号失去了作战能力，而"欧根亲王"号也遭遇重创，伤势不轻。我们决定，在这段时间为"罗德尼"号完成再次装备。那样的话，5月，"罗德尼"号和"纳尔逊"号就都能投入战斗了。不过，"岸森"号还是不能投入战斗，它得等到8月份。

4. 我非常希望你能给我一份简单的美国空军部署计划书。很遗憾，"兰利"号在爪哇沉没了，我们无一例外地都在爪哇失败了。你计划从中国或阿留申群岛发动攻势，现在进展如何呢？在打击位于暹罗和印度支那的敌军阵地方面，希望在印度东北边驻守的美国轰炸机能有所行动。

5. 我们给地中海东岸—里海战线预留了一些部队，你会掌握他们撤退至印度和澳大利亚的原因及经过，还会明白，我们的处境将因俄国丢掉高加索地区变得多么艰难。如果你将一个美国师派遣到新西兰，而不必调回部署在巴勒斯坦的新西兰师，对我们而言，将是极为有利的支援。同样，部署在中东的最后一个澳大利亚师，也可以用这种方法避免调回。当澳大利亚和新西兰的精锐部队被派往国外时，为了避免将他们调回国，最好的办法就是美国能增援澳洲本土。只要澳洲人民的安全有保证，他们就能接受这个节省运力的办法。为了给你援助大洋洲提供方便，我将批准"磁石"计划延期实施的建议。我认为，澳大利亚政府和新西兰政府希望得到安全保证的要求是合理的，保护我们的反攻基地也是必要的，因此，在保护澳洲方面，美国派出海军的主要力量，就尤为重要。

6. 一切问题归根结底都与船只有关。关于1942年大不列颠的进口计划，我另外给你发过一份电文。按照这个计划，你们得在今年的第三、第四两个季度，将更多的新造船舶吨位提供给我们。不过，这是下半年的难题，眼下的难题，是解决用于运送部队的吨位，此时关系重大。我们的报告指出，我们需要运送二十八万人。尽管这些船只要经历一段可怕的长途航行，但好在返回时船舱是空的。令我惊讶的是，尽管目前你们有九万人的运力，但直到1943年夏天，你们也只能增加九万人的运力。为了实现在1944年以前扭转局势的目标，这种状况必须有所改变，否则危险会随着战争的拖延不断增大。如果想让美国的运力在1943年夏季增加两倍或三倍，现在就要着手改变。我迫切希望能解决船只方面的困难。我们的运力本来就很吃紧，近来船只的损失又很严重，因此，在二十八万人这个数量之外，我们再没有办法了。我跟你在"体育家"计划的需求方面有同样的看法。这个计划可能得拖延很久了，因为奥金莱克将军也缺少船只。

7. 如果只是依靠我们自己的运输船队，每个月能够完成运送四五万人的任务。但是，在3月、4月和5月，他们无法运送三个师以上的兵力，因为印度需要保有陆军，还要加强空军和高射炮兵的力量。不仅如此，到达时间也要相应推后两个月。我的意见是，在保卫印度方面，我们甚至应当动用所有这些部队。

8. 我要重提我在会面时谈到的话题。为了连接众多薄弱的据点，日本不仅正在投放精锐部队，甚至企图动用海军和空军。根据我们掌握的情况，东京方面已经因这种力量的日益分散感到忧虑。在采取大规模的行动时，如果没有充分准备与战术和技术相关的设备，是坚决不行的。我认为你明白这一点，而且能抓住重点，因为你告诉我，你准备在加利福尼亚组建大批突击队。在对日军占据的某个岛屿或基地发起攻击时，这样的部队将发挥重大作用，一定能重创敌人。如此一来，敌人随时可能丢掉他们占领的地盘。我认为，为了让日本陷入混乱，为了逼迫他们在占领的地盘上投入更多的兵力和物资，我们最快在今年就要发动类似攻击。

9. 我们应该坚持的策略是，为了做好1943年的对日反攻准备，从现在开始就在加利福尼亚的海岸上集结船只、飞机、登陆艇和登陆部队等。从实际情况来看，这是对的。根据美国的实力，我们曾经提及的为打击希特勒而横跨大西洋的计划，将不会受到影响，因为全部的西方部队可以在太平洋沿岸的你方海域铺开。至于你面临的困难，则是无法将部队投放到战场上，因为在未来较长的一段时期内，缺少船只的难题会一直困扰着我们。

3月8日，我收到了总统的答复。事实上，这是经过参谋长联席会议长期研究的一个答复。在答复中，总统写道：

我们在收到你的电文后，就一直在开会研究。在印度洋战场，你们的确有重大的问题，对此我们是知道的。就像关注我们在太平洋的问题那样，我们同样关注着你们的问题。

总统还告诉我，他们已经将太平洋舰队的大部分力量投入澳洲和美、英、荷、澳战区。但是，目前太平洋的局势也很严峻，因为日本依然有强大的攻击潜力，正在通过巧妙的部署继续扩张。如果为了继续向印度运送部队而将船只借给英国，那么，将大大降低他们攻击其他地区的可能。美国愿意在向澳大利亚和新喀里多尼亚派出两个师的基础上，再向澳大利亚和新西兰各派一个师。不过，这样做有个前提：澳大利亚政府和新西兰政府决定给中东留下两个师，同时又同意随时将他们调往印度。完成这项增援计划以后，就会有一支九万人的美国部队驻扎在大洋洲。不过，经由红海向中国运输物资的船只，将因这项计划而暂时减少。澳大利亚和新西兰是否将两个师留在中东，是是否需要执行这项计划的关键。同时，这也是提高船只利用率的唯一办法。

对于我提出的主要建议，总统都表示接受。美国将为把我们的两个师的兵力和装备运送到好望角提供船只，4月26日前后将派出第一支船队，

5月6日前后派出剩余船队。不过，在满足这一要求的同时，总统也提出了一些条件。他在电报中说道：

在借给你们船只期间，你们要满足如下要求：

1. 英国不得为干预法属北非而实施横渡大西洋的"体育家"计划。

2. 美国派往英伦三岛的部队，不多于这些船只能从美国运出的数量。

3. 不得进行对冰岛的直接调动。

4. 为了给中国和中东运输租借协议规定的物资，在4月和5月间，必须从缅甸至红海的运输船队中抽调出十一艘货船。

5. 稍微减少美国在1942年担负的空袭德国的任务，大幅减少美国在1942年担负的在欧洲大陆的地面作战任务。在执行完运送英国两个师的任务以后，美国船只应该立即返回。

不论总统提出什么条件，对总体结果我都感到很满意。在这次世界大战期间，我一直有这样一个原则：为了实现主要目的，要尽力留出空间。这个原则的例证之一就是：有了总统后续借给我的船只，我才能继续向好望角运送几个师。

总统和他的顾问提出一些数据，与我们的合作运输部队的能力有关。为了更好地继续提及此事，我们得记住这些数字。总统说过，1944年6月以前造船计划的最大值不会再上升，因为似乎现在已经到顶峰了。我了解到，英国不准备增加船只的总数，没有这方面的计划，而现在新造的船只的运输量，是二十二万五千二百五十人。现在能用来运送部队的美国船只的运输量，大约是十三万人。不过，在经过1942年的改造以后，运输量有了显著提升，至少增加了三万五千人。1943年6月以后新造的船只，运输量也有了提升，增加了四万人；这一年年底，能增加十万人；1944年6月，能增加九万五千人。到那时，美国船只将拥有四十万人的运输量，当然，前提是没有遭受损失。

决定英美两国的战略方针的，正是以上情况。

在接下来的电文中，总统详细介绍了暂定的美国空军在1942年底的计划。他说道，1942年如果要同时攻击德国的部队和资源，那么，准备执行"体育家"计划和"磁石"计划的部队，就有必要尽量在联合王国驻扎。

总统最后写道：

尽管我认为，你信任的顾问也知道我方所有军事计划的详情，但我仍然要亲口告诉你这些。尽管知道这些的人很多，但我认为希望你不要任由它自由传播。

关于精简战区责任之事，我有一些个人意见，到星期日再告诉你。

也许眼下的形势很危险，但是，相比于过去的安静的时期，现在并不是更糟糕的。请你永远牢记这一点。

在这方面，我和总统达成了一致。

于是，我回复道：

前海军人员致罗斯福总统　　　　　　　　　　　1942年3月9日

对于你对我的建议做出及时洒脱的答复之举，我深表感谢。我方参谋部正就新的形势展开评议，一有结果就会告知你。

这时，我又收到总统发来的一封私人电文。在这封电文中，总统提到了诸多复杂问题，涉及指挥权的归属、责任范围的划分等。这些问题最终都圆满地得到了解决。

他写道：

你可以从我在星期六晚上发给你的电文内容看出，我的意见与联合参谋长委员会相同。为了让你了解我的意见的形成经过，我才将这些个人意见转发给你。

他继续写道：

我们在 1 月份的会谈中提到的在太平洋西南部的部署，尽管在那时看来是很好的，但在现在看来却落后了。因此，我对精简军事行动提出如下建议，请你考虑。

1. 美国将负责所有太平洋地区的作战任务，华盛顿的美国三军参谋长将负责该区域海、陆、空三军的所有作战决策。在华盛顿成立一个由美国人担任主席的有关作战问题的顾问委员会。该委员会的成员包括澳大利亚、新西兰、荷属东印度群岛和中国，或许还有加拿大。或许你会认为，从政治的角度看，伦敦的太平洋作战委员会应该继续留在那里，但是，他们的包括后勤补给在内的军事行动职责，却应该在华盛顿履行。因此，我的意见是，他们应该由伦敦迁到华盛顿。美国人应该担任太平洋地区的最高指挥官，而澳大利亚人应该担任澳大利亚本土的指挥官，新西兰人应该担任新西兰本土的指挥官，而蒋介石应该是中国境内的指挥官。荷属东印度群岛将来如果能回到我们手中，那么，荷兰人将担任那里的指挥官。

因此，太平洋地区的最高指挥官，应该在美国政府和三军参谋长的监督下，负责直接的战略行动和再次发动攻势的方法。这些行动包括由南部的主要基地进攻西北地区，从中国、阿留申群岛或西伯利亚等地反攻日本本土。除了为我们补充物资之外，英国在这一地区没有其他任务，因为承担明确责任的将是美国。

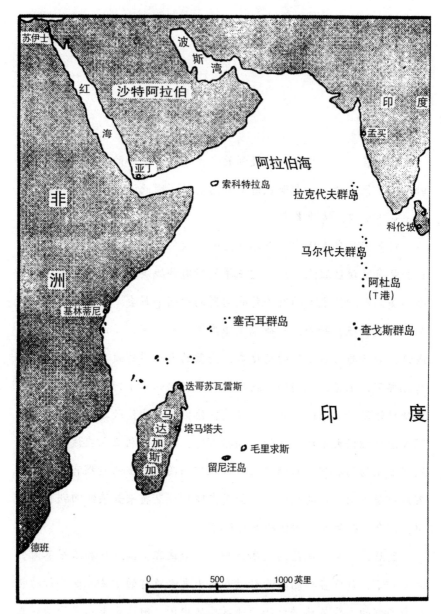

印度洋

加尔各答

缅 甸

仰光

孟加拉湾

安达曼群岛

亭可马里
锡兰

暹 罗

马
来
亚

新加坡

苏门答腊

婆罗洲

爪哇

洋

澳
大
利
亚

弗里曼特尔

印度洋

2.英国将负责所有地中海和中部地区的作战任务。所谓中部地区，包括新加坡、印度、印度洋、波斯湾、红海和利比亚。你方将负责该区域内的所有作战决策。不过，由于印度和近东的大量援助由澳大利亚和新西兰提供，因此，在对各项事务做出决定时，你方应尽量与他们协商。在暂时放弃"体育家"计划的情况下，我方对这一地区的任务，就是继续调配所需的所有物资，包括军火和船只。

第三个方面才是最为重要的。在这一方面，总统写道：

对今年夏天在欧洲大陆开辟新战线一事，我的兴趣越来越大。当然，对于此事，我的兴趣仅限于空袭和突击。我们认为，我们完全可以参与这项计划，因为从运输船只和物资供应两方面的情况看，三千英里是我们面对的极限距离。不可否认的是，参与这项计划将给美国带来巨大的损失，但我认为是值得的，因为我们能给德国造成等量的损失，还会因迫使德国调回在俄国前线的大量部队而得到补偿。而且，由于要在欧洲大陆展开对敌人的攻势，将美军运送到北爱尔兰的"磁石"计划将不再重要。

船只是支撑我们的战略的唯一基础，在此基础上，缺少船只就成了困扰我们的最大难题。在日本参战以后，英美两国新建造的船只只能补充我们在船只方面的损失，这也是我们有效的军事力量的倚赖。英国和盟国在1942年上半年被击沉的船只总数，与1941年全年的总数相当，即使将盟国的造船计划全加起来，距离这一数目也差三百万吨。在这种情况下，不断增加的美国陆军和海军的需求，又让这一难题雪上加霜。在3月份，我们得到一个好消息：美国在1943年的造船计划将达到一千二百万吨。这意味着，美国现在的损失在1942年5月就能被新造船只补回；到8月底，盟国现在的全部损失也能被补回；一年以后，连之前的损失都能补回。我们将接近三百万吨的美国船只留在了我们的部队当中，我得承认，我们的这种行为没有顾及美国的压力，事实上，他们的压力也在逐渐加重。然而，由于英国海军的损失还在增加，美国的大方尚不是以补回这些损失。

＊　　＊　　＊

新的可能是怎样诞生的呢？人们可以通过局势的发展看得一清二楚。他们可以看到，英美这两个强大的英语世界的国家的海军，是怎样肩负新任务的；他们还能看到，在千变万化的形势中，是怎样执行这些任务的。由于美国即将在太平洋获得对日本的第一次海战的胜利，因此，所有的情况很快会明朗起来。同样，由于美国在建造船只方面拥有惊人的速度，缺少船只的难题终究会被解决。不得不承认，这是一段令人感到焦虑的时期，尽管如此，读者仍然可以从我和总统的电文中看到我们的亲密合作。

敬爱的温斯顿：

在过去的一个月里，我在考虑你面临的困难方面花费了大量的时间。在军事方面我们的确存在困难，既然不能否认这一点，我们不妨大胆地承认吧。除此之外，由于你们的宪法的缺陷，不论是在战争年代还是在和平年代，你的政府都是一样的形式，这使你有了其他的麻烦。在美国，国家元首可以借助宪法的一些规定，轻易地避免诸多麻烦，比方说，宪法规定一届的任期是四年。

"新闻自由"是所有人都喜欢和崇拜的，也是我要说的另一个问题。总体而言，那些新闻也没有多少恶意，不论是你还是我，都没有因为新闻感到烦恼。不过，来自少数人的评论还是给我们制造了一些麻烦。虽然这些评论听上去像是在解释，但实际上充满了威胁。这些人妄图对舆论形成引导，但事实上他们一没有掌握材料、二不具备相应知识，只有植根于脑海深处的政治观念。

我有一份整个报界最糟糕的报纸，时常夸大国内的一些小问题，也经常自以为是地提出巧妙建议。比方说，保卫夏威夷是美国唯一的任务；在东西两个海岸上，我们的行动太慢了，就像在等待敌人找上门来。通常来说，发表这种奇谈怪论的，往往是孤立主义的余孽。好在他们没有攻击我，只是唠唠叨叨地批评说，我的担子太重、我是自以为是的战略家、我在军事行动上不听取海军或陆军的建议。所有这些都是老生常谈，这你是知道的。

或许我的确不是专业的战略家，那么下面这些意见，就是我这个非专业的战略家的个人看法。新加坡和荷属东印度群岛已经不属于我们了，因此也就不必考虑它们的问题了，考虑也没有用。在这种形势下，我们不能再丢掉澳大利亚了，这是我们的共识，都愿意为此努力。同样，印度也不能丢掉，你们得守住它。在这个问题上，我的看法与其他人不同，我并不担心。至于日本人下一步的行动，我猜测可能会在缅甸西岸登陆，也可能对加尔各答实施空袭。除了在边境上的个别地方取得一些进展之外，我不认为他们能集中到足够取得大的进展的兵力。我认为你们应该给锡兰增援一些潜艇，在那个地区，潜艇比普通的海面舰队作用更大。我的意见是，你们可以守住锡兰。此外，我认为你们应该给近东更多的增援，起码要比现在多一些。至于埃及、运河、伊朗、叙利亚和前往高加索地区的通道，也是你们必须守住的地方。

大概在几天之内，我会将更明确的在欧洲大陆发起联合攻势的计划交给你。

我和李维诺夫的会谈通知将与这封信同时送到你手上。我希望斯大林能尽快给我答复。我知道你不会在意我说这样的话：相比于你的外交部和我的国务院，在对付斯大林方面，我个人能做得更好。你的所有官员都被斯大林痛恨，而我却能被他欢迎。希望他能一直欢迎我。

在筹备发生在美国海岸线以外的潜艇战时，我国海军的行动的确太慢了。在过去，在面对所有低于两千吨的舰艇时，很多海军军官提不起精神。也许你不必知道这一点，因为相比于我们至今还在接受教训的情况，这些教训你在两年前就有了。在纽芬兰到佛罗里达的海面上和通往西印度群岛的海面上，5月1日前后会出现一个很先进的海岸巡逻队，执行那里的巡逻任务。过去，我组建了一个由安德鲁斯海军上将指挥的独立部门，为了给他们筹集长度在八十英尺以上的船只，我几乎不择手段，不仅求助和借调，甚至还有偷窃。

你将继续以乐观的心态和充沛的精力坚持工作，对此我毫不怀疑。同样，你也不介意我要求你向我学习。每个月我都拿出四天的时间让自己放松。在这期间，我会去海德公园，就像躲进一个密封起来的洞里，与世隔绝，连电话都不接听——当然，真正的大事除外。在这方面，你也可以学学我，哪怕只是修一修房子、画一幅画，都有作用。

请将我的问候转达给丘吉尔夫人。我和我的夫人期待再次跟她见面。

你永远的

富兰克林·罗斯福

1942 年 3 月 18 日

另：怀南特真的是通晓事理的人，他跟我在一起。

在给他回复时，我模仿了他的语气。

前海军人员致罗斯福总统 　　　　　　　　　　1942 年 4 月 1 日

1. 你在 3 月 18 日的来信我刚刚收到。谢谢你对我个人和我的工作的关心。对于议会和报界的好事分子而言，如果他们不对别人的工作挑三拣四，就不知道该做什么好了。他们一贯如此，因此也不会影响稳定的形势。但愿我们能很快收复新加坡，因为时至今日，我还是割舍不下它。

2. 在圣那泽尔的迪吉·蒙巴顿的演出令人兴奋，遗憾的是太小了。我知道他是你的亲信，因此我不仅让他得到了海、陆、空三军中将的军衔，还让他担任参谋长委员会的联合作战部司令。几个星期以前，我就做好了这些安排。有了这些军衔和职务，他可以出席与自身事务或战争大局有关的会议，还会成为你提到的在欧洲大陆进行联合攻势的核心人物。我希望尽快得到你的这一计划，我们正在认真准备。

3. 你自称对战略问题不在行，我也有同感，认为自己也不是专业的战略家。但我还是想跟你谈一些战略问题。以我之见，对日本而言，从缅甸向北挺进是最明智的选择。在向北进入中国以后，再继续全面占领中国。他们也可能进犯印度，但仅仅只是骚扰，不会是大规模的入侵。每个月我们都会派四五万人到东方战场，在绕过好望角以后，他们的选择就多了，可以前往苏伊士、巴士拉、孟买、锡兰等地，当然也包括澳大利亚。如果澳大利亚遭遇多达六个师或者八个师的敌人的攻击，即使付出沉重的代价，我们英国也会予以援助。所谓沉重的代价，指的是忽略其他战场的需要。守住印度、埃及和地中海东岸的任务是很艰巨的，为了帮助我们完成这一任务，希望你能继续援助澳大利亚。

4. 印度洋只有六艘潜艇——两艘英国潜艇和四艘荷兰潜艇，但我们不能再将地中海的潜艇派往那里了。现在锡兰不仅守军装备优良，还有"旋风"式战斗机、鱼雷轰炸机、雷达和高射炮，实力今非昔比了。此外，萨默维尔海军上将的舰队的实力也有增强，在未来的战事中，他可能获得胜利。"铁甲舰"计划与迪吉密切相关，那时，这一计划正在进行。希望日本人在印度洋不能再获得胜利，希望印度洋的局势能尽快好起来。

5. 让日本人担忧自己大范围的征服行为是目前的重点，不仅如此，还要阻止他们为发动大型远征计划而集结兵力。你在加利福尼亚组建突击部队的计划，现在进展到哪一步了？据说他们正在接受多诺万的训练。

6. 俄国和德国之间的大战，是眼下所有局势的关键。5 月中旬或 6 月初，德国似乎不会发动大的攻势。为了援助俄国，为了缓解他们的重压，我们正在竭尽全力。对于我们提供的物资，斯大林表示满意。为了保证所有的船只都能顺利抵达摩尔曼斯克，我们也在竭尽全力。在 6 月份以后，我们必须将至少一半的物资移交给俄国人，但是，这是一个难以完成的目标，因为我们不仅缺少船只，而且要发动新的战役。所谓新的战役，指的是空袭德国。我们一直在空袭德国，只有天气恶劣时除外。在这场空袭中，我们使用了颇为成功的新方法。考文垂曾经遭遇猛烈的空袭，如今，同样的空袭也出现在了埃森、科隆和吕贝克。在整个夏天，当希特勒与北极熊①搏斗时，我们就去轰炸他的大后方。只要能增强我们的战斗力，不论你给我们提供什么，都能发挥作用。意大利和德国的六七百架飞机被我们牵制在马耳他，德国人想将它们调往俄国南部的前线，目前看来是无法实现的。有传言说，就在这个月，敌人的空降部队可能会侵犯马耳他。

7. 斯大林认为德国可能发动毒气战。对此，我向他保证，如果德国用毒气攻击他们，我们将视为自己遭到毒气攻击，必然给予德国最大的报复。我们有能力兑现这一承诺。我建议在这个月就公开这一消息，这也是斯大林的期望。在这段间隔期内，我方还要抓紧落实对毒气战的防范。请保密以上内容。

---

① 指苏联。——译注

我明显感到，身上的压力在回国以后更重了，好在我的身体一向很健康。请向罗斯福夫人转达我和妻子对你们的祝福。也许我会在天气好转时再去一趟华盛顿，与你共度周末。我们最好能就一些事务面谈一次。

第十二章　克里普斯访问印度

英国对印度的诚意——英国为保卫印度及其人民而负债累累——印度
陆军的表现忠诚而勇敢——二百五十万印度人自愿参军——日本向西
推进造成的影响——国大党的失败主义——蒋介石访问印度——我在
2 月 12 日给蒋介石的电文——英国将在战后给予印度自治领地位——
我对立宪会议的个人意见——关于印度问题的臣僚委员会——美国对
印度问题产生兴趣——来自印度的所有报告被我转给罗斯福总统——
旁遮普省长的意见——罗斯福总统的个人意见——英国宣言草案——
斯塔福德·克里普斯爵士调查团——我方的建议遭到国大党拒绝——
我在 4 月 11 日给斯塔福德·克里普斯爵士的信件——罗斯福总统因
挫折而沮丧——联合内阁——我在 4 月 12 日给罗斯福总统的回复——
斯塔福德·克里普斯爵士离印返英

　　世界上任何一个国家的人民，都没有像印度人民那样，在这场世界大
战中得到如此广泛的保护。在这段战争年代，他们受到了我们这座小小的
岛屿的庇护，而我们则承担了沉重的压力。英国派驻印度的官员始终认为，
只有照顾好印度的利益，才能让英国得到好名声。因此，印度与英国一旦
出现分歧，他们都会因照顾印度的利益而放弃英国的利益。为了保护印度，
我们跟印度政府签订协议，由英国承担保卫印度需要的资金和资源。事实

上，在签订协议的那一刻，我们已经知道，欧洲才是主战场。签订协议时，印度政府依据的是极高的汇率；计算英国的债务时，依据的则是战前的汇率，将贬值后的卢比换算成"英镑余额"。也就是说，英国在印度的债务将因汇率的不同和时间的推移而越来越多。在为印度付出时，我们既没有详查，也没有细算，心里想的只是尽可能地让印度人民免受战争之苦。这导致的结果是，在保卫印度方面，我们一天就要花费一百万英镑。印度人民并没有吃多少苦，因为我们承受了几乎所有的苦难。战争结束以后，我们惊讶地发现，我们欠他们的债务，相比于我们在第一次世界大战期间欠美国的债务，竟然是大体相当的。我告诉印度总督，我们要对此进行核实，如有必要，对于因支付保卫印度的费用而产生的债务，将提出反诉。

事实上，上述情况只是背景。我们不可否认，在这场战争中印度部队做出了极大的贡献，不论是在中东，还是在埃及、意大利和阿比西尼亚，他们都有英勇顽强的表现。一方面，他们的部队与英国部队在缅甸协同作战，赶走了日军；另一方面，他们对英王陛下忠心耿耿，坚持维护协议，坚持英勇战斗。这些表现必将永载史册，永垂不朽。在组建一支规模庞大的印度陆军的计划上，虽然国大党和穆斯林联盟的表现令人失望（他们或积极反对，或冷眼旁观），但英国派驻印度的官员仍竭尽所能。印度人民积极响应，有二百五十万人自愿参军。终于，印度陆军在 1942 年诞生了，起初拥有一百万人，后来不断扩充，平均每个月就能扩充五万人。从正在进行的世界大战的角度看，这个计划并不算明智，但是，就像印度部队的英勇表现那样，印度帝国的史册上的最后一页，记载的永远是印度人民的热情响应。

＊　　＊　　＊

印度的形势因日本不断向西扩张而不断恶化，这使得印度人民惊慌不已。与此同时，我们也因珍珠港的失败陷入慌乱。香港沦陷以后，我们在亚洲的威信进一步降低。在这种情况下，日本越发嚣张，孟加拉湾成了他们随意出入的地方，印度次大陆受到他们的直接威胁。自从被英国统治以来，这是印度第一次面临亚洲国家入侵的威胁。

在这种情况下，印度政界的局势变得微妙而紧张。一方面，由苏巴斯·鲍思领导的极少数极端主义分子声称支持轴心国，还发起企图颠覆政府的动乱。另一方面，明确表示拥护甘地的实力派人士表示，印度应该以消极中立的态度应对这场战争。这种悲观的意见由于日本人的不断进逼，被越来越多的人接受。有人认为，阻止日本入侵印度的方法是打消日本的动机，切断与英国的联系就能实现这个目的。他们甚至认为，印度之所以遭遇危险，就是因为与英国有联系，如果切断这种联系，印度将会成为下一个爱尔兰。毫无疑问，这种观点不能说服任何人，但并不妨碍它的传播。

在这一时期，国大党的表现越来越坏，在蒋介石夫妇 1942 年 2 月访问印度期间，他们的表现充分说明了这一点。蒋介石之所以访问印度，是想唤起印度人民的抗日热情，激发他们的抗日斗志。这个目的没有争议，因为，对整个亚洲而言，打败日本很重要，对中国和印度而言更重要。但是，国大党有另外的想法。为了迫使英国政府满足他们的要求，他们希望通过蒋介石向我们施压。

得知此事之后，我立即给蒋介石写了一封信。在英国皇家代表与印度的甘地、尼赫鲁之间，由外国元首充当仲裁法官，横加干涉，是战时内阁不能容忍的。

关于阁下提出的到瓦尔达拜访甘地先生的建议，我的内阁同僚并不支持，他们认为，这可能会影响我们团结印度人民抗击日本的计划。在目前的形势下，团结是最重要的，你的拜访行为可能会发生预料之外的影响，可能会凸显部落之间的矛盾。因此，我们希望阁下不要让印度的问题违背总督和女王的意愿。

另：对英国、印度以及大英帝国的其他部队强化与中国部队的合作之事，我的态度是欢迎和期待。中国部队表现得很勇敢，他们一直坚持在最前线抗击日本。

1942 年 2 月 12 日

蒋介石接受了我们的意愿。此后，在印度总督的巧妙周旋下，这次不应出现的访问总算平稳地结束了，没有产生任何不良影响。

＊　　＊　　＊

新加坡是在 2 月 15 日被占领的。就在此时，印度教和穆斯林之间的争执成了印度政界和新闻界关注的焦点。国大党的一些领导人提出承认印度主权地位的要求，还提议成立全印国民政府。他们的目的，是建立某种联合战线。这些要求得到了战时内阁的重视，在审议期间，印度事务部与印度总督之间沟通频繁，留下大量文件。在这件事上，我当然负有责任。几乎所有的同僚都意识到，战争结束以后，必须将自治领身份给予印度。

在发给印度总督的一封私人电文中，我阐述了对印度自治政府问题的意见。

首相致印度总督　　　　　　　　　　　　　　1942 年 2 月 16 日

我个人认为，应该向印度各界（包括印度教、穆斯林、锡克教和平民团体等）提出要求，向以上机构推荐他们认为最优秀的领导人。但是，国大党的决策层反而可能会控制整个议会，因为这些人能想到的最好的选举原则对他们有利。这并非我的本意。

由大型民众团体和宗教团体推荐进入议会的人选，可以在与政客打交道的同时，与其他各类人士保持联系，因此，不论在当时还是在以后，我始终主张这种方法。

为了逐日研究印度的情况，也为了给战时内阁提供建议，我在 2 月 25 日召集一批部长组成了一个委员会。会议由 1930 年的西蒙调查团成员艾德礼先生和大法官西蒙勋爵主持。其余成员都有直接的印度知识。斯塔福德·克里普斯勋爵与甘地和尼赫鲁有深厚的友谊，熟悉印度政治；约翰·安德森勋爵担任过五年的孟加拉省省长；詹姆斯·格里格爵士曾经在印度总督府担任执行经济委员。除了印度事务大臣埃默里先生之外，其余成员分别来自工党、自由党或无党派。在通常情况下，他们和我有相同的意见，因此我不必亲自参与讨论。但是，我如果认为有必要，将立刻加入进去。战时内阁接纳了这个委员会的大多数建议，因为他们对它很信任。我们制定决策的过程很顺利，尽管如此，我还是询问了非战时内阁成员的大臣的意见。

首相致爱德华·布瑞奇斯爵士　　　　　　　　　　1942 年 2 月 28 日

星期二的中午，战时内阁将讨论印度问题。这是一个极其重要的决策，因此全体非内阁大臣也应该参与讨论，甚至各部次官也要参与进来。你应该立即向印度委员会通报此事，因为此事对帝国的权利影响极大，得尽快征得国王的同意。

在分裂帝国的事情上，我们绝不能冒险。因此，我不能只与少数人讨论，必须了解大部分人的看法。

* 　　 * 　　 *

美国因日本的不断向西扩张，逐渐对印度事务产生了浓厚的兴趣。对世界大战战略问题的关心，使美国得以接触到一些政治问题。但是，在这些问题上，他们欠缺经验，只有强硬的立场。印度是英国的负担，这是日本偷袭珍珠港以前美国对印度的印象。但是，随着日本向印度边境扩张，美国改变了这种印象，开始发表对印度问题的意见。在肤色问题上持宽容态度的国家，必然只有一种种族。同理，在海外领地或殖民地问题上持高尚道德的国家，肯定没有海外领地或殖民地。

罗斯福总统在我 1941 年 11 月访问美国时，第一次提到印度问题，但此后再也没有在口头上提及这个问题。直到 1942 年 2 月，在他的指示下，艾夫里尔·哈里曼询问我，英国与印度是否有可能达成和解。我告诉艾夫里尔·哈里曼，我准备在电报中与总统讨论此事。

前海军人员致罗斯福总统　　　　　　　　　　　1942 年 3 月 4 日

是否应该在这个危急时刻告诉印度人民，我们将在战后给予他们自治领地位，是我们正在考虑的问题。如果他们认为这样的地位还不够，那么我们也可以允许他们退出英联邦。穆斯林有一亿人口，我们现在依靠的陆军就是他们提供的，因此，不论在什么时候，我们都不愿意和他们决裂。同时，对三四千万平民的责任、与王公土邦的协议，也是我们必须考虑的。总之，我们肯定不愿意让印度在日本还没有入侵的时候就陷入混乱。

我认为有必要让美国人了解一些穆斯林的立场，因为他们已经了解了印度教的意见。因此，在发出以上电文的同时，我将印度寄来的报告也转发给了罗斯福总统。这些报告反映了印度的真实情况，其中的要点可以从以下摘录看到。

第一份报告来自真纳先生，他是穆斯林联盟的主席。

塞普鲁会议只是国大党的耳目和哨兵，没有什么追随者，因此也就没有多少参与者。不过，他们提出的建议很有迷惑性，完全不可靠。如果英国中了他们的诡计，那么，穆斯林印度会被毁掉，我们在战争上的一些努力会失效。

让印度教徒组成的全印度政府掌握所有权力，就是他们最真实的主张，实质是立即确定宪法问题，因为宪法问题影响深远。如果满足他们的要求，就会违背英国政府给予穆斯林和其他少数派的保证。这些保证是英国政府1940年8月8日的宣言的一部分，具体内容是：英国政府保证，未经穆斯林允许，不得修改宪法（既不能暂时修改，也不能永久修改），不得强迫穆斯林接受他们不认可的政府。

在穆斯林看来，塞普鲁以将印度建设成为独立国家为理由，对宪法提出重大修改，将损害他们的利益。他们因此陷入惶恐，局势也因此更加紧张。如果女王陛下的政府愿意保持穆斯林的自由平等，愿意与他们成为伙伴，那么，在准备大幅修改宪法的同时，应该宣布接受"巴基斯坦"计划。这是穆斯林对英国政府的请求。

所谓"巴基斯坦"计划，其实质是分裂印度，允许穆斯林拥有自己的领土和政府。以五十万人失去生命和数千万人远离家乡为代价，他们终于完成了这个演变过程。然而，在充满危险的战争年代，这种演变绝对不能发生。

第二份报告来自斐洛茨罕·诺恩爵士，他是一位穆斯林，同时也是总督府执行委员会成员。在反对印度教徒解决危机的方案时，他反驳了真纳先生主张的方案。

如果印度国内的反英势力的恐吓让英王陛下的政府屈服了，如果他们又因此违背了之前的保证，印度将陷入重大危机。大英帝国再三强调信任的不仅仅是国大党，还有印度人民。但在事实上他们没有这样做。我认为，英王的政府不能因受到对英联邦有意见的压力而屈服，应该坚持自己的义务，保护印度人民的利益。

第三份报告来自印度事务大臣的军事顾问，包括印度陆军的相关情况。

无法从身份为出发点区分来自各个阶层的印度陆军的新兵。大多数伊斯兰教徒的确来自西北和旁遮普，但也有来自中央省、联合省、比哈尔、马德拉斯和拉捷弗塔纳等地的。印度人当中的好斗分子——主要是多克拉人和查特人——主要来自旁遮普，但是锡克人是个例外。另外，来自尼泊尔的廓尔喀人单独构成了一个大型的群体。如果没有掌握他们对宣言的欢迎程度，那么，也就不能掌握各个阶层的反应。好在这并不影响掌握陆军的一般反应。

　　印度人参军是为了赚取佣金和养活家人，尽管是雇佣军，但都是自愿的，因此也可以称为志愿军。不过，他们当中的一些人也有尚武的传统，因从军打仗而自豪。而且，虽然他们是为了奖金、抚恤金或土地而参军的，但他们的军官对英国国王和指挥官也很忠诚。参军条件的改变，或其他重要问题的改变，将对他们造成极大的影响（可能影响到他们的物质利益，或者影响到他们作为大英帝国军人的荣誉），进而演变成不稳定因素。

　　我在 3 月 7 日再次给罗斯福总统发了电文。

前海军人员致罗斯福总统　　　　　　　　　　　1942 年 3 月 7 日

　　由于我对你有过承诺，会经常让你知道我方对印度的政策，因此，现将旁遮普省长的一封电文转交给你。的确如你所料，这并非我们关于此问题的唯一一条意见。不过，旁遮普提供了一半保卫印度的部队，因此，在敌人即将到来之际，相比于别人的意见，他们的意见更加重要。为了找到一个合适的办法，既能满足各方诉求，又能鼓舞各方人心，我们还在努力尝试。在形势日益紧张的时候，为了不让英国政界陷入混乱，我必须更加谨慎。

省长在电报中写道：

如果立即宣布将来的某一天印度有可能脱离大英帝国，在我看来会给旁遮普带来如下影响：在拟订出穆斯林印度的宪法之前，占据多数的穆斯林领袖人士会坚决要求英国继续主持大局。他们怀疑印度教徒有亲日迹象，如果按照既有方针制定宪法，印度教徒将掌握权力，他们势必会感到不安。这样一来，在保卫印度方面，他们不会继续认为印度是一个整体，他们要做的，也许是寻找其他地方的同伴。他们与锡克人关系不好，在这种时候，他们的关系只能继续恶化。到那时，印度军方将很难得到新兵，因为所有种族都会考虑保护自己的利益，进而设法留下年轻人。新兵数量的减少势必导致保安部队规模的缩小，当保安部队的人数不够用时，骚乱就会此起彼伏。

*　　*　　*

总统也向我阐述了在印度问题上的个人意见。

罗斯福总统致前海军人员　　　　　　　　　　1942 年 3 月 11 日

谢谢你让我经常了解印度问题，我的确很关心这个问题。也许你已经察觉到了，在这一问题上，我没有提出任何建议。与我相比，你们在这个问题上知道得更多，见解更高明。我之所以回顾美国政府最初的情况，是希望我从历史的角度讨论印度问题，还指望能提出对你有帮助的新观点，甚至指望它能在印度得到应用。

英国在 1775 年至 1783 年间有十三个州的殖民地，虽然它们都有独立的主权，但政府在组织形式上存在极大的差异。这些独立的主权州在战争期间出现大规模骚乱，除了大陆会议和大陆部队之外，没有别的能将它们联系起来的途径。大陆会议是一个权限不明且威信不足的机构，而大陆部队则是由十三个州共同维持的一支战斗力很弱的力量。

任何为最终的体制付出的努力在战争结束时都被证明是徒劳的，因为直到 1783 年，新制度还处在实验阶段。因此，全新的职责虽然已经落到了十三个主权州的肩上，但联邦仍然没有形成。在这种情况下，为了实现联合，他们将权力继续交给一个临时政府，然后依据《邦联条例》完成了联合。真正的联邦的形成过程要历经种种挫折和考验，在这个永恒的联邦出现之前，他们只能维持这个局面。如果没有联邦的中央政府，所有成员将失去约束力，各行其是，最终走向分裂。这是他们在此后六年里用实际行动证明了的。

1787 年召开过一次只有二三十人出席的立宪会议，这些人具有广泛的代表性，代表了所有十三个州。为了建立一个联邦政府，少数真正的爱国人士在竭尽全力地努力着，这是这次会议不同于国会的地方。虽然没有任何旁观者参加，但好在所有会议议程都被记录在案。这次会议诞生了现在还在使用的美国宪法，它很快就得到了近十个州的认可。

因此，在印度问题上，我有这样一个个人意见：你们可以在印度组建一个由少数代表领导的临时政府。尽管是少数代表，但他们依然具有广泛的代表性，涵盖不同的宗教、阶级、职业和地域，也代表英国在各省的政府和王公会议。至于它的性质，可以是临时的自治领政府。至于它的目的，在我看来，应该是组建一个较为永久的全国政府。至于它的任期，应该有五六年，或者至少到战争结束的一年后。至于它的职责，我认为，在公共事业部门——诸如金融、电报、铁道运输等——它应该有行政权和管理权。

也许，美国在 1783 年之后六年里面临的问题和付出的努力，可以给你们解决印度问题提供一个办法，这个办法能给印度提供一个新视角，让印度人民忠诚地看待大英帝国，让他们明白，相比于革命引发的混乱，革新的和平要好得多；让他们明白，对可能到来的日本的入侵必须予以重视。不论是从世界在最近五十年间发生的变化的角度看，还是从所有与纳粹开战的国家的民主程序的角度看，这都是一种合适的建议。不论你准备如何解决这一问题，我认为，你应该坚持两点：其一，伦敦做出最终决定；其二，印度不会出现怨言说受到了强迫。毫无疑问，在这一问题上我当然愿意对你施以援手。但是，另一方面，它只是我们正在进行的事业的一个重要部分，除此之外与我没有半点关系。因此，我又不愿意参合其中。

不得不说，这真是一封有趣的信件。在作比较时，如果依据的是完全不同的时代和情况，将是一件困难的事情。如果在表面看似相似的事情上套用得出的结论，又是很危险的。

*   *   *

日军是在 3 月 8 日这一天进驻仰光的。我的大多数同僚一致认为，只有打破如今的政治僵局，才能在印度组织有效的防御。在这段时间，战时内阁的大部分会议和讨论都与印度问题有关。派遣斯塔福德·克里普斯爵士到印度与各派领袖展开直接对话，是英国政府对这一问题的最重要反应之一。这一决定是在一项宣言草案中提出的。

首相致印度总督　　　　　　　　　　　　　　　　　1942 年 3 月 10 日

1. 对于你在印度的见闻，我表示赞同。正如你所说，如果我们现在就贸然地摆明立场，必然会遇到挫折，因为目前我们还没有了解我们与印度各党派在观点上的分歧。在这种时候，如果我们摆明态度，就会引起一场激烈的争论，这场争论牵扯的范围极广，几乎每个人都会参与其中。事实上，我们在还没有看到你的电报之前，就做出了不发布任何声明的决定。我们做出的另一项决定是，向印度派遣战时内阁的一位成员，做一番实地调查，看看印度能否接受我们即将发布的宣言，如果他们不能接受，我们将放弃这一宣言。毫无疑问，这一任务不仅充满危险，还是出力不讨好的，需要一位有付出精神的伟大的人物承担，斯塔福德·克里普斯爵士就是一位合格的人选。讨论问题时，我和他所持的方法不同，但这并不影响我充分信任他，因为在打败希特勒之事上，他有敢于舍弃一切的决心。他马上就要出发了，我认为他能很好地完成任务，如果这一问题能够解决，那么他的到访将使印度的热情冷却下来，最终达到冷静的效果；如果这一问题无法解决，那么他的到访将做出证明。

2. 我们的政策是一致的，写在经过我们同意的文件里。需要指出的是，我们制定这一政策的出发点，是全力维护印度的利益。我们愿意将它公之于众，我们也愿意坚持斗争，当然，这么做是有前提的，前提就是印度各党派拒不接受它。

3. 我认为，你与掌玺大臣讨论所有问题的时机，应该选定在他到达印度以后。我们的最高原则就是宣言草案，因此，掌玺大臣在讨论所有问题时，必然受到它的制约。目前印度的军事情况和政治情况，是掌玺大臣关注的另一个重点。

4. 我们认为，斯塔福德·克里普斯爵士的访问是一个必需步骤，他的访问，可以让人们看到我们的诚意，也可以争取到达成协议所需的时间。

5. 印度的保卫工作是重中之重，不论如何都不能有所放松，不论如何都必须争取胜利，因为它是全面胜利的组成部分。除此之外的其他事情，在我看来都是无关紧要的。斯塔福德·克里普斯爵士同意这一观点。

我在第二天就宣布了上述决议。

*　　*　　*

3月22日，斯塔福德·克里普斯爵士抵达印度德里。在战时内阁批准的宣言草案的基础上，他组织了一场辩论，这场辩论持续了很长时间。英国政府将做出保证，如果战争结束以后，立宪会议提出给予印度完全独立的地位，将满足他们的要求。这是英国的建议的要点。我没有足够的篇幅登载讨论的全部细节，因此只好省略，但我可以转载一些斯塔福德·克里普斯爵士的电文，它们说明了讨论的结果。

掌玺大臣（在德里）致首相　　　　　　　　　　　1942年4月11日

1. 国大党已经明确表态不会接受我们的建议，他们的主席在今晚给我发来一份长信，表达了这一态度。除了保卫印度方面的建议，他们还不接受其他方面的一些建议。对于指挥战争时总司令的自由控制权，以及与军事委员的联络时总司令的自由处置权，他们没有异议，但是，对于国防委员，他们提出了很多限制其职责的建议。至于拒绝接受我们的建议的主要原因，则是主张立即组建国民政府，在不改变宪法的基础上，签订能够保证新政府自由行使职权的协议，同时还要保证成员能够进入立宪政府的内阁。

他还指出，现在的协议的前景与之前的局面是一样的。对此，他说道："如果回到之前的那种局面，那么，让人民在心理上产生已经获得民族自由的错觉、产生正在捍卫这种自由的错觉，就是自欺欺人的行为。这是我们的目标吗？不论如何，我们国大党拒绝自欺欺人。"

2. 我计划在星期天就踏上回程，因为根本没有达成协议的希望。

他在同一天又发来如下电文：

接下来你将听到来自国大党的一个新借口，态度当然仍旧是拒绝。

不过，我无法通过电报解释困难情况。

我们已经尽了最大的努力，但印度的情况只能这样了。我的这次访问让印度的情况变得更加糟糕了吗？我认为，如果从民意和士气方面看，你不应该得出这样的结论。在我看来，人们在这些天情绪有了明显好转。即使我的访问没有达到目的，但也改变了周围的情况。

尼赫鲁用一份措辞优美的声明宣告了他的登场。在这份声明中，他对抵御日本入侵的总体战略表示赞成。除此之外，没有其他值得关注的意见。真纳保证说，穆斯林将给予我们坚定的支持。从某种角度来说，我希望得到更多的保证，因为此时锡克人和其他少数民族的情绪也会有所改善。国大党内部正在进行着漫长的讨论，他们有些犹豫不定，因此很难做出决策。他们的情绪是最现实的困难。

在处理局势时如果我们不要互相指责，表现得更加明智一些，那么，全印度国大党委员会在 4 月 21 日召开会议时，局势也可能发生变化。相比于工作委员会的代表性，这个委员会明显更强。

虽然结果很糟糕，但我们没有失去信心，我们的信心必须用在保卫印度方面。对此，我们应该立即展开工作。详细情况见面后再细谈。

我必须拿出勇气和力量接受这个结果。即使身处持续不断的紧张斗争之中，即使要给无依无靠的四亿人口提供保护，让他们脱离战乱的苦海，我也得接受。事实上，我对这个结果有心理准备，在最初的阶段我就通过哲学方法推理出了这个结果。我还要安慰斯塔福德·克里普斯爵士，他一定很难过，因为任务没有取得成功。

首相致掌玺大臣   1942 年 4 月 11 日

你已是尽力而为了，我认为，这是人力所能达到的最好结果，即使换成另外的人，也不会比你更出色。英国政府强烈地希望能够达成协议，这一点你已经用你过人的智慧和坚韧的精神诠释过了。对英国和美国而言，你的工作意义非凡，产生了极其有利的影响，因此，你不必因这样的结果感到失落或失望。谈判失败的原因与防卫方针无关，与更多的问题有关。坦白地说，我认为这是有利的一面。

你马上就要回来了，想到这一点我就很高兴。我要通知你，我们将用隆重的仪式欢迎你。是的，你没有完成你的全部任务，但是，将来印度人民的进步的基础与你有关，我们共同的事业与你有关，在这两方面，你有重要贡献。

罗斯福总统在第一时间就收到了我的一份电文，这份电文包括斯塔福德·克里普斯爵士在 4 月 11 日发来的第一封电文及我的回复。他也因为我们的失败感到难过，但他希望我们再最后努力一次，因此建议推迟斯塔福德·克里普斯爵士的回国行程。

罗斯福总统致哈里·霍普金斯（在伦敦）　　　　　　1942 年 4 月 12 日

为了避免谈判破裂，我们必须尽一切努力。请立即将如下电文转给前海军人员。

在竭尽一切努力之前，我希望你能推迟斯塔福德·克里普斯爵士离开印度的时间，请他再最后努力一次，直到能避免谈判破裂为止。

在给我的电文中你说过，美国舆论认为，谈判是因为更多的问题上的分歧才破裂的。很遗憾，美国普遍的认识与你的这种说法恰恰相反，我也不认同你的这种说法。虽然英国政府不愿意向印度人交出自治权，印度人却向英国当局交出了陆军和海军的控制特权。在美国，人们几乎一致认为，这是导致出现僵局的原因。战争结束以后，如果英国政府允许某些印度的成员退出大英帝国，那么，在战争期间又为什么不允许印度人获得同等自治权呢？这是美国人不能理解的。

我认为你是理解我的，因此我必须坦率地与你提及这一问题。如果当前的破裂是由美国舆论认为的那种问题引起的，而英国政府又对此毫无作为，如果此后我方陆军和海军因日本成功占领印度而遭遇失利，那么，美国舆论的不满之声必将超乎我们的想象。因此，在推迟斯塔福德·克里普斯爵士的回国行程方面，你是否能做些尝试。我们不仅需要你推迟他的行程，还需要你亲自向他发出指示，要求他为了达成协议而再努力一次。我们认为，原本上个星期四的晚上就可能达成协议。现在依然有达成协议的可能，为此，你可以允许他传出一种风声，称他拥有你赋予的重启谈判的权力；还可以允许他提出让双方都有所妥协的条件。

我仍然认为，就像我在之前的电文中说的那样，要解决这一分歧，可以允许各组成部分成立一个与我们依据《邦联条例》建立的政府一样的国民政府，可以保证印度人民在试行期终止时能够自行决定宪政形式，还可以像你曾经承诺的那样能够自行决定与大英帝国的关系。如果在你竭尽全力以后依然没能达成协议，那么，美国人民会认为你们向印度提出的是一个真诚而公平的协议，至少会因此同情你，谈判破裂的责任将在印度一方，英国政府不必为此负责。

＊　　　＊　　　＊

这种狂热的做法终究没能落实，事态的变化使它受到了干扰。的确，如果这个世界上没有理想主义，人类也就不会进步。但是，如果有一种理想主义，既要让别人牺牲自己的利益，又不顾及成千上万无辜的家庭将要承受的痛苦，它肯定不是高尚的。总统的思维停留在美国独立战争时期，在他看来，与十八世纪末十三个殖民地和乔治三世的战争相比，印度问题没有明显区别。而我跟他不一样，我肩负维持印度大陆和平的责任，肩负保卫占世界总量五分之一的人口的安全的责任。因此，我们不能逃避这些责任，不能任由古老而广阔的印度遭遇毁灭，要知道，我们统治这里已有将近两百年的时间。

尽管我们的资源是有限的，尽管我们的陆军被日军打败了，尽管我们的海军被迫撤出了孟加拉湾（甚至已经撤出印度洋的大部分海域），尽管我们的空军处于劣势，但是，我们依然有反败为胜的机会，至少我们不会放弃这种希望。即使有机会和希望，如果我们不能掌握军政大权，如果我们不能控制战区，那么，机会也会溜走，希望也会破灭。在这种形势下，我们时间紧迫，不可能进行"立宪实验"，也不可能试着确立英国和印度未来的关系。尽管无政府主义或被侵略者征服也是一种政策，但它代表着耻辱。如果我们放弃责任，任由印度人民接受无政府主义或被侵略者征服，我们就背叛了他们，也背叛了我们的部队。这样一来我们的部队的基地和印度友军，一定会在政治动乱和战争打击下毁灭。总而言之，我们应该做好本职工作，提供一切可能的援助保卫印度。

我的同僚们在对与印度有关的问题做出研究以后，跟我达成一致意见。这是值得高兴的事情，因为，如果结果不是这样，我会辞去职务，因为压在我肩上的责任太重了，重到一个人根本承担不住。坦白地说，如果必须辞职，我会毫不犹豫地立即行动，在这种时候，只有毫不犹豫的态度能给予我安慰。战时内阁和我在信念上有一种惊人的默契，这一点读者在后面的叙述中也能看到。

我是这样回复总统的：

前海军人员（在契克斯）致罗斯福总统　　　　　　1942 年 4 月 12 日

今天（12 日）凌晨三点钟前后，我和哈里违背了你的要求（拿霍普金斯的身体健康来讲），依然在就你的那封有关印度问题的电文进行讨论。下个星期一内阁才会召开会议，在没有召开内阁会议的情况下，我不能在这种问题上做出决定。斯塔福德·克里普斯爵士现在已经不在印度了，双方公布了所有的会谈文件。面对这种情况，哈里决定给你打电话，在电话里向你解释。但是受大气影响，电话没能打通。今天下午他会再次给你打电话，还会通过电报交给你一份报告。

我很重视你的意见，一直以来都是这样。但是，我认为，如果在这种危急时刻重新处理一遍所有的问题，那么，在保卫印度方面，我就不能履行职责了。在这一点上，不论是议会还是战时内阁，都与我有同样的看法。

我将你的电文视为一封纯粹的私人信件，因为你称呼我为"前海军人员"。我不会以正式的形式向内阁公布它，当然，如果你愿意我向内阁正式公布，我会照办的。我的心因它而碎，就像其他在我们之间造成分歧的事情那样，我感到很痛心。英美两国势必在这场斗争中遭受极大的伤害。

＊　　　＊　　　＊

斯塔福德·克里普斯爵士是在 4 月 12 日乘坐飞机离开德里的。在两个星期后召开的全印度国大党委员会会议上，国大党继续坚持工作委员会与斯塔福德·克里普斯爵士会谈时提及的要求，称国大党不会对"任何使英国保留或部分保留控制印度的权力的建议"予以考虑，称"英国必须放弃在印度的势力"。

尼赫鲁决心抗击日本，这一点符合斯塔福德·克里普斯爵士的预言。他在斯塔福德·克里普斯爵士离开印度的第二天表示，"不论之前发生了什么，我们不会屈服于侵略者，也不会对英国在印度做出的战争努力制造障碍"，"怎样把我们自己团结在一起，是我们面临的问题"。然而，由于国大党的大部分领导人支持甘地的绝对和平主张，因此几乎没有人响应尼赫鲁的讲话。

5 月 10 日，甘地在自己的报纸上发表谈话，称："对印度而言，英国的存在就是向日本发出的一张战争请柬，只有英国撤离印度，这张请柬才会自动作废。不过，即使它没有随着英国的撤离而作废，那么，在抵抗侵略者时，由于真正的不合作主义能够发挥作用，由于印度是自由的，我们会更有力量。"

第十三章　占领马达加斯加

马达加斯加使我们忧虑——戴高乐将军的愿望——我在 3 月 12 日的
备忘录——希特勒的总部在 3 月 12 日召开巧合的会议——我请求罗
斯福总统向大西洋的海军提供援助——罗斯福总统同意给英国本土舰
队增援——我在 3 月 24 日给史默兹将军的电文——史默兹将军的喜
悦——给马达加斯加驻军做宣传——跟美国合作有利于士气——与维
希的关系很受罗斯福总统关心——我方有限行动的重要性——我再次
向韦维尔将军做出保证——我给奥金莱克将军的电文——5 月 5 日成
功登陆马达加斯加——战斗进展顺利——我在 5 月 15 日给希福来特
海军上将的电文——史默兹将军准备占领更多地方——令人为难的意
外——马达加斯加投降

　　由于印度洋的存在，马达加斯加和锡兰被远远地分开了。尽管如此，
人们在潜意识中，依然害怕日本的突袭和维希的叛变。面对这种局面，我
们不能在第一时间有所反应，因为我们不仅有些招架不及，而且资源吃紧。
　　我在 1942 年 2 月 7 日得到消息，维希对马达加斯加的控制可能得到
美国的认可，因为他们之间的会谈迟迟没有结果。于是，我马上发电报给
罗斯福总统：

前海军人员致罗斯福总统　　　　　　　　1942年2月7日

在是否占领马达加斯加和留尼汪岛的问题上，希望你们不要做出承诺，因为日本人迟早会来到马达加斯加，在面对日本人时，相比于在法属印度支那的抵抗，维希不会抵抗更久。如果迭哥苏瓦雷斯有了日本人的基地——不论是空军基地、潜艇基地，还是巡洋舰基地——必将使我们在中东和远东的海上交通线失去作用。一直以来，我们都有从尼罗河或南非发动反击的计划，也想过将迭哥苏瓦雷斯变成我们的基地。但我们最终还是永久地搁置了这个计划，因为实在腾不出手。但我并不希望永远地搁置下去。我会在采取任何行动之前给你通报。

罗斯福总统在给我的回复中向我做出保证：

我们不会承诺不占领马达加斯加或留尼汪岛。你大可放心。

与维希展开有关马达加斯加问题的谈判令人震惊，有这种感觉的不仅有我，也有史默兹将军。他为此感到担心，这反映在他2月12日发给我的电文里：

为了换来不值一提的报酬，我方付出放弃自由行动的代价。马达加斯加关系到印度洋的安全。马达加斯加的作用，与日本人和维希会谈中的印度支那相同，不仅会威胁到我们在印度洋的安全，也可能影响我们与各个战场的联系，甚至可能影响在东方的大英帝国的所有联系。

我将总统回复给我的电文转发给他，他终于安心了。

*　　　*　　　*

早在日本宣布参战不久的 1941 年 12 月 16 日，戴高乐将军便提议发动一个行动，即由"自由法国"出兵占领马达加斯加。两个月之后的 1942 年 2 月 19 日，我再次收到他催促我做决定的来信。这一次，他又提出一个远征计划，但这个计划需要英国海军和空军的配合。

"自由法国"占领马达加斯加的这一行动，我始终表示赞同。

首相致外交大臣及参谋长委员会　　　　　　　　　　1942 年 2 月 21 日

对于"自由法国"占领马达加斯加的建议，只要有这个可能，我就坚决支持。现在的问题是，怎么才能落实这种可能。

在给我的回复中，三军参谋长谈了他的意见。他认为，除非有大批的部队，否则我方不可能单独占领马达加斯加岛。但是，如果为此动用大量英军，又会使印度、锡兰和印度洋基地的增援行动受到破坏。

我不主张强攻，现在没有，在最初阶段也没有。下面的备忘录可以证明我的态度：

首相致参谋长委员会　　　　　　　　　　　　　　　　1942 年 3 月 1 日

我们可以暂不实施针对马达加斯加的计划。

我们不能为远征计划组建混合部队，不论什么情况都不能。我们允许的计划只能是让登陆后的"自由法国"部队单独行动，或者我们大英帝国单独行动。

对于戴高乐的建议，我不打算马上驳回。不要忘记占领法属喀麦隆用十六个人就足够的事实。

首相致史默兹将军　　　　　　　　　　　　　　　　　1942 年 3 月 5 日

对于戴高乐将军提出的建议，由"自由法国"的部队占领马达加斯加一事，我们已经详细研究过了。这个建议不仅需要英国海军和空军的支援，也需要"自由法国"召集足够的部队，我们担心他们无法完成这样的集结。不过，出于对眼下维希政府态度的考量，我们不能承担失败的结果。因此，我的意见是，不要马上拒绝戴高乐。

*　　*　　*

我们最终做出了占领迭哥苏瓦雷斯港口的决定，因为锡兰即将失守，而孟加拉湾的危险也在加剧。从战略层面上看，除了港口以外，这座岛屿上的其他领土并不重要。但是，如果任由日本人将潜艇基地建在马达加斯加岛上，我们将被迫面对巨大的威胁。我们一直有部队绕过好望角增援印度，因此似乎可以将这个任务交给他们，因为他们不必浪费太多时间就能顺路完成。我们决定，由英国部队执行所有进攻任务，不让自由法国参与。这是因为我们还记得发生在达喀尔的事情，不愿意让局势复杂起来。

首相致伊斯梅将军，转参谋长委员会　　　　　　1942 年 3 月 12 日

对于马达加斯加的形势，要仔细分析。以下各项应落实到位：

1. 驻防地中海西岸的英国海军"H"舰队由直布罗陀出发。

2. "H"舰队的驻防任务，可以考虑由美国的机动舰队接替。只要有这个必要，我会立即向总统提出要求。

3. 应当同步动用联合部队司令蒙巴顿勋爵提到的那支部队，他们的人数是四千。

4. 应在 4 月 30 日前后发起行动。

5. 成功完成攻击任务的突击部队，应尽快被防守部队接替。在外交大臣看来，由刚果而来的比利时部队就是最后的防守部队。这的确是个好主意，据我所知，这支部队不仅兵精将广，而且能及时赶到。另外，临时召集的英国或者南非的零散部队也可以当防守部队使用。

战斗结束以后，可以容许"自由法国"的部队介入，但要附加严苛的条件。需要注意的是，这一举措只是为了减轻来自法国的抗议。至于港口可能面临的"奖金"①计划带来的报复，第一海务大臣认为不会出现，因为直布罗陀停靠有美国舰队。

我的意见是，协调好上述各项并不困难。如果你们有反对意见，那么我需要听到理由；否则，请制订出作战计划。不论如何，我们的突击部队需要部署到东方。

＊　　　＊　　　＊

我们想到的事情别人也想到了。希特勒在当天也召集了一次总部会议。在会议上，他听到了海军总司令的如下汇报：

马达加斯加在海战中的战略价值已经引起了日本的注意。为了切断印度洋与阿拉伯海之间的海上联系，除了在锡兰建立军事基地，他们还计划将军事基地建到马达加斯加。如果在马达加斯加有了基地，在袭击绕道好望角的船队时，就方便多了。当然，如果没有得到德国的同意，他们不可能在那里建立基地。现在的问题是，我们是否应该同意呢？我们应该同意，因为这符合军事需要。不过，由于这一行动涉及法国与英国、法国与德意日的关系，因此又具有重要的政治意义。包括法国本土、法国在非洲的殖民地和葡属东非，一定会反对这一计划。

希特勒的意见是，日本占领马达加斯加的行动不会得到法国的支持。

＊　　　＊　　　＊

我们必须请求美国在大西洋给我们提供暂时的帮助，因为海军的行动影响范围太大，而且内海还有来自"提尔皮茨"号的威胁。怎样让这个计

---

① "奖金"是原来进攻马达加斯加计划使用的电文密码代号，后改为"铁甲舰"。——原注

划与总统的一些本身问题相互适应，我还没有想好。但我很清楚一点：为了帮助我们，他愿意竭尽全力。

前海军人员致罗斯福总统　　　　　　　　　　1942 年 3 月 14 日

我们已经做出了实施"奖金"计划的决定。在实施这一计划时，驻扎在直布罗陀的"H"舰队会被我们调用，因为我们的东方舰队不会因这一计划而受损。只是，我们不愿意因调动"H"舰队，使地中海西岸的出入口陷入危机。因此，我们需要找到接替"H"舰队的力量。我想知道，能否请你临时调动大西洋的舰艇呢？如果可以，我认为应该调动一艘航空母舰、两艘战列舰及若干巡洋舰和驱逐舰。

最迟在 3 月 30 日，"H"舰队就要离开直布罗陀了，至于返回的时间，则要等到 6 月底以后。在地中海海域，"H"舰队在 4 月初至 6 月底的时间里没有任何行动计划。因此，你们的接替舰队也不必参与任何行动。你也不必担心他们的安全，即使法国报复"奖金"计划，美国舰艇也不至于受到攻击。事实上，只要他们在直布罗陀出现，两岸部队的士气都会得到提升。

实施"奖金"计划的一个重要前提，就是你能满足我的要求，否则它是无法实施的。如果我们不能实施这一计划，如果日本人将基地建在马达加斯加，那么危害无穷。

在 3 月份时，实施这一计划的攻击部队将伪装成护航舰队驶往东方，由于没有向人提及此事，因此伪装之事不难办到。

我的实际方式不同于海军部的希望，但这并不影响我得到令我满意的回复。尽管总统不肯在直布罗陀部署美国舰队，但他愿意向我们的国内舰队增派新式战列舰和多艘先进舰艇。

* * *

我们已经着手为"铁甲舰"计划制订细节了，这个计划的目的是对远东战场实施广泛的增援。参与这一计划的部队，包括有两栖作战训练经历的一个突击队和第二十五独立旅，还有第五师的两个旅。他们将听命于斯特奇斯皇家海军陆战队少将。他们本来要在 3 月 23 日离开英国，现在已经随前往中东的运输船队出发了。

我心里依然有些担忧，这与是否做好计划的保密工作没有关系。一群对我们持极不友好的态度的部队目前正盘踞在达喀尔，因此我担心维希政府会让他们援助马达加斯加。从形势的发展分析，不是没有这种可能性。为此，在我方部队即将前往马达加斯加时，我向所有途经达喀尔的我方运输船队发出要求，务必提高警惕，严加防范。史默兹将军察觉到我方海军要在好望角袭击维希舰队，为了让他做出正确处理决定，我给他发去如下电文：

首相致史默兹将军   1942 年 3 月 24 日

1. 我们决定袭击并占领迭哥苏瓦雷斯。因为维希政府不会有效地抵抗日本人侵占马达加斯加的行动，这将威胁到我们派往中东的运输船队，进而严重地威胁到南非的局势。今天晚上，攻击部队将编入一支前往东方的运输船队，随着五万人一起出发。我们认为完全可以取得胜利，因为我们的规模极大。

2. 在提及这次行动时，我们将启用新的密码代号，你很快就会得到通知。这次行动需要调动直布罗陀"H"舰队、各种航空母舰和坦克登陆艇，他们将组成海军护航舰队，但我们已经安排好了这些调动。我们的本土舰队得到了罗斯福总统派出的美国最新战列舰和其他几艘先进舰艇的充实，目的也是保证此次行动的成功。至于直布罗陀，将由本土舰队的舰艇接防。

3. 达喀尔的"自由法国"部队有增援迭哥苏瓦雷斯的可能，我们绝对不能让这种事情发生。这个岛上的港口有着路人皆知的战略意义，因此，虽然我们没有走漏风声，也不能保证德国和维希政府对它没有企图，同样也无法阻止英国报纸的猜测。要率先完成登陆，就要挡住来自达喀尔的增援。我们将因实现这一计划而占据有利地位。

4.虽然我们花费好几个星期的时间准备这一行动，但是，要想下达实施计划的命令，还得等待罗斯福总统给我们提供海军支援。直到上个星期天，我们才解决好这个问题。关于这方面的情况，以后有合适机会再跟你细说。你可能想象不到，关于这一计划的细节，我们至今还没有讨论，即使这样，能发展到现在这个程度，也实属不易。不过，即使没有讨论细节，由于我们动用了足够强大的部队，依然能轻松战胜岛上的驻军，至少三军参谋长对此很有信心。至于维希政府的反应，我们会有详尽分析。巴黎工厂被轰炸时，他们显得异常气愤，但最终还是没有爆发。我们认为，他们对我们的行动的愤怒，不会超过那个程度。

5.我们需要你的支持。在必要时我方会拦截好望角的法国船舰，你要配合我方的这一行为。当然，尽管这是必不可少的措施，只要他们不去马达加斯加，我们就会谨慎行事，不会贸然实施拦截。

6.相比于一年前的孤军奋战，我现在尽管依然处境艰难，但总归是好多了。我们应该充满信心，应该充满勇气，处境越是灰暗，我们越要坚强。

史默兹将军回复得很迅速：

史默兹将军致首相　　　　　　　　　　　　1942 年 3 月 24 日

你的电文让全局变得明朗了。我认为，在稳定了锡兰的局势以后，才有实施马达加斯加的这项计划的可能。这是我依据之前的信件做出的判断。鉴于当时的情况，我的意见是我们不能拦截维希的船队，否则，我们与维希之间尚在萌芽的冲突将会一触即发，美国也会因此产生误解。好在这些顾虑现在都不存在了，在拦截维希船队时，我会满足一切所需。

眼前的一切困难终将被你攻克，因为你拥有令我无比敬佩的毅力。

史默兹将军表现得很积极，很快就着手准备占领马达加斯加岛的工作，在他的安排下，南非部队参与进来，给我方的攻击部队提供帮助。尽管我们必须占领整个马达加斯加岛，或者必须占领岛上的一个海军基地，但在我们的最终任务中，它们并非主要目标。不论如何，我们都不应忘记这一点。增援印度、守住印度，在日本进攻印度时打败日本，才是我们的最终目的。

首相致伊斯梅将军，转参谋长委员会　　　　　　1942 年 4 月 2 日

1. 关于"铁甲舰"计划。在对维希部队实施宣传攻势方面，我们有哪些计划？由情报显示，在对待英国和维希政府的态度上，法国的陆军和海军有较大分歧：在法国陆军眼里，维希政府是仇人；但在法国海军眼里，英国是仇人。我们千万不能忽视这种分歧。我希望将这次行动定义为英美两国的联合行动，并为此征求罗斯福总统的意见。我们的宣传攻势的目的，是让马达加斯加岛上的部队明白，是为了防止日本占领该岛，我方才发动进攻和占领行动的。我们同时还应该向他们保证，打败轴心国以后，让它物归原主。如果现在已经写好了传单，请拿给我看看。如果还没有写好，那么可以委托史默兹将军草拟，然后在开普敦印制，从时间上看，是可以这样安排的。我准备发表声明，英美两国将在法国解放以前共同承担马达加斯加的防务。当然，如果总统坚决反对，就放弃这个声明。不论如何，必须外交部商议。

2. 在发起登陆作战时，可否考虑先行放入一只插着白色旗帜的小船，依靠兵力的优势，再次向岛上部队发出劝降信号？如果有必要，须认真研究。

首相致罗斯福总统　　　　　　　　　　　　1942 年 3 月 27 日

对于你方与维希保持联系一事，我方表示尊重，即使为他们付出一些代价，我方也认为是必要的。只是，以下一些问题请予以考虑：

坚决不能阻碍我方正在实施的"铁甲舰"计划。为了避免给法国留下指责美国不守信用的口实，他们提出保卫他们的殖民地时要做到像保护印度支那那样，美国不应该答应。

我方会在经过周密的计划以后再发起行动。主力部队是两个训练有素的强大的旅团，辅助部队也同样是一个旅团，任务是牵制敌人。此外，东方舰队的一艘战列舰、两艘航空母舰、若干艘巡洋舰及坦克登陆艇将配合他们的行动。在发动攻击之时，为了争取更大的便利，我希望能够以传单的方式，向岛上部队说明这是英美两国的联合行动。对此你觉得如何？

总统认为，美国政府不能失去与维希的联系，因为这有利于更大的计划。因此，我方发放传单的打算他并不赞同。

罗斯福总统致首相　　　　　　　　　　　　1942 年 4 月 3 日

你提到将此次行动视为英美两国的联合行动，我认为有些不妥。在通过外交途径调停维希方面，唯一有成功的可能的国家，就是我们美国。我认为，相比于其他方式，外交途径的调停很重要，我们不能放弃。因此，我的意见是，为避免情况变得更加复杂，不能采取发放传单或其他非正式措施。希望你赞同我的意见。

总统说服了我。

*　　*　　*

包括从萨默维尔海军上将那里调来的"光芒"号航空母舰、"拉米伊"号战列舰、两艘巡洋舰、十一艘驱逐舰、若干扫雷艇和反潜快艇在内的全部攻击部队，在4月22日都来到了德班。用于运送陆军部队的十五艘舰艇也集中到位了。由于"赫尔米兹"号被击沉了，"无畏"号航空母舰将接替它的任务。

　　接下来就是紧张的筹备。为了适应战况，需要二次分装舰船上的物资，只有这样才能确保最后的准备工作严谨周全。为了适应这项不太熟悉的特殊任务，攻击部队在经过长途跋涉以后，还要接受特殊的训练。事实上，达达尼尔战役结束以来的二十七年间，我们从来没有发起过大型的两栖作战，这次还是第一次。战术已是今非昔比了，参与行动的所有人——包括最高司令官、参谋人员和普通士兵——都没有经验。

　　我非常担忧的是，我方部队在占领主要港口以后，是否会被引诱进丛林里。

首相致伊斯梅将军，转参谋长委员会　　　　　　　　　　1942年4月30日

　　我们不必因"控制整座岛屿"的目标感到紧张，尽管这个岛屿的海岸线长达九百英里，但只有两到三处中心区域才是最重要的，在这两三处重要区域中，又以迭哥苏瓦雷斯最为重要。我们的目的只是控制岛上的一些重要区域，使它免遭日本的攻击，并不是要征服整座岛屿。当然，使它免遭日本的攻击也不是主要目的，我们之所以实施这一行动，主要目的是尽快向印度和锡兰运送我们的部队，接替他们的将是东非或者西非的部队。如果我们的行动能取得成功，那么，这座岛屿不仅不会拖累我们，反而会让我们受益。马达加斯加的防守任务，可以由空军配合下的驻扎在科伦坡和"T港"的东方舰队承担。……鉴于我们能够在面对坎斯纳斯郡敌人的形势下守住朴茨茅斯，那么，在面对安塔那那利佛和塔马塔夫的敌人时，我们同样能守住迭哥苏瓦雷斯。

面临日本进犯印度的威胁的韦维尔将军，希望得到更多与整个局势有关的消息。为此，我向他再次承诺。

首相致韦维尔将军　　　　　　　　　　　　　　1942 年 5 月 5 日

从印度方面看，马达加斯加有着重要的意义。如果日本经锡兰向马达加斯加进军，又得到类似法国在印度支那的待遇，最终在这里站稳脚跟，那么，对我们而言，马达加斯加不仅不会使我们获利，反而会拖累我们。就算日本人没有切断我方与你们、我方与中东的海上联系，这些联系也会处在危险之中。为了让我们有更大的成功的把握，在这次行动中，我们希望动用强大的部队，同时发起猛烈的攻势。你期盼的增援力量，将在占领迭哥苏瓦雷斯后全部尽快到位。占领马达加斯加后，我们希望在这里部署包括一个来自比属刚果或非洲西海岸的旅在内的两个非洲旅。不论是非洲还是马达加斯加，对他们而言没有区别。他们已经接到了命令，6 月 1 日一个旅就能踏上行程。第五师将在他们到位以后开始独立作战……

你认为，在东方战场 5 月和 6 月是最令我们担忧的阶段，我觉得你说得很对。但你不必太过担忧，因为在 5 月和 6 月，将分别有第五师和第二师增援到位。

针对当前的局势，我给奥金莱克将军做出如下说明：

首相致奥金莱克将军　　　　　　　　　　　　　1942 年 5 月 5 日

日本接下来会在哪里发起攻势？这一点没有人能准确预料。因此，太平洋和印度洋在接下来的两个月里将面临重大威胁。澳大利亚人的预测是，日本将会对他们发起大规模的攻势。从某些迹象分析，莫尔斯比港和达尔文似乎的确有可能遭遇日本的攻击，至少会对它们形成威胁。不论如何，尽可能地将我们的部队封锁在澳大利亚境内，肯定是他们的目的。在苏联和满洲作战的日本部队有二十个师团，由于增援这批部队意义重大，因此，日本从国内的十个师团中抽调三个派往那里。日本很清楚，尽快打垮中国将使他们占据有利局面，不断向北推进就是例证。

日本不可能同时从四面发起攻势，他们也会因在科伦坡和亭可马里港的失败而恼怒。现在，为了弥补舰载飞机的损失，他们将航空母舰全部调回日本及福尔摩沙①。我们认为印度在短期内不会遭遇日本的大举入侵，至少没有得到特别的证据。否则，我们有理由怀疑：在早前爪哇失守时，他们为什么不攻击印度？或者，他们的海军和空军于4月初进入印度洋时，为什么不攻击印度？

我们集中了强大的兵力，希望在今天就占领迭哥苏瓦雷斯……如果日本在7月上旬进攻中东、印度或者澳大利亚，届时，英国第八装甲师碰巧要绕过好望角，他们可以提供支援。

＊　　　＊　　　＊

运送陆军物资和运输设备的普通船队是在4月28日之前驶离德班的，而进攻部队则在4月28日搭乘快速船队出发。指挥这次行动的是希福来特海军司令和斯特奇斯将军，他们搭乘的是"拉米伊"号。进攻部队在六天后的5月4日全部进入攻击范围。

迭哥苏瓦雷斯湾位于马达加斯加岛的东北海岸，大体上切断了岛屿北端与岛屿其他陆地的联系。迭哥苏瓦雷斯湾入口处是安西朗港，正是这个有驻兵的港口控制着迭哥苏瓦雷斯湾的入口。事实上，这个港口的防守力

---

① 福尔摩沙意为"美丽"，世界上很多地方被命名为"福尔摩沙"，其中就包括中国的台湾。此处指的应该就是台湾岛。——译注

量也很薄弱，只是与岛内城区相比算是有防守罢了。我方部队从东面靠近迭哥苏瓦雷斯湾时，发现那里有坚固的防线。至于东面的峡湾，虽然很难接近，但能停靠大型船只。岛上驻军在这里的防守很薄弱，我们如果在晚上发动袭击，必能获胜。因此，我方将进攻的起点定在西海岸的科雷尔湾，为此，运输船队必须借助黑夜的掩护，在向导的指引下经过曲折的浅水峡湾，前往敌人固守的海岸。在这段行程中，可能会遭遇敌人的水雷袭击，还要面对尚未掌握情况的敌人。5日凌晨四时许，在没有遭遇抵抗的情况下，第一批部队成功登陆，随后迅速占领了可以攻击海面的唯一的炮台。半小时后，东侧的"赫米昂"号巡洋舰发起佯攻，迭哥苏瓦雷斯机场和港口内的船只也遭遇我方舰载飞机的袭击。对维希法国而言，我方的行动是意料之外的，尽管如此，他们依然不甘心失败，仍然坚持抵抗。到5日下午，我方第二十九旅完成登陆，不仅所有士兵顺利登陆，几乎所有的设备也登陆了。与此同时，第十七旅开始登陆。

完成登陆的第二十九旅迅速推进，很快，突击部队就到了安德拉卡半岛东端。在大炮和十二辆坦克的掩护下，他们的前锋部队占领了安西朗以南的两处阻截阵地，在此之后遭遇敌人防线的阻拦。这道阵地横跨公路，筑有水泥碉堡，是敌人的一处主要阵地。激战很快打响。我方南兰开夏团在6日清晨占领敌人的左翼阵地，然后在他们的后方修筑工事，对敌人展开持续攻击。

由于斯特奇斯将军并没有及时得知这一进展，因此，他建议派遣海军陆战队的一支分队登陆安西朗，希福来特海军司令采纳了这一冒险的建议。在"安东尼"号驱逐舰的运送下，傍晚时分，"拉米伊"号上的五十名皇家海军陆战队员巧妙地进入港口，并顺利地在码头登陆。之后，他们在普赖斯上尉的带领下，连夜进入市区，又迅速占领海军弹药库。在那里，他们不仅找到大量步枪和机关枪，还解救了大约五十名英国俘虏。与此同时，在第十七旅的协助下，第二十九旅的行动也获得成功。敌人被逼无奈，只得在 7 日黎明到来前放弃安西朗，我们占领了这里的大部分防御工事。7
日清晨，"拉米伊"号对港口入口处的要塞实施炮击，要塞里的敌人在短
暂抵抗以后宣布投降。

　　7 日上午十一点钟，所有战斗全都结束了，我方陆军仅伤亡三百余人。
正午时分，英国舰队开入港口。

首相致希福来特海军司令与斯特奇斯将军　　　　　　　1942 年 5 月 9 日
　　我向你们致以诚挚的祝贺，在面对艰难的战斗任务时，你们迅猛
坚定的表现令人称赞。我要祝贺你们所有人，你们的战绩是对英国和
盟国最好的帮助。

　　我要特别告诉第二十九旅：你们今天取得的出色成绩，我早在九
个月前的因佛雷里就预感到了，因为我在那里见过你们。

＊　　　＊　　　＊

　　希福来特海军上将是我的好朋友，当我在海军部任职时，他是我的秘
书。他得到了我寄出的对政策的一份完全说明。

首相致希福来特海军上将　　　　　　　　　　　　　1942 年 5 月 15 日
　　对于我方在马达加斯加的行动，你应该有所了解。控制马达加斯
加不会增加我们的负担，恰恰相反，它会给我们动力，会是我们安全
的保障。很快，第十三旅和第十七旅就要被调往印度，因为我们不能
因为马达加斯加的重要作用，就在那里长期部署战斗力强大的野战部
队。当然，你仍然可以动用第十三旅和第十七旅，前提是你有把握在
他们调走以前，就占领塔马塔夫和玛仁伽。你需要注意的是，动用他
们只是暂时的，他们终究要前往印度。

　　现在，印度洋的局势有利于我们了，因为我方在那里推动了"铁
甲舰"计划。日本人对印度或锡兰的攻势迟迟不见动静，随着时间一

天天地过去，相比于过去，这些威胁似乎并没有更迫在眉睫。我认为日本人没有对迭哥苏瓦雷斯发动攻击的打算，否则，他们就得动用舰队大半的力量。为了进攻迭哥苏瓦雷斯，他们得调动大约一万人的兵力，还要动用大批运输船只、承担护航任务的航空母舰和战列舰。目前他们的舰队力量有限，很难承受如此大规模的调动。在调动舰艇时，他们比我们强不到哪儿去，甚至不如我们自由。当然，我们的资源也很吃紧，动用最少的资源的同时守住这里，就是你的任务。

与法国当地政府在局面平静以后签署一项临时协议，也许是你能想到的不错的办法。为达到此目的，建议你利用金钱和贸易方面的手段。

将第十三旅和第十七旅尽快派往印度，就是你对这场战争最大的

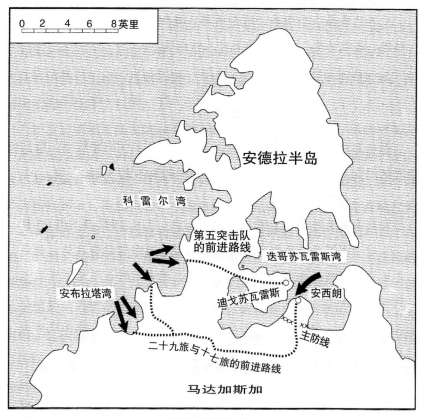

进攻迭哥苏瓦雷斯

帮助，在接下来的两个月内将第二十九旅也派往印度，也是其中的一部分。你的任务是必须守住迭哥苏瓦雷斯，其他的任何任务都只是它的附属。

我很快就收到了希福来特海军上将的如下回电：

希福来特海军上将致首相　　　　　　　　　　1942 年 5 月 15 日
　　你谈到的总体形势对我们是有利的。我认为，法国对待我方占领迭哥苏瓦雷斯的态度，很可能是"保证自己，接纳别人"。不过，除非占领塔马塔夫和玛仁伽，否则法国恐怕永远不会允许我方扩大控制区域，也不会与我们保持更密切的关系。要实现这个目标，我的意见是继续发起战斗。

　　对于占领塔马塔夫和玛仁伽的计划，我要求他暂时放弃。不仅如此，还要尽可能地减少迭哥苏瓦雷斯的驻军，只要留下足以保障安全的部队就行。史默兹将军不同意我的意见，向我阐述了应该继续作战的理由。

史默兹将军致首相　　　　　　　　　　　　　1942 年 5 月 28 日
　　法国潜艇经常使用包括塔马塔夫和玛仁伽在内的其他港口，既然如此，日本人也可能效仿法国潜艇的做法，使用这些港口。而且，马达加斯加当地政府对待我们的态度，比起那里的居民而言，可要差很多了。虽然迭哥苏瓦雷斯的敌人现在还不能对抗我们，但这并不代表以后也是如此，等他们恢复元气，我们就有麻烦了。尽管对我方在印度洋的联络线而言，控制马达加斯加意义重大，我们也不能冒险。

　　外交部支持继续行动，但这并不是我的态度，因为我还要照顾韦维尔将军的要求，还要顾及印度面临的来自日本的威胁。

＊　　　＊　　　＊

在我方的控制下，局势正按着我们事先的计划发展。但是，我们很快就遇到了麻烦，一件棘手的意外出现了。5月29日，港口上空飞来一架飞机，国籍不明，还没等我方做出反应，飞机就飞走了。经验表明，飞机空袭或潜艇袭击马上就要到来了。于是，我方部队立即进入戒备状态。果然，敌人用鱼雷在第二天傍晚袭击了"拉米伊"号和一艘油船。这是从哪来的鱼雷？接下来将发生什么呢？

史默兹将军致首相　　　　　　　　　　　　　　1942年6月1日

我同样因迭哥苏瓦雷斯的遭遇感到不幸。我的意见是，实施这次攻击的应该是日本潜艇或者维希的潜艇；至于幕后主使和情报来源，必然是维希政府。我认为，鉴于已经发生了这种不幸，如果我们依然容忍维希，将来还会遭遇更大的危险。因此，我们必须尽快采取果断措施，切断维希与马达加斯加岛的所有联系。为了让局势更加明朗，我方应该立即有所行动。除了运输船队，我已经做好了行动准备，南非部队随时待命。

首相致外交大臣　　　　　　　　　　　　　　　1942年6月2日

对于发生在迭哥苏瓦雷斯的事件，海军部的意见是：日本派出一架侦察机和一大一小两艘潜艇，到达能够袭击港口的范围内，然后实施了袭击。由于身处险境，在完成任务以后，小型潜艇上的两个日本船员自知无法全身而退，便凿沉潜艇，企图从岸上逃脱，结果被我方击毙。我方截获了他们随身携带的文件，并立即调来翻译解读。如果事实的确如海军部所言，那么此事未必与马达加斯加的维希政府有关。

很快，海军部的意见被证实是正确的，我们长长地舒了一口气。"拉米伊"号遭受重创，丧失战斗能力长达几个月，最终于 6 月 9 日返回德班。至于那两个日本人，当然是"捐躯赴国"了。

＊　　＊　　＊

马达加斯加的这段故事，现在到了收尾的时候。英国部队占领迭哥苏瓦雷斯以后，我们希望法国总督不要改变亲近维希的立场，于是留给他一段时间，希望考虑清楚，接受我们的建议。遗憾的是，他的态度没有改变。我方的东方护航队在莫桑比克海峡经常遭遇潜艇的骚扰，我们决定控制这个海峡，为达到此目的，马达加斯加的西海岸的港口对我们而言，就有了利用价值。这两个原因促使我们决定继续战斗。负责指挥这一阶段战斗的是东非司令普拉特将军。在遭遇并不坚决的抵抗以后，英国第二十九步兵旅于 9 月 10 日占领玛仁伽。此时，刚刚完成登陆的第二十二东非旅加入战斗，越过第二十九旅的阵地，经由公路直扑塔那那利佛。塔那那利佛是马达加斯加岛的首府、法国总督办公地。与此同时，第二十九旅再次被船队运送至东海岸的塔马塔夫，于 9 月 18 日轻松地占领该地。之后，第二十九旅也直扑塔那那利佛，协助第二十二东非旅，对塔那那利佛形成合围。9 月 23 日，我方占领塔那那利佛。

对于我方部队的到来，塔那那利佛的市民表示欢迎，法国总督却逃脱了，率部队向南撤退。在我方的持续追击下，敌人于 10 月 19 日再次战败，我方在没有丝毫伤亡的情况下，俘虏七百余人。此后，敌人一蹶不振，日渐崩溃。最终，法国总督承认失败，于 11 月 5 日接受投降条件。虽然我们占领了马达加斯加岛，但管理当地政府的仍然是法国人。

至此，我们终于在军事上控制了马达加斯加，付出的代价仅仅是伤亡一百余人，相比于得到的优势，这些代价是不值一提的。对于我们在近东和远东的联络线而言，这个岛有重要的战略价值。至于这次行动，则因计划的周密和战术的得当，堪称两栖作战的典型战例。在我们迫切需要胜利的时候，这场胜利适时而至。对英国人民而言，这次行动的胜利是久违的，是他们感受到的唯一的一次有效的战术指挥。

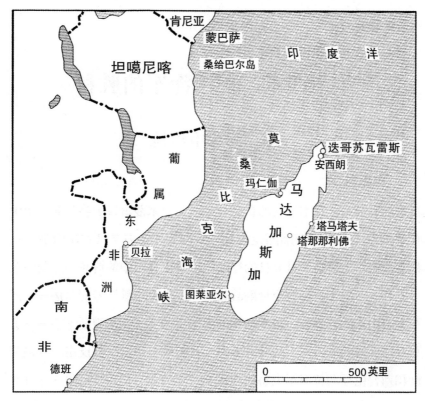

马达加斯加

第十四章　美国海军的胜利

珊瑚海和中途岛

日本的胜利——日本最新的扩张计划——尼米兹海军上将将兵力集中在珊瑚海——日军登陆图拉吉岛——两军于 5 月 7 日首次激战——福莱彻海军上将在 5 月 8 日的行动——发生在空中的搏斗——美国获得胜利——史上首场航空母舰战役——"莱克星顿"号的命运——海军大将山本的计划——日本动用的海军主力——美军遭遇不幸——美军在珍珠港的准备——战斗在 6 月 4 日打响——进攻与反击——福莱彻和斯普伦斯两位海军上将的战术——交战双方都面临危险——日本损失四艘航空母舰——转折——日军撤退——美军追击——美军获胜——日本最高指挥官的特质——美国的勇敢忠诚的胜利

现在，太平洋上发生了足以使整个局势为之震动的大事件。日本在 3 月底完成了第一阶段的计划，顺利程度连他们自己都感到惊讶。如今的日本，已经成了香港、暹罗、马来亚以及荷属东印度群岛广大地区的主宰。在缅甸，他们正在向腹地挺进，而美国并不能给菲律宾群岛解围，因为他们依然深陷克里奇多尔的僵局之中。

日本人认为西方国家没有战斗到底的决心，欣喜不已。他们对领导人的信心被这种认识加强了，而军事上的胜利又让他们更加自豪。在战前，他们慎之又慎地选择进军的边界，如今"皇军"已经到达这条界线上了，在他们占领的区域里，有取之不尽的财富和资源，不仅可以用来巩固已经征服的地方，还可以用来加强自身实力。在这段时间，他们可以做两件事，其一是抵抗美国的反攻，其二是组织更大的攻势。总之，这一时期被他们计划为喘息期。他们的领导人一向认为自己肩负着天赋的命运，此时的兴奋使他们以为已经实现了这种命运，他们不准备辜负"天意"。产生这些想法的原因，除了胜利带来的兴奋和自信，还有军事上的严谨分析。对他们而言，接下来应该考虑的是战略上的得失，是该维护好新战略的外围地盘呢，还是该向纵深挺进以更好地守卫这些地盘？

日本决定将占领区的面积扩大，他们选定的目标包括斐济、萨摩亚、中途岛、阿留申群岛西部、新喀里多尼亚和新几内亚的莫尔斯比港。这是东京政府再三考虑之后制订的更富野心的计划。值得注意的是，这项计划将对珍珠港构成威胁，而珍珠港是美军的主要基地。如果任由日本人得逞，他们不仅会切断美国通向澳大利亚的直接交通线，甚至会建立起实施未来的军事计划的基地。

在制订计划和执行计划上，日本的最高指挥部显得极为巧妙而勇敢。但是他们也有个缺陷，不论是制订计划还是执行计划，在评估世界力量时，他们从不使用正确的比例，换言之，美国的潜力始终被他们忽视。他们在此期间依然寄希望于希特勒，认为在欧洲战场获胜的一定是德国人。为此，他们认为他们一定要征服亚洲，成为亚洲的主宰。这种激情无限的心情使他们更像赌徒：胜利能延长一年的优势，否则也会在同等的时间毁灭。最终，他们依靠已经获得的强大的利益，占领了大片土地，只是控制力并不尽如人意。占领过多的土地并非好事，尤其是在外围遭遇失败时，这种感觉更加强烈。那时，他们才会意识到，他们已经无法在内线和主要领地之间构筑防线了。

德国与苏联的战争结局如何呢？德国无法战胜苏联吗？没有人能下这

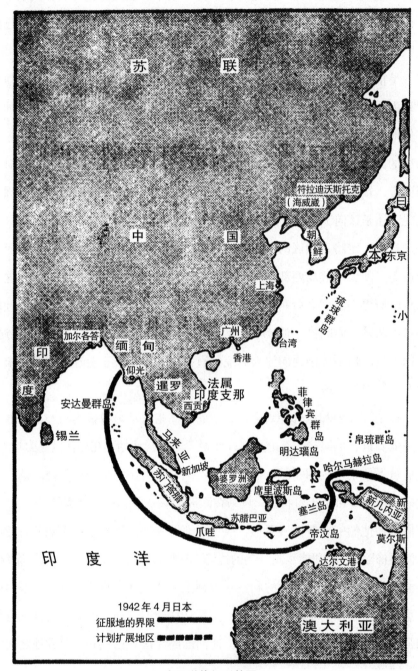

太平洋战场形势图

苏 联

中 国

符拉迪沃斯托克
（海威崴）

朝鲜

日 本 东京

上海

琉球群岛

小

印

度

加尔各答

缅 甸

仰光

暹罗

法属
印度支那

西贡

广州

香港

台湾

菲律宾群岛

帕琉群岛

明达瑙岛

安达曼群岛

锡兰

马来亚

新加坡

苏门答腊

婆罗洲

席里波斯岛

哈尔马赫拉岛

塞兰岛

新几内亚

新

爪哇

苏腊巴亚

帝汶岛

莫尔斯

达尔文港

印 度 洋

1942 年 4 月日本
征服地的界限
计划扩展地区

澳 大 利 亚

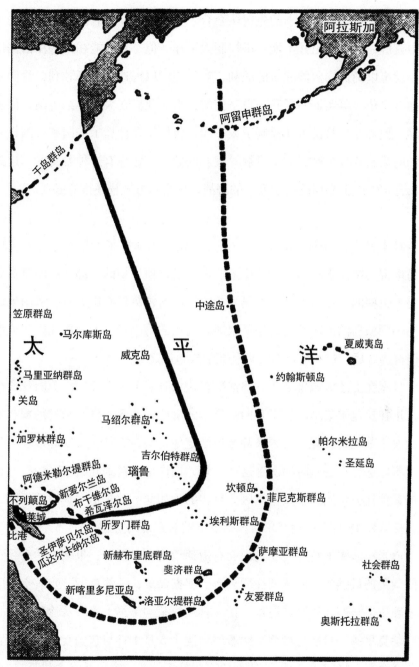

太平洋战场形势图

阿拉斯加

阿留申群岛

千岛群岛

笠原群岛

太　　平　　　洋

马尔库斯岛

威克岛

中途岛

夏威夷岛

马里亚纳群岛

约翰斯顿岛

关岛

马绍尔群岛

加罗林群岛

吉尔伯特群岛

帕尔米拉岛

阿德米勒尔提群岛

璃鲁

圣延岛

不列颠岛

新爱尔兰岛

坎顿岛

莱城

布干维尔岛

菲尼克斯群岛

比港

希瓦泽尔岛

所罗门群岛

埃利斯群岛

圣伊萨贝尔岛

瓜达尔卡纳尔岛

新赫布里底群岛

萨摩亚群岛

社会群岛

新喀里多尼亚岛

斐济群岛

洛亚尔提群岛

友爱群岛

奥斯托拉群岛

一结论，也没有人断言德国可以将苏联赶到乌拉尔山后面，或者越过高加索和波斯，在印度与日本的先遣队会合。美国只有在具有决定性意义的海战中获胜一次，哪怕并不能一举控制太平洋，但是只要能在太平洋占据优势，就可以确保同盟国战事的顺利。对于美国取得这样一场胜利，我们始终抱有希望。事实证明了我一贯坚信的：由于我们在大西洋给美国提供了帮助，他们在 5 月份重新控制了太平洋。我们是在计算了美国和英国投入战场的最新的战列舰、航空母舰等舰艇的数量，才抱有这种希望的。这是一场肯定了以上功绩的激动人心的海战，用简略方式描述很有必要。

＊　　　＊　　　＊

日本最高指挥部是从 1942 年 4 月下旬开始新扩张计划的。对所罗门群岛南部的图拉吉岛和莫尔斯比港的占领是这项计划的一部分。图拉吉岛与更大一些的瓜达尔卡纳尔岛隔海相望，而占领莫尔斯比港能够巩固他们在新不列颠岛的海军基地，是征服新几内亚的第一步，占领新几内亚或所罗门群岛之后，进而可以对澳大利亚形成包围之势。

日军在上述海域集结兵力的情报很快传到了美国人耳中。美国观察得知，正在拉包尔集结的日军有向南进军的可能，这部分日军来自加罗林群岛的海军基地特鲁克。美国人甚至还断定他们会在 5 月 3 日发起进攻。日本之所以选择在这一时期实施这项计划，也许正是料到此时美军的航空母舰被其他任务牵制到了其他地区。事实的确如此，美军正在执行的任务，就包括 4 月 18 日在杜利特尔将军指挥下的对东京的空袭。

尼米兹海军上将在意识到南面有遭遇攻击的可能后，果断下达命令，将能调集的最强大的舰队调往珊瑚海。根据命令，"约克顿"号航空母舰和三艘重巡洋舰在该海域巡逻，指挥官是福莱彻海军上将。从珍珠港赶来的"莱克星顿"号航空母舰和两艘巡洋舰于 5 月 1 日与它们会合，指挥官是菲奇海军少将。5 月 4 日，克雷斯海军少将率领的一个包括澳大利亚的"澳大利亚"号和"霍巴特"号巡洋舰、美国的"芝加哥"号巡洋舰在内的海军分队也赶来了。参加了轰炸东京的"企业"号和"大黄蜂"号航空母舰，是其他航空母舰中仅有的有即战力的，它们正在赶来的路上。但是，它们终究没能在战役开始前赶到，因为它们要到5月中旬才能到达。

福莱彻海军上将在5月3日得知日军已经在图拉吉岛登陆，当时，他率领的舰队正在瓜达尔卡纳尔南部四百英里处的海面加油。日军的企图很明显，要尽快建立一个海上空军基地，以便监视珊瑚海东面的入口。驻扎在那里的澳大利亚部队势单力薄，两天前就撤退了。

福莱彻海军上将立即下令，菲奇海军少将的舰队继续加油，而他自己的舰队则向敌人发起攻击。"约克顿"号航空母舰在第二日拂晓时分派出大批飞机对图拉吉岛狂轰滥炸，但战果并不显著，因为敌人在留下一些驱逐舰和小舰艇后撤离了。

此后的两天时间始终风平浪静，但是这种平静正是大战即将打响的预兆。在补充了油料和弹药以后，福莱彻海军上将将三个小舰队部署在新几内亚西北的海面上。正在此时，他得到消息，从拉包尔出发的攻击莫尔斯比港的日军将在7日或者8日经过约玛德峡。约玛德峡位于路易西亚德群岛。另一条情报显示，附近海面还有三艘日军的航空母舰，但并不清楚具体位置。此外，空中侦察得知，日军从特鲁克岛出发后沿所罗门群岛东海岸向南进发的主攻部队"祥鹤"号、"飞鹤"号航空母舰（由两艘重巡洋舰护卫），在5日出现在了珊瑚海东侧。第二天，日军的所有舰艇合并一处，向我方的舰队靠拢。到这天黄昏时分，两军距离达到最小，只有七十英里。福莱彻海军上将在7日的拂晓时分进入预先计划的迎战地点，即路易西亚德群岛以南海面。由于敌军可能在约玛德峡南部出口出现，因此克雷斯海军少将的舰队继续前行，计划控制那里。然而，敌军察觉了这一计划，当天下午派出大批陆地起飞的鱼雷轰炸机围攻他们，战斗异常惨烈，只有击沉"击敌"号和"威尔士亲王"号的战斗能与之"媲美"。好在克雷斯海军少将指挥得当，再加上好运气，他们竟然没有大的损失。不过，由于敌军已经折回，他们也只好无功而返。

福莱彻海军上将因为一直没有掌握敌军航空母舰的具体位置而辗转反侧。他决定在黎明时分发动一次大范围的搜寻。"功夫不负有心人"，他在早上八点一刻获得情报，敌军的两艘航空母舰和四艘巡洋舰在路易西亚德群岛北部！但是，他们只是护航舰艇，并不是主力舰队。尽管如此，福莱彻海军上将依然决定予以消灭。我军只用了三个小时，就将两艘航空母舰中的"飞凤"号击沉了。在"飞凤"号被击沉后，敌军的主力舰队没有了空中掩护，被迫撤回。在下达撤退命令之前，原本计划前往莫尔斯比港的运输船队由于不能经过约玛德峡，只得在路易西亚德群岛北部等待。

*　　*　　*

福莱彻海军上将目前的处境极度困难，随时可能遭遇攻击，因为敌人知道了他的位置。对此，他有些无计可施，因为他的舰队要想参加接下来的战斗，得到下午才行。好在他运气不错，因为天气转糟了，没有雷达，敌军也不能发起攻势。福莱彻海军上将不知道的是，他苦苦搜寻的日军主力舰队就在他们东面，而且在攻击范围内。下午时他们发起过空袭，只是因为浓雾和狂风的干扰才无功而返。在返回途中，我方的雷达发现了他们，福莱彻海军上将立即命令战斗机出击。经过一场混战，我方损失不小，派出去二十七架战斗机，只有少数几架能继续战斗。

此时，敌我双方都知道敌人近在咫尺，于是都想到了夜袭，又都认为这是冒险举动。结果是，在夜色的掩护下，双方分道前行。天气情况在8日早晨又有了变化，我方舰队暴露在晴空之下，而日军却被云雾掩盖。"莱克星顿"号的一架侦察机在八点半时发现了敌人，与此同时，截获的情报显示，日军也发现了我方的航空母舰。一场大战就此开始了。

美军在九点之前组成了一支拥有八十二架飞机的部队，在九点二十五分率先出击；日军在同一时间也派出了拥有六十九架飞机的部队飞向目标。

大约上午十一点，美军向目标发起进攻；二十分钟后，日军的进攻也打响了。激战在十一点四十分全部结束。美军在云雾的干扰下，攻势受到了影响，日军航空母舰在意识到自己暴露后，会立即躲避到云雾之中，美军战机只得另寻目标。最终，他们只击中了"飞鹤"号航空母舰，但给它造成的伤害并不大，只要自行返回国内修理，就能恢复战斗力。另一艘主力"吉祥鹤"号航空母舰则毫发无损。

日军战机的攻击目标是我方的"约克顿"号和"莱克星顿"号航空母舰。"约克顿"号很幸运，在舰长的出色操作下，成功避开了所有致命的打击，仅仅被落到周围的一些炮弹"误伤"，战斗力完好无损，只是短暂地发生了火灾。与"约克顿"号相比，"莱克星顿"号就倒霉得多了，因为它太笨重了。最终，它被三枚炸弹和两枚鱼雷击中，左舷倾斜，锅炉室被淹没，甲板上则燃起了大火。直到战斗结束，我们才扑灭大火，矫正倾斜。好在很快它就恢复了"健康"，时速达到二十五海里。

这场战斗意义重大，是历史上首次航空母舰之间的对抗。在战斗中，日本损失四十三架飞机，美国仅损失三十三架。

*　　*　　*

珊瑚海的战役如果就这样结束，毫无疑问，击沉及重创日军"飞凤"号与"飞鹤"号航空母舰、逼退企图攻击莫尔斯比港的日军的美军，是获胜的一方。而他们自己的损失却很少，除了在前一天里被日军的航空母舰击沉的一艘油船及其驱逐舰之外，再没有其他损失，两艘航空母舰几乎完好无损。但是，战役没有就此结束，他们遭遇了一个突发情况。"莱克星顿"号航空母舰在战斗结束一小时后，因内部爆炸产生震动，导致下船舱失火。船员们立即抢救，但于事无补，火势一直蔓延到傍晚，在万般无奈之下只好放弃，用鱼雷将其炸沉。美军和日军在撤离珊瑚海后，又在宣传上打口水战，宣称己方获胜。日本称他们击沉了福莱彻海军上将的两艘航空母舰、一艘战列舰和一艘巡洋舰。但是，他们在战后的行动出卖了他们，因为他们直到 7 月份才向莫尔斯比港挺进，事实上那条线路早就在迎接他们了。他们放弃了之前的计划，转而由新几内亚基地向陆地推进，因为形势在此时发生了大变。这一时期也代表了日军经由海路推进至澳大利亚的可能。

美国有必要保存航空母舰方面的实力。北方马上会发生规模更大的事件，尼米兹海军上将明白，他需要为此拿出所有的力量。很快，他就将包括"企业"号和"大黄蜂"号在内的所有航空母舰召回珍珠港，迅速编入福莱彻海军上将的舰队。这一举动表明，他很满意阻拦日军进入珊瑚海的结果。日本人并没有得到"莱克星顿"号航空母舰沉没的消息，尼米兹海军上将巧妙地隐瞒了这个消息，直到中途岛战役结束之后才公之于众。

这场遭遇战的影响与战术的重要性不成正比。它的战略价值在于，是

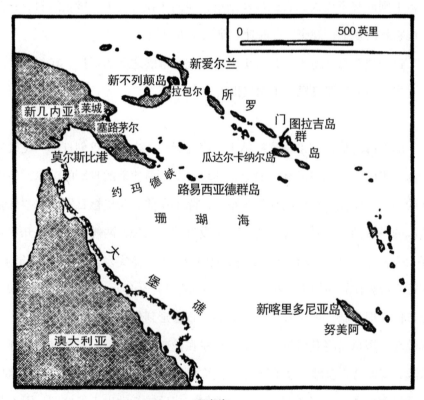

珊瑚海

美国参战以来第一次对日军取得胜利。在这场战役中，水上舰艇第一次没有互相攻击，这样的海战前所未有。正因为如此，它让战争的危险与机会上升到全新的台阶。听说过这场战役的人——尤其是美国人、新西兰人和澳大利亚人——全都得到了鼓舞和安慰。被应用在随之而来的中途岛战役的战术经验，则是用极大的代价才换来的，当然得到的结果也是极好的。

中途岛战役的大幕逐渐拉开了。

＊　　＊　　＊

进军珊瑚海只是中途岛战役的开始，事实上，日本海军联合舰队总司令山本五十六在进军珊瑚海期间，就在积极准备占领中途岛。占领中途岛以后，日军可以向东威胁甚至占领一千英里外的珍珠港，因此，日军此举的真正目的是与美国在中太平洋较量。在准备占领中途岛期间，山本五十六还向阿留申群岛派出一支牵制部队，目的是抢占那里的优势地形。他在详细地计划了采取行动的时间表后，为了便于向中途岛战场投入主力舰队，决定先吸引美军到北面的阿留申群岛去，解除那里的威胁。如此一来，日军就可以赶在美军有精力处置中途岛的战事之前占领中途岛，进而做好迎击美军的准备。在美国人眼里，中途岛是珍珠港的前哨基地，地位极其重要，因此山本五十六也很清楚，日军的行动必然引发一场大规模的会战，但他也相信，美军在日军的逼迫下，一定会与他们展开一次大决战，在大决战中，他有很大的把握战胜美军，因为在高速战列舰等方面，日军占据着压倒性优势。尼米兹海军上将会不会上当，是山本五十六的这套计划能否成功的关键；另一个关键是，美军是否会突然袭击他。

事实上，尼米兹海军上将是很警惕的，他甚至事先知道了日军采取行动的预计时间，因为他有着消息灵通的情报网络。虽然他猜测日军进攻中途岛只是佯攻，他们真正的目的是转向美洲大陆而占领阿留申群岛的。但是，考虑到中途岛是最容易遭遇危险的地方，所以他还是坚定地将兵力部署在了中途岛方向。山本五十六的部下南云忠一有作战经验丰富且战绩突出的四艘航空母舰，这成了尼米兹海军上将的心腹大患，因为他的航空母舰完全不能与之相提并论。南云忠一的四艘航空母舰，除了有一艘负伤外，另外两艘正在前往珊瑚海途中。美军航空母舰的情况不容乐观，"莱克星顿"号已经沉没了，"约克顿"号丧失了战斗力，"大黄蜂"号在地中海附近解救马耳他岛，"萨拉托加"号虽然完成了修复，但还没有编入舰队。如此算来，能参加战斗的，只有正从南太平洋赶回来的"企业"号和"大黄蜂"号，以及可能按时恢复战斗力的"约克顿"号。除了旧金山的战列舰可以指望之外，其他的战列舰不是距离太远，就是因速度慢而无法协助航空母舰。相比之下，日军有包括世界上速度最快、实力最强的三艘战列舰在内的十一艘战列舰。对美军的利好消息是，来自中途岛的飞机可以在空中援助他们。

* * *

日军的主力舰队在 5 月底的那个星期里陆续驶离基地。计划于 6 月 3 日攻击荷兰港的牵制阿留申群岛的舰队率先出发，他们的目的是吸引美军的追击。计划占领阿留申群岛西侧的阿图岛、基斯卡岛和阿达克岛的登陆部队随后出发。到了第二天，南云忠一亲自率领四艘主力航空母舰驶往中途岛，按照他们的计划，他们将在不遭遇顽强抵抗的情况下，于 6 月 5 日占领中途岛。为了应对美军的抵抗，山本五十六的舰队驻扎在后方的西面。

中途岛战役的重要程度仅次于珍珠港事件。与此同时，美军也在积极备战。5 月 26 日，"企业"号与"大黄蜂"号航空母舰从南太平洋回来了，而原计划需要修理三个月的"约克顿"号航空母舰也在 5 月 27 日回到舰队之中。毫无疑问，"约克顿"号的修理速度被加快到了四十八小时内，为的就是赶上这场大战。为了保证战斗力，它拥有了全新的空军大队。5 月 28 日，斯普伦斯海军上将率领两艘航空母舰率先前往中途岛，5 月 30 日，"约克顿"号航空母舰被编入他的舰队。混合舰队的指挥官仍然是福莱彻海军上将。

中途岛进入了高度的警戒状态，不仅地面部队严阵以待，轰炸机也全都做好了起飞准备。为了尽早地获得情报，连续的空中侦察从5月30日就开始了。在海面上——中途岛西面和北面的海面上，负责监视敌情的是美国的潜艇。他们就在这种紧张焦虑中度过了四天时间，直到6月3日才发现敌情。当天上午九点，一架巡逻的"卡塔丽娜"式水上飞机发现有十一艘日军舰艇出现在中途岛以西七百英里的地方。得到消息的美军立即发动猛烈攻势，但收效甚微，只击中了对方的一艘油船。这场小小的遭遇战揭开了整个中途岛战役的大幕。根据情报，福莱彻海军上将断定，中途岛的西北方向将出现日军的航空母舰。但他认为，最先被发现的肯定是敌军的运输船队，因此没有立即出击，而是继续前往计划中的地点——中途岛以北二百英里处，只要南云忠一的舰队经过这里，美军就可以迂回猛攻他们的侧翼。4日黎明，福莱彻海军上将到达目的地。

6月4日清晨五点三十四分，中途岛派出的侦察机发回消息，称发现数艘向中途岛驶来的日军航空母舰。紧接着，侦察机又发回数条消息：大批飞机向中途岛飞来，大批航空母舰的支援舰向中途岛驶来。一个小时后，日军正式发动猛攻，由于美军的顽强抵抗，日军不仅没有占到便宜，还损失了三分之一的兵力。虽然中途岛上的机场遭到严重破坏，好在还能保证运转。南云忠一的舰队遭遇沉重打击，原本的优势并不那么明显了，而美军还能向他发动一次反击。美军对这次反击抱有极大的失望，但结果是令人失望的。

南云忠一被美军的反击打得有些晕头转向，索性听取飞行员的建议，对中途岛发动了另一波攻击。为了应对突然杀出来的美军航空母舰，日军保留了相当数量的飞机。如今，他认为不会有美军航空母舰突然杀出——事实上，日军的侦察能力一般，并不能给他的判断提供帮助——便决定让这批飞机重新编队，准备对中途岛的第二波攻击。为了给执行第一波攻击任务的飞机腾出降落空间，日军的航空母舰清理了飞行甲板。后来的事实表明，这是个错误的举动。正当补充燃料和弹药的轰炸机停满飞行甲板时，南云忠一得到消息，在他们的东侧出现一支拥有一艘航空母舰的美军舰队。此时的南云忠一已经来不及后悔了，只能等着挨打。

*　　　*　　　*

　　按照之前的冷静分析得到的判断，福莱彻海军上将和斯普伦斯海军上将早就做好了相关部署。在当天早上，他们就得到很多情报。"企业"号和"大黄蜂"号航空母舰在七点钟发动了一次进攻。参与这次进攻的飞机，是除了自卫机以外的所有飞机。负责侦察敌情的是"约克顿"号航空母舰的飞机，由于执行进攻任务的飞机要率先出发，它们因此受到了影响，在九点钟才全都飞离飞行甲板。也正是在九点钟，进攻飞机已经接近目标了。起初，俯冲轰炸机在云层的干扰下没有找到目标；而"大黄蜂"号航空母舰的飞机则错过了参战机会，因为它们也没能发现目标。这样一来，攻击任务就落到了鱼雷轰炸机的身上，然而，由于敌机的顽强抵抗，它们的攻击又失败了，不仅遭遇失败，损失还极其惨重，参战四十一架，返回的只有六架。

　　但他们没有白白牺牲，这也是有价值的。当他们吸引了日军的所有注意力和所有飞机之时，三十七架来自"企业"号和"约克顿"号这两艘航空母舰上的俯冲轰炸机来了，南云忠一的旗舰"赤城"号和它的搭档"伽赫"号完全暴露在炮火之下，只能乖乖挨打。几乎与此同时，另外十七架来自"约克顿"号航空母舰上的飞机攻击了"青龙"号。"赤城"号"伽赫"号和"青龙"号的下舱在几分钟内就着火了，甲板也成了战火纷飞的战场，被点燃或者被炸伤的飞机就堆在那里。很快，它们将遭遇灭亡的命运，这是注定的了。之后，日军海军大将南云忠一只好逃到一艘巡洋舰上，但他没能扭转局势，只能眼睁睁地看着他的剩余的四分之三舰队覆灭。

　　美国的飞机收获极大，他们在中午以后才返回，损失的飞机只有六十余架。此时，日军完好无损的航空母舰只剩"翔龙"号，但它并没有退缩，反而决定发动猛烈反击，只为捍卫日本部队的名誉。美军得到"翔龙"号发动反击的消息时，刚刚从战场上回来的美军飞行员正在"约克顿"号聚会，谈论刚刚结束的任务。情报显示，发动反击的日军飞机有大概四十架，它们在大炮和战斗机的反击下，仍然击中了"约克顿"号。被三枚炸弹击中的"约克顿"号虽然负伤较重，但在扑灭大火以后，依然继续航行了两个小时。两个小时后，它在"翔龙"号的第二次袭击中遭遇致命重创，漂浮在茫茫大海上，两天后被日军潜艇击沉。

在"约克顿"号漂浮的两天里，美军实施了复仇行动。他们在当天下午搜索到了"翔龙"号的踪迹，随即从"企业"号上派出二十四架俯冲式轰炸机袭击它。正式的攻击是在下午五点钟开始的，只用了几分钟，"翔龙"号就成了一片火海，第二天一早就沉没了。

这场战役是在 6 月 4 日结束的。至此，南云忠一的四艘航空母舰全都被消灭了，损失的不仅仅是航空母舰，还有永远无法弥补的训练有素的空军部队。我方将这场战役视为太平洋战场上的转折点，是有道理的。

*　　*　　*

尽管南云忠一的舰队战败了，但也许日军无敌的舰队正在山本五十六的率领下向中途岛挺进。如果山本五十六继续前进，遭受了重大损失的美国空军将无力与之抗衡，因为他们缺少重型舰艇。简言之，尽管战胜了南云忠一，但美军仍然有另外的危险。此时，担任航空母舰舰队总指挥的是斯普伦斯海军上将，他决定不再向西追击残敌，因为不仅缺少支援的重型舰艇，而且军情不明。他的这个决定很好理解，不好理解的是，山本五十六为什么没有设法挽回败局。起初，山本五十六决定继续前进，还在 6 月 5 日向中途岛发动袭击，为此还派出了威力最大的四艘巡洋舰；与此同时，还命令一支强大的舰队向东北前进。斯普伦斯海军上将如果下令追击南云忠一，那么在那个夜晚他很可能遭遇惨败。

也是在那个夜晚，山本五十六改变决定，下令全军撤退。我们不知道山本五十六决定撤退的原因，但是，我们认为，其中重要的一个原因，是他受到主力舰队遭到意外毁灭之事的影响。但失败没有就此结束，他还要遭遇失败。为了避开美国潜艇的攻击，山本五十六派去攻击中途岛的两艘重型巡洋舰相撞了，由于在撞击中遭受重创，他们没能与大部队同步撤退。6月6日，他们被美军战机攻击，一艘当场沉没，另一艘（名为"最上"号）濒临沉没，后来逃回日本。

日本人是静悄悄地到来的，在占领了阿图岛和基斯卡岛——位于阿留申群岛西部的两个小岛——之后，他们又静悄悄地退回去了。

＊　　　＊　　　＊

现在回顾日军指挥官的战术，能给我们带来一些经验和教训。他们在过去的一个月里，两次派出海军和空军。在出击伊始，他们显得很有决心、很有计划。然而，即使就要达到目的了，他们又会立即放弃行动，究其原因，都是空军受到了重创。参与及指挥这些行动的日本军官，正是参加了中途岛战役的那些人。在短短的四个月之内，同盟国在远东的舰队被他们凭借这些大胆而规模宏大的作战计划摧毁了，不仅如此，英国的东方舰队也被迫离开了印度洋。山本五十六之所以突然从中途岛撤退，是因为他由此发现，当一支舰队远离基地且没有空中掩护的话，如果还坚持停留在一个以航空母舰为主且空军实力尚存的军事力量控制的区域，是一件极其冒险的事情。由于面积狭小的中途岛上驻有空军，如果不能实施突袭，那么在缺少空军保护的运输船队后撤以后，坚持进攻中途岛就是自寻死路。

日本人在战争中有一些显著的缺点或者倾向，比方说计划呆板，比方说一旦计划受挫就可能放弃目标，被人们认为主要是因为他们不便临时做出指挥，或者不便将临时决策传递出去，而这一切的原因则是日语的不够精确和不够简单。

在事发之前美国情报部门就成功地获得了日本人严守的秘密，是我们得到的教训。有了这些情报，尼米兹海军上将的舰队虽然力量较弱，也能保证在适宜的时间将足够的兵力部署在合适的地点。事实证明，这个因素有着决定性的意义。战争期间，保密的重要性，以及被敌人得到情报的后果，在这场战役中表现得淋漓尽致。

＊　　＊　　＊

对美国而言，这场海战的胜利值得纪念。事实上，不论是对美国还是对同盟国，这场胜利除了具有纪念意义，还有其他更重要的意义。首先，它广泛而及时地影响了士气；其次，它消灭了太平洋战场上日本的优势，在过去的六个月里，敌人仰仗这些优势挫败了我们在整个远东战场上的努力，从此以后，他们失去了这些优势。从此以后，我们对由守转攻有了更强的信心。我们考虑的是，为了收复他们迅速占领的土地，我们应该在哪里反击他们，而不是他们会在哪里进攻我们。尽管如此，我们未来的任务也不轻松，为了在远东战场取得胜利，我们需要做很多准备，在满足太平洋战场需求的同时，不至于让美国在欧洲战场上的努力受到制约。不论如何，对于结局，我们充满信心。

＊　　＊　　＊

这两次战役是海战史上最动人心弦的，美国的海军、空军乃至人民的优秀品质，在这两次战役中得到了充分体现，它们造就的局势的重要至今难以评估，但这种局势使行动效率和命运转化发生了变化。之所以出现这些变化，与美军指挥官有着优秀的指挥能力、美国空军和海军有着勇敢的战斗精神分不开。这一点，日军的指挥官也有体会。当他们的舰队千里迢迢撤回本土的港口，他们就会发现，不仅他们的舰队遭遇了无法挽回的重创，而且，以后他们还要与足以与他们的武士道精神抗衡的一种精神和意志较量。在这些精神和意志后面，还有不断扩大的力量和科技，也是他们要面对的。

第十五章　北极护航运输船队

1942 年

北方航线与俄国相通——停靠在特隆赫姆的"提尔皮茨"号——累积
成山的供应品——来自总统的压力——我在 5 月 2 日做出的答复——
斯大林的要求——我在 5 月 9 日的答复——P.Q. 厄运降临到第十七
号运输船队——来自第一海务大臣的通告——驱逐舰与巡洋舰的撤
离——德国的时局状况——运输船队的厄运——我们决定在极昼结束
时停止北极护航——不因失败而气馁——在 7 月 17 日的电报中，我
给斯大林做出了详细、全面的解释——前往波斯的第二通道——我向
俄国提出请求借波兰师一用——我的电报得到总统首肯——斯大林的
回复很暴躁——我决定沉默——雷德尔对总统的公开表态——运输船
队在 9 月份开辟出了自己的通道——英国自 1941 年到 1942 年对苏联
所做出的努力——一次成功护航后的反思——德国海军政策导致的主
要危险

希特勒开始对苏联发起进攻，提供武器和供应品便成了我们和美国唯
一能够帮助苏联的事。这些武器和供应品大多数都是美国和英国所产，或
者是美国送给英国的一些军需用品。但是我们对装备的需求同样迫切，因
此我们部队的武装受到了很大的影响，想要同时对抗日本即将发起的攻击

很难做充分的准备。1941 年 10 月，比弗布鲁克——哈里曼英美代表团走访了莫斯科，并商定给俄国提供大量物资，这一建议很快便得到了两国政府的首肯。海运是将这些供应品输送给俄国军队的最直接的途径：这就需要选择走北极海航线，其间要绕过北角才能到达摩尔曼斯克，然后再转到阿尔汉格尔斯克。协议中声明，不管是在美国的港口，还是在英国的港口，苏联政府都需要用自己的船队接收物资，然后运回本国。但是，我们所提供的物资数量非常大，他们的船只根本就不够用，因此，有四分之三的物资运输是由美英的船只承担的。在最开始的四五个月里，除了损失一条船，其他一切都非常顺利，但是到了1942 年的 3 月，运输船队开始受到各种干扰，有德国的潜艇，还有起飞于挪威北部的德国飞机。

在希特勒的指挥下，德国是如何将海军的军力汇集到挪威的，我们已经非常了解。他这样做一面是为了防止英国的突袭，一面是为了阻止有船队向俄国运送军需品和物资。同时，他把本来用于大西洋作战和运输的潜艇抽调了一部分出来，用于保卫挪威。希特勒这样的决定完全是错误的，这我早就说过。不过，在这个紧张的时期，德国快速战舰并没有用来使战争的局势更加紧张，要知道德国快速战舰的攻击力量是非常大的，这一点令我们和我们的美国盟友长舒了一口气。然而，即便是这样，我们在北极的运输船队仍旧遭受到了接连不断的攻击，英国海军的负担也日益加大起来。

"提尔皮茨"号于 1 月驶向特隆赫姆。没过多长时间，驶来的"舍尔"号与之会合，到了 3 月，"西佩尔"号巡洋舰也来到了这里。其中，"歌奈森诺"号和"沙恩霍斯特"号是战列巡航舰，它们来自布雷斯特，很早就来了，随之一起的还有和它们一同脱险的"欧根亲王"号，它们都在这组水面舰只群中。"歌奈森诺"号和"沙恩霍斯特"号曾经遭受过我们鱼雷的轰击，休战了好几个月，而且在修理的过程中遭受了飞机的二次轰炸，境况非常糟糕。"歌奈森诺"号在基尔的船坞于 2 月 27 日夜里遭到轰炸，当时境况不明，但这艘军舰一定受到了难以挽回的重创，因为在之后的海战中再未见到它的身影。"欧根亲王"号是唯一一幸存下来的军舰，后来被调派到了"提尔皮茨"号的队伍中，陪同它一起的还有"舍尔"号。虽然"欧根亲王"号也遭受到了英国潜艇"三叉戟"号的鱼雷，但还是将就着驶回了特隆赫姆。并且经过简单的修复最终返回德国，它再次参加战斗的时候已经是 10 月了。与希特勒原本打算的部署相比，特隆赫姆的海军力量也就只有预期的一半，但就是这部分力量也足够引起我们注意。

3 月 1 日，P.Q. 第十二号运输船队从冰岛起航，"提尔皮茨"号收到命令后前往堵截。它的行踪后来被一艘英国潜艇发现。当时，托维海军元帅正率领"英王乔治五世"号和航空母舰"胜利"号负责保护运输船队，得到消息后立即前往拦击。后来，运输船队没有被德国的侦察机发现，"提尔皮茨"号便返回去了。前去拦击它的托维海军元帅也没有把它截住。"胜利"号上的飞机于 3 月 9 日发现了"提尔皮茨"号的踪迹。于是立即启动鱼雷飞机前去攻击。但是所有的攻击还是被它躲过了，并且在西佛尔特港找到了隐蔽之处。P.Q. 第十二号运输船队就此安全抵达目的地。4 月，德国的驱逐舰队和飞机对 P.Q. 第十三号运输船队进行了猛烈的攻击，以致十九只船只剩下了十四只。战斗中我方的巡洋舰"特立尼达"号被鱼雷击沉，而德国的一艘驱逐舰也被我方击沉。同样是 4 月，达斯卡帕湾迎来了美国的特种舰队，其中有航空母舰"黄蜂"号，六艘驱逐舰和两艘重巡洋舰，还有新战列舰"华盛顿"号，我们的力量顿时强大起来，这真是一件令人高兴的事。这样，我们想要攻击马达加斯加也不再是不可能。但是运输船队也就此一日比一日危险，一日比一日困难。又有三组船队在四五月间驶向苏联北部。第一队深入到了冰岛北部的巨大流冰群中，二十三艘船只有八艘抵达了目的地，剩下的十四艘被迫返了回来，还有一艘沉没。第二队和第三队运输船遭到的袭击日益严重，一共有十条船丧失。安全通过了五十条船并没有让人们多兴奋，因为在这过程中巡洋舰"爱丁堡"号被潜艇击沉。

1942 年 3 月末，我们的海运力量已经不能够支撑起美、英两国所提供的物资数量。这就导致了供应物资滞留和货运阻塞的情况大量增加。为此，莫斯科和华盛顿同时提出紧急要求，力求让我们尽可能多地承担运输任务。下面就是我给霍普金斯的回复。

首相致哈里·霍普金斯先生　　　　　　　　　　　1942 年 4 月 26 日

　　对你个人发来的电报我再次表示真诚的感谢，感谢你能及时反映运往俄国的货物积压的情况。

　　对于这个问题我们考虑得十分谨慎，并且参照了目前运输队的状况，形势非常紧张。今天，哈里曼已经收到了我们的情报，上面详细记载着我们在北方航线所有能够派遣的船队的编号，以及每一个运输船队的货轮的编号，此外还附有一些我们处理货运积压的建议。非常希望取得你的赞同。俄国那边我们也正在敦促他们在保护运输船队上付诸更多的方法和措施。

罗斯福总统致首相　　　　　　　　　　　　　　　1942 年 4 月 27 日

　　看了你给哈里的电报，事关俄国货运，不能够将物资及时地送给他们是非常严重的问题，这不仅仅是影响俄国政治那么简单，对此我深表担忧。在供应物资的运输上，我认为我们已经付出了非常大的努力，除了一些难以避免的原因，积压这些物资是非常错误的做法。今天早上，我在和庞德以及我的个人海军顾问谈论时发现，现在是非常困难的时期。所以，我非常希望你能够确定一下，究竟出动多大规模的舰队才能将冰岛上积压的货物运送出去。我非常愿意为此做出一些临时的变动，而且现在也确实能够这样做。而俄国军队此时则面临着即将袭来的猛攻，所以我认为不该在这个时候试图与俄国就物资供应数量问题上签订新的协议。如果在这个时候向斯大林提出物资即将停运的问题，不管是以什么理由，其导致的结果都必将是最不幸的，这是我的看法。

罗斯福总统致前海军人员   1942 年 4 月 20 日

就通往俄国的航运（已经装货或正在装货的）受到阻碍的现象，海军上将金已经给出了建议——5 月间再增加一个运输船队。对此我和庞德在今天早晨进行了探讨。在我看来，将这些货卸在英国或者重新装载，都会令俄国感到不安和难以忍受，所以我强烈建议不要那样做。我们急需要做的是：在 6 月 1 日之前，把一百零七只船全部开出去，不管是在美、英两国已经装货的还是正在装货的。金提出的建议我希望你能够接纳。出于轻重缓急的考量，我觉得这是我们运输船队运用最重要的一次。

在运输的过程中我们将会对载运量做出详细的记录，这样在 6 月 1 日以后我们就能够对载运的数据做出控制，使从冰岛输出的且获得认同的运输量保持在我们可能的运输量之下。这件事的困难性和重要性并重，所以我认为你有必要和庞德对金的建议做个探讨。

虽然我们也非常想这样做，但是我们根本不可能达到这些要求。

前海军人员致罗斯福总统   1942 年 5 月 2 日

1. 特此表示我最大的敬意。很抱歉我目前没有足够的能力达成你所提出的建议。我们横跨大西洋的护航力量实在太薄弱了，这一点也得到了海军上将金的认同。虽然已经定下了缩减的方法，但是一旦实行必将令整个运输团队陷入混乱的局面，而且这种局面至少要持续八周的时间。如果在这个时候敌人突然从东岸袭击，一路扫向大西洋中心，我们的主要生命线一定会受到非常严重的打击。

2. 仅凭反潜艇舰是不能解决俄国运输船队遭受干扰的问题的。敌人的驱逐舰和重型舰随时都有可能发出攻击。我们现在的这个运输船队就曾遭到过敌方驱逐舰的攻击。虽然后来把敌舰击退，但是我方的一只战舰也被击伤。"爱丁堡"号巡洋舰是我们最好的一艘战舰，拥有六英寸的炮筒，但却被敌方的潜艇重伤，现正拖往摩尔曼斯克修理；"特立尼达"号是上次船队运输时被击毁的，现在还停在那里。刚刚收到消息，我们的驱逐舰"旁遮普"号被"英王乔治五世"号撞沉，船上的深水炸弹被引爆，"英王乔治五世"号也遭到了灭顶之灾。所以，俄国的运输船队不仅仅是缺少反潜艇舰，而且还缺乏战斗力强大的水面战舰。在特隆赫姆，我们曾对"提尔皮茨"号发起攻击，准备就此一决胜负，但可惜的是我们只是接近了目标，并没有对其造成实质性的伤害。

3. 所以我极力请求你在做决定时一定要谨慎，不要强求我们在这项行动中做超出我们判断力的事情。虽然我们很仔细地研究过这项工作，但是我们还是无法预料到其所有的紧张情况。我们已经在尽心竭力地做这件事情了，我向你保证，总统先生，海军部那边我是不能再施加催促了。

4. 在克莱德港，已经接到了从冰岛出发的六艘船只，必须马上重新装货把它们填满。按照以往的经验，我们大略可以估算出我们船只调度的最大限度——两个月可以派出三个运输船队，每个运输船队是二十五艘或三十五艘的编制。

有庞德发给金海军上将的电报。

罗斯福总统致前海军人员   1942 年 5 月 3 日

在俄国运输船队的问题上，我们已经别无选择，只能尽力同意你的观点，但是，我非常希望你能把运输船队的力量维持在三十五艘。另外，对于一些必需品，要让俄方把限度降至最低，态度要坚决，因为"波黎勒"作战计划①的启动需要动用所有的船只和军需品。

斯大林元帅致丘吉尔首相　　　　　　　　　　　1942 年 5 月 6 日

我提出个要求。现在，在美国前往冰岛的入口处或者冰岛，有将近九十艘前往苏联的运输轮船被困在那里，上面全是各种重要的战争物资。据我们了解，英国海军在运输船队护航上的力量非常薄弱，所以我非常担心会耽误这些船只的航行。

对于这方面的难处，以及英国为此付出的血与汗的努力我完全了解。但是，向你提出要求是我的本职所在，所以我希望你能够尽可能地多采取一切方法，使以上物资能够在五月间抵达苏联，因为在我们的前线，急需这些物资。

在此致以最真诚的问候，祝你成功。

首相致斯大林总理　　　　　　　　　　　　　　1942 年 5 月 9 日

你的通知和问候我已经在 5 月 6 日收到，非常感谢。我们已经做出决定，将通道打通，向你方尽可能多地运送物资。不过，"提尔皮茨"号和其他敌方水面舰只都驻扎在特隆赫姆，所以我们每一次运输船队的航行都不得不用上舰队行动的排场。我们始终会竭尽全力。

想必你的海军顾问早已经向你说明情形，运输航线的两侧很有可能会出现潜艇、飞机和水面舰只，他们在敌人的控制下来自不同的基地，对运输船队的威胁非常大，随时都有可能发起攻击。为了

---

① 在进攻法国的主要战斗中的工作代号，也是后来"霸王"作战计划的基础——原注

解决这个难题，我们已经注入了一切可用的力量。同时也导致了我们在大西洋运输船队的护航力量骤减，也造成了极大的损失，我想你已经了解。

直白地讲，加强苏俄空军和海军力量的援助已经迫在眉睫，这样才能让我们的运输船队安全航行，我相信你会赞成这一建议。

斯大林元帅致首相   1942 年 5 月 13 日

来电已接收。

我写这封信是为了表达谢意的，非常感谢你能安排将战争物资最大限度地送往苏联。对于英国面临的困难，以及你们在完成任务时在海上正受严重损失的困扰，我们都非常了解。

之前你提及要让苏联的海军和空军加强援助，以保障运输船队的安全，这一点你大可放心，我们会立即采取一切力所能及的举措。但是我们的空军大都已经注入前线的战斗，海军力量也的确有限，非常希望你能够体谅。

谨致以我最深切的问候。

首相致伊斯梅将军，转参谋长委员会   1942 年 5 月 17 日

在这个关头停止派遣运输团队是两位总统极不认同的做法，不管是斯大林总统还是罗斯福总统。现在俄国人正在战场上激烈战斗，他们最希望的就是我们能跟他们一起分担危难，把我们应该做的事情做好。美国的船队已经列队候命。我知道，18 日必须启动这支运输船队，但是我此时的心情异常焦躁。如果能够有一半的运输船抵达目的地，这次行动就算是成功的。当然，如果事实不尽如人意的话，那必将大大影响到我们在两个主要同盟国中的分量。气候变幻无常，幸运也难以预料，或许会对我们有帮助吧？虽然我和你一样，对此忧心忡忡，

但是我感到更多的是肩上承担的责任。

*   *   *

我们的努力逐渐达到高潮，这时，有了P.Q.第十七号运输船队的消息。这支船队是6月27日从冰岛起航，开往阿尔汉格尔斯克的，总共有三十四艘商船。这支船队的护航阵容有两艘防空舰、六艘驱逐舰，还有两艘大潜艇和十一艘小潜艇。其中海军少将汉密尔顿指挥了两艘美国巡洋舰、两艘英国巡洋舰以及三艘驱逐舰，主要负责紧急援助。在挪威的北部海岸，沿着海岸线布置了十一艘潜艇，有两艘是苏联的，剩下的九艘是英国的，这样就有了有效的武力示警，一方面可以防止它们靠近，一方面可以在适当的时候对"提尔皮茨"号发起攻击。我方的主要掩护力量由海军总司令托维率领，在西部进行警戒巡逻，有航空母舰"胜利"号、战列舰"华盛顿"号和"约克公爵"号、一小队驱逐舰，以及三艘巡洋舰。

穿过熊岛北部之后，也就离德国的空军基地三百英里远，护航船队和运输队遭到了流冰群的阻碍。汉密尔顿将军接到海军部的命令——倘若护航运输船队真的遇到了敌方水面舰只的武力威胁，且护航船队完全可以与之对战，这时候再令巡洋舰前往熊岛东面也不迟。下达这样命令的目的很明显，就是不打算派他去攻击"提尔皮茨"号。同时，在距离熊岛西北一百五十英里的地区，海军司令率领的重型舰只正在潜伏，准备对"提尔皮茨"号发起突袭，其中航空母舰"胜利"号上的飞机就是先行攻击部队。7月1日，运输船队的行踪暴露，此后经常遭受敌人空军的尾随攻击。第一艘船被击沉是在7月4日的清晨；紧接着，在同一天晚上，运输船队距离熊岛一百五十英里远的时候，又有三艘船只遭到了敌方飞机的袭击，并被鱼雷击中。利用他的自由决定权，汉密尔顿将军始终和运输船队在一起。虽然报告声称"提尔皮茨"号已经在3日的午后就离开了特隆赫姆，但是它具体的行动消息以及其他德国重型舰只的行踪都得不到确定。

运输船队的行程和安危始终是海军部关心的重点，他们也为此陷入了焦灼的情绪之中。由于敌方正在实施追踪，海军部必须尽快对其情况进行研究，而且必须要依靠海军部当时所掌握的情报。我们在7月4日得到确切的消息，"提尔皮茨"号以及它的僚舰已经补足了燃料，现在正在去往拦截运输船队的路上。这次的攻击规模相当大，已经形成不可阻挡的趋势，与以前的空中袭击和潜艇袭击相比，这次的危险系数要比每次都高。面对德国人的雄厚兵力，汉密尔顿将军的巡洋舰根本不值一提，所以，运输船队只能在敌人到达之前尽可能地分散船只，这或许是保存一部分船只的唯一希望。每小时七八海里是商船的普遍速度，不过，现在敌舰大约十个小时就能从出发的港口抵达这里，所以时间非常紧张，监管分散的方法很起作用。第一海务大臣认为袭击即将到来，所以在当日的晚上，便以个人名义直接向汉密尔顿将军发出紧急通知，内容如下：

下午九时十一分

用最大的速度让巡洋舰从西方撤退是最正确的选择。

下午九时二十三分

运输船队应该分散向德国港口行进，船队受敌方水面舰只的威胁极大。

下午九时三十六分

分散运输船队。①

---

① 只有在遭受到水面舰只直接威胁的时候才会用分散的命令。运输船队中，每只船在接收到命令后所采取的行动在信号手册中都有详细的记载。——原注

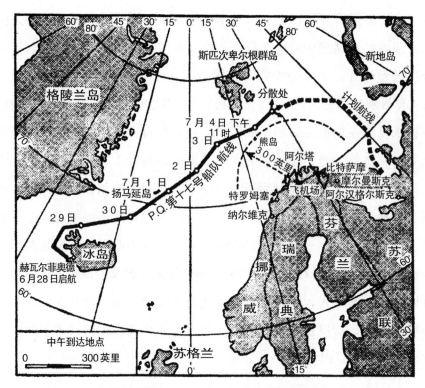

北极运输船队：P.Q. 第十七号运输船队的航线

　　这已经是下了死命令，指挥巡洋舰的司令根本没有选择的权利。这是必须坚决执行的命令。虽然这样让他很不甘心，但也只能放弃这些悲惨的运输船只，没的选择。根据出事地点所在的位置，我们的舰队又不能及时赶往支援。更不幸的是，负责掩护运输船队的驱逐舰也撤离了，就当时的情况来讲，这样的决定非常明智，他们不但要在后续的航程中将散开的船只重新组织在一起，还要在后续的航程中负责整个运输船队的保护工作，抵御潜艇的攻击和空袭。

　　庞德海军上将之所以会发出这样坚决的命令，是因为当时涉及的船只不仅仅是英国一方的船只。面对这场由英国指挥的大规模英美联合行动，庞德海军上将还是非常紧张的，他非常担心美国的两艘巡航舰和自己的战舰在第一次联合行动中就遭到灭顶之灾，所以才发出这些让人大吃一惊的命令。当然这都只是我的一些推测，不过也是基于对朋友的了解而做出的。这些问题我从未与他讨论过。这些命令是由第一海务大臣发出的，而且得到了海军部的审批，是非常秘密的事情，所以这些事情的具体细节直到战争结束后我才知道。

美国的巡洋舰队已经到指定地点待命。它们将在此静待一小时左右，如果没有海军部下达的新命令，它们将按照原来的命令迅速撤离，不管发生任何事情。事实上，战术上的形式并没有受他们最开始的行动影响。但是按照后续的发展来看，决定分散船只是非常轻率的做法。巡洋舰撤离得非常仓促，使得目睹这一切的运输船队顿时惊慌失措起来；倘若汉密尔顿将军能够在附近的区域盯着运输船队分散完毕，然后再撤离，那上述的混乱情况就会避免。"提尔皮茨"号很有可能随时出现在他们面前，这是他根据收到的信号唯一能做出的假设。

下面让我们谈谈德国的情况。在阿尔塔，敌军集结了"舍尔"号、"提尔皮茨"号和"西佩尔"号，还有一些附属的驱逐舰组成了庞大的舰队，离开港口的时候已经是 5 日的中午。这时，他们的空中侦探传来情报，英国的巡洋舰已经撤离，运输团队已经飞散航行。没过多长时间，一艘苏联国潜艇就第一个发现了德国舰的踪迹。这艘潜艇宣称对"提尔皮茨"号进行了袭击，并且打中了两处，不过事实证明这仅是谎报军情。紧接着，一艘英国的潜艇也发现了"提尔皮茨"号的踪迹，并且向上级报告了它的去向——东北方，并言明它的行驶速度极快。德国海军上将深知自己的行踪已经暴露，并处在空袭的范围之内；不害怕被英国空军袭击是不可能的，但是为了完成任务，他别无选择，只能极速前进。对于这个问题，德国的最高统帅部提出异议，并决定让这支舰队撤离，因为他们想起了"俾斯麦"号一年前的遭遇。经过正确的分析，他们认为用潜艇和飞机来袭击分散了的运输船队会更奏效。因此，当晚德国的重型舰就接到命令返回了港口。不过他们所营造出的巨大威胁成功地分散了护航运输船队。这次巨大的成功对德国来讲实在是太容易了，只是在这些航线露个面而已。

我们却尝受到了痛苦的后果。在潜艇和拦截飞机的轰炸下，那些分散了且没有任何保护的运输船只根本就是不堪一击。这些船只的悲惨经历几乎都可以写成一部传奇故事，它们或是一小队商船，或是一艘商船，还有的伴随着较小的一艘或一艘以上的护航舰。其中有一部分为了避难躲到了新地岛冰冻的海岸。离开冰岛的时候有三十四艘船只，途中却被击沉了二十三艘，这些船员或是在冰冻的海上死去，或是遭受冻伤，在痛苦和伤残中难以忍受。① 其中抵达阿尔汉格尔斯克港的有六艘美国商船、两艘英国商船、两艘苏联商船和一艘巴拿马商船，总共卸下了七万吨货物，在冰岛装载的时候有二十万吨。美国的商船总共损失了十四艘。在整个战争时期，海军的这次遭遇可以说是最惨不忍睹的事件。

我在 7 月 15 日用备忘录向第一海务大臣和海军大臣发出通知："原来下令让驱逐舰离开运输船队的是汉密尔顿——巡洋舰队的司令官，这一切我直到今天才知道。对于这样的决定，你当时是怎么想的？现在感觉如何？"已经针对有关人员的行为进行了调查，我很期待调查的结果。不过，虽然经过了很长时间的调查，最后却没有任何人受到处分。第一海务大臣所发的电报命令都有留存，根本没办法进行处分。我已经把跟我有关的一些事情暂时避开不谈了，这包括在后几章我要叙述的莫斯科和开罗之行，还有很多发生在我身上的事，但是现在我有必要叙述一下。"提尔皮茨"号和它的僚舰如果真的接近了运输船队和护航的巡洋舰，那么发出撤离巡洋舰的命令显然是最明智的，因为没有必要做一些无谓的牺牲，而分散航行则是运输船队获得生存的最大希望。在驱逐舰撤离以后，另一个问题凸

---

① 同时随从运输船队出发的，还有三艘救援舰。其中一艘沉没了。——原注

显了出来——燃料问题。在报告中，汉密尔顿将军指出，分散运输船队以后，各船的燃料告急，没有及时得到油船的供给。对于船队中的一些意外事件，他还做了详细的论述，那时船队对驱逐舰的需求非常迫切。但是，由于运输船队分散，面对优势海面的进攻，驱逐舰的抵抗效果极不乐观。撤离驱逐舰是非常错误的做法。为了保护商船，什么风险都应该承担。

针对这一不幸事件，自大战以来曾有美国作家对其大肆批评，因此不可避免地遭到了苏联政府的抱怨和责骂。这一悲惨的事件给了我们很大的教训。

* * *

P.Q.第十七号运输船队的惨痛遭遇给海军部提了个醒，他们提出要在极昼过去之后、北方浮冰群融化之前再启动北极运输船队。这样的决策在我看来是非常重要的，是一种不被失败打倒的精神，所以我认为加大这笔赌注才是最正确的选择，不应该因此而消弱。

首相致第一海务大臣及海军大臣   1942 年 7 月 15 日

请探讨一下以下几点：

依照目前提出的建议，本月从 18 日开始将暂时停止 P.Q.第十八号运输船队的运输工作。我们要对我们在马耳他的战况做出详细的了解。"胜利"号、"无畏"号、"鹰"号以及"阿尔戈斯"号在战况顺利的情况下会被调到斯科帕湾北部，此外还会调集五艘航空母舰进行辅助，调集驱逐舰至少二十五艘以及一切可用的"狄多"型舰。让拥有十六英寸炮筒的战列舰在驱逐舰和保护伞的掩护下直击南方，一定要选择晴朗天气发动攻击，要记得远离浮冰如果在船队运输的过程中有一百架以上的战斗机进行掩护，那我们想要重新开辟出运输航道将非常容易，当然，如果能够完成一次舰队的航行那是求之不得的好事。

但是，这一方针并不会得到海军部朋友们的同意，我也不能够说服他们。因为我们的一部分舰只在军事重要性上相比北极运输船队更加突出，而且都是我们所急需的。于是，在取得总统的首肯后，我给斯大林发出了电报，内容如下：

首相致斯大林元帅　　　　　　　　　　　　　　　1942 年 7 月 17 日

从 1941 年 8 月到 12 月，我们不间断地派出小型运输船队前往俄国北部，并且没有受到德国人的任何干扰。但是到了 1942 年 2 月以后，运输船队的扩张，引起了德国的注意，他们向挪威北部派遣了大量的飞机以及一只力量非常强大的潜艇队，对运输船队造成了严重的威胁。不过，只要条件允许，援助以最富力量的潜艇舰只以及驱逐舰，运输船队的损失就能降到最低，即便有所损失而不至于像之前损失得那么严重。只是德国人发现仅仅依靠潜艇队和飞机打击力度明显不够，于是开始动用水面舰只对运输船队进行全面打击。值得庆幸的是，在一开始，他们把潜艇派往了东面，而重型舰则完全聚集于熊岛西面。这使得我们的本土舰队逃脱了敌人水面舰只的攻击。到了 5 月份，运输船队出发之前海军部曾提醒我们：如果所料不差，德国人势必将他们的水面舰只调往熊岛东面，这样一来会对我们的运输船队造成巨大的损失。但是我们别无选择，只能继续向外派遣运输船队。不过值得说明的是，我方并没有遭遇敌方水面舰只的攻击，造成我方运输船队损失六分之一的主要是来自空中的袭击。不过，P.Q. 第十七号运输船队的状况就比较糟糕了，德国人选择的攻击方式也正是我们最担心的。在熊岛西面，他们汇集了大量的潜艇；而在熊岛的东面，他们也预留了大量的水面舰只时刻准备发出攻击。到目前为止，P.Q. 第十七号运输船队的最终结局尚难预料。不过我们能了解到的是，当时有六艘船只躲在新地岛的港口内，还时刻存在遭受空袭的危险，而抵达阿尔汉格尔斯克的船只只有四艘。所以，最终能保存下来的恐怕也只有三分之一。

一旦敌人的战斗舰队方位发生改变，矛头指向极北地区，我有必要讲明运输船队此时所面临的困难和危险。如果将我们的本土舰队开往非常靠近德国陆上基地的地区，那是极不明智的，我们很可能会因此受到德国陆地起飞的飞机的袭击；同样，冒险将我们的本土舰队开往熊岛东面也是错误的做法，这是我们一致的看法。我们威力强大的战舰非常有限，如果在这关头损失了一两艘或者遭到重创，而"提尔皮茨"号和它的僚舰依旧有作战能力，那么"沙恩霍斯特"号出现以后，他们将暂时夺走我们在大西洋的所有控制权。我们的粮食供应就会因此受到严重的影响，相应的，我们的战斗力也会被消弱。更严重的是，横渡大西洋的美国巨大运输船队会因此遭到严重的阻碍，使得每月八万人的运输量越发艰难，想在1943年开辟出强有力的第二战场最终会成为泡影。

另外，我的海军顾问告诉我，德国的潜水艇、空军力量以及水面舰只如果能够始终保持现在这样的状况，那我们驶往俄国北部的所有运输船都必将难免于难。如果在极昼期间进行运输船队的航行，那么连他们自己也很难确定是否会比 P.Q. 第十七号运输船队幸运。所以，继续派出 P.Q. 第十八号运输船队只会给我们造成更多的损失，并不会带来更多的好处，这是我们能得出的唯一结论，对此我深感抱歉。不过我可以向你保证，如果我们能使派遣出的船队有一定比例到达你处，我们一定会立马恢复船队运输。所以，就像他们现在对我们做的那样，使得巴伦支海成为德国战舰的危险地带，这才是主要问题。在我们运用我们的共同力量的时候，这是我们必须要明确的东西。如果让我派一名空军的皇家高级军官前往俄国北部和你方商定计划，那我会非常愿意。

此外，我们已经做好准备，将一部分原属于 P.Q. 运输船队的船只派往波斯湾，即刻起航。

北方的联合行动你曾提及过。不过从目前的情况来看，我们不仅仅是在运输船队上受到了影响，往挪威北部运送陆军、空军部队也受到了严重的影响。但是联合行动必须要执行，即便是不能够确定具体时间，可能的时间也是需要我们的军官一起来考虑的，或是在 10 月内，或是在 10 月以后。当然，最好的情况就是你们能派军官来我这里；如果有什么困难，我们可以派军官去你们那里。

以上是关于北方联合行动的事情，同时，如何对你们的南线进行协助也是我们现在正在研究的问题。如果我们能够在驱逐隆美尔上取得胜利的话，那我们将会在秋季腾出部分战力极强的空军对你们的左翼战线进行支援。说实话，这些部队横跨整个波斯航线，对他们进行补给一定会对你们的供应造成影响；我只能希望我能很快地想出两全其美的办法。不过，驱逐隆美尔是我们目前的第一要务，这场战斗是非常激烈的。

斯大林总理，能够得到你的允许，让三个波兰师加入他们在巴勒斯坦的同胞的战役中去，是非常有益于我们的共同利益的，这一点我非常确定。在巴勒斯坦，我们将对他们进行全面武装。在未来的战斗中，这些部队的作用和意义将十分重大，他们会使土耳其人感到南部兵力的扩充，增加战斗的信心。你们的这个计划我们十分重视，但是需要提醒的是，如果波兰随军携带过多的妇孺，而且这些妇孺还要依靠波兰士兵的口粮维持生计，那很可能会使得整个计划夭折。毫无疑问，对这些依赖者进行粮食供应必然会加大我们的战争负担。当然，如果是为了组织出一支对我们忠实有用的波兰军队，选择承受这一负担在我们看来也是非常值得的。地中海东岸的各个国家的粮食都非常紧缺，我们自己也是这样，但是印度那边很富余，最好是能够运到这边来。

这支波兰部队如果不能为我们所用，那我们将不得不从现有的部队中调出一部分来填充他们的位置，而且我们只能在已经准备好的即将对大陆进行大规模进攻的英美部队中抽取。为了迎接我们的准备，德国特意从俄国南部调出了两个重型轰炸机部队中队，现在已经抵达法国。在你们的伟大战争中，我们和美国人一定会给予你们强有力的支援，这一点请你们相信。对于地理因素、海水以及人为造成的空军威胁，我和总统一直在寻找克服的方法。

这个答复显然是大发雷霆的，我都不想提及。

斯大林元帅致丘吉尔首相　　　　　　　　　　　　1942 年 7 月 23 日

1.7 月 17 日的来电已收到。从这里我看出你想要表达的有两点。其一，英国政府已经决定放弃通过北方航线向苏联运送战争物资。其二，事先谈好的协议公报将被英国政府无视，把 1942 年就该开辟的非常紧迫的第二战场推延到 1943 年。

2.对于英国海军专家提出的理由，我们的海军专家进行了特别的研究，很显然，停止运输船队向苏联北方港口运输物资的理由不能够让人信服。他们一致认为，只要有足够的诚意，并且对约定的任务贯彻实施，那么想要击退敌人，使运输船队维持正常运转并不是做不到。还有一件事情让我们的专家非常费解，那就是海军部突然下达命令让 P.Q. 第十七号运输船队返航。这是什么用意？只因这个命令，所有的货船不得不分散航行，散乱地向着苏联港口行驶，没有任何保护。定期开往苏联北方港口的运输船队不可能不经历任何危险或者损失就能圆满完成任务。诚然，一件重大工作在完成的过程中肯定也会经历一些危险和损失。现在，苏德前线的战斗十分紧张，战争物资的匮乏有甚于以往的每一次战争，所以，出现英国政府停止运输物资的情况是我极不愿意看到的。而且，停止北方港口的运输船队所造成的损失远远不是改道波斯湾所能弥补的。

3. 至于在欧洲开辟第二战场的问题，我想它或许就没有引起足够的重视。基于苏德目前前线的局势，我必须特别说明，推延到1943年再在欧洲开辟第二战场苏联政府绝不同意。

我的意见以及我的同事们的一些意见都在这里，希望我的坦率直言不会导致你的不快。

这些论断的根据并不绝对。在订立协议之初我们就已经明确规定，战争物资是由苏联人自己负责运回苏联的，所以从"约定的义务"上讲，我们根本没有破坏往苏联港口运输战争物资的协定。我们只是因为善意的支持，才会额外承担起一些运输工作。还有，苏联谴责我方破坏1942年在欧洲开辟第二战场的说法，我们完全可以通过我们的备忘录做出答复。但是，我不会因此去和苏联政府争辩什么，这对双方都没有什么益处。我想：他们肯定非常乐意看着我们陷入绝境吧？而且内心一定和希特勒一样兴奋。话说回来，哪怕是我们处在同一战线，英美两国在承受危险和损失为他们运送物资进行援助时也很少得到他们的同情。

对于这个看法，罗斯福总统深表认同。

罗斯福总统致前海军人员　　　　　　　　　　1942年7月29日

你的意见我完全同意，但是在回复斯大林的时候要谨慎措辞。我们应该时时刻刻牢记我们的同盟国现在所面临的危险以及他们的人格。当一个国家正在遭受侵略的时候，我们不能强求他的子民会以世界的观点来对战争进行分析。我们所能做的只是站在他们的角度来思考一下。我们应该给他一个非常明确的答复，告诉他我们在

1942 年以内一定会有所行动。虽然不一定要把我们的所有作战计划的详情通知给他，但是无论如何都要向他表明我们当前正在努力执行的事情。

另外，在北方运输船队的问题上，你不应该让斯大林的希望脱离现实。你的意见我非常赞同，如果有可能成功的话，我们无论如何都该派出一支船队，哪怕是面临的危险很大。

如果能够将我们的空军直接投入俄国的战线，那是最好的，也始终是我所期望的，这个问题目前是我研究的重点。我想，最不明智的做法就是增加空军的力量只为了取得埃及战场上的胜利。俄国现在的需求非常紧急。而且我能体会到，俄国的军队和人民一旦知道我们是如此直接地与他们并肩作战，他们一定会信心倍增。

从战略意义上讲，我始终相信不论是我们目前的部队，还是计划使用的联合空军部队，都非常优秀，不过斯大林可能不这样认为，我认为是这样。至于战略理论上的讨论，我敢肯定斯大林不会参加，不同于我们的主要战争行动，现在对他计划的最好支持就是派遣空军给他前线南端直接的援助。

所以，我的决定就是先不予回复，暂且不理会斯大林那封抱怨的电报。因为目前的战争正处于决定成败的重要时期，而且俄国的军队也遭受了严重的损失。

*　　*　　*

1942 年 8 月 26 日，德国海军司令部和元首召开了一次会议，会议中海军上将雷德尔在报告中指出：

同盟国明显没有再次派遣运输船队。所以我们不得不做出一些推测：很可能是我们的飞机和潜艇在他们最后一次运输中给他们造成了严重的损害，所以他们不得不先选择放弃继续这条航线，也可能他们是有了新的途径。英国人是怎样安排整个战局的，这对俄国北部港口的物资供应起了决定性作用。为了使德国的兵力受到最大的牵制，他们一定会对俄国的力量大加支持。当然也不排除敌人会继续向俄国北部运送物资的可能，这是很可能发生的事，所以海军部在撤离的时候有必要沿着原有路线保留一些潜艇。在挪威的北部，德国将驻扎大部分舰队。原因很简单，这样不但可以对有可能会出现的运输船只进行威胁，也可以防止敌人的入侵。所以想要避免这个危险，我们只能让我们的舰队停靠在挪威的海面。另外，这样做还有其特殊的重大意义——德国"现有舰队"对英国的本土舰队造成了一定的牵制，最明显的就是在大西洋和地中海，英美海军受到了沉重的打击和严重的损失。这种做法的重要性日本人同样清楚。当然，日渐强悍的近海敌人的水雷的威胁也是一个重要原因，所以，只有在进行修理或者训练的时候，海军舰艇才会移动。

*　　*　　*

另一支运输船队开始往俄国北部进发已经是 9 月了。此时的护航计划已经做出了修改，这次，运输船队的护航队由十六艘驱逐舰和一艘第一次服役的新型护航航空母舰——"复仇者"号组成。驱逐舰将船队严密保护起来，而"复仇者"号则装载了十二架战斗机。除此之外，英国舰队还做好了支援的准备，这一点和以前一样。而德国的水面舰只此时则心生退意，只留下了潜艇和飞机负责袭击。最后，我们在这里展开了一场非常恐怖的空战，敌人前来空袭的飞机一共有一百架，被我们击落了二十四架。而我们的运输船也在这场战斗中失踪了十艘，此外，还被潜艇击沉了两艘。但值得高兴的是，我们不但成功地将航道打通，而且还有二十七艘船保留了下来。

（1941 年—1942 年）苏联北部物资输送情况						
抵达苏联港口的数量（数字为约计数）						
1941 年						
	运输船数量		货物数量				
	英国商船	美国商船	车辆（辆）	坦克（辆）	飞机（架）	弹药及其他必需品（吨）	原油及石油（吨）
英国物资	34	14	867	446	676	75,512	0
美国物资			1,506	35	29	11,460	24,900
总计	34	14	2,373	481	705	86,972	24,900
1942 年						
英国物资	68	103	3,029	1,347	1,312	190,263	0
美国物资			18,998	1,448	648	337,429	44,583
总计	68	103	22,027	2,795	1,960	527,692	44,583
到达总数						
1941 年—1942 年到达总数	102	117	24,400	3,276	2,665	614,664	69,483
海上折损数						
1941 年—1942 年总数	22	42	8,422	1,226	656	232,483	7,373

* * *

根据图表所记，当时我们不但要承担运输队的所有重担，还要尽量为苏联提供大量的飞机以及数量巨大的坦克，要知道，当时的我们资源也是十分紧缺的。因此，在面对那些讽刺我们在苏联危难之际不施以援手的人们的时候，我们的这些数据就是最好的辩证。面对着艰难险阻依旧英勇无畏的同盟国，我们已经将我们的心血交付给了你们。

* * *

1942 年，皇家海军所做出的努力都是徒劳的，没有一丝的胜利希望，我们只能对未来的日子满怀希望。P.Q. 第十八号运输船队于 1942 年 9 月抵达，而后派往苏联的运输队又出现了断档。没过多久，北非大战一触即发，几乎牵制住了我们在内海的所有海军力量。不过，我们一直都在研究如何囤积供应品运往英国以及加强对未来运输船队的保护。所以，下一次的运输船队直到 12 月底才开始起航。这次，运输船队分成了两批，由六七艘驱逐舰护航，本土舰队负责掩护。第一批运输船队非常顺利地抵达了，第二批运输船队却遇到了阻碍。12 月 31 日早晨，船队行驶到了距离北角大约一百五十英里的海面，这时，驱逐舰"奥斯洛"号上指挥护航舰队的海军上校 R. 萨布鲁克发现了三艘敌方驱逐舰的踪迹。于是他马上掉转船头对其进行攻击。战斗刚刚开始，德国重型巡洋舰"西佩尔"号便出现在海面。英国的驱逐舰与这艘威力强大的德国重型舰战斗了将近一个小时。受到炮火闪光的吸引，二十五英里外的海军上将伯纳特以及两艘英国巡洋舰"牙买加"号和"谢菲尔德"号纷纷赶来。这支舰队直冲南面，迎上了德国的袖珍战舰"鲁佐夫"号，交火没多长时间，"鲁佐夫"号便趁着夜色未消向西方逃遁。德国的舰队司令误以为这两艘英国巡洋舰只是作战舰队的先头部队，便急忙撤退。这次战斗非常短暂，其中一艘德国驱逐舰被"谢菲尔德"号近距离击沉。紧接着便展开了一场追击战。其中，在萨布鲁克保护下的运输船队遭到了两艘德国重型军舰以及六艘保护它们的驱逐舰的袭击，不过安然无恙。

最后，运输船队安全抵达了苏联领海，中间只损失了一艘驱逐舰，还有一艘运输船受了一些轻伤。战斗中，海军上校萨布鲁克的伤势十分严重，有一只眼睛失明，但是仍旧坚持作战，并亲自指挥战斗。由于其出色的领导力，他最后获得了维多利亚十字勋章。

这场战斗在德国最高统帅内部引起了非常大的反应。当时的电信延误，英国最高统帅部第一时间知道这件事是通过英国的广播。为此希特勒勃然大怒。此时戈林也是止不住地抱怨浪费德国空军部队去保护海军的主力舰只是非常错误的做法，本来这些舰只他就曾建议过要退役的，这无异于是给正在焦急、愤怒地等待战斗结果的希特勒火上浇油。接到命令，海军上将雷德尔立马做出报告。1月6日召开了海军会议。对于德国海军过去的成就，希特勒进行了抨击，在这番长篇大论中言词非常激烈。"元首决定将一些较大的船只废弃，并不是对它们的贬低和压制。相反，如果撤销一支具有很强战斗力的舰队，那才是对它们真正的贬低和压制。这一点在陆军上的体现就是将所有的骑兵师撤销。"对于违反规定善用退役主力舰的情况，雷德尔依照命令给出了书面报告。这份报告被希特勒收到以后便受到了他的大肆嘲笑，同时，希特勒换任邓尼茨作为雷德尔的继任者，并让他给出合乎要求的具体计划。就德国空军和海军的前途，雷德尔与戈林在希特勒的周围发生了激烈的冲突。自1928年以来，就他主持下所做出的贡献，雷德尔进行了顽强的申辩。他曾多次提出建议成立一支独立的海军航空兵部队，但是由于在海上空军比海军更容易完成任务，所以这件事一直被戈林拖到现在。最后，戈林取得了胜利。1月30日，雷德尔辞职。继任者邓尼茨是非常有野心的潜艇司令。自此以后，潜艇便霸占了一切新舰的有效建造。

在这一年的年底，英国皇家空军就是这样终结了德国想要建立一支公海舰队的想法；同时，在保护驶往苏联的一支同盟国的运输船队的战役中，直接导致了敌方海军在海军政策上的严重危机。

第十六章　空中的军事行动

1942 年 2 月 27 日袭击布伦艾瓦——取得无价战利品——有待处理的细节——"火石"——伟大功绩——我方轰炸机的投弹是否准确——利用装置对轰炸机进行引导——"前进"——"欧波"——"硫化氢"——对德国新一轮的轰炸计划——"硫化氢"的生产进度非常慢——"硫化氢"在反潜艇战役中的威力——空中雷达对海面的搜索——敌人的定向设备我们可以拿来共享——我方采取新的轰炸方式让希特勒产生的反应——对抗德国夜间战斗机——坎门胡贝尔线——被形容成"窗口"的设计——是否运用这种方法让我们犹豫不定——此方法的效果非常惊人

　　1941 年冬，据我方情报部门报告，德国人很可能在运用一种新型雷达仪器，为他们的高射炮测量我方飞机的航向和距离。这种仪器听说是钵形的，像是一个特大号的电热器。不过我们的谍报人员也有空中摄影设备和对空听音设备，很容易就探测出其方位，首先探测出的是有很多电台分布在欧洲北海岸，而设置在离勒阿佛尔不远的安蒂斐尔角上的那一座电台很可能就是他们的新设备。我们对这件事的怀疑在 1941 年 12 月 3 日得到了来访的摄影侦察部队的某中队长的验证。翌日，他亲自开着飞机去测定那座电台。12 月 5 日，他再次对该电台进行了探测，并成功地拍摄了一张非常棒的照片。这些东西是我们的科学家非常渴求的。该电台设在高达四百英尺的悬崖上，不过不远处有一片可供飞机降落的浅滩。因此，我们组织突击队进行突袭的计划便悄然而行。

1942 年 2 月 27 日夜里，雪花漫天，一支伞兵在午夜时分在德国电台后面的崖顶上降落，将守军团团包围。一同跟伞兵前往的还有一队工兵以及一名皇家空军无线电机械师，他们都接受了详细的指令，如果可能的话尽量把设备拆卸带走，剩下的设备也要绘制草图或者拍摄照片，当然，能俘获一名德国报务人员就更好了。不过时间表上出现误差，使得他们的整个工作时间由半个小时缩减到十分钟，不过这并没有影响到他们任务的完成。他们找到了大部分设备，并且在火光中进行拆卸，运回了沙滩。早已在此等候的海军立即把这队人马带走。就这样，德国雷达防务中的关键性设备的主要部分被我们获取，此外，我们还获得了许多情报，对我们展开空中攻势极为有利。

*   *   *

我们的间谍网通过搜集雷达情报迅速扩张，再借助于一些中立国家的友好人士带来的被占领的国家的情报，使得我们在 1942 年对德国的防务知识了解得越来越多。提到"中立国的友好人士"以及"间谍"，比利时人所做出的努力功不可没。1942 年，有关"谍报"这个题目，他们所提供的线索高达百分之八十，其中还有一幅地图，关系十分重大。这是一幅偷来的地图，源自比利时境内德国雷达部队和探照灯部队指挥官，位于德国夜间战斗机北部两个战区的航线内。根据这份地图以及其他的情报，我们的专家完全可以破译德国防空系统中我们不理解的部分。1942 年年底，我们已经对敌对系统的操作流程以及我们对付它的计划有了充分的准备。

但是，还有一个细节我们尚不清楚，等我们察觉到的时候已经是很多个月以后的事情了。也就是在 1942 年的年底，林德曼（现已成为彻韦尔勋爵）教授向我传达了一个信息——德国人已经在他们的夜间战斗机上安装了一种新装置。这种雷达装置的设计主要是为了追踪我方的轰炸机，但是我们除了知道它被称为"火石"之外，对其他一无所知。所以，我们在展开空中攻势之前，有必要对这种装置的情况做出详细的了解。1942年12月2日晚上，为了引诱敌人，我们派出了第一百九十二中队的一架飞机。这架飞机几次遭到了装有"火石"发射电波的敌方夜间战斗机的袭击。机组的所有人员几乎全被击中。听取敌方飞机辐射电波的特殊技术人员头部受伤，不过仍继续进行仔细观察。无线电报人员也伤势严重，不过他最后选择在拉姆斯哥特上空跳伞降落，这也使得一些重要的观察资料以及他自身的性命得以保存。剩下的机组人员最后把飞机开向了海面，这主要是因为飞机的受损程度已经不足以支持地面降落了。最后他们被一艘来自迪尔的小船搭救。正是这次行动让我们对德国夜间防御的知识有了全面的认识，补齐了我们的短板。

＊　　＊　　＊

早在1940年，林德曼教授就对我方轰炸的准确度提出质疑，为此，我特别在1941年对轰炸司令部的调查工作中命令由他负责的统计处全权负责。调查显示，正如我们所担心的那样。据我们了解，很普遍的情况就是轰炸司令部认为自己发现了目标，却有三分之二的机组人员连目标周围五英里以内的地区都不能投中。通过空中摄影我们也可以认识到，我们对敌人造成的伤害微乎其微。我想机组人员对此也应该有所感知，所以，冒着非常大的危险取得那么一点点的战果实在让人有些灰心丧气。如果我们在这方面没有什么改进的话，那继续进行夜间轰炸肯定也是徒劳的。1941年9月3日，我发出了备忘录，内容如下：

首相致空军参谋长

　　内附文件(就6、7月份对德国轰炸的战果,彻韦尔勋爵做出的报告)

　　非常重要，希望能够引起你的重视，也希望你能提出一些有效的实施措施和建议，我等待你的消息。

　　对于如何让我们的轰炸机飞临目标，我们之前提出过好几种用无线电来引导的设想，但是我们始终没有去尝试这个非常复杂的问题，因为我们在这之前根本就没有意识到我们的轰炸是多么不准确。不过现在我们已经开始高度关注这个问题了。在此之前，我们曾研究过一种叫作"前进"的方法，利用这种方法让英国国内三个相距很远的电台向外发出电波。这样就可以通过所掌握的准确电波传到某架飞机的时间来给飞机测定位置，这样就能使误差缩小在一英里以内。这种改进了的技术在我们袭击了布伦艾瓦将近十天以后便开始大规模运用。凭借这一技术，大多数鲁尔地区的目标都被我们扫荡，只是想要深入德国依旧很难。这一时期，我们还轰炸了罗斯托克与吕贝克，值得说明的是，在这里我们并没有用"前进"这一方法，而使用的"欧波"，这是与"前进"类似的一种方法，只不过要比之更加准确有效。但是这种方法也是有弊端的，那就是需要在一段时间内做直线飞行，如此一来遭受高射炮袭击的危险就大大增加。除此之外，它还和"前进"一样，都不能沿着地球表面的弧线进行传递，因为所设计的无线电电波实在是太短了。所以它只能在高出地平线的特定高度和距离的飞机上才能使用——高两万五千英尺左右，两百英里距离。这就使得我们的攻击区域大大减小。所以我们对更好的方法的需求仍然很迫切。

　　这种想法自1941年被证明切实可行之后，林德曼教授就做出论证，他认为把雷达安在飞机上，就可以把飞机飞经地面的地图映射在座舱的荧光屏上。这种情况下，轰炸机如果再借助"前进"的方法进行导航，那么完全可以在距离目标大约五十英里处就将这种雷达的开关打开，在云雾中投放炸弹，这样发生误差和受到干扰的程度将大大降低。这就完全解决了距离的问题。飞机可以随时随处带着雷达眼，而雷达眼又可以在黑暗中作为眼睛，探测整个地面。

后来用"硫化氢"作为密码代号的方法就是这种方法，不过它在很长一段时间里都是非常坎坷的，甚至总会有人泼冷水说这必然会毫无成就。但是，我们始终没有放弃，就像备忘录中记载的一样，我们最终取得了巨大的成果。我们利用的是一种超短波。飞机荧光屏上图像的清晰度会随着电波的变短而越来越清晰。人们称这种电波为微波，其开发和研制全由英国负责，是海陆无线电战争中的一大变革。后来，德国人通过某种途径获得了它，并进行仿制，这就与现在没太大关系了。现在是非常紧急的时期，我们只专心于科学研究，其他都暂置一旁。首先我们要做的是打造一个模型，让它能够进行实际操作。它如果能够切实运行，我们会进行大规模的生产，并安装在我们的飞机上，让我们的每一个机组人员都学会使用它的方法。但是试验所要花费的时间不定，一旦花费的时间太多那必定会拖延整个制造过程，如此一来，我们会很长一段时间不能够进行准确的轰炸。

*　　　*　　　*

首相致空军大臣　　　　　　　　　　　　　　　1942 年 4 月 14 日

现在，我们已经满怀信心和期望，准备在明年冬季对德国进行猛烈轰炸；为了不辜负对此贡献巨大力量的国人们，我们定当竭尽全力。空军部的责任重大，必须保证运用自己支配下的飞机将最有力的炸弹尽可能多地投放到德国的城市中。也只有保证我们在投落大部分炸弹后对敌方造成了严重的损失，才能证明我们现在所采取的攻击形式是非常具有优势的。而且，为了保证成功，我们还必须做到以下几条：

1. 让机组人员练习使用盲投装置是必需的；我们会在秋季将大部分夜间轰炸机安装上此装置。

2. 领航员在使用星辰导航时，会在使用六分仪座上出现困难，我们必须找出原因，克服困难；此外，还要让他们保证，必须能够利用这种方法进入目标所在的十二英里至十五英里之内，后续的工作交给盲目轰炸装置就可以了。

3. 要清楚实际情况，我们不想看见糟糕的天气致使我们满怀期望的大批量轰炸机不能正常出动。所以，适宜的跑道、指引返航飞机着陆的装置、还有可能需要的驱雾装置等等都要有所准备；此外，在飞机中安装盲目轰炸装置以及融冰装置也是必须的。

4. 烧夷弹以及装药率高的炸弹的数量要备足，为了达到此目的，可以忽略一些对穿透力的要求。在去年 7 月份我就曾经提出过这个要求，所以我们已经得到过保证，定然不会有所或缺。不过，值得提醒的是，我们大批量储存的一千磅和五百磅的炸弹仍属于旧型的，非常不好用。

敌人的防御方法很可能不管是在地面上的还是在空中的，都已经得到了改进，所以我们必须要有这方面的前瞻性。不过，我知道现在已经准备好了对付敌人的所有东西。在这段时期，我们会一直尽我们最大的努力提供支持。你慢慢会了解到，齐心协力是很多事情所必需的，这一点毋庸置疑。如此一来，我们可以在需要的时候第一时间将这些装置安装投入使用。

我们在三个星期后召开了一次会议，并且对一项紧急方案予以批准。

首相致空军大臣   1942 年 5 月 6 日

据我了解，4 月 14 日我在备忘录中提到的一些事情已经办妥，我感到非常高兴。

我希望有关"硫化氢"的大订单已经安排妥当，这种仪器的完成一定要准时，我不希望有任何理由成为它的阻碍。如果一切都按照我们希望中的那样顺利进行，那在明年的冬季我们的战局将会出现很大的变化。

在你的报告中曾提出，飞机制造部在今年年底之前不能达到供应中等爆炸力的炸弹的数量要求，这让我十分震惊。我曾在去年的7月份就向你说过这个问题，而且你当时的回答是他们会尽快供应。但是现在来看，他们好像还在等锤击试验。的确，如果运用薄弹壁装的高爆炸力的炸弹来进行大量投掷，那就再好不过了，这样既能使得轰炸有效，又能让我们省去很多投入轰炸工作的力量。

目前，重要的事项都已经着手处理了，但是有些事情仍需专门指派固定的人来处理，让他们在恰当的时间节点采取相应的措施，并且每月都要进行汇报，以便这些事情能应时完成。这样的事情还有很多。听闻罗伯特·伦维克爵士的事业经验和魄力都相当出色，曾在"前进"装置上做过很大的贡献。他或许可以成为你最佳的选择对象。如果我们的轰炸计划因为你们的某项工作没能如期完成而遭到延迟或者受到影响，那是非常不幸的。

制造厂为此十分焦躁，不过我在6月7日写出了以下信件：

首相致空军大臣   1942年6月7日

"硫化氢"的初步试验听说非常成功，为此我感到十分高兴。但让我焦急的是，对生产进度的规定竟是如此缓慢，8月和12月分别生产了三套和十二套，这连初步问题都解决不了。虽说我们并不是将所有的轰炸机都安装上这种装置，但是最起码也要做到差不多够用的数量啊！只有这样我们在秋季的时候才能使我们的轰炸机看见目标，所以，在这种装置的生产上，任何事情都不得对其造成影响。

下星期我准备召开会议对这个问题再讨论一下，最好能够找出更好的办法。我们第二次大规模的空袭效果相当差劲，这使得这种装置的生产更加紧迫。

你能够与飞机制造大臣进行协商，并任用罗伯特·伦维克爵士参加这项工作，来促成这项使无线电设备加快生产的工作让我十分欣慰。但值得注意的是，用过多的零散仪器来分散他的精力是不可取的。我们的主要问题是击中目标，而这个目的我们通过"硫化氢"就能够达到。虽然其他的所有项目也是有用的，但是我们现在最迫切的就是对这种装置的需求。

像机场、跑道、训练和炸弹等等，这些工作都急需一起进行。也正是出于这种原因，我建议由罗伯特·伦维克爵士全权负责这项工作，这才是正确的选择。很明显，将这些协调起来是非常困难的，但同时又是我们所急需的，这也是毋庸置疑的。当然，如果你认为不能让罗伯特·伦维克爵士全权负责此事的话，我同意你可以改变人选，并让所有相关事项共同进步，这样我们就不会在最后才察觉有疏漏的项目。在我看来，仅仅由空军按照正常的程序来办这件事是有些牵强的。

你曾在 1941 年 7 月 19 日的备忘录里向我汇报过炸弹的事情，说你已经做了一份五百磅特制炸弹的订单，与此同时，你还说你在设计一种较大的炸弹。你在几次会议中都提到过这种炸弹的威力比普通炸弹要好得多；但是，让我失望的是，我们花了那么大的力气去装载这些炸弹，这些炸弹的威力却只有理论上的一半。

*　　*　　*

鉴于"硫化氢"对我们轰炸行动的重要性，决定让空军大臣来亲自办理此事。

首相致空军大臣　　　　　　　　　　　　　　　1942 年 6 月 15 日

非常高兴你能亲自主持这项工作。在此期间，希望你能保持与彻韦尔勋爵的联系，这样你就可以通过他了解到我的一些观点。

在星期三上午的十一点，我希望能再举行一次会议，会议的重点还是"硫化氢"的问题。

这种装置用于作战始自 1943 年。当时有个导航机组，是几个月前模仿德国的第一百战斗小组编制的，我们将这种装置发了下去。效果非常明显。同时，它还能代替空中对海面搜索雷达，而不仅仅限于地面的轰炸。曾经有很长一段时间我们都是以飞机携带空中使用的雷达为主，用来对海上的水面舰只进行探察。这种被称为空中对海面的搜索雷达。不过，到了 1942 年的秋季，德国人在他们的潜艇中安装了一种收波器。这种收波器是特别制作的，专门用来查知这种仪器所发出的信号。这样一来，德国舰艇便可以通过潜入海底来躲避袭击。这一动作的直接表现就是，我们空军海防总队击沉敌方潜艇的数目越来越少，相反，我们的商船损失数目越来越多。而换下空中对海面搜索雷达，以"硫化氢"取代，其效果相当明显。1943 年，在使用"硫化氢"来击败敌方潜艇的战役中，"硫化氢"的功劳很大。但是它仍旧在赶制中，因此在这之前我们不得不向罗斯福总统请求援助，最后，他慷慨地伸出了援助之手。

前海军人员致罗斯福总统   1942 年 11 月 20 日

1. 装有空中对海面搜索雷达的远航飞机是保护我们运输船队最有效的工具，同时也是歼击敌人潜艇的有力武器。

2. 不过最近德国潜艇安装了一种新型仪器，可以收听到我方空中对海面搜索雷达设备发出的一米半波长的电波，如此一来，他们的潜艇完全可以在我方飞机飞临现场之前潜到海底藏起来。如果遇到坏天气，我们白天在比斯开湾的巡逻将有大部分是无效的；夜里更是完全失去了效果，哪怕是借助探照灯巡逻也是如此。所以我们越来越难发现敌方潜艇的踪迹：9 月份，我们发现了一百二十艘，而到了 10 月份，我们只发现了五十七艘。所以，不能够在飞机上安装一种敌人无法收集到电波的空中对海面搜索雷达（厘米式空中对海面搜索雷达），就不可能使现有的状况有所改善。

3. 之所以要对比斯开湾进行巡逻，其中一个目的就是攻击在美国大西洋海域出没的潜艇。因为比斯开湾一带是目前美国运输船队的必经地区，所以此处就愈发凸显其重要性了。

4. 对我们的"韦林顿"式飞机进行改造，并且增加测定装置——"厘米式空中对海面搜索雷达"（这一直是为我方重型轰炸机准备的），这样一来我们就可以完全控制比斯开湾的中心海域。

5. 更糟的是比斯开湾外围的海域。控制那里需要动用远程飞机，而且必须装有"厘米式空中对海面搜索雷达"装置。

6. 我们的船舶在大西洋中部的损失非常严重，所以，为了方便在水域派上用场，我们不得不对我们的"解放者"式飞机进行改装。这样一来，我们就只能从那支准备用来空袭德国的轰炸机中抽取飞机，除此之外再没有适合的飞机能够胜任控制比斯开湾外围海域的工作了。当然，另外调一批飞机也可以，但是要花费很长一段时间对这批飞机进行改造和安装一些必须的装置。

7. 我们应该坚守要在德国投掷炸弹的重量，因为保持并加大对德国的打击力度是整个冬季都非常重要的事，我们应该有多少力量就用上多少。所以，我向总统先生提出请求——从供应物资中抽调出三十架装有"厘米式空中对海面搜索雷达"的飞机。据我所知，在美国，这些物资都已经准备好了；而且这些飞机的使用地点也是对美国作战活动有利的地方，丝毫不会耽搁。

*　　*　　*

对潜艇的侦察并不是我们在这一地区的唯一问题。为了能使潜艇和飞机进入比斯开湾以及西部入口，德国人建了两座定向电台，相互之间的距离很长——一个建在西班牙北部，还有一个建在布雷斯特。西班牙电台的消息已经被我们的驻马德里大使获知，不过我们并没有让西班牙将这座电台查封。因为如果那样做的话就会让我们陷入无穷无尽的外交争端和法律中。所以，我们最后听取了 R.V. 琼斯博士[①]的建议，对它进行利用。通过对这种装备拍照，我们了解到了它的用法。这样一来，我们的战舰就能够与敌人共享同一个定向装置了，而且是一流的装置。事实证明，德国人在利用这一装置上并没有我方的空军海防总队广泛，而且这一装置的应用效果非常好，甚至后来我们还在太平洋以及澳大利亚建立了好几个与之相似的定向电台。

＊　　　＊　　　＊

我将这个故事提前说说吧。1943 年的空中轰炸开始后，我们一切顺利，"欧波"的精准更是让敌人惶惶不可终日。在一个阴云笼罩的夜晚，我方更是准确无误地击中了鲁尔区的几个工厂，这个消息很快让苏联境内司令部的希特勒得知，他马上命人把戈林和德国空军信号总监马蒂尼将军叫了过来。针对此次事件，他对戈林和马蒂尼进行了大声的训斥和责备。他说道，英国人有这样的本领而德国人却没有，这简直就是奇耻大辱。但是马蒂尼说德国人不仅能做到，而且已经在闪击战里通过"X"和"Y"发射系统做到了。可希特勒说他只相信实际行动，光说空话是没用的。我们在安排好采取的措施之前，着实费了一番功夫。也正是在这个时期，我方轰炸司令部借助"欧波"的优势，给鲁尔区造成了巨大的损失。

＊　　　＊　　　＊

不过，敌人的夜间战斗机我们仍要继续对付。因为在我方所有损失的轰炸机中，有四分之三的损失是由这种飞机造成的。德国的每一架战斗机的活动范围都很小，有指定的空中区域，并且受各自地面电台的掌控。这

---

① 这位即是原书第二卷的 339 页所提及的琼斯博士。——原注

些地面电台横跨整个欧洲，形成一条长线——卡姆胡贝尔线，这名字是为了纪念创建德国的将军起的。最初我们的想法就是或越过这条线，或从这条线的两侧进行包抄，而敌人的应对方法就是增加这条线的深度和长度。以柏林为起点，北到斯卡格拉克，西到奥斯坦德，南到马赛，这样的电台差不多有七百五十座，就像是藤蔓一样散布在欧洲各地。但是我们只发现了六座，这样为数众多的电台我们很难进行全覆盖式的销毁。如果不对其加以抑制，我们的轰炸机想要从北海出发抵达目标区就得穿过数百英里的夜间战斗机的封锁线。虽然不一定会对我方轰炸机造成多大的损失，但是肯定会有所损失的；而且极有可能会在以后影响我们的轰炸攻势。我们现在所需的方法就是既方便又能彻底对敌人的整个系统进行干扰的方法。

1937 年，林德曼教授就曾建议我将一项简单的建议提供给防空研究所。我当时建议的内容是将一些锡箔片或者别的传导体切成规定大小的碎片，然后在空中进行散布，这样就能使敌方雷达的荧光屏上出现轰炸机的假象。当我们的飞机散布出的箔片范围大而密集的时候，敌人就完全分不清飞机和锡箔片了。后来人们以"窗口"来称呼这种方法。这种方法曾遭到过专家的质疑，而且真正对这种方法进行试验是在四年以后，也就是 1942 年，通过林德曼教授的推动，对这一想法进行了保密试验。杰克逊博士是这一试验的主要执行者。在我们一流的光学家之中，他便是其中一个。他在战争初期加入空军，是一名夜间战斗机驾驶员，成绩非常卓越。最后试验取得了成功，"窗口"这一方法开始飞快发展。这一方法给人最直观的感觉就是——要想产生最为清晰的效果，我们就必须把这些假目标塑造得与飞机一般大小。但事实并非如此，我们是针对敌人雷达的反应来决定箔片大小的，所以不需要把它们弄得像飞机那么大。也正是因为大小合适，它们让雷达所产生的反应比飞机还要强烈，因为飞机是属于一堆不可调和的金属。

得到上级的鼓励，1942 年，我们终于研究出了一种非常巧妙而简易的方法来对这种箔片进行加工。后来我们称这种加工后的箔片叫"和谐的两极"。"和谐的两极"是一面涂了金属的纸条，与包巧克力糖的糖纸差不多，但是其大小恰好能对无线电电波进行强烈的反射。如果从一架飞机中向外散布几次几磅重的这类纸条，这些纸条就会如云雾般笼罩一片区域，将数码空间占据，从而让雷达上形成如同探测到轰炸机的反应。当有很多架飞机一起向天空散布这样的纸条的时候，所产生的无线电反应就会有以假乱真的效果，让敌人很难分辨出真正的飞机。我们也正是希望通过这种手段达到扰乱德国雷达的目的。但是就理论而言，飞机的时速有数百英里，与纸条所产生的反应肯定不同，而且这些纸条很快便会随风消散。不过做出几分钟的干扰还是行得通的，虽然不能做到彻底，但是足以让敌人的高射炮在短时间内失去准头；不仅如此，还会使德国的雷达操作人员很难指挥防卫战斗机对轰炸机进行有效的攻击。这个消息被我方的司令部得知以后，司令部为了保全他们的飞机，立刻想将此方法投入使用。但是在操作的过程中，显然还是有很多的顾虑。因为这种方法极为简单，很容易被敌人效仿，所以也很可能成为敌人对付我们的手段。1940 年，我们就得到过教训，如果再次被那样轰炸的话，那我们也将无法抵御，因为按照我们的防御体系，我们的战斗机同样起不到什么效果。因此，战斗机的司令部提出了要求——这种方法要在我们找到防御之法以后才能投入使用，而在此之前一定要保密。对此，各方争论不休。

1943 年 6 月 22 日，我召开了参谋会议，参加人员主要是战斗机司令部以及轰炸机司令部的领军人物。此次会议的重点就是解决"窗口"在轰炸作战中的使用问题。我曾经猜想过，这种方法或许也已经被德国人想到，不过我方的轰炸机对其造成损害后，他们即便也想用这种方法，此消彼长之下我方的空袭能力加强也会对我方大有益处。我们的专家认为，我方的战斗机会在这种方法大规模使用的情况下减少三分之一以上的损失。所以我们确定，"窗口"的使用并不会影响到西西里岛的战局，所以并不怕被德国效仿，便决定立刻投入使用。因此，在我国研究、创造及装置防御措施的时候，都要给予优先的绿色通道。

这项工作得到了约翰逊博士的支持，并在他的主导下取得了很大的进展。"窗口"在1943年7月21日第一次试用，用来空袭汉堡，所取得的效果完全超出了预期。其中，德国战斗机驾驶员和地面控制人员的一些激烈争论被我们截听到，由此可以证明我们所使用的这种方法对敌方造成了严重的干扰。所以在此之后的很长一段时间里，我们的轰炸机的损失几乎减少了一半。在整个战争中，德国的战斗机增加了四倍，但是我方战斗机的损失仍旧低于"窗口"使用之前。"窗口"的使用给我们带来了非常大的优势，同时在其他的战术以及无线电防御措施的帮助下更加稳固。

对于"窗口"这种方法，我们先下手为强的做法是否正确始终是我们争论的话题，无论是过去还是现在。对此我也很难给出非常明了直接的回答，因为这涉及了很多的因素。1943年德国轰炸机的力量到底有多大？我们谁也不知道。当时，我方的防御设施还赶不上三年以前，倘若敌人这个时候再次对我们发动空袭，那我们的国民将遭受严重的损失。不过总的来说，我们使用"窗口"的时机还是非常恰当的。据战后了解，原来德国的一些技术人员也曾提到过与"窗口"类似的建议，而这种方法对防御的危害戈林立马就感觉到了，所以，他将有关此事的所有文件都封存了，并且对此事下了禁令，谁都不能提及。同样，我们在面对这种方法的时候也曾首鼠两端，不敢轻易使用，原因和他们是一样的。1943年冬季和1944年春季，德国人终于使用了这种方法，但是，当时他们的轰炸力量已经非常薄弱，所以只是动用一些火箭和无人机。

反正这种编年体已经被我们弄乱了，我会将这一切在合适的时候进行讲述。

第十七章　马耳他岛和沙漠

奥金莱克将军提议，在四个月内不采取任何行动——我邀请他一起回国，被他拒绝了——我们和这位总司令在开罗的意见明显不合——在赶往印度的途中，斯塔福德·克里普斯爵士进行商谈——商谈的气氛虽然很和谐，但是没有任何结果——非洲沙漠与马耳他岛之间的联系——马耳他岛的境况非常危险——希特勒决定介入——为了运输船队的通航，我们再次付出努力——在 3 月间，维安海军上将的大胆设想——马耳他岛被德军空袭——经过罗斯福总统的首肯，我们借到了"黄蜂"号航空母舰——在空战中，马耳他岛取得了胜利——6 月份，我们的运输船队分为东西两面——发了十七艘船，但抵达目的地的只有两艘——德国与意大利之间的会谈——墨索里尼铁了心要攻打马耳他岛——多比将军大声寻求援助——"黄蜂"号再次降临——多比将军的身体出现问题——戈特勋爵任职——隆美尔计划的启动——奥金莱克将军企图继续进行拖延——我们向他发出明确命令，将于 6 月进行突击——他听从了——5 月 20 日我给他的电报——他给出回电——我本人在军事上的观点——一条战略原则

2 月，为了使得第二次大会战成功在隆美尔爆发，奥金莱克将军最终做出决定——在四个月内不会做出任何动作。我和我的同事，以及三军的

各个参谋长都认为这次长时间的间歇是没有任何意义的，而且代价巨大。当时，苏联人正在辽阔的前线进行英勇的殊死搏斗，而英国政府及军队却在很长一段时间内什么都不做，这是非常令人悲痛的，这得付出多么大的代价啊！要知道，当时需要供给的有六十三万多人，而且增援人数还在不断增加。除此之外，我们发现我们兵力增长的速度远不如隆美尔的兵力。德国选择继续对马耳他岛进行空袭，而我阻止德意运输船队开往的黎波里的行动也彻底失败，这一切都表明我们的上述看法是正确的。马耳他岛那边，如果不能保证每个月的物资都能送到，那里势必要有遭受断粮的危险。为了确保马耳他岛，这场激烈的斗争正式开启，到了春季和夏季的时候更是进入了白热化的阶段。

不过奥金莱克将军并不认为我们的想法是对的。但是我们将对他不断地施加压力，并且最后对他下了非常坚决的命令，令他去攻击敌人，因为我们的原则就是坚决不要让马耳他岛陷落，哪怕是要发动一场主力战，这都会在本章一一表明。依照命令，这位总司令在 6 月份趁着月色昏暗为发动总攻势进行准备；而我们也决定趁着这个机会向这个要塞的岛屿运送一支非常重要的运输船队。但是他的延误使得他的主动权消失，反而是隆美尔首先发起了攻击。

首相致奥金莱克将军　　　　　　　　　　　　1942 年 2 月 26 日

虽然这些日子我们过得非常艰难，但是我并没有因此而麻烦你，但是出现现在这种状况我想问问你，你到底是怎么想的？据我们的统计数字显示，你在空军、装甲部队和其他部队的实力都比敌人大得多。可能存在的危险只是敌方获得增援的速度和你一样快或者比你更快。所以我非常担心对马耳他岛的供应，我们在远东的损失之大，我想任何人都了解。

请回电。

愿一切顺利。

在这期间，奥金莱克将军上交了一份一千五百字的报告。报告中涉及颇多，主要是就其为何会不慌不忙地进行这件事，以及这次能够按照预定的时间获胜的原因等等。

他在 2 月 27 日做出报告，说在加柴拉、图卜鲁格以及比尔哈坎穆这一战线的防御都非常稳固，倘若敌人前来进攻，必会蒙受巨大的损失和失败。保护图卜鲁格的安全是这一阵地的真正价值所在，这是一个理想的根据地，可以有力地支持将来要进行的攻击行动。而他的意图也非常明了——保护这一根据地。他对自己的人力、物力和财力以及可能的增长率进行了预估，并且和敌人的可能力量进行了比较，最后他说道，马耳他岛的防卫紧张他是了解的，同时也知道在昔兰尼加收复更靠近战场的降落场的迫切需求。但即便是这样，在 6 月以前他不认为能在数量上取得可靠的优势，这一点是相当明了的。如果在那个时候进行大举进攻，很可能会被分散击败，同时还会对埃及的安全造成威胁。

最后他总结：

根据西部战线的意图：

1. 在第八军团的前沿战区，应继续建立装甲部队以及主攻部队，而且速度要快。

2. 将加柴拉、图卜鲁格、塞卢姆以及玛达雷纳沿线阵地的防御巩固，并向艾德姆延长铁路线。

3. 为了给重新发动攻势做准备，需在前沿地区建立军需品储备库。

4. 第一次机会出现以后，我们会发动有限的攻击，用以收复德尔纳梅基利地区的降落场。但是这有一个前提——在收复昔兰尼加时发动的攻势不会使发动的主攻错过时机，也不会对图卜鲁格的安全造成影响。

我方的三军参谋长在得到这一文件后非常重视，并且封锁一切消息。我们得出相同的结论，就是从 6 月到 7 月他始终只会观望而不去做其他任何动作；至于马耳他岛的情况以及其他一些需要考虑的事情（有很多），他们全然不顾。对这些问题进行透彻的研究之后，我们的意见已经基本趋于一致，所以做了以下电报：

首相致奥金莱克将军　　　　　　　　　　　　　　1942 年 3 月 8 日

　　根据你的描述，那边的情况非常糟糕，通过通信工具我想很难进行有效的沟通。所以，方便的话请回来我们再做商谈。回来的时候请带上你的一名军官，最好是一名熟悉坦克作战和坦克情形的。

　　奥金莱克将军拒绝了归国的邀请，借口是他当时必须前往开罗。我想他肯定知道我们即将对他下达什么命令，而且他认为在他对抗司令部的命令的时候，理由是非常充分的。

　　我们又重新回到这个问题上。

首相致奥金莱克将军　　　　　　　　　　　　　　1942 年 3 月 15 日

　　1. 在 2 月 27 日的信件中，你说出了你的预测，这个预测让三军参谋长和国防委员会都非常着急。非常遗憾你不能够回国商谈。但是你如果继续拖延的话势必会对马耳他岛的安全造成极大的危机。此外，敌人的增援是否会比你快你也很难做出肯定，这样最直接的结果就是，你的等待使你的处境和敌人基本相同，还有可能会比敌人的处境更糟。与一直在战斗的敌人相比，你的损失要少很多。例如，虽然我们的第七装甲师损失非常少，甚至要比休整之后重新向你发起猛攻的德国第十五、二十一装甲师少很多，但第七装甲师还是撤到埃及三角洲进行休整。根据预计，德国将在不久之后对俄国发起反攻。除了马耳他岛的守军，你的给养人数有六十三万五千之多，如果不在此期间投入战斗，而是静待 7 月的另一次大会战，这让人如何受得了？

2. 德尔纳的攻势非常有限，而你却寄希望于此，诚然，与敌人进行交火必然会消耗敌人的军火、生命以及飞机和坦克。如果在这种情况下敌人将你的装甲部队击败，你大可以将之撤回你的防区。相反，如果是你击败了敌人的装甲部队，那你为什么不乘胜追击，痛打落水狗呢？我想没人能理解你的行为。

……

4. 为了能够帮助你，我曾倾尽所有的力量，甚至不惜让整个战争因此遭受巨大损失。但是让我难堪和心痛的是，我们之间已经不能够相互谅解。为了使这种情况避免，我已经通知赶往印度的斯塔福德·克里普斯爵士，让他在 19 日或者 20 日在开罗停留一天，向你转告战时内阁的意见。而奈将军也同样会赶往开罗，他会单独前往并与之会合。三军参谋长的意图他完全了解。现在这种局势，大英帝国参谋长是不能够离开伦敦的。

首相致奥金莱克将军　　　　　　　　　　　　1942 年 3 月 16 日

3 月 15 我给你发过电报，对此我再补充一下。如果你们根据讨论的结果在 7 月以前始终采取防守，那你现在应该立即考虑对俄国防线的左翼进行支援，最好的做法就是派遣十五个空军中队从利比亚出发，然后开往高加索。

前去印度的斯塔福德·克里普斯爵士现在已经路过了开罗。对于我们在国内所采取的方式，他是完全同意的。所以我非常希望能够借助他个人的力量，使得此事得以解决。但是他到开罗的时候，并没有接触到实际的东西。显然他的心里全都是印度方面的问题，对于印度的问题，他有着独特的见解，而且充满了希望。

斯塔福德·克里普斯爵士致首相　　　　　　　　　　1942 年 3 月 21 日

　　我们已经进行了会谈，并未很满意开罗的气氛。昨天晚上，我和坎宁安的代表、特德、蒙克顿、奈以及奥金莱克进行了长时间的会谈，气氛非常友好，在谈论的过程中，我将给你的电报都详细地叙述了出来，他们都在进行努力的合作和互助。在我刚到的时候，气氛似乎有些不协调，即便是后来奈将军来了以后这种气氛也是相当明显的。不过现在这种气氛已经完全消失。在今天凌晨我们相互道别的时候，包括奈将军在内的每一个人都非常高兴。我认为，你就无须亲临现场了，要知道，旅途是非常漫长而辛苦的。我想，详情你可以等到奈将军回国以后再进行了解。奥金莱克的进取精神没有丝毫改变，他只不过是秉承了苏格兰人所特有的小心谨慎而已，而且还有他不愿意为乐观主义所误导的性格，诸般原因才导致了他在报告中将局势的动荡和困难强调得有些过分。我非常相信他对付这些困难的决心，我可以做出肯定，如果知道我们对他的误解已经消除，而且不再怀疑他想要采取攻势的想法，那将是对他非常大的支持。我打心里希望你能够赞同我在那封长邮件里叙述的情况，对此我可以保证，倘若你能够发一份电报给奥金莱克，表达你的友好和满意之情，并向其承诺，如果在预定的时间对目标进行进攻将会得到你的倾力相助，这将是非常有益的一件事。

　　这篇长电报，无论是他描述的技术性细节还是内容本身，都不能让我满意。当时，克里普斯已经踏上赶往印度的旅程，所以我继续给奈将军致电，质疑他出国时候的坚决态度。

首相致奈将军（在开罗）   1942 年 3 月 22 日

　　1. 掌玺大臣已经将具体情形汇报给我了。而你也已经认可了他们的想法，我也能理解如今这可谓一团和气的情形。但是现在，俄国人正在拼死抵抗德国人的反攻，而敌人也正在向利比亚快速增加兵力。而我们却将不得不面对马耳他岛的沦陷，以及陆军的无所作为。

　　2. 请不要就这样急急忙忙地赶回来，对于坦克的可利用情况，军火还有中东对人力的运用等等，都需要进行彻底的调查。

　　3. 你准备离开那里的时候，请及时致电给我们，将你的二十项问题做出清晰的答案，这样我们能够及时做出决策。

　　4. 最后，对敌人有可能发动的攻势给出你的推测，无论是跨海向希腊进攻还是向西部进攻，都可以。如果是跨海的话，既可以借助船只也可以依靠空运。如果是这样的话，整个局面都会得到改变。

＊　　　＊　　　＊

　　1942 年，沙漠与马耳他岛作战的依赖关系是最为清晰的时候。在这一年里，马耳他岛进行了英勇的防卫战，对我方在中东以及埃及的地位形成了重要的影响，同时也给长期的战争奠定了坚稳的基石。西边沙漠的战斗非常艰苦，每个简短的战役都非常紧迫，无论胜败，而胜败往往就取决于物资的运输速度。也就是说，我方要绕过好望角，进行长达三个月的航程来运送物资，而这必定要用一些高级船只，而且要时刻准备接受潜艇的袭击。而敌人就相对容易得多了，只需从意大利横跨地中海就能到达，航程只有三天，数量适当的一些小船只就能完全胜任了。在通往的黎波里的航线上，马耳他岛的要塞是必经之路。在前一卷中，我们曾经了解到，马耳他岛其实就是个马蜂窝，在 1941 年末，德国人迫不得已只能尽全力来抑制我们在这个岛上的活动，并且取得了一定的效益。

　　敌人在 1942 年开始加大对马耳他岛的攻势，使得该岛随时都有可能沦陷。1 月，隆美尔的反攻奏效，凯瑟琳开始对马耳他岛的袭击以空袭为主。

迫于德国的压力，意大利海军开始对的黎波里的运输船队予以军舰支援。我们在地中的舰队由于受挫（在前文中有提到过），所以对他们的打击力度也很有限。但是我们从马耳他岛出动的空军力量和潜艇还是给予了敌人很大的伤害。

2月，海军上将雷德尔的威望达到顶点，他力图让希特勒相信在地中海战役中取得决定性胜利是非常重要的。2月13日，德国战列巡航舰顺利通过马耳他海峡，雷德尔发现希特勒有采纳其建议的意思，所以从某些角度上讲，他的游说是取得了一定的成果的。在一开始，德国介入地中海和北非纯粹只是为了防御，目的是给同盟者以军力上的支持，避免懦弱的他们惨遭失败；不过现在他们的想法变了，他们想要反守为攻，作为一种攻击手段来摧毁中东的英国势力。对于日本势力入侵印度洋以及亚洲事态的发展，雷德尔上将都给予了详细的描述。他在谈话中说道："支持英国在东方地位的两根西部支柱就是巴士拉和苏伊士。如果轴心国能够通过一致的行动给予这些据点以压力，并最终致使其崩溃，那么英帝国必然会遭受惨痛的后果。"雷德尔的这番话深深地触动了希特勒。他很少关心支援意大利人的事情，因为在他看来这是件徒劳无功的事情，不过现在他却赞同了雷德尔的计划，企图派他去征服整个中东。海军上将雷德尔认为，马耳他岛是征服中东的要塞，所以立即调派运输船只，对该岛发起猛烈的进攻。

现在，地中海的形势对我们而言是非常有利的，这很明显，我想以后不会再出现这样的状况了。据报告显示，敌人正把增援部队源源不断地往埃及运送，并为此付出极大的努力，所以我们应该趁此机会进攻马耳他岛，越快越好，不容耽搁，还有，在1942年以前，一定要实现对苏伊士运河的进攻。

他还有一个稍逊一筹的办法可供替换：

如果轴心国没有占领马耳他岛的想法，那马耳他岛势必会遭到德国空军空前规模的袭击。当然，仅仅就是这样的空袭就足以使岛上敌人的进攻和防守力量始终处于被压制的状态。

通过海上运送部队来对该岛进行袭击是希特勒和他的海军顾问都不愿意用的方法。从1940年起，德方就有了长期进攻英国的计划，而且一直拖延到了现在，不过最近元首取消了这一计划。在克里特岛，他最珍爱的空降部队于一年前被全歼，这着实令他心灰。但是这次他对攻战马耳他岛的计划完全认同，而且德国的军队也应该参与进来。不过希特勒还是有所保留的，他始终希望能够通过用空袭的全面压制来迫使马耳他岛投降，即便他们不投降也要让该岛的攻击、防御以及各种活动一致处于无休整的状态。

我们开始想方设法从东方向马耳他岛运送供应品。1月，四艘船只到达得非常顺利；不过到了2月，敌人的空袭使得由三艘船只组成的运输船队受到了严重的损失。3月，"水神"号巡航舰挂着维安海军上将的旗帜，遭到了敌人潜艇的袭击，被击沉。5月，马耳他岛很可能会出现饥荒。

我方海军部打算为马耳他岛输送给养，这就意味着不可避免地面临各种危险。3月20日，在亚历山大港开拔了四艘商船，负责护送的有四艘轻巡洋舰和一只小舰队。这时，在"克里奥佩特拉"号上，海军上将安任指挥官。22日清晨，敌方的空袭部队降临，同时来的还有意大利的重型军舰。其中四艘军舰立马被"尤利鲁斯号"发现，英国的海军上将便马上掉转船头前去迎战，运输船队则是借着烟幕的掩护向南遁去。敌方巡洋舰见势撤回，但是两小时后它们又返了回来，随之一起的还有战列舰"李特利奥"号和另外两艘巡洋舰。在接下来的两个小时里，虽然英国的维安舰队面对着为数众多的敌人，并且遭受了敌人轰炸机的猛烈袭击，但是在整个战斗过程中仍旧表现得非常英勇和出色。烟幕的掩护非常奏效，而且无论是近距离的护航船队，还是商船本身都进行了竭力的防卫，所以我方的舰只都完好无损。敌方舰只在傍晚才离去。我们的一支舰队有十一艘驱逐舰和四艘巡洋舰，当时正当暴风雨的季节，最后我们把一支最强大的战列舰队打得十分悲惨，值得声明的是，这支战列舰队还有一艘轻巡洋舰、两艘重巡洋舰和十艘驱逐舰做外援。其中有三艘驱逐舰以及"克里奥佩特拉"号都遭受了敌方的攻击，不过始终坚持到战斗结束。

我对此发出了电报：

首相致地中海战区总司令 　　　　　　　　　1942 年 3 月 25 日

　　我希望能够立刻向维安海军上将和他的战斗人员致以深切的慰问，非常赞许他们能够做出如此果断而出色的战斗，我们也为此感到非常欣慰。如此强大的海洋舰队，称得上现代化舰队之最，此外还有一艘轻巡洋舰和两艘重巡洋舰以及一支艇队。然而即便是这样，他们仍旧在众目睽睽之下被英国的轻巡洋舰和驱逐舰的炮火和鱼雷打成重伤，仓皇逃跑。这场战役成为了英国历史上最辉煌的一页，参与此战役的所有官兵，尤其是司令官都值得不列颠民族向其致以最深的敬意。

在前往马耳他岛的路上，这支运输船队只能独自航行。不过，维安海军上将的船只在那里没有燃料供应，因此想要继续护送是不可能的了。运输过程中，到达马耳他守军手上的宝贵物资非常少。而且船在靠近马耳他岛的时候，又招致了敌人的猛烈空袭。其中"布列肯郡"号和"克兰坎贝尔"号在距离目的地八英里的时候被敌人猛烈的炮火击沉。剩下的两艘终于抵达港口，不幸的是在卸货的过程中也被炸沉了。就这样，两万六千吨物资用四艘船来运输，但上岸的只有五千吨左右。在之后的三个月里，马耳他岛没有得到持续补给。

对此，我们做出决定，如果不能以战斗机对马耳他岛进行支援，就没必要再向那里派遣任何运输船队。3月，有三十四架战斗机从"鹰"号飞出，但是根本不够用。德国人通过维安海军上将的行动可以确定，意大利的海军已经斗志全无，所以最终还得靠自己。自4月初开始，马耳他岛港内的舰只和码头都在凯瑟琳的袭击下遭受了巨大的损失。马耳他岛已经再不能作为海军舰只的基地，而且在4月末之前，所有能行驶的船只都撤离了。

最后驻守马耳他岛的是英国的皇家空军，他们选择留下来进行战斗，是为了自身的生存，也是为了全岛的生存。在接下来的几周内，我们能够参战的战斗机数量非常少，所以情势非常紧张。为了避免自身的毁灭，我方的守军用尽一切办法不断地坚持，以确保那些飞往埃及又不得不在马耳他岛中途歇息的飞机得以顺利起飞。飞行员负责战斗，地勤人员负责下一次战斗的地面勤务工作和加油，而士兵们则负责对炸毁的飞机场进行整修。在这种危机重重的情况下，马耳他岛终于熬了下来，同时我们的国人也不禁为之捏了把汗。

＊　　　＊　　　＊

这时，我向罗斯福总统致电。在整个地中海，马耳他岛对我们来说是至关重要的，这一点他非常了解。

前海军人员致罗斯福总统　　　　　　　　　　1942 年 4 月 1 日

1.马耳他岛遭受了敌人的猛烈空袭。目前，驻扎在西西里岛的敌方轰炸机和战斗机大约有六百架，其中德国的四百，意大利的二百。马耳他岛现在仍具备战斗力的飞机也就二三十架，而且都是战斗机。我们持续增援马耳他岛的战斗机大都是"喷射"式战斗机，这些飞机大多从"鹰"号航空母舰起飞，出发点距离马耳他岛西面大约有六百英里，每批十六架。就是用这种方法，我们对马耳他岛进行了多次支援。不过目前"鹰"号航空母舰已经停滞一个多月了，是因为转向器出了毛病。埃及的"喷射"式飞机已经告罄。但是"阿尔格斯"号又太小、太慢了，此外，它既要准备战斗机保护为"喷射"式飞机起飞的航空母舰，又要护送这批战斗机。我们也曾想过用"胜利"号，不过非常不幸，"胜利"号的起重机实在太小了，根本不足以将"喷射"式飞机吊升起来。所以，马耳他岛在一个月内都得不到"喷射"式飞机的派增。

2. 敌人现在正大力集结兵力对马耳他岛进行空袭，我们就此推测，他们很可能是想将我们在马耳他岛上的防空力量快速消灭。这样他们就可以对利比亚进行增援，即便不这样也可以将他们在德国的攻势加强。所以，这也就说明装甲部队对隆美尔进行的增援，马耳他岛根本没有能力去阻挡，而我们寄希望于提前发动攻势的计划也就泡汤了。

3. "黄蜂"号航空母舰倘若能够通过协议借过来的话，让它担任增援马耳他岛的任务你认为可以吗？要知道，"黄蜂"号的起重机、身长以及载重量都是非常大的，最起码能装运五十架或者更多的"喷射"式飞机。如果"黄蜂"号不需要增加燃料的话，它大可以直接在夜间越过布罗陀海峡，要想在布罗陀停泊也得等返航之后才可以，主要是由于"喷射"式飞机可以在克莱德装船。

4. 如此一来，就能使得4月份马耳他岛得不到增援"喷射"式飞机的情况得到缓解，不仅如此，我们还可以顺势派遣一批强大的战斗机部队开往马耳他岛，兴许还能够对敌人造成非常严重的打击，这样的打击是具有决定性意义的。我们计划在4月的第三周开展这一行动。

我们得到了非常大方的回电：

罗斯福总统致首相 　　　　　　　　　　　　1942年4月3日

在你的建议中，我没有看见有关"狂野"号航空母舰的信息，按计划，从 4 月 3 日起，这艘航空母舰会从美国出发，经过百慕大前往克莱德，通过该航空母舰的设计图我们了解到，它的起重机用来吊升"喷射"式飞机是绰绰有余的。

用不了多久，金海军上将就会借助格姆利向庞德海军上将发出通知，我们对"暴虐"号的预估如果出现偏差的话，那就应你的要求，使用"黄蜂"号。

"黄蜂"号应约而至，马耳他岛的守军却既要战斗又要维持生活。

首相致伊斯梅将军，转参谋长委员会　　　　　　1942 年 4 月 3 日

1. 对于马耳他总督发表的这份情势严峻的报告，我们应该尽快给予探讨并立即提出将要采取的措施。据我们了解并没有发生机枪和步枪的战斗，不知道所谓的小型武器弹药供应不足该做何解释。就这则报告的第一段第三条来说，该岛的守军是不是在肉食上已经断顿了？或者他们还有牛可以屠宰？有的话是什么数量？

2. 能够进行大量运输的设备正是我们所缺乏的，不过，如果增加大型潜艇以及"A"型快船的话，具体能筹备怎样？让我们感到非常可惜的是，我们并没有将"苏尔古夫"号留下来用以增援马耳他岛。一般的潜艇能够载运很多东西，但是怎样运这些维生素的浓缩食物呢？

首相致第一海务大臣　　　　　　　　　　　　1942 年 4 月 12 日

你可不可以将用潜艇来供应马耳他岛的具体办法描绘出来？我知道，如果拆去潜艇的一些炮位的话是可以空出很大一部分空间的，可以用来装载货物。我希望可以向美国当局详细叙述这些细节，这样在以后增援克里奇多尔时可以派上用场。

*　　　*　　　*

4月至5月间，"鹰"号和"黄蜂"号航空母舰已经成功将一百二十六架飞机平安送到马耳他驻军的手上，这实在是非常令人满意的结果。4月，空袭达到了一个高峰，但是由于5月9日和5月10日这两天的空中大战，这一高峰逐渐减弱；六十架"喷射"式战斗机刚刚运到便加入了战斗，目的是给敌人以毁灭性的打击。昼间的空袭突然告一段落。而另一场大范围营救马耳他岛的行动则在6月份展开，这回，我们将从该岛的东西两侧同时进行运输。6月11日夜，九艘驱逐舰和拥有防控装备的巡洋舰"开罗"号保护着六艘商船进入了地中海。与此同时，由海军上将柯蒂率领的航空母舰"阿尔戈斯"号和"鹰"号，战列舰"马来亚"号以及八艘驱逐舰前去助阵。14日，敌人对撒丁岛近海地区进行了迅猛的空袭，其中巡洋舰"利物浦"号被打得失去了行驶能力，还有一艘商船被击沉。当天夜里，在运输团队快要抵达突尼斯海峡的时候，便开始有大批的护航舰撤离。没想到，第二天清晨，运输船队快要抵达班泰雷尼亚岛的南端的时候，遭到了敌方两艘意大利巡洋舰、多艘驱逐舰以及辅助飞机的袭击。敌方舰只大炮的射程远超英国舰只，这导致在战斗过程中"佩脱英"号驱逐舰被击沉，还有一艘驱逐舰遭受了严重的创伤，不过最后还是将敌方舰队击退了。不过，这一天的损失不可避免，空袭的持续不断致使我们又损失了三艘商船。运输船队遭受的损失非常严重，最后，在当天夜里抵达马耳他岛的商船只有两艘。

东面由十一艘船只组成的运输船队境况更为不妙。这次的指挥官将再次由维安海军上将担任，而且在可供调遣的力量上比3月份要强上许多，无论是驱逐舰还是巡洋舰都是如此。值得担心的是，能够对他进行支援的航空母舰和战列舰非常紧缺，此外，在迎战他的时候，意大利舰队很可能会动用主力。11日，运输船队开始起航，在14日即将抵达克里特岛以南的时候，遭到了敌方接连不断的空中轰炸。维安得到消息，当日夜里，敌方的舰队开始向塔兰托地区撤离，其中有两艘是"李特利奥"战列舰，我想他们是想进行截击吧？维安建议，驻扎在马耳他和昔兰尼加的空军以及英国的潜艇应该同时出发，并对敌方舰队发动先手进攻，力求将其彻底毁灭。其中，有一艘意大利巡洋舰遭受攻击，并最终沉没。不过这是远远不够的。敌人的舰队一路南行，我们的船队必将在 15 日清晨遭受敌方舰队的袭击，而且是压倒性的局面。最后，运输船队和护航队只能返回了埃及，因为这组舰队不但因为敌方潜艇的袭击而损失了"赫米昂"号巡洋舰，而且在敌人空袭的过程中损失了两艘商船和三艘驱逐舰。英国皇家空军也遭受了巨大的损失。同时意大利也付出了一艘战列舰受伤、一艘巡洋舰被击沉的代价，不过，他们依旧掌握着自东面前往马耳他岛的航线，这使得我们的运输船队直到 11 月都没有通过这条航线。

我们在这个过程中付出了非常大的努力。在派往马耳他岛的十七艘供应船中，只有两艘抵达了目的地，所以马耳他岛的危机并没有得到彻底解决。

＊　　　＊　　　＊

通过查阅德国的档案，我们了解到，马耳他岛的战斗与非洲沙漠的战斗在敌人看来是存在紧密联系的。马耳他岛的小型战舰和空军一旦对敌人的交通线造成威胁，便会对他们在沙漠的作战造成很大的影响。所以，他们的想法是，要么将马耳他岛打得自顾不暇，要么就直接攻破，占为己方根据地。为了实现这一目的，在西西里岛机场，德国开始大量汇集空军力量。此外，如果在隆美尔开战的话，需要在的黎波里驻扎的空军的支援是必然的。不过，一旦对马耳他岛的袭击稍一松懈，它就会立即恢复所有的力量，而且会把这一力量用来重创敌方运输船。所以，敌人想要彻底解决这一问题，只有将马耳他岛占领一途。现在，隆美尔对援军和汽油的需求都非常迫切，其中汽油是最主要的一项。3 月到 4 月，马耳他岛开始遭到敌人倾尽一切力量的狂轰滥炸，日夜不停，残酷至极，这也使得马耳他岛的守军疲乏至极，濒临沦陷。

陆军元帅凯塞林在 4 月初对非洲的前线进行了调查，随后便会见了卡瓦勒罗将军和墨索里尼。凯塞林指出，马耳他岛受最近空袭的影响，已经在一段时间内失去了海军基地的作用，所以空中威胁也相应地减少许多。他在报告中强调，为了将德国的兵力摧毁，以获取图卜鲁格，隆美尔计划在 6 月份启动。如果在马耳他岛失去战斗力的同时，他们还能够获得源源不断的额外补给，那他们的目的很可能会就此达成。

攻占马耳他岛的所有准备工作都在进行着，墨索里尼决定要进一步提速。于是，他向德国寻求支援，并提出建议在 5 月底便开始出击。这就是被称为"赫尔克里士"的作战计划，在 4 月后期的电报中，几乎全是与它有关的信息。最后，经过卡瓦勒罗的许可，意大利得到他五个炮兵连、一个工兵营和两个伞兵团的供应。后来，在希特勒的命令下，德国提供了一个工兵营、两个伞兵营以及装载一个营兵力的运输机，此外，还由德国海军准备了一定数量的驳船。

＊　　　＊　　　＊

斯塔福德·克里普斯爵士已经从印度出发踏上回国的旅程，当他路过开罗的时候，我觉得应该将奥金莱克即将采取的行动通知给他，这无疑是最为重要的事情！对于他第一次前往开罗商谈的结果，我们是非常不满意的。

首相致掌玺大臣（在开罗）　　　　　　　　　1942 年 4 月 14 日

对于利比亚集团军长长期观望而无所作为的举动，我们始终是非常关注的，所以我希望你不要让那边抱有任何侥幸心理。我认为，隆美尔那边的壮大速度很可能会比我们这边要快得多。现在，必须马上派一个潜艇队开往印度洋，马耳他岛那边因为受到的空袭严重已经没有办法进行轰炸机队的驻扎了，而意大利到的黎波里的航道已经近乎畅通无阻。而且印度的局面危急，所以为此从中东地区调派出的空军力量会逐步增加。如果一个意见在某位将军看来是难以接受的，那么强迫他执行也是没有什么益处的。不过，我非常想让你知道的是，我和这里的所有参谋长的意见始终是和谐而统一的。

＊　　　＊　　　＊

非常让我感动的是，卡廷先生为了增援沙漠战役特意留下来一个师的部队。

首相致卡廷先生（在澳大利亚）　　　　　　　　　1942 年 4 月 15 日

　　能够让第九澳大利亚师暂时留在中东以作支援，我们对你是感激不尽。我们得到了我们想要的足够的谅解，为此，美国军队将无条件地赶赴澳大利亚；至于你军队的动向，还是由你决定，无论是过去，还是将来，始终是完全自由的。

＊　　　＊　　　＊

马耳他岛的求援日益强烈，很多据点都是顶着超负荷的压力死命坚持。多比将军此时心急如焚。3 月份，他就报告过危急的形势。4 月 20 日，他又报道："现在所面临的压力已经完全超出了我们所能支持的，此外，我们一些急需的供应品已经严重匮乏，尤其是军火和面粉，如果这些东西还得不到供应，难以想象的一幕将会很快降临，这是生死存亡的大问题。"几天后他又说道，他又将面包的消耗量减少了四分之一，不过这也只能维持到 6 月中旬左右。

　　最后我决定命海军去迎战，哪怕是顶着绝对严重的危险。海军部完全赞同我的想法。我们开始筹备，其中一个方法是派遣萨默维尔海军上将前去，率领"沃斯派特"号和所有的航空母舰，并带上一支运输船队，通过运河进入地中海，最终抵达马耳他岛。非常希望能够在途中与意大利的舰队遇上，然后大干一次。我向罗斯福总统发出请求，希望能够用"黄蜂"号运一批"喷射"式飞机前往马耳他岛。"我想如果没有这样有力的支援的话，马耳他岛很快就会沦陷。而马耳他岛坚挺的防御使得敌人的空军力量不断消耗，这也间接地使得俄国减轻了负担。"罗斯福总统给出了我想要的答复。4月25日，他回道："很高兴告诉你，'黄蜂'号再次装运'烈焰式'飞机前往马耳他岛是完全没有问题的。"

首相致空军参谋长　　　　　　　　　　　　　　　1942年4月25日

　　总统现已同意再次调用"黄蜂"号，所以每周要运往马耳他岛"喷射"式飞机的计划需尽快列出来，而且要列全未来八周内的计划。

前海军人员致罗斯福总统　　　　　　　　　　　　1942年4月29日

　　马达加斯加的来电已经收到，我们感激不尽，我们现在正在尽全力筹备这件事。你能够让"黄蜂"号再次出来给予敌人猛烈一击，实在令我非常感激。

＊　　　＊　　　＊

　　现在，我把"黄蜂"号的所有故事讲一讲吧。"黄蜂"号于5月9日成功地向马耳他岛运送了一批"喷射"式飞机，这批飞机非常重要。我们便向该舰致电："黄蜂完全可以蜇敌人两次！"为此，"黄蜂"号也给我们致电表示感谢。不过非常不幸：9月15日，"黄蜂"号从危险的地中海前往太平洋，正好被日本的鱼雷击中，最终沉没。值得庆幸的是英勇的海员们没有一人遇难。而这件事情则成了构成一连串因果事件中的重要一环。

　　4月，传来了非常让人不安的消息，事关多比将军。至止，多比将军始终坚挺，他身上承载着大英帝国所有人的目光。他是一位克伦威尔式的英雄，"一夫当关，万夫莫开"，但是仍旧经不起长期的紧张和操劳，最后心力交瘁。最初知道这则消息的时候，我感到非常遗憾，而且面对这个突然的消息自然而然地生出怀疑之心。但是，当务之急就是尽快指派出他的继任者。在我看来，现在任直布罗陀总督的戈特勋爵就是一位勤奋而有所作为的士兵。凯斯先生将要前往开罗就任国务大臣的职位，中途会经过直布罗陀，我便请求他向戈特详细地说明事情的始末。

丘吉尔致戈特勋爵　　　　　　　　　　　　1942 年 4 月 25 日

　　恰逢国务大臣路过直布罗陀和马耳他岛，我便委托他给你带一封简短的书信。确实，马耳他岛的统帅或许会有所调动，与他即将向你说明的一致，这也全是形势危急所致。倘若真的需要这样做的话，你将是所有候选人中最适合担当此重任的人选，这也得到了我们的一致认同。在 6 月下旬，我们会尽一切努力委派一支庞大的运输船队向马耳他岛输送给养，所以在这方面你大可以放心；同时，我们仍会不间断地将"喷射"式飞机从西面运输到马耳他岛。

　　根据报告我们了解到，在组织直布罗陀的防务工作上，你表现得非常突出，而且能够调动驻军的士气，使其始终保持高昂，这也正是我们所看重的。倘若真的由你来担任这项新职务，你将被赋予更大的权力，而你所有真诚的朋友和陛下政府也会给予你全部的信任。

＊　　　＊　　　＊

　　现在，隆美尔的进攻计划正准备执行。他说时间是这样安排的："装甲集团的军将在马耳他岛被攻陷之后应该尽可能地有所动作。倘若在 6 月 1 日以后再进攻马耳他岛，那装甲集团就无须对该岛进行攻击了。"根据他拟定在 4 月 30 日的计划，他们准备在第二天夜里对英国部队进行毁灭式的攻击，然后再突然袭击图卜鲁格，趁机占领该地。但是在这个过程中，军火、石油、食物、车辆和一些必要的增援是必不可少的。海军和空军方面能够给他提供多少援助他曾询问过，此外，他迫切希望意大利的突击舟和重型海军舰能够将驻亚历山大港的英国舰队完全压制。

　　5 月 6 日，卡瓦勒罗前往非洲，对将要进行的出击略作商谈。他也认为轴心国家想要进一步向前推进，攻占图卜鲁格岛是必然的事，这与我们在伦敦时的想法几无二致。倘若放弃攻占图卜鲁格，那他们在加柴拉一线或者该线以西将再无所进展。6月20日之后，驻昔兰尼加的某些空军受其他地方战斗行动的影响，会撤离该地，所以一切行动都必须在6月20日之前结束。每天，班加西的进口数有两千吨，或许可以满足隆美尔的需求，不过，想要从意大利或者德国获取更多的物资是不可能的了。

＊　　　＊　　　＊

我们可以将奥金莱克将军的意图和隆美尔的意图做一下比较。也正是在这个时候，奥金莱克将军发来了一封电报，他在电报中声称愿意在沙漠中坚守，并且会向印度派遣一定数量的援军。这与我们的想法截然相反。我这样回道：

首相致奥金莱克将军　　　　　　　　　　　　　　1942年5月5日

　　对于你宁愿消弱中东地区的军力，也要对印度的危急进行解救的迫切希望，我们感到非常欣慰。但是我们认为，在现在这个时刻，你能够在西线对敌并把敌人击垮才是对整个战局最有利的事情。有关这件事，我们所有的指示在目的和作用上都没有任何变动。我们确信，在向掌玺大臣提出的时间内，你可以执行这些指示了。

奥金莱克将军很快又发来了一封电报，想将与敌人交战的日期向后推一段时间。我便向所有军政界的同事转述了这件事。

首相致奥金莱克将军　　　　　　　　　　　　　　1942年5月8日

　　1. 你的来电已收到，国防委员会、战时内阁以及三军各参谋长根据整个战局对此做出了分析，其中最突出的就是马耳他岛的问题。这个岛如果失去了，将是大英帝国最大的不幸，此外，尼罗河流域的防务系统也会因此受到致命的伤害。

2.我们的意见非常统一，对敌人的进攻已经刻不容缓，哪怕前方真如你所说的那样危险重重。而且，如果条件允许，最好在5月份跟敌人来一场主力战，越早越好。在执行这些命令的过程中，我们会给予你全部的自由，而且我们也会承担这些命令所带来的全部责任。对于这一点，会有一个事实摆在你面前，那就是敌人或许计划在6月初向你发动攻击。

通过激烈的商谈，我们最终决定向奥金莱克将军发出明确的命令，这些命令必须无条件执行，否则就立即辞职。我们很少会对这样的高级军事指挥官做出这样的决定，这已经超乎寻常了。

首相致奥金莱克将军 　　　　　　　　　　　　　　1942年5月10日

1.国防委员会、战时内阁以及三军各参谋长再次对整个局势进行了分析。我们已经做出决定，坚决不会让马耳他岛被敌人占领，所以未经你的同意让全军为保卫该岛立刻投入战斗。如果该岛失守，我们陆空部队的三万余人将被迫投降，不仅如此，还会有数百门大炮损失掉。该岛被敌人占领后，敌方就像是获得了一座直通非洲的桥梁，牢固可靠，这将对他们大大有利。同时，如果失去该岛的话，曾经向你和印度运送增援飞机的空运路线将被切断。此外，还会影响到对意大利的攻势，同样会影响到未来的作战计划，像"体育家"和"杂技家"一样。所以，在我们看来，与那些必然的灾害相比，你为了顾及埃及的安全而提出的一系列危险都显得不那么重要，所以我们决定冒险一次。

2.我们将我们曾经表示过的一件事重申一下，此外还要遵守以下条件：现在我们只能批准你向敌人开火的最晚日期，即将敌人牵制住，好掩护运输船队在 6 月份月色正黯的时候通过该航线的日期。

等了很多天之后，我们仍没有收到回复。所以我们也不清楚他到底是选择了辞职还是服从命令。

首相致奥金莱克将军   1942 年 5 月 17 日

 针对我们近期的来电你究竟做出了什么决定，需要给我们一个回复。

他终于肯回电报了。

奥金莱克将军致首相   1942 年 5 月 19 日

 1. 你 5 月 10 日电报中的各项指示我已经确定打算执行。

 2. 通过你的来电我推测出，你要我们不仅仅是发动一场为保护前往马耳他岛的运输船而牵制敌人的战斗，占领昔兰尼加和摧毁敌人部队是对利比亚发动进攻，驱逐敌人的最后一个环节。如果我的推测有误，那请立即告知我，因为仅仅是为了牵制敌人和发动主力攻势的计划是完全不同的。那么现在我就先暂时按照我认为理解正确的方式进行安排。

 3. 如果我们展开主力攻势只是为了分散敌人的力量，以确保前往马耳他的运输船队的安全，那我们安排的实际发动攻击的日期就会受到三个因素的影响。第一点，取决于运输船的起航时间；第二点，从现在到开始行动时，敌方的动作；第三点，在空军力量上，敌我双方的差距。在这里，我们会将这一切进行不断的研究和调查。

4. 目前一些迹象表明，敌人打算在最近向我们展开攻势。倘若敌人真的采取攻击行动，那我们未来的行动现在根本无法预测，因为那得取决于战斗的结果。

5. 如果不是敌人先进攻，我决定让里奇将军在利比亚展开进攻。在日期的安排上我会尽量达到下列目的：掩护前往马耳他岛的运输船队，使敌人的兵力尽可能地分散；对于已经投入战斗的部队，要确保已经做好最充分的准备。这些因素肯定会相互排斥，我想你也一定有所察觉，所以我们最终会进行适当的调节，而且我会和其他的总司令进行会谈协商，然后再作打算。进攻的重要性我们已经阐述过了，所以要尽可能地避免失败，我在这里就不多说了。

我立即回复：

首相致奥金莱克将军　　　　　　　　　　　　　　　1942 年 5 月 20 日

对于 5 月 10 日发给你的电报，你对各项指令的理解并没有偏差。在我们看来，是时候和敌人在昔兰尼加一决雌雄了，而与这关系非常大的就是马耳他岛的存亡问题。

不过，我们知道并不会百分之百的成功。因为战斗的胜负是避免不了的。这场战役，或者是由你来发动，或者是由敌人发动，而你负责利用运动战或者截击战来反攻，但是无论是哪一种，我们都会给予你足够的信任，也会尽我们所能地给你提供帮助。

如果能像希迪列格那次一样，由你亲自指挥，我想其成功率定然会大大增加。不过，我不会在这一点对你进行硬性要求。是否需要新西兰师的防御阵地向前线挪动？在你与新西兰政府进行交流的时候如有什么问题，请务必通知我们。

奥金莱克将军最终没有接受最后两条建议。理由他也曾给出过。不过接下来我们会看到，奥金莱克将军最终会为形势所迫，不得不采取我们所说的这些措施。只是一切都为时已晚。

奥金莱克将军致首相　　　　　　　　　　　　1942 年 5 月 22 日

对于我现在应该承担的责任，我已经全部看清，我会尽我最大的努力将它做好，以得到你的认同。

你能够充分地信任并支持我所指挥的军队以及我本人，这使我对你满怀感激之情。这一点，我们在之前也曾体会过。

能够在利比亚亲自指挥作战是我非常向往的，但这并不是正确的指挥方针。对于这种做法，我曾非常谨慎而郑重地考虑过它的利弊，如果我真的投身于利比亚的战争之中，那我的见解就会有失偏颇，降低准确性。在我看来，有一种局面可能随时会呈现在我的面前，这样我们就不得不在下面的两种情况里做出选择：我们可不可以在不受到任何严重阻碍的情况下对第八集团军进行支援？又或者我们能不能暂时后退，并设立北部防线？现在这条战线正在被我逐渐消弱，这样我就能给予里奇将军尽可能多的帮助。我对事情的轻重进行了衡量，在我看来，选择原地驻守是最好的选择。不过，我会随着时势而动，这一点你大可放心，如果有需要，我会亲自指挥。我会始终与里奇将军保持联系，我现在脑里很容易想到他。愿一切能进展顺利。

将新西兰师从叙利亚调到埃及是否有必要，我曾谨慎地考虑过。既然你能够就政治问题承担起责任，我想那一定能够得到解决的。此外，我还有其他一些需要考虑的事情。如果在现在将叙利亚部队的力量消弱，是我极不乐见的事情，首先是叙利亚的政治局势十分动荡，其次是土耳其人可能会造成一些影响，土耳其人的态度我至今很难把握。第十印度师现在已经被我训练得很好，如有需要我便准备把他们从伊拉克调往埃及进行增援，此外，第四印度师的一个旅已经被我指派为临时增援部队。第八军团会因为这些增援部队的到来而得到充足的补给，不管是从供水能力上，还是从粮秣的供应上。

对你电报中的支持，我表示由衷的感谢。与之前相同，我们始终会进行猛烈的战斗。对于我们的部队，我非常有信心。而且我们也一定会取得最终的胜利，我们只是祈祷能够获得的胜利达到最大。

＊ ＊ ＊

与此同时，为了表达我在军事上的信念，我又起草了一份电报打算发给奥金莱克将军。不过，经过一番深思熟虑之后我决定放弃，因为这样做似乎有些越权了。

我草拟的这些都是非正式的，仅仅是个人意见。

1. 现在可以肯定，敌人很快就会向你发起攻击。在你看来，这似乎是第八军团天大的机会，但我不这样认为。的确，许多著名战役的胜利都是先进行防守，击退敌人后乘胜追击才取得的。但是，这次战役让我很容易想到拿破仑发动的一次战役，即奥斯特里茨①一役：敌人的反扑早已在意料之中，被拿破仑彻底粉碎，这是历史的事实。德国人正在进行周密的部署，但是遭到我们意外的打击后会异常的愤怒，这是我们最常想到的场景。所以，现在装甲部队的独特价值就在于先下手为强，这也是最常被人们采用的手段。敌我双方都有作战计划，并借此一争高低，这一点毋庸置疑，也正因如此，我们的关切之心更加强烈。但是我们在时间的选择上仍具有很大的优势，让我们可以在

---

① 位于捷克斯洛伐克的西部。1805年12月2日，奥俄联军在此被拿破仑击败。——原注

敌人的衰弱期发动攻势。

2. 对于即将发生的战役，你曾做过长期的深入钻研，这一点我深感不如，所以我提出的这些甚是肤浅的想法请你原谅。但是我对你的事务是非常上心的，所以才会将这些说出来。

*　　*　　*

对战略上的真理的体悟，我常常想用非常短小的故事来解释清楚。下面，我就说说我心中的一个逸闻。这是一个著名的故事——人让熊吞炸药的故事。在炸药的调配上，他小心谨慎，无论是成分还是剂量上都丝毫不差。最后，他用一个纸卷卷起所有的炸药，想要点燃丢掷熊口，但为时已晚，熊已经近在眼前。

苏格拉底曾经说过："在特征上，喜剧和悲剧几无二致，该由同一个作家来完成。"也正是因为这句话，我鼓足了勇气将这段逸闻引入我所记述的这段战事中。

第十八章 "马上开辟第二战场"

1942 年 4 月

总统严肃的计划——马歇尔将军和霍普金斯到达伦敦——他们的备忘录:"在西欧的作战计划"——我们三军参谋长对美国计划的考虑——4月12日,我致电美国总统——国防委员会在4月14日召开会议——马歇尔将军发表声明——对印度洋上的危险,我做出特别的强调——马歇尔将军得到霍普金斯的支持——美国计划广受认同——我在4月17日给美国总统的报告——他对我的回复非常满意——我个人的观点——英帝国也有不可开脱的保护印度的责任——我方决定在1943年发动一场横跨海峡的全面进攻,我对此表示同意——1942年,马歇尔将军决定发动一次名为"锤击"的局部作战计划——对挪威北部以及法属西北非的作战方案——总结

美国总统当时正在为苏联的事情担忧,正在为了减轻苏联的压力而与他的参谋部一起出谋划策。

罗斯福总统致前海军人员　　　　　　　　　1942 年 4 月 2 日
　　我已经对联合国家的问题审查完了,其中有许多是眼前紧要执行的,也有需要静下心来仔细考虑的,借此,我得出一些结论。这些问

题的重要性我从不怀疑，所以我希望你能够对问题的整体做一下了解，也迫切希望得到你的认同。联合王国和美国之间的合作对这个问题有决定性作用，所以就这几天马歇尔和哈里会抵达伦敦，并就问题的要点向你提出疑问。这项计划希望能得到俄国人的广泛认同；在马歇尔和哈里见到你并取得了你的答复之后，我会请斯大林派两个特使来见我。在我看来，这项计划的制订一定是要符合之前英国的舆论动向的。这项计划但愿能够成为联合国家的计划，这是我最后的愿望。

很快，美国总统又写信给我：

亲爱的温斯顿：

乔治·马歇尔和哈里即将向你表述的一切都是我的肺腑之言。为了能够减轻饿国目前所承受的巨大压力，你我两国的人民都希望开辟第二战场。你我两国人民都是聪明的，德国人以及德国装备被俄国人摧毁得非常多，甚至比你我两国所摧毁的总和还要多。所以，这场战争已经取得了非常大的收获，虽然还没有得到最终的胜利。

要想埃及和叙利亚取得安全，这个计划就必须实施。我们不怕我们的计划被俄国人发现，没有什么能够阻挡我们的脚步。愿你一切顺利。让哈里早些歇息，一切都要听从美国海军医官富尔顿的指挥，他已经得到我的任命，并享受全权特级护理。

忠于你的

F.D. 罗斯福

华盛顿

白宫

4月3日，午后十一时

马歇尔将军和霍普金斯于 4 月 8 日抵达了伦敦。他们带来了一份备忘录，内容十分详细；是美国参谋长联席会议拟定的这项备忘录，并且得到了总统的批准。

西欧作战计划

1942 年 4 月

英国和美国选择第一次发动主要进攻的战场是西欧。因为想要英、美两国的陆空力量得到充分的利用，只有选择西欧，而且也只有这样才能够使给予俄国的支持达到最大。

由于在这场攻势发动之前，我们要进行很多的准备工作，所以现在我们必须立即做出决定——发动这场攻势。此外，在这场攻势发动之前，我们还要将西欧的敌军牵制住；为了达到声东击西的目的，我们还要适时地对敌军进行有计划的突然袭击；这也能够让我们取得许多有用的情报，这也是我们难得的锻炼机会。

包括九个装甲师在内，我们进攻的联合主力应该有四十八个师。其中，英国出三个装甲师和另外十五个师。负责辅助进攻的空军要有战斗机五千八百架，由英国提供两千五百五十架。

速度是整个问题的核心。我们不但缺少攻击时使用的登陆艇，还缺少船只向联合王国运输美国部队，这也是使得我们整个计划受限制的主要因素。我们预计，将在 1943 年 4 月 1 日将这些部队运载完毕，前提是不影响其他战场的主要动作；不过，想要完成这项任务，其中需要有百分之六十的运输工具不是由美国来承担的。一旦这些船只都由美国来承担，那势必延迟进攻的日期，估计要到 1943 年的夏末才能实现。

登陆艇需要七千只左右，所以，为了完成这个数目，我们必须加快建造的速度。根据现在的情况，我们必须加快准备工作，好对大批的美国陆空分遣队进行接待和调遣。

布洛涅和勒阿弗尔间的海滩地带应该作为主要的进攻地点，此外，要准备六个师参与到第一次进攻中，其中空降部队的配合也是必不可少的。此次攻势结束后，每周投入的人数至少要在十万左右。装甲部队会在滩头阵地稳定之后快速出击，将瓦兹—圣康坦线占领。这样我们就可以继续谋划夺取安特卫普。

在 1943 年 1 月以前，这项规模巨大的作战计划是很难进行的，所以我们要做出一项后补计划，使之与时势相应，这样我们便能够针对当前的作战行动来对部队进行调遣。之所以会拟定这项行动，首先，是对德国可能出现的突然瓦解进行利用；其次，俄国的抵抗力量可能会崩溃，方便我们做出牺牲挽回局势，所以，我们应该当作一个紧急的措施来执行这项行动。局部的空中优势始终是非常重要的，不管是什么情况。此外，1942 年的秋季，想要维持或者派遣五个师以上的兵力很难。这段时间，联合王国身上的负担将会加重。例如，在 9 月 15日，需要五个师，而美国只有两个半师和七百架战斗机可提供，那剩下的五千架飞机就得由联合王国来提供了。

*　　*　　*

霍普金斯在这次旅行之后大病了两三天，可见他已经是身心俱疲；不过，马歇尔立即与我方的三军参谋长进行了商谈。在 14 日也就是星期二之前，我们无法安排与国防委员会举行正式会议。所以在这段时间内，三军参谋长和我以及我的同僚们进行了交谈，主要是针对整个局势。很明显，美国已经忍不住想要介入欧洲，在他们看来，将希特勒击败是重中之重。我们为此感到无比畅快和欣慰。我们战略思想的基础一直是这一点。此外，在 1943 年夏末之前，我和我们的军事顾问都不能拟定出具体可行的计划，使得英、美部队跨过海峡在法国登陆。我的目标和时间表始终是唯一的，就是1941年12月我在前往华盛顿的途中写的，并提交给美国总统的那个。还有美国的一个新的想法摆在我们面前，即1942年发动的一场规模极小但是在预备性紧急登陆上拥有很强力量的战役。对于这项新的计划以及其他的牵制计划，我们都非常愿意研究，这是为了苏联，也是为了战斗的普遍进行。

我对美国总统的备忘录和三军参谋长的意见进行了仔细的研究，并对美国总统发出了电报：

前海军人员致罗斯福总统　　　　　　　　　　　1942 年 4 月 12 日

就战争的前途以及拟议中的庞大作战计划，我对你所做出的文件进行了热忱专注的阅读。你所提出的所有的建议从原则上讲我是全部同意的，同样认同的还有英国的三军参谋长。在发动主要攻势之前，我们必须对于远东以及东方的一些紧要事件做出处理。对于所有的细节我们都进行了迅速的研究，只要是行动明了的我们都已经开始着手做出准备工作。14 日，即星期二，国防委员会会在晚上对整个事件进行讨论，参加这会议的还有马歇尔和哈里。我一定会向你发出完全同意的文件，这一点毋庸置疑。

在我看来，今年发动一次临时的攻击来应对那些突发的事件的建议现在已经解决完善，不论是即将遇到的各种困难还是一些难以预测的因素。如果真如我们的专家所预计的，我们的全部计划都会得以实施，那这一事件在战争史上必然是浓墨重彩的一笔。

14 日晚上，在唐宁街十号，国防委员会和我们的美国朋友相互会面。我事先请来了伊斯梅将军来做会议记录，因为这次讨论非常重要。下面就是他记录的要点：

在开幕词中，丘吉尔先生说明：委员会针对马歇尔将军和霍普金斯先生所带来的巨大计划举行会议，同时，三军参谋长也已经对该计划进行了充分的讨论、研究。他在接受这项计划的时候十分热切、真诚，没有丝毫的犹豫。对敌人的主要力量进行打击是这项计划最基本的概念，这也符合了战争的典型原则。但是保卫中东和印度始终是非常重要的一项，对此我们明确提出保留意见。对于印度的所有人力以及一支拥有六十万人的军队，我们是不可能说扔就扔的。不仅如此，那些把美国和各国联系起来的岛屿以及澳大利亚都是我们必须保住的。如此一来，马歇尔将军所提出的主要计划在推行之前，我们不能够将其他东西完全丢掉。

马歇尔将军指出：我们已经取得了所有的协议，能够在1943年以最强势的空中攻势来对德国造成打击。军队的供应上已经没有任何问题。但是登陆艇、必须吨位的提供以及飞机和海上护卫队才是我们面临的主要困难。

在与英国三军参谋长进行讨论的时候，有两个疑点凸显出来。其一，在支持印度和中东的情况下，美国是否有足够的物资予以提供。其二，倘若不发动一次大规模的突袭，我们是否能在1942年实现登陆。虽然我们这样做是迫不得已的，但是我们必须在任何情况下做出万全的计策。在他看来，所有困难都是可以解决的，就像在制空权上，我们可以在很大程度上掌握。从我们共同的空军计划的规模上来看，我们很容易做到这一点；因为德国的大部分力量牵制在攻击俄国上，这使得我们作战的危险性降低了许多。如此一来，德国人也会尝到没有空军支援的战斗的感觉。在离开美国之前，他没有时间来对1942年发动新的战役的问题进行研究。通过现有的资料他做出结论：在9月之前实施作战计划是不可能的事情。如果必须要在9月前实施这些计划，那美国将起不了多大的作用。不过，美国的所有武装部队在此期间也可以得到充分的利用。总统曾作出特别强调，他的武装部队能够在任何工作上尽可能地承担义务正是他所期望的。

艾伦·布鲁克爵士指出：对于马歇尔将军的1943年的作战计划，英国三军参谋长一致通过。而德国人对俄国所展开的攻击的成功度也影响着1942年大陆上的所有军事行动。我们认为，所有事情的头绪应该在9月以前完全明晰。

我们的主要敌人是德国，这一点三军参谋长完全同意。但是，堵截日本人也是势在必行的，这样可以让他们与德国人会师失败。印度洋一旦被日本人控制，那中东将会受到严重的威胁，此外，波斯湾对我们的石油供应也会被切断。这样导致的直接后果就是，通往俄国的南线将被切断，德国也将得到他所需要的全部石油，德国通往黑海的道路将再没有任何阻挡，土耳其的防卫力量会因为受到孤立而彻底丧失，此外，德国和日本也完全能够彼此交换各自所需的物资了。

接着，丘吉尔先生补充道：如果我们在今后的三个月内得不到支援，那我们根本没有办法在印度洋对付日本海军的力量。现在，对于美国海军在太平洋上的动向和意图，我们根本不能够完全了解。在那个地区，利用航空母舰上的飞机来将日本人的优势压倒才是我们的首要任务。很快，我们会有三艘航空母舰赶赴印度洋，在适当的时候，这三艘航空母舰会与"暴虐"号会师。

霍普金斯先生指出：美国的舆论如果占据上风，美国会倾注大部分力量用在对付日本上。虽然这样讲，但是经过了激烈的讨论，美国的军事领袖和总统达成了一致，即最正确的做法就是将美国的武装力量用在对抗德国人上。在中东以及其他战场上，如俄国、太平洋以及澳大利亚，美国政府对整个形势的分析是不存在误解的。主要有两个因素决定了美国的决策。第一，美国希望参加海陆空各个层面的战斗，而不仅仅限于在海上的战斗。第二，他们非常希望能够与英国并肩战斗，而且特别希望能够在最能够取得优势且最有作用的地方进行战斗。如果能够在今年发动这样的战斗，不管是什么时候，美国都会倾尽全力做出最大的贡献。他们将最早采取行动的日期定在9月，是因为他们担心在这场战斗中自己起到的作用甚微。

对于联合王国和美国的舆论，他已经有了大致的了解；令舆论感到不安的是他们不知道美国的海军现在在干什么，这一点他也有所察觉。但是，他们是不应该怀疑这一点的。美国海军定然会和英国的海军达成合作，从而使得敌人不得不做出一些动作。我们所期望的是，他们在战斗的时候所有条件都是于他们有利的。

就其他战场和澳大利亚战场而言，美国应该履行的义务定然会执行。不过，现在他们的所有精力必然集中在所提出的巨大计划上。能够与英国并肩战斗是美国最希望的事情。

空军参谋长查尔斯·波特尔爵士指出：应该分清用一只远征军登陆欧洲和横渡海峡进行空中攻势的区别。前者是无法完全按照自己的意志行事的，而后者却可以按照自己的意愿停止或继续攻击。大陆上，只要有部队存在，我们的空军力量就必须继续维持。所以，我们的远征军一旦出动，我们就必须要保证有足够的空军力量坚持到战斗的结束。

丘吉尔最后说道：1943年横渡海峡对大陆进行进攻的计划的一些细节的确有待商定，但是我们已经在大体上取得了一致的意见。这两个国家定然会携手共进，建立最崇高的兄弟友谊。他会向美国总统发一份电报，将已经得出的结论传达给他，同时，他还要向他提出一项要求，这是应印度洋所需，是非常急迫的事情，同时也事关整个计划的执行。现在，已经开始了全面工作的准备，对此，我们会付出我们最大的决心。为了使欧洲得到解放，英语民族已经决定展开一场空前规模的战役，这样的事实定会为人们所慢慢了解。我们所应该考虑的是，我们是不是应该再准备一项宣言在适当的时候发表出来。

＊　　＊　　＊

这项作战计划已经得到命名——"围剿"，说明一下，这个名字不是我定的。所有人在工作中都怀着善良的愿望以及最大的信心。我向美国总统致电做出报告：

前海军人员致罗斯福总统　　　　　　　　　　　1942 年 4 月 17 日

1. 上周二，我们举行了一次重大的会议，所有的会议记录你的特使会带回去一份，同时，我们的三军参谋长针对你所提出的建议给出的详尽意见也会让特使带回去。我想，你现在最想看的是一份叙述我们结论的简单说明。

2. 对于你集中所有力量打击敌人的想法我们完全同意，对于你的计划我们也表示热烈的接受，不过有一个主要的条件需要附加进来。4 月 15 日，我发了一封电报给你，我想你可以从中了解到，目前防止日本人和德国人会合是非常重要的事情。所以，现在的情况就是，为了阻挡日本人前进，我们必须预留出一部分力量。针对这一点，我们已经在会议上进行了充分的讨论。此外，马歇尔将军有着足够的信心，认为我们既可以为印度洋以及其他战场提供必需的物资和人力，也可以为你所要进行的主要计划立刻进行准备。

3. 事实上，1943 年的作战计划非常简单明了，联合计划的准备工作我们已经立刻开始执行了。只是，我们或许会感到这次行动不得不在今年就开始执行。这一点在你的计划中也有所体现，只是将最早的行动日期定在了 9 月中旬而已。各个方面的事情在 9 月中旬以前就会有头绪。对此，马歇尔曾经做出解释，如果你没有足够的空军提供强大的力量，你不会冒险去发动一次有着可怕后果和满是严重危险的战役。不过，我们并没有因此而怀疑，我想，如果需要提前采取行动，总统先生一定会非常愿意将每一份物力和人力用在这场战役上。整个计划的进行和准备工作都是在这个基础上实施的。从总体上说，我们所达成一致的计划是在欧洲大陆上采取逐渐加强行动的计划，首先是空中日夜的攻势不断加强，这种大规模的空袭会不断加大，同时这项行动也会有美国部队参加。

4.4 月 2 日你在电报中提出的建议我完全同意，你确实该让斯大林委派两个特使去你那里。这种必须执行的大规模的准备工作是不可能隐瞒得住的，而且在任何情况下都不可能实现。不过，现在我们所面临的是从北角到巴荣纳的所有欧洲海岸线，所以我们就该尽可能地欺骗敌人，不管是从计划进攻的力量上还是在方向和时间上。而且就发表声明一事，我们的确应该考虑一下，是不是该执行。声明会指出我们是为解救各国人民于苦难而携手并肩，以崇高的兄弟情谊，向欧洲共同派出一支伟大的十字军。对于最后一点，我会另发电报给你。

罗斯福总统这样答道：

罗斯福总统致前海军人员　　　　　　　　　　　　1942 年 4 月 22 日

对于你和你的军事顾问能够和霍普金斯及马歇尔达成协议，我表示由衷的欣慰。霍普金斯和马歇尔已经向我做出报告，他们前往伦敦提出的一些建议得到了广泛的认同，你亲自致电证实令我万分感谢。

我想，这一行动定然会令希特勒沮丧至极；同时，我也确信，这一行动将是希特勒倒台的关键。这样的前景无疑是令人振奋的，我也为此振奋不已。你可以想象，我们的军队现在正以非常高的活力以及热忱来从事这项工作。

你说的公开发表声明我会考虑的。至于我对这件事的看法，我会很快让你知道。我确定，日本人与德国人的会师必然是十分坎坷的，同时我也意识到，对于这件事的前景，有些地方是我们必须要注意到的。

与你在报纸上所看到的相同，我们的空军已经给予日本一次沉痛的打击，不止于此，我希望日本人的多数大型船只在印度洋彻底消失。现在，庞德正在赶往华盛顿的路上，所以最近我们会进行一次谈话，主要还是针对这个问题。

斯大林恳切的电报我已经收到，电报中表明他已经派遣莫洛托夫和一位将军前来看我。我提出建议，他们的第一站是华盛顿，随后再前往英国。在这一点上如果你有别的看法，请向我发出电报。我非常高兴接到斯大林的这一电报。

我们在一起也确实经历了许多困难，不过坦白地讲，与过去两年的所有时期相比，我对战争的看法现在是最好的。

对于你接待霍普金斯、马歇尔的热情和诚挚，我再次表示感谢。

＊　　　＊　　　＊

现在我表述一下我自己的一些见解，对于那些已经定性的和我认为有义务去做的事情，我的看法始终是坚定不变的。

1943 年的巨大计划在开始拟定的时候，让我们把所有其他的事情都丢掷一旁，这根本不可能。大英帝国所承担的首要义务就是确保印度免遭日本的侵略，而目前来讲，这种侵略的可能性很大。对于整个战争来说，保卫印度的任务同样有着决定性的意义。让英王陛下的四亿印度臣民像中国人那样遭受日本人的残害和蹂躏，实在是一件可耻的事情。而且我们也有着崇高的义务来援助我们的印度臣民。如果任由德国人和日本人在中东或者印度联手，那必然会对同盟国的事业造成巨大的灾难，这种灾难是不可估量的。在我看来，德国人和日本人的联手，和苏联向乌拉尔后面撤退乃至与德国单独缔结战争和约同样重要。不过，现在我并不认为这两件事情会发生。为了保卫自己的国土所呈现出的战斗力量，我给予苏联民族包括苏联军队足够的信任。反观我们的印度帝国，虽然有着很多的光荣历史，但是极有可能在敌人的侵略下不堪一击。这种观点我必须在美国特使面前提出。印度如果失去了英国的援助，很可能在几个月内沦陷。不过想要征服苏联，希特勒要花费的时间就很长了，同时，完成这项任务，他需要付出很大的代价。在所有这些事情实现之前，英美的制空权必须完全建立，并且要强大到无可比拟的程度。这样即便一切都失败了，这一点也将会在最后起到决定性的作用。

霍普金斯先生所提出的意见我完全同意，即"1943 年，在法国的北部对敌人发动一次正面的进攻"。不过在发动攻势之前的这一段时间里，我们该做些什么？要说准备工作，主要军队在发动这项攻势的时候是不会只是为了这项任务而做出准备的。这就出现了分歧，而且很明显。马歇尔将军提出意见，建议我们在 1942 年的初秋尽一切可能的手段将布雷斯特或者瑟堡占领，能够将后一地点占领才是最好的，如果能够两个地点都占领就更好了。这次的作战行动肯定是要由英国组织实行的。而我方提供的是空军、海军以及三分之二的陆军，还有所有的可利用的登陆艇。而美国提供三个师已经是极限。值得我们留意的是，这些部队都是刚刚应招的。要知道，最少要有两年的时间和一位非常专业且强干的干部才能塑造出最优秀的部队。所以，这项计划的实施要借鉴英国参谋部的意见。显然，在这一问题上，我们需要进行非常严密的技术研究。

这种想法我始终没有提出反对。不过，就这种情况，我还有其他的可以替代的方案。其中之一是在法国所属的非洲西部和北部，即摩洛哥、阿尔及利亚以及突尼斯登陆，当时，这个作战计划被称为"体育家"计划，后来又发展成了"火炬"作战计划。而第二个可以替代的方案是我非常向往的，在我看来，这个方案是完全可以付诸实施的，就像是攻进法国所属的北非一样。这个计划被称为"丘比特"计划，就是将挪威的北部解放。这样对苏联的援助才足够直接。这是唯一可以使苏联的海陆空军进行直接配合的方法。这样的方法可以将欧洲北部的尖端占领，进而能够向苏联源源不断地运输给养。由于这一军事方案的战场在北极地区，所以在兵力、供应品和军火上都不需要大量的消耗。在通过北角占领这些地区的时候，德国人本就没有付出什么代价。按照目前的战斗规模，我们完全可以用极少的代价重新占领这些重要的地区。对于"火炬"作战计划，我个人来讲还是非常赞成的；当然，如果能够完全按照我的意愿行事，我一定会在1942年尝试一下"丘比特"作战计划。

我想，在瑟堡建立桥头堡是非常困难的。从时间上讲，它不能立马起作用，而且也不招人喜欢，最后所获得的效果也非常小。所以最好的方式就是一边注意法国所属的北非，一边注意北角，然后静待一年。对德国在英伦海峡对岸设立的防线进行硬攻是非常冒险的事情。

上面就是我当时的一些看法，哪怕是到现在我也始终保有这些看法。不过，我非常希望计划委员会能够对"锤击"计划（指攻击瑟堡的军事行动）和其他方案做出讨论。我可以肯定，越是经过深刻的讨论，越会使得这个计划不为人们所认可。倘若发布命令的权力在我手上，我一定会选择"丘比特"作战计划和"火炬"作战计划，并且在秋季适当的时候，同时将这两项计划执行，而"锤击"计划则可以作为牵制行动，通过虚张声势的准备工作和谣传泄露出去。但是我们还是要通过政治影响以及外交来进行工作，因为我们不得不顾及我们的同盟国，进而使得我们达成和谐而一致的行动。没有盟国的帮助，我们的世界必将面临毁灭。也正因如此，在14日的会议上，我没有提出上述任何一个可替代的方案。

面临如此重大的问题，我们最终以愉快而放松的心情接受了美国的决定性的建议，即通过英国，对德国展开大规模的进攻。不过，在下文中我们就会发现，我们很容易会和那些美国计划发生冲突，哪怕是它们打着协助中国以及打垮日本的口号。自珍珠港事件以后我们建立同盟的时候起，罗斯福总统以及马歇尔将军便开始顺应舆论的导向，认识到希特勒才是主要的敌人。对于我个人而言，美国军队和英国军队在欧洲携手作战是非常让人高兴的事情。但是对于一些细节的研究以及战争的战略思考是我很少怀疑的事情，例如登陆艇以及一些其他的事情等等，这也必然会使得"锤击"作战计划被推翻。最后，大西洋两岸的军事当局，也就是海陆空三军的军事当局都没有能力来准备这项计划，也可以说是两方的军事当局都不愿意承担这项计划执行过程中的责任。虽然我们善良的意志和愿望是共同的，但是无情的事实难以改变。

无论如何，我都一直坚持我在1941年12月致罗斯福总统的备忘录中提出的理论，这表明：

1. 英美的解放军队将在1943年登陆欧洲。但是，除了能够在英国的南部进行登陆以外，我们实在想不出他们该如何向欧洲运输他们全部的力量。在这一行动实施的过程中，我们坚决不去做对其产生阻碍的事，而对其起促进作用的事，我们一定要去做。

2. 同时，当苏联与德国陆军正在进行主力战的时候，我们必须要加入到与敌人的战斗中，决不能袖手旁观。这种决心和罗斯福总统的思想正好一致。不过，在横渡海峡的巨大攻势发动以前，我们会有一年或者十五个月的空档，这段时间我们该干些什么？占领法国所属的北非计划既符合总的战略计划，又明显是正确、可行的。

能够将登陆挪威和上述作战计划联合起来是我非常希望看到的事情，而且我一直相信，我们完全可以让两项计划同时执行。但是，当对这些紧张的讨论无法加以衡量的时候，我们很可能会丧失目的的唯一性和简单性，这是十分危险的。虽然我希望"火炬"计划和"丘比特"计划同时执行，但是我绝没有让"丘比特"计划破坏"火炬"计划的意思。在同一场激烈的战斗中，让两个强大的国家的全部力量来彼此配合是一件十分有难度的事情，所以那些使情形变得更加含糊不清的词是决不允许存在的。

3. 所以，1943年，英美两国共同在欧洲与德国交手以前，唯一填补空缺的方式就是利用英美部队来占领法国所属的北非，同时，配合那些穿越沙漠，从西边向的黎波里和突尼斯进军的英国部队。

最后，所有的其他论点和计划都会消失，这个时候，同盟国的共同决议也就是上述计划。

第十九章　莫洛托夫访问英国

苏联的特殊请求——美国拒绝苏联的领土请求——反对意见被我缓和——我在 3 月 7 日给罗斯福总统的电文——英苏关系进入友好阶段——英国发出声明：如果希特勒对苏联使用毒气，英国将报复德国——我和斯大林的通信——对莫洛托夫访问伦敦与华盛顿的建议——莫洛托夫到达伦敦——5 月 22 日的会谈——1942 年的跨海作战——登陆艇造成的困扰——莫洛托夫询问我对苏联前途的看法——我做出“无论局势如何，我们都会坚持战斗”的承诺——艾登提出英苏之间签署新协议的建议——会谈出现转机——我们安排苏联贵宾住在契克斯——我与斯大林交换意见——我向罗斯福总统通报情况——莫洛托夫由华盛顿返回伦敦——我们在 6 月 11 日发表关于开辟第二战场的声明——我交给莫洛托夫一份捍卫我们立场的备忘录——我们在执行计划方面不做任何承诺——苏联主要战役的进展——塞瓦斯托波尔失守了

苏联政府在艾登先生 1941 年 12 月访问莫斯科时提出一项特殊请求，即：承认苏联西部边界的现状。关于苏联占领波罗的海沿岸国家和与芬兰的新边界问题，他们希望在一项一般性同盟条约中得到明确承认。基于其他原因及英国向美国做出的在世界大战期间不签署任何与领土变动有关的

秘密协定的原因，艾登先生拒绝了这一请求。不过，在会谈结束时，艾登先生也做出一些让步，同意向美国及英国内阁转达这一请求，同意将来英苏双方签署正式条约时考虑这一请求。这些情况美国政府也接到了通报。在美国人看来如果同意这种要求，就是对大西洋宪章原则的直接违背，因此，美国政府的态度是明确拒绝。

在美国宣布参战后的第二天，我来到华盛顿。在那里时，艾登先生告诉我，苏联有吞并波罗的海国家的想法。关于这个问题，我的态度如同第一卷里的电报所示，是不支持的。但是，在三个月后的今天，我认为我无法再坚持这一态度了，因为我感受到了局势带来的压力。我认为，不能让从事伟大事业的人士在一场事关生死的斗争中再履行他们无法承担的责任。尽管我始终没有改变对波罗的海沿岸国家的态度，但是，此时此刻，不能继续拖延了。

前海军人员致罗斯福总统　　　　　　　　　　　1942 年 3 月 7 日

怀南特还在你那里吗？如果在的话，他一定将我国外交部在俄国一事上的意见通报给你了。我认为，在俄国遭受德国进攻时，我们不应该继续那样理解大西洋宪章的原则，不应该继续否认俄国在此时的边界。我之所以有这些改变，都是因为日益加剧的战争局势。俄国加入大西洋宪章的基础也正在于此。我认为，对于波罗的海沿岸国家的敌对势力，俄国人在战争伊始完成占领后，一定已经用高压手段肃清了。基于以上原因，我们希望早日与俄国人签订他们希望的条约，希望你同意我自由行动。俄国是唯一与德国交战的国家，然而，在有充分证据显示俄国将在春季遭遇德国的大举进攻之时，我们却无力帮助他。

遗憾的是，总统和美国国务院并没有因此改变立场。好在最终我们还是达成了不错的共识，这一点在下文就能看到。

$$*\qquad*\qquad*$$

在这一时期，英苏关系显得比较友好。

首相致斯大林元帅　　　　　　　　　　　　　1942 年 3 月 9 日

1. 关于敦促美国政府同意在战争结束时我们与你们签订与俄国边界有关的条约一事，我已经给罗斯福总统发过电报了。

2. 关于我们承诺给你们的供应，我已经明确指示不能延误或中断。

3. 我们对德军日夜不停的空袭行动因气候好转也恢复了。为了给你们减轻负担，我们还在积极考虑采取其他措施。

4. 在此困难时期，我们因俄军的胜利和敌军显而易见的失利而倍感鼓舞。

斯大林元帅致首相　　　　　　　　　　　　　1942 年 3 月 15 日

你在 3 月 12 日发给古比雪夫的电文让我感激。

你来电表示，将为提供给苏联的物资供应采取保证措施，还会加强对德国空袭，苏联政府对此深表感谢。

虽然遭遇了暂时的失败，但是，我们共同的敌人最终必然会败给我们部队的联合行动。我对此深信不疑。1942 年将是转变反希特勒纳粹主义战场的形势的关键一年。

关于苏联的边界问题——你在电文的第一点就提到了——我的意见是，如果双方都能接受协定、都愿意签字，那么，对适合各方协定的条文，还应有一些交流。

$$*\qquad*\qquad*$$

在征得内阁的同意之后，我准备发表如下的公开声明：德国人如果在与苏联的战争中使用毒气，那么作为报复措施，英国也将对德国使用毒气。我之所以想发表这样一份声明，有两点考虑：其一，在德国即将发动的进攻之中设法援助苏联已成为共识；其二，德国可能对俄国使用芥子气。

首相致斯大林元帅　　　　　　　　　　　　　1942 年 3 月 20 日

1. 你在 15 日的电报中答复了我最近的电文，我很感谢。为了更好地与总统解决与条约有关的问题，我已委派比弗布鲁克前往华盛顿，按照你我之间、英俄两国政府之间电文行事。

2. 我在上星期的一天同麦斯基大使一起吃午饭，其间，他提到一些德国人可能会在春季攻势中对你们使用毒气的证据。我已经与我的同僚、三军参谋长商量过此事。在英王陛下政府看来，对你们使用毒气和对我们使用毒气是一样的。对此，我可以向你做出保证，我们有大量可以用飞机投掷的毒气炸弹，如果你的部队和人民遭到毒气攻击，我们将立即对德国西部所有适用毒气的目标投掷这种炸弹。

3. 请你考虑如下问题，并告诉我你的看法：是否应该在适当时机公开说明这是我们的决定？在我看来，这个声明可能在阻止德国人用各种恐怖方式祸害世界的同时，为他们提供了一种新的方式。如果从德国的战备情况分析，在你看来，这种声明是正当的吗？

4. 现在并不急于考虑这一问题。在采取能让我国的城市免于遭受此种攻击的措施之前，为了完善我国的防范措施，我需要充足的时间。

5. 我认为你会允许新的英国驻莫斯科大使亲自向你递交这封信，也会亲自与他会谈。你已经了解到一些情况了，这位大使是与我交情深厚的朋友，在就任驻莫斯科大使之前，与蒋介石先生有着长达四年的私人交情。既然在过去他能得到蒋介石先生莫大的尊重与信任，那么在将来他同样能得到你的尊重与信任。这是我的希望，我相信他能做到。

斯大林元帅致首相　　　　　　　　　　　　　　　1942 年 3 月 20 日

1. 感谢最近由克拉克·科尔爵士转交的来信。我和克拉克·科尔爵士之间有一次长时间的会谈。我相信，我们会在完全信任的氛围中展开我们的工作。

2. 关于英国政府会将德国对苏联使用毒气一事视同对英国使用毒气一样，以及英国政府愿意立即派空军对德国适当目标投掷毒气炸弹，苏联政府十分感激。

＊　　　＊　　　＊

在同一时期，美国与苏联的关系也很愉快。我在上一章里提到，罗斯福总统提起过莫洛托夫访美之事。由此可见，总统希望这位苏联外交官先去华盛顿。不过，斯大林不愿意这样。

斯大林元帅致首相　　　　　　　　　　　　　　　1942 年 4 月 23 日

苏联政府近来从艾登先生那里收到两份跟他在莫斯科讨论的协定条文有某些具体事实方面的出入的苏英协定草案。由这些草案可以看出，双方出现了通信无法解决的新的分歧。为了解决这些及其他方面的分歧与障碍，苏联政府决定排除万难，派遣莫洛托夫先生访问伦敦，为签订协定展开当面商讨。而且，苏英两国政府也应该就在欧洲开辟第二战场之事——在罗斯福总统的最后一封信中提到此事，他同时希望莫洛托夫先生能去华盛顿当面讨论此事——进行初步探讨，所以我认为很有必要派莫洛托夫先生去一趟伦敦。

希望你能够获得抵抗英国敌人的战争的胜利。请接受我的祝福。

前海军人员致罗斯福总统　　　　　　　　　　　　1942 年 4 月 24 日

你在电文中提到的莫洛托夫访问之事，斯大林在来信中也提到了，他说为了当面商讨协定条文中的一些分歧，他准备派莫洛托夫来伦敦。

也许现在莫洛托夫已经启程了，所以我已经不能提出让他改变日程的建议了，你一定能明白这一点。因此，我的打算是，如果莫洛托夫突然出现在伦敦，我就跟他展开对协议草案的讨论，力争尽快消除分歧，解决障碍。不过，在签署协议之前，我会建议他先去一趟华盛顿。

首相致斯大林元帅　　　　　　　　　　　　1942 年 4 月 24 日

　　对于你在 4 月 23 日的来电，我深表感谢。我相信我们与莫洛托夫先生的工作一定很有意义，对于他的到访，我们当然欢迎。我相信他的访问很有价值，因此，我很高兴你能批准这次访问。

＊　　　＊　　　＊

　　直到 5 月 20 日，莫洛托夫才到达伦敦。在到达之后的第二天上午，双方便开始了正式会谈。在这次会谈和之后的两次会谈中，苏联人不仅没有改变之前的立场，还更进一步地请求我们承认他们对波兰东部的占领。由于这一请求违背了英国和波兰在 1939 年 8 月签订的协议，我们理所当然地拒绝了。苏联人退一步，请求我们在一份秘密协议中承认他们对罗马尼亚的领土要求。但这一请求同样违背我们与美国的共识。由于接二连三的分歧，尽管由艾登先生主持的这些会谈气氛很友好，但还是不可避免地陷入了僵局。

　　莫洛托夫肩负的第二个使命是打探我们关于在欧洲开辟第二战场的意见。5 月 22 日上午的正式会谈就涉及这一问题。

　　莫洛托夫在会谈伊始便明言，苏联政府派他来伦敦是为了商讨开辟第二战场之事。这一问题在十个月前就有人提出了，最近罗斯福总统加入其中，进行了一番推动。因此这并不是一个新问题。罗斯福总统曾经向斯大林提出过建议，派莫洛托夫到华盛顿探讨这个问题。但苏联政府有另外的看法，他们认为，尽管美国发起了这次讨论，但英国将承担组织第二战场的主要任务，因此莫洛托夫在前往华盛顿之前，应该先去一次伦敦。俄国战场在今后几个星期乃至几个月的情况，将对苏联和它的盟国产生严重影响。虽然苏联政府很重视和感激来自英美两国的援助，但是，他们认为，在欧洲开辟第二战场才是最迫切的问题。在目前的苏联战场上，德国占据着力量对比的优势。因此，得知英国对"在1942年要逼迫德国从苏联撤走四十个师的兵力"之事的看法，是莫洛托夫访英的目的，他们迫切地想知道，盟国是否能实现这一计划。

我简单精要地答复了莫洛托夫，阐述了我们对欧洲大陆未来的战事的共同看法。由于敌人无法在每一据点都做好抵御海上攻势的准备，因此，在之前的战争中，因掌握着制海权而能够肆意攻击敌人海岸的一方有很大的优势。但是，这种局面在空军诞生以后发生了改变。以法国和低陆国家为例，只需要几个小时，敌人就能够在任意受威胁的沿海地带部署空军。那么，对敌人空军的抵抗置之不理，依然强行登陆，这样的战术能成功吗？惨痛的事实表明，这是行不通的，得到空军的保护以后，大部分海岸就不再适合登陆了。如此一来，我们在制订行动计划时，就只能将行动区域限定在我们的战斗机能掌握制空权的海岸一带。因此，我们的行动范围在事实上只包括加来海峡、瑟堡顶端和布雷斯特部分地区。我们已经研究并准备好了今年在这些地区的登陆行动，不过目前不能确定是在一处登陆，还是在多处登陆。在我们的计划中，我们将派遣多批部队连续登陆，从而引发可能持续一个星期甚至十天的空战，经过这一战，敌人在陆地上的空军力量势必崩溃，如此一来，空军就失去了抵御登陆的能力。之后，我们将继续发动在其他地点的登陆。由于我们占据着海军优势，这时的登陆很容易取得成功。我们是否拥有率先在敌人严防死守的海岸登陆的登陆艇——这是一种特殊的登陆艇——是这一计划能否成功的关键所在。遗憾的是，我们拥有的这种登陆艇很少。关于这一点，我在去年 8 月份召开的大西洋会议上就提出了。因为我，罗斯福总统感到，美国需要更多地建造包括坦克登陆艇在内的多种攻击型舰艇。到了今年 1 月份，他进而认为美国应该在这项工作上更努力。在过去的一年多里，我们除了为海军和商船制造必需的补充船只外，还在建造进攻型舰艇方面竭尽全力。

尽管如此，我们必须牢记：我们在 1942 年的行动即使全都成功了，也无法逼迫敌人调走东线的大批地面部队。但是，空中的形势并非如此。我们在各个战区拥有的战斗机数量达到了德国的一半，拥有的轰炸机数量则是德国的三分之一。如果我们通过地面战斗引发空战的策略能够成功，那么，德国人或者眼睁睁看着在西线战斗中损失战斗机，或者撤走东线的空军，除此之外，没有其他的选择。

我们必须牢记的另一点与莫洛托夫的建议有关：逼迫敌人调走在苏联的至少四十个师的兵力（包括已经派到西线的部队），是我们的目的。目前，利比亚战场上有十一个师的敌方兵力，其中德国师有三个；在挪威战场有德国师八个；在法国和其他低陆国家，有德国师二十五个。这样算下来，就有德国师四十四个。

完成这一目标并不能使我们满意。为了在今年减轻苏联的压力，我们愿意立即实施任何能够更进一步的正确计划。某些行动带来的后果可能是灾难性的，这种行动往往是不计代价的，我们遭遇挫败时，就会在宣传上被敌人利用。这样的局面对苏联乃至整个盟国都是有害的。

关于苏军在今年夏季与德军的作战中获胜的希望，莫洛托夫表示，相信英国的这一希望是真诚的。他希望听到英国政府对苏联前途的看法，不论是好看法还是坏看法，只要真诚坦率，他都愿意听到。

我告诉他，英国政府很难对此做出准确判断，因为还没有详细了解双方的资源对比和后备力量。包括德国的军事专家在内的行家就做出了错误的判断，因为他们认为苏联的失败是不可避免的。但结果是，不仅希特勒败给了苏联，连他的部队都面临崩溃。也正因如此，对于苏军的实力，苏联的盟国充满信心。根据英国政府的情报，在东线的任何特殊地点都没有发现正在集结的德军。德国曾经表示将在5月份发动一次大规模的进攻，但是，依照目前的形势，这场进攻在6月份之前都很难出现。相比于希特勒在1941年发动的猛烈攻势，他在今年发动的攻势，不论猛烈程度还是威胁程度，都大不如前了。

莫洛托夫的下一个问题是：假如在1942年里，苏军坚持不住了，那时英国又是什么立场或态度？

我回答道，如果在德国的攻势下苏军的势力被极大地削弱了，那么，希特勒就会将入侵英国的计划提上日程，他可能会尽量将东线的空军和地面部队调到西线。而希特勒的另一个可能的计划，将使我们遭遇严重危险，即经由巴库进攻高加索和波斯。不论是哪种可能性，对我们而言，我们的命运与苏军抵抗德军的能力密切相关，我们也不会因为有足够的防御力量而觉得高枕无忧。即使做最坏的打算，即使苏军战败了，在这种情况下，我们也要坚持战斗。为了在空军方面占据绝对优势，我们要寄希望于美国的帮助。拥有空军的优势以后，在未来一年半或两年的时间里，我们便可以给予德国的城市和工业设施毁灭性的打击。与此同时，陆地上的敌对势力，尽管已经逐渐衰弱了，我们仍然要坚持登陆打击。毫无疑问，最终的胜利必然属于英国和美国。在过去，由于法国的沦陷，英国不得不独自与德军作战，在整整一年的时间里，我们用数量不多且装备落后的部队对抗强大的德军。我们迫切地希望苏联能够战胜德军，迫切地希望用尽全力战胜敌人，因为，对全人类而言，如果任由这样的战争再打下去，将是极大的悲剧。战胜敌人，结束战争，是我们强烈的愿望。

在会谈结束时，我提醒莫洛托夫不要忽视跨海作战的难度。如今——法国沦陷以后——的英国，只有装备较差的少数部队、不足一百辆的坦克和不足两百门的大炮，防御能力几乎可以忽略不计。由于无法掌握制空权，希特勒才不敢入侵英国。可是，我们的困难何尝不是如此呢？

＊　　　＊　　　＊

艾登先生在 5 月 23 日提出一个建议，英苏双方不再签订领土协议，转而签订一份二十年期限的可公开的一般性条约，其中并不涉及领土或边界问题。意识到英美两国政府有一致意见的苏联人在当晚就有了妥协的迹象。斯大林在第二天上午批准莫洛托夫以艾登先生的建议为基础展开谈判。对于艾登先生的草案，斯大林提出了一些修改意见，涉及的都是次要问题，如强调联盟的长期性。5 月 26 日，英俄双方正式签署了这份不涉及领土的协议。相比于我想象中的结果，真实结果真是好极了，我感到欣慰。艾登先生的做法很高明，因为他及时地提出了一个好建议。

签署协议之后，莫洛托夫就去了华盛顿。他在华盛顿的任务，是与美国政府商讨开辟第二战场的问题。出发之前，我们商定，在听取美国的意见之后，莫洛托夫应该立即返回伦敦，就开辟第二战场这一问题与我们再做商讨。

＊　　　＊　　　＊

在伦敦期间，来自苏联的贵宾表示想住在郊外，于是，我请他们住到了契克斯，而我住在斯托利芒的新楼。其间，我两次在晚上回到契克斯，得以与莫洛托夫和苏联驻英国大使麦斯基进行私人交谈。麦斯基不仅很博学，而且是个好翻译，翻译得从容而迅速。在地图的帮助下，我向他们解释了我们目前的工作，还解释了战争期间岛国的特征和受到的限制。在解释两栖作战技术时，我告诉他们，如果遭遇潜艇攻势，那么，我们的横跨大西洋的交通线将面临危险，维护起来很困难。莫洛托夫似乎理解了我的观点，明白与一个广阔的大陆国家相比，我们面临着不一样的问题。经过这两次的私人交谈，我们的关系比之前亲密了。

莫洛托夫居住在契克斯期间，苏联人做出了很多令人惊讶的事情，由此可见对待外国人，他们的疑心是根深蒂固的。来到契克斯以后，他们立即掌管了所有房间的钥匙，之后便经常反锁住房门。我们的工作人员在为他们整理床铺时，又在枕头底下发现了手枪。三位主要的外交官由他们自己安排的警卫服侍，收拾房间和整理衣物的则是两位女性。这两位女性还有一项重要的职责：在主人离开契克斯时留守房间，即使吃饭也是轮流离开房间。好在她们并不严肃，很快就能用不熟练的法语或手势与我们的工作人员沟通。

至于莫洛托夫的安全，在实施了特别安排的情况下，他们还是不放心。他自己的警卫小心地检查了他的房间，连家具、橱柜、地板和墙壁都不放过，至少也要用万分谨慎的目光检查。床铺当然是重点检查对象。为了防止定时炸弹，他们仔细检查了被褥、床单和毛毯。为了方便莫洛托夫在睡眠中能立即从床上跳起来，他们在床铺正中预留了空隙。当莫洛托夫睡觉时，要在睡衣和公文包边上藏一支手枪。在战争期间注意安全无可厚非，但也不能超出实际情况，实际情况是，对方也许并没有刺杀某人的兴趣。就我而言，在莫斯科期间，对苏联人是百分之百信任的。

*　　　*　　　*

首相致斯大林元帅　　　　　　　　　　　　1942 年 5 月 23 日

我们因为能够在伦敦接待莫洛托夫先生而高兴。在军事和政治方面，我们都进行了会谈，取得了极大的意义。我们详细真实地向他说明了我们的计划和资源等。由于我们不能违约波兰、不能忽视美国，因此只能签订这样一份协议，其中的困难莫洛托夫先生会跟你解释。

如果莫洛托夫先生从美国回来以后，能直接回到伦敦，那么，我相信将会对我们的共同事业带来极大的好处。我希望通过接下来的会谈，我们三个国家能建立起紧密的合作关系。而且，等他再到伦敦，我还要向他说明我们最近的军事计划及进展。

斯大林很快就同意了。

斯大林元帅致丘吉尔先生　　　　　　　　　　1942 年 5 月 24 日

我和莫洛托夫都认为，为了完成此次谈判，应该就苏英两国共同关心的问题与英国政府代表再会谈一番。因此，在从美国返回莫斯科时，他会再拜访一次伦敦。

首相致斯大林元帅　　　　　　　　　　　　　1942 年 5 月 27 日

1. 我们很感激在签约过程中你的付出，你体谅并照顾了我们的难处。对于你的付出，美国一定会极力地回报你。从今以后，不论局势如何变化，我们三个国家必须共同前进。很荣幸能见到莫洛托夫先生，在我们的努力下，阻挡我们两国友好相处的障碍得到了极大的消除。我们还要完成很多意义重大的工作，因此，很期待他回到伦敦。

2. 运输船队的进展尽管很顺利，但现在又遇到了危险。不过我仍然感谢你为此实施的援助措施。

3. 在今后的二十年里，我们是盟友，为此，我要向你表达最诚挚的祝愿。我相信我们一定会赢得最后的胜利。请你相信。

　　　　　　　　　　*　　　*　　　*

我将这些情况及时地通报给了总统。

前海军人员致罗斯福总统　　　　　　　　　　1942 年 5 月 27 日

在上个星期和这个星期，我们同莫洛托夫的工作意义重大。怀南特应该已经告诉你了，他们签订协议的意见被我们完全改变了。我认为，现在的协议不仅完全符合大西洋宪章，而且将我们共同反对之处消除了。在昨天下午的友好气氛中，我们签署了协议。相比于我们看到的李维诺夫的特点，莫洛托夫身上有着一种不同寻常的行动自由。你一定能跟他达成很好的共识，我对此充满信心。他给你留下何种印象，请记得告诉我。

北方运输船队目前的情况还算顺利，但极大的危险马上就要出现了，也许就在这两天……

陪同莫洛托夫前往华盛顿的，还有蒙巴顿和利特尔顿。不过，蒙巴顿在美国逗留的时间不会太久，因为我们共同的工作还需要他。

我知道你目前正在全力关注太平洋。我们能够理解你打算立即调回"华盛顿"号战列舰的决定。不过，我们必须在7月中旬的印度洋集中"勇敢"号"纳尔逊"号"沃斯派特"号和"罗德尼"号。如果在"英王乔治五世"号完成重装之前，即在6月底前，我们能保住"华盛顿"号，那么完成7月中旬的集中就没有问题。

将护航船队部署在基韦斯特和汉普顿之间已经有了效果，跟我们预期的一样。但是，我们还得为加勒比海和墨西哥湾苦恼。这一问题庞德海军上将已经与金上将沟通过了，希望他们有这样的意识：在其他地方宁可担一点风险，也应满足这一地区对护航船队的需要。

关于你为联合王国储备石油调派七十艘油船之事，我深表感激，而且必须感激你。否则，到今年年底，我们储备的石油就会下降到危险水平。我了解你为此做出的牺牲，了解最近美国油船损失惨重，但你依然这样做，就更显得慷慨了。

＊　　＊　　＊

苏联的外交官此时在飞往华盛顿的途中。

罗斯福总统致前海军人员　　　　　　　　　　1942年5月27日

俄国贵宾的到达时间预计是今晚，不过不会在星期四之前就"波黎勒"计划展开会谈。为了方便我们理解，请尽快将你与莫洛托夫对"波黎勒"计划的讨论综述发给我。

"波黎勒"计划就是 1942 年的"锤击"作战计划。我们对此了解得很充分。

前海军人员致罗斯福总统   1942 年 5 月 28 日

1. 关于我与莫洛托夫在"波黎勒""锤击"和"超级围攻"等各项计划上的正式会谈内容，我将与随后的报告一起寄给你。私人交谈虽然未能改变实质结果，但是对改善氛围、建立真诚友好的关系帮助很大。

2. 我们正在大规模地实施准备工作，你们的官员也在为此努力。至于 1942 年的困难，等迪吉到达后你就能得到说明。从保障我们在明年供应俄国的角度考虑，我们应该占领挪威北部，为此，参谋长们已奉我之命研究制订在那里的登陆计划。我们为莫洛托夫准备了一些讨论这一问题的材料，但对此问题我们还没有详加研究。我已经告诉他了，等他回来就把材料给他。我很在意能否制订一个更妥当的计划，我对此很关注。

3. 北方运输船队现在仍然在为他们开辟通道。他们有三十五艘船，有五艘或沉没或返回了。如果俄国空军已经为我们准备好了保护伞，那么我们明天就能到达他们的保护区域。如果他们没有准备好保护伞，在未来两天内，我们还得历险。

4. 对我们而言，利比亚战争是从未有过的大会战。根据今晚收到的奥金莱克将军的电文，这场战争已经打响了。

5. 在法属北非登陆的"体育家"作战计划也不能忽略。在必要的时候，我们所有的准备工作也要给它提供帮助。

*   *   *

斯大林高兴得简直要大喊出来。

斯大林元帅致丘吉尔首相　　　　　　　　　　1942 年 5 月 28 日

对于你在签订这份新协议时的友好和善良，我深表感激。在加强今后的苏英关系、苏英两国与美国的关系方面，这份协议意义重大。不仅如此，即使将来战争结束了，在促进苏、英、美三国的合作方面，它也会发挥重要的作用。当莫洛托夫从美国回来后，你还要同他进行会谈。我希望这个会谈能提供一个机会，以便让我们完成还没有完成的工作。

请你相信，在现在和以后，我们始终会为运输船队提供护航，愿意为此竭尽全力。

向你致以诚挚的祝愿。请相信，对于获得我们共同的胜利，我充满信心。

*　　　*　　　*

在访问美国以后，莫洛托夫回到伦敦。此时的他，对在 1942 年以跨海作战开启开辟第二战场的计划之事计划颇多。那时，我们还在与美国参谋长们研究这一计划，但是我们面临诸多困难，却毫无进展。我们认为，虽然在此时发表一份声明并不会危害到计划，却能引起德国人的警惕，使他们不敢轻易调动西线的部队。因此，在征得莫洛托夫的认同之后，我们于这一年的 6 月 11 日发布了一份包含"对于 1942 年在欧洲开辟第二战场之事，已通过会谈达成充分共识"这一内容的公开声明。

虽然我们在努力将敌人引上错误的道路，但是，在我看来，不要将我们自己的盟友引上错误的道路更重要。因此，当我们在内阁大厅拟定声明时，在众多同僚的注视下，我交给莫洛托夫一份备忘录。在这份备忘录里，我明确表示，我们只是在努力制订计划，但是在执行计划方面不做承诺，因为没有这个义务。后来发生的事情果然如我所料，苏联政府为此指责我们，连斯大林都亲自指责我们。在这种时候，这份备忘录就被我们拿了出来，告诉他们，我们没有做出任何承诺。

备忘录

我们正在准备 1942 年 8 月或 9 月在大陆的登陆。是否有特殊登陆艇决定着将有多少部队登陆，对此我已经说明过了。如果我们的行动是不计任何代价的，那么后果也必然是一场灾难，除此之外，还会给敌人创造宣传自己的机会。毫无疑问，这样的局面对俄国乃至整个盟国都是有害的。在发动行动以前，不能不出现像现在这样的形势，这是很难说清的。所以，我们也没有承诺。不过，只要条件允许，我们当然愿意实现我们的计划。

当莫洛托夫冒险飞回莫斯科的时候，他一定很满意此次出访的收获。我们之间已经有了友好的氛围。访问华盛顿的经历，似乎也让他充满兴趣。当时，所有人都对那份二十年期限的英苏协议寄予很大的希望。

* * *

东线的战事在会谈期间就爆发了。在俄国人的逼迫下，德国人在今年上半年的几个月里就撤了许多据点。在冬季的攻势中，德国人又吃了大亏，损失惨重，因为他们没有做准备。

希特勒在春季到来的 4 月 5 日做出全新的指示。在指示的前文中，希特勒是这样说的：

与俄国人的冬季战役即将结束。在东线的防守上，由于我军的勇敢拼搏和自我牺牲精神，我们获得了极大的成功，不论是人力方面还是物力方面，敌人都损失惨重。为了做好继续作战的准备，俄国人希望在冬季借助最初的胜利，扩大后备力量。

苏军的冬季攻势（1942 年 1—3 月）

勇敢杰出的德国指挥官和德国部队，只要等到天气转暖、地形有利，就要主动出击，逼迫敌人听从我们的指示。在这一阶段的行动中，消除他们残存的防御潜力，切断他们主要的补给来源，是我们的目的。

他继续说道：

为了达到这一目的，我们一方面要坚守中线，另一方面要攻克北线的列宁格勒……在南翼要强行突破，直扑高加索……为了消灭顿河前面的敌人，为了占领高加索的产油区，为了越过高加索山，在计划伊始，要让所有部队联合行动，完成在南部地区的主要任务……为了让列宁格勒失去作为俄军后勤补给中心和交通运输中心的职能，我们必须打到那里，至少让它进入我们重武器的攻击范围，成为攻击目标。

曼施坦因的第十一集团军应该占领塞瓦斯托波尔，进而从克里米亚赶走俄国人。这是为主要的战事所做的准备。为了执行这一任务，南方集团军群又得到了大量援兵。此后，他们的总兵力达到五个集团军共一百个师，除了大约六十个德国师和八个装甲师外，其余兵力都来自意大利、匈牙利或罗马尼亚。此外，南方战场还得到了东线的空军支援，东线原有德国飞机两千七百五十架，其中的一千五百架被调往南方。

由于苏联人的"先下手为强"策略，这场原本计划在 5 月底才开始的大战提前打响了。

迪默申科于 5 月 12 日在哈尔科夫以南发起了旨在插入德国战线深处的攻击。但是，他最终被迫撤出了部分已经占领的地盘，因为德国持续猛攻他脆弱的南翼。苏联人虽然因这次"破坏性"攻势损失惨重，但是德国人也受到了极大的影响，不得不将计划往后推延一个月。如果消息属实，那么从后来的形势看，苏联人争取到了宝贵的时间。

德国第十一集团军对塞瓦斯托波尔的攻击在这场战役还没有结束时就开始了。这个要塞在苦苦坚持一个月以后沦陷了。

第二十章　作战计划的抉择

"锤击"作战计划因自身缺点而终止——"大将军"作战计划——我反对"大将军"计划——"丘比特"作战计划——我在 5 月 1 日和 6 月 13 日的备忘录——敌对的防空政策未必具有决定性——"挪威"计划引发的进一步争论——我想象中的跨海作战——我的关于"围剿"作战计划的备忘录——对计划成功应具备的精神和规模的大致说明——1942 年的法属北非计划得以保留

专家们在莫洛托夫离开伦敦之后热情地提出了他们的看法，这种状态持续了好几个星期。"锤击"作战计划花费了我所有的精力，我要求他们继续发表意见。很快，我们就看到了这个计划的具体困难。在德国占据着兵力优势和防御工事优势的情况下，派遣登陆部队强攻瑟堡将是很危险的举动，即使能够取得胜利，那么，同盟国的部队将被迫在敌人持续的攻击下，独自在瑟堡和康坦半岛的一角支撑大概一年的时间。这是一块遍布着炮弹的弹丸之地，在这一年里，他们只能从瑟堡的港口获得补给。为了抵御敌军占绝对优势的空军发动的或持续不断或偶有间断的攻势，在冬季和春季，这个港口还要派兵驻守。然而，驻守港口的任务又会影响其他的战事，因为这一任务将动用大批舰艇和空军部队。如果我方部队成功地突破了德军的一连串防线，那么，夏天时我们必定在康坦半岛的腰部前进。

那一区域地形狭窄，只有一条已经遭到敌人破坏的铁路。那么，苏联能通过这个不靠谱儿的计划得到什么帮助吗？我是没看出来。德国不必抽调在苏联前线的部队，因为法国境内有二十五个师的德军。相比之下，为了执行这一计划，我方在8月份最多能调来包括七个英国师在内的九个师。

不论是在我们英国人当中，还是在我们的美国战友当中，都有一种不自主的缺乏信心和热情的表现，这是因为，在军事参谋人士面前，不愉快地呈现着包括上述情况在内的很多情况。"锤击"作战计划因为自身的缺点而终止了，因此我也不必反对它了。

*　　*　　*

于是，一个被称为"大将军"的替代计划被提出来了，这是一个在对敌人实施大举袭击以后又立即撤退的计划。关于这个计划，我写道：

首相致伊斯梅将军，转参谋长委员会　　　　　　　　1942年6月8日

1.我只看过"大将军"作战计划的大纲。这个计划要求派遣一个师和部分装甲部队登陆，在之后两三天的时间里对敌人发动最多、最有效的攻击，之后再快速撤离。在我方得知俄国的不幸遭遇后，这个计划将是我们对他们的声援和响应。然而，事实上这种行动并不能取得多好的效果，只能因损失太大被迫撤离，不仅不能给俄国提供帮助，也不利于向外界宣传。我们遭受的损失，不仅是兵力和装备，还有人们对我们的作战能力的信任。在俄国人看来，他们无法感激我们，因为这种行动让局势变得更加糟糕了。为了对大型战役时可能出现的类似行动发出警告，德国人可能会采取报复行动，报复的对象就是协助我们作战的法国爱国者的家属。到那时，第一个站出来指出这个危险的，可能是现在持支持态度的人。总之，这种行动绝不是专业人士通过冷静、理智、决心和常识决定的，只是政策被感情替代的产物。

2.只有完成最艰难的两项行动，我们才能得到这个结果。第一项

行动是，在狭小的地带面对以逸待劳的敌人发起登陆作战；第二项行动是，两三天以后从海路撤走剩余部队。德国强大的装甲部队和步兵会在预定的登陆地点附近严阵以待，登陆部队到达以后，肯定会遭到顽强抵抗，还会被引进内陆。这一点在前面好像说过了。因此，我们必须做好他们在上岸以后可能遭遇惨败的心理准备，因为过去的事实表明，在利比亚的战事中我们跟德国人势均力敌，如果与德国装甲部队的战事也是如此，留在岸上的登陆部队将极度危险。除非在撤退时我们愿意放弃伤员，否则诸多困难将因怎样安置伤员而起。

3. 以上提到的所有事件将是引诱德国飞机与占据优势的英国飞机激战的"诱饵"。要实现这个目的，也有个先决条件：为了阻止我们的装甲部队占领利尔或亚眠，德国空军宁愿让战斗机队全军覆没。他们做出这种牺牲有价值吗？德国装甲部队和陆地部队的数量将远远大于我们计划动用的部队的数量，而且我方登陆部队越深入，敌人对他们的吸引能力就越强。在这种情况下，我们引诱德国飞机出战的目的就要落空了，因为敌人会避免让飞机参战。

4. 出现结论截然不同的结果的条件是：这项行动是性质类似且同时发生的多个行动中的一个。在这种情况下，法国会出现一阵骚乱，而敌人也会因面临极大的危险而动用全部空军，甚至调回许多在东方的空军，因为我们会为了完成这多项行动而组建数量庞大的部队。否则，德国最高统帅部根本不会在意这样一个单独袭击行动。我们的登陆部队停留的时间只有短短的两三天，即使德国最高统帅部注意到了他们，也来不及调动任何部队。袭击任务结束以后，登陆部队的剩余部分要撤离了，就像敦刻尔克大撤退那样撤离。回到不列颠以后，再次谈论起这段经历，都会夸张地提到登陆敌人海岸的艰难，根本不管听众是朋友还是敌人。随之出现的一系列阻力，将极大地影响1943年的真正的战事。

5. 三军参谋长将在我的要求下考虑如下原则：

（1）如果我们没有留在法国的准备，就不对法国实施大规模登陆计划。

（2）如果在同俄国的战事中，德军没有再次战败，且士气也没有低落，就不对法国实施大规模登陆计划。

我们因此能得出三点结论：第一，"锤击"作战计划的准备工作不能受到"大将军"作战计划的影响；第二，如果德军士气没有因与俄作战的失利而萎靡不振，我们就不能实施"锤击"作战计划；第三，如果俄国处境危急，那么，即使我方独自采取行动（且遭遇失败），也不能帮助他们。

6. 我们的明智之举应该是，尽力按照预定日程推动"锤击"作战计划的准备工作。俄国的胜利和西线德军士气的低落，是我方实施"锤击"作战计划的先决条件。

关于"大将军"计划，后来我们没有再听说了。

＊　　＊　　＊

现在要谈谈我的富有建设性的计划。

首相致伊斯梅将军，转参谋长委员会　　　　　1942 年 5 月 1 日

"丘比特"作战计划

1. "丘比特"计划必须作为今年"锤击"计划的替代计划。

2. 也许这个计划就是我们必须向俄国提交的所有计划，因此，不论是在战略上还是在政治上，必须对这一计划予以极大的重视。在对它进行研究时，可以忽略以下问题：

（1）为了运送更多的军火，俄国人是否愿意动用船只？

（2）俄国人是不是反对我们执行"锤击"计划？

下面再看看它的优点吧。

3. 为了阻止我方踏入挪威的入口，敌人在挪威北部仅有的两座机场上，部署了由战斗力极强的一万多名士兵护卫的大约七十架德国轰炸机和一百架战斗机。我方的运输船队曾被他们打败。如果我们能够夺占这两座机场，再派遣同等数量的兵力和飞机驻守，他们就不能轻易地赶走我们了，我们不仅能保证从北面前往俄国的航道的畅通，还能开辟一个小型的第二战场。此后，我们还能向南进军，将欧洲的纳粹地图从上向下撕裂。我们为此要做的说起来很简单：消灭机场驻军，赶走机场上的敌人。

4. 不到最后关头，敌人无法对奇袭部队做出正确的判断，分不清他们是一支普通的护航舰队还是一支远征队。因此，最容易成功的方案就是奇袭。

5. 在知道我们已经废除了所有的"锤击"计划之前，俄国人肯定不会支援我们。尽管如此，在我们的假设里，俄国人是会支援的。此外，这个计划对瑞典和芬兰的影响也同样重要。

6. 承担奇袭任务的远征军必须有自给自足的能力，因为不能动用太多的舰队或反潜舰艇是这个计划成功的关键因素之一。因此，运送他们的舰船就是他们的基地和军营，补给也从这些舰船上解决。在我们的计划里，要有敌人毁坏他们的临时军营的准备，因此他们中的大部分人可能还要待在船上过冬。在他们登陆以后，运输舰队的归路有可能被德国潜艇切断。因此，如果他们携带的补给足够多，敌人的潜艇可能没有耐心等下去，负责运送下一批补给的运输船队也能趁机平安抵达。唯一的问题是，德军潜艇会在哪里出现，这个我们无法预知。

7. 在摩尔曼斯克部署六个战斗机中队和两三个轰炸机中队是这个计划的第一步。不过，这样做只是为了避免敌人过分关注俄国前线的北翼而加大我们对这一地区的支援力度。

8. 在比特萨摩派出相当于一个师的突击登陆队是计划的第二步。与"锤击"计划相比，尽管这是冒险的一步，会引发激烈的战斗，但在实际上并没有那么严重。另外，要派遣一个旅前往波尔散格尔峡湾南部机场，在执行以上行动时，该旅要控制好该机场。

9. 起飞自摩尔曼斯克的英国飞机将在这些机场起降，因此，我们应考虑好赶走他们的方法。我们可以向俄国提出要求，请他们在我方的配合下对芬兰北部施压。

10. 这个计划应该分两个方面执行，第一是作战部队，第二是一个星期后的补给。此后的三个月，远征军将进入自给自足的独立状态。我们应该耐心思考如下问题：这个计划会受到冬季的影响吗？如果有，又是什么影响呢？在冬季，敌人是更容易攻击我们了，还是更难攻击我们了？我的意见是，冬季来临时，我们应该派出新式的雪地坦克。如果不是为了给重要的行动做配合，不必考虑向南进攻特罗姆塞的问题。

在接下来的六个星期的时间里，我都在为这个"北部"计划努力。

首相致伊斯梅将军，转参谋长委员会　　　　　　　　1942 年 6 月 13 日

请将我的所有与"丘比特"作战计划相关的文件——包括下面这份文件和以前与其有关的所有文件——递交计划委员会。他们应该攻克很多难题，来拟定明确的计划。至于是否值得执行计划，应由更高的组织做出决定，计划委员会成员不必关心。

俄国部队的位置，可能是在英国一流的登陆部队之后。

下个星期二，我要看到初步报告。

后来，我又完善了这个计划，提出了最后一些意见。不论发生了什么，我始终对它信心百倍。

"丘比特"作战计划

1."丘比特"作战计划与"大将军"作战计划有两点区别：其一，"丘比特"计划里，我方可以调集优势兵力围攻整个攻击目标；其二，成功以后，我方将在陆地上建立一个可供运输船队长期使用的据点，这一点意义重大。在此以后，我们还可以向南部不断发展，希特勒在欧洲的占领区将从此开始慢慢变小。在两个主要的机场有我们逐渐强大起来的空军以后，在空军和伞兵的支援下占领南部机场就变得容易了，那时，南部也会成为我们的地盘。届时，其他的登陆计划就能赶在1943年春季完成。之后，将进入登陆作战阶段。我们可以在基地飞机的支援下攻打特罗姆塞、纳尔维克、博多及摩城。敌军要想抵御我们的进攻，必须调集大批部队，但是，由于恶劣的交通的影响，这几乎是不可能的。我们还会得到那里的居民的支持，不过，要想获得这些支持，我们必须坚持前进，只有前进才能赢得他们的支持。这些都是"围剿"作战计划的前奏和接下来的行动。相比于利用我们自己的力量，这个计划在打乱敌人的部署方面效果更佳，对瑞典和芬兰的反应也能有帮助。驻守法国的德军的士气如果还没有萎靡到能够吸引我们的攻击的话，那么，在这个秋天，这个计划将是"锤击"计划的最佳替代品。

2.即使面对的是敌军空军部队的微弱抵抗，只要没有强大的空军支援，我们就不能在任何地点登陆。我们似乎已经接受这个不可置疑的真理了。正因为如此，我们动用海军的范围被极大地缩小了。我们只有在两种地点可以动用海军：其一，法国海岸上能得到基地战斗机支援的一小块地方；其二，有敌军精锐部队集中的海岸据点。所有人都能认可动用海军的先决条件，即有空军优势和有空军战斗机的支援。但是，什么条件下才应该让这些先决条件具备充足呢？在面对一个有着极大的价值的攻击目标时，这些先决条件应该得到满足吗？这是一个值得商榷的问题。由于我们在1940年春季的挪威战役中没有防空部队又几乎没有高射炮部队，因此我们不能过多地提到这场战役。当时，我们的海岸上只部署了十二门高射炮，只能任由敌人在长达一个月的时间里肆意轰炸我们的舰艇。我们有两万人成功地在纳姆索斯和昂代尔斯内斯登陆，但是，敌人占据着空军和陆军两方面的优势，因此我方尽管成功登陆，却不能在岸上站稳脚跟，只得撤退。好在撤退时遭受的损失并不大。尽管我的意见是，如果将"欧力根"式自动高射炮或者别的高射炮装备在商船上，那么，在适当的时候它一样能够暂时地投入战斗，一样不至于被敌人消灭。但是我并不想在这个问题上引起争执。上一次，在长达四五天的时间里，俄国船队被敌人持续围攻，最终的损失在五分之一上下。由此可见，相比较而言，在没有得到空军支援的情况下将登陆地点选在敌人步兵和装甲兵都很薄弱的地方好，还是在得到空军支援的情况下将登陆地点选在敌人有强兵驻守的地方更好？毫无疑问，要回答这个问题，就要弄清楚攻击重点和敌我力量的对比。

3. 中东战场的司令部最近递交了一份中东战区可能的出击数字的详细报告。不论结果如何，不论他们的估计是否正确，至少能观察这些问题。观察这些问题要敢于打破常规，要着眼细节。现在我以观察9月、10月德国空军在摩尔曼斯克与比特萨摩可能袭击远征队的次数举例。这是一个包括护航舰艇有四十艘舰船的远征队，他们正向海岸驶来。德国空军发现他们的时间，可能是发起攻击前一天的黎明。因此，为了在黎明之前发起攻击，敌人必须在当夜靠近他们。在白天，为这支远征队提供保护的是四五艘装备有高射炮的辅助航母，每只舰艇有六七门"欧力根"式自动高射炮或其他高射炮。在登陆时、下锚时或冲上海滩时，提供保护的则是六七艘装备有浮动高射炮的海滩防卫舰。

另外，运输舰自身也装备有高射炮，在抵达时进行自我保护。由此分析它们的损失，包括运输舰队和护航舰队在内，总计的损失在五分之一或六分之一以内。运输途中阵亡五分之一这一指标并不能成为整个军事行动失败的标志，因为剩下的五分之四的人可以继续完成任务。

4. 摩尔曼斯克的英俄两国的空军可以在逼近时出击，对航程之内的敌人的任意一座机场实施联合攻击或独立攻击，帮助远征舰队减轻损失。

5. 我在这里不必提及联合作战部的有关登陆、进攻、占领机场、占领其他重要地点的事务。

6. 运输舰队运送部队时，我们希望它们可以同时运输大部分补给，而且，它们还应该有充当部队临时基地和军营的智能，以便部队找不到合适的登岸地点时使用。最主要的要求是，为了不给海军增添护航麻烦，所有远征舰队应该有三个月的自力更生能力。我需要知道对这些情况的预估：所需部队的数量——比方说，运送一支两万五千人的部队，需要的运输舰及护卫舰是多少，合适的吨位是多少，携带的足够使用三个月的物资是多少，派一支较大的舰队一次运送完毕好，还是让较小的舰队分批运送好。

7. 我们控制了敌人的机场后，应尽快安排摩尔曼斯克的飞机完成占领。占领行动甚至不必等到高射炮装备进阵地，应尽早开始行动。必须开辟出一条通道，岸上和空中都要有这样的通道才行。另外，必须用最快的速度将高射炮及早运到机场，为此甚至要有特别计划。在对机场完成占领后，不仅要尽快部署重型高射炮，还要在两天内部署高射炮中队，每个机场要部署三个机动或轻便的"博福斯"式双筒自动高射炮中队。在最初阶段，可供我们使用的机场只有两座，因此，可以在周围布满大炮。

8. 机场的高射炮部署完毕以后，应当具备保护战斗机的能力。之后，执行攻击南部敌人的空军基地任务的来自苏格兰的重型轰炸机将很快到来。

＊　　　＊　　　＊

　　美国参战以后，我就一直在琢磨 1943 年夏季英美两国大举进攻法国的计划，一直在尝试着提出这样一个计划。我曾经给过总统一些报告，在1941 年 12 月 18 日的第三份报告中，我笼统地谈到了这个计划。这是一个规模巨大的作战计划，因此不仅要有适当的计划，还要在开始阶段就熟练。这也是我倍感焦虑的原因。为此我拿出了全部的精力，希望能够确定它的性质、规模和应该具备的精神。在这项工作上，不论细节如何，我都得尽最大的努力才行。

首相致伊斯梅将军　　　　　　　　　　　　　　1942 年 6 月 15 日

　　1. 请三军参谋长详细考虑附件，请他们尽快提出意见。另，可将附件转交计划委员会。

　　2. 本土舰队总司令承担着大量的工作，还有许多其他方面的工作要他处理，因此他不必参与"锤击"计划和"围剿"计划的准备工作。我要知道怎样才能区分开这些工作。

"围剿"作战计划

　　1. 由于敌人无法同时在所有地区有所戒备，因此这种军事行动应具备同时性、广泛性和猛烈性的特点。为了扰乱敌人，第一批部队的登陆地点不能少于六处，相应的佯攻地点也不能少于六处。进展顺利的话，佯攻要继续进行。敌人人数有限的空军在面对这样的局面时，只能更加分散更加软弱，甚至还需倾巢而出。如果局部战斗激烈，就意味着我们能在其他地点轻松获胜。

　　2. 第二批部队的任务是增援登陆成功的部队，随之继续推进。第二批部队可供选择的攻击点应该有很多，因为发起自海面的攻击具有流动性的特征。

3. "丘比特"作战计划最好也能同时执行。可以在主要空战即将打响的地方——如荷兰、丹麦、比利时、加来海峡，以及布雷斯特、圣那泽尔、康坦半岛及奇龙德河口选择登陆点或佯攻点。

4. 大批部队——至少十个装甲旅——的登陆是首要目标。这批部队应该紧随第一批登陆部队上岸。他们的目标是唤醒平民、切断敌人的交通线和扩大战区。因此，他们必须敢于冒险。

5. 第二批登陆部队上岸的时机，是在第一批部队造成不稳定的混乱局面以后。保证装甲部队和机械化部队在谨慎选定的战略地点集中是他们的主要任务，在战役打响之前如果能选定四五处集中点，那么就可能在互相有联系的三个地点实现集中。如果这个假设能成立，那么计划也就具体了。

6. 我们如果动用了如上计划提到的部队规模，那么，除了在局部发起小规模的反攻外，至少在一周以内，敌人不可能发起较大反攻。在这一个星期内，我们必须派遣优势空军夺回被敌军占领的机场，夺回我们一直在争取的加来海峡的制空权。因此，对夺回机场的行动，皇家空军必须尽快研究，尽快制订行动方案。这将是我们取得胜利的主要环节。夺回机场以后，要让它们尽快发挥作用，起初可以让它们充当加油站，之后要实现主要目的，即作战飞机的起飞。总体而言，非正常的消耗在第一阶段是必然的。每个机场都要装备高射炮，每个机场都要对此做出研究，并尽快运来并装备起来。

7. 在被攻击国的内陆作战时，必须占领至少四个重要港口，为此，应动员至少十个接受过巷战训练的步兵旅，还要准备一些脚踏车。这一阶段的消耗可能也很大，应事先做好预估。

8. 在发起登陆作战后的一个星期，应该安排至少四十万人完成登陆，同时登陆、分批登陆均可；登陆以后，要命令他们积极作战。只有这样，才能保证上述计划取得成功。

9.第三批部队应当在有港口被我军占领并开始使用后立即开始攻击。这批部队人数不能少于三十万，乘坐在从西海岸港口出发的大船前往对岸，大炮和部分早已登陆的部队的装备也应随船运送。在第三批部队登陆之前，作为主攻部队的第一批和第二批部队的行动不能按编制进行。在发起登陆作战的两星期内，如果我军成功登陆的部队达到七十万人，且完成对机场、至少四个港口的占领，那么，敌人必将陷入极大的混乱，我们肯定能获得胜利。

10.在突袭阶段过后，可以让战事按照常规的编制和补给往下发展。此时，依靠的应该是增援和协同作战，可以忽略实际的损失情况。在这一阶段，或许能实现有序推进，前线将随之扩大。向敌人踞守的海岸发动攻击的第三批部队，必将遭遇多次攻击的失败，避免这些失败，需要我们有所准备。在现代条件下，我们不能尝试这种罕见的行动，因为它们的失败会导致全局的失败。

11.大概说明确保计划成功应具备的精神和规模，是我发表以上意见的目的。

*　　*　　*

参谋长们的讨论一直持续到了夏季。最终，我们只达成了一点共识：在1943年发动主要的跨海攻势。"锤击"计划作废，"大将军"计划被人们遗忘了，而我提出的"丘比特"计划，也没有得到积极的响应。这样一来，在眼下这段时间我们就没有什么可做的了，这并不符合英美两国的习惯，因为只有沙漠上的战役我们可以不必插手，其他地区的战役我们不可能完全置身事外。最终，总统决定，要在这一年发动对德国的最大规模的战役。战场选在了法属北非。每次提到法属北非，总统都会露出微笑。我们可以提出很多计划，但是，能存在下去的一定是最合适的。

于是，我静下心来等待答复。

第二十一章　隆美尔的攻势

防御阵地——"哨所"和雷区——德军于 5 月 26 日发动攻击——奥金莱克将军的公报——我们在 5 月 30 日第一次空袭德国——发生在桥头堡和比尔哈坎穆的战斗——机动预备队——我在 6 月 9 日给奥金莱克将军的电文——奥金莱克将军估算伤亡情况——不能让人安心的事件——6 月 12 日和 13 日的坦克大战——国务大臣在 6 月 14 日给我的电文——一个无法令人满意的对策——图卜鲁格的危险——战时内阁在 6 月 15 日的电文——奥金莱克将军在 6 月 16 日给我的电文——图卜鲁格的重要意义——我坚持访问华盛顿

在等待敌人发起进攻期间，奥金莱克将军显得信心百倍。但是，在他心里，他明白自己还没有夺取主动权的实力。在他的敦促之下，第八集团军的指挥官里奇将军在加柴拉至比尔哈坎穆之间的海岸上布置了一道防御阵地。负责守卫加柴拉的是南非师，而比尔哈坎穆在沙漠正南方四十五英里处，由卡尼斯将军的自由法国第一旅守卫。由一个旅或者更多的兵力驻守的被称为"哨所"的据点，是我们为守住这道防御阵地设计的体系。除此之外，还铺设了用以掩护阵地的大片雷区。阵地后面部署的是后备部队，由第三十军和所有的装甲部队组成。

除了阿拉曼战役，其他所有的沙漠战役都是以装甲部队从侧翼发起快速迂回包抄打响的。在夜色的掩护下，隆美尔于5月26日深夜至5月27日凌晨发起进攻。在他的指挥下，敌军的装甲部队绕过比尔哈坎穆，直扑我军装甲部队，企图在速战速决之后，于28日傍晚占领艾德姆—希迪列格一线，进而实现绕到我军阵地背后。他们全速前进，在打败了一个印度摩托旅之后，遭遇我军装甲部队的顽强抵抗。事实上，抵抗他们的除了装甲部队，还有等待多时的专门对付隆美尔这种攻势的其他部队。

两军连续苦战数日。这时的隆美尔才发现自己的企图无法实现，不仅计划没有任何进展，而且面临诸多麻烦，绕过比尔哈坎穆使战线拉得过长，进而导致运输枪支弹药和军需物资困难极大。他决定开辟一条便捷的运输通道，在工兵的努力下，他在雷区有了收获。不过，在这两条便捷的通道两侧，便是第五十努森波兰师第一百五十旅的"哨所"。31日，敌军的装甲部队和运输车队进入这两条通道。他们在那里建立了一个足以围困第一百五十旅的"哨所"的"桥头堡"。我们把这种包围称为"大锅"。毫无疑问，我们的空军立即将它视为目标。

隆美尔最初的那个计划很大胆，但如今已经失败了。在他将部队部署到我们的雷区以后，我们的雷区反而被他利用，帮助了他的防御。他让部队安心休整，伺机反扑。

奥金莱克将军在6月1日的电文详细说明了这场灾难开始阶段的情况。第二天，我向下议院宣读了他的电文。

奥金莱克将军与特德空军中将致首相　　　　　　　1942年6月1日

隆美尔于5月26日夜间动用了德国非洲军团。当天，他给由自己指挥的所有德国部队和意大利部队发布命令。他在这道命令中宣称，他们将在这场大型战役中给予我们在利比亚的部队决定性的打击。他告诉他的部队，为了完成任务，他还调派了空军支援他们，这支空军数量多、装备好、战斗力强。当然，在命令的最后，他没有忘记歌颂

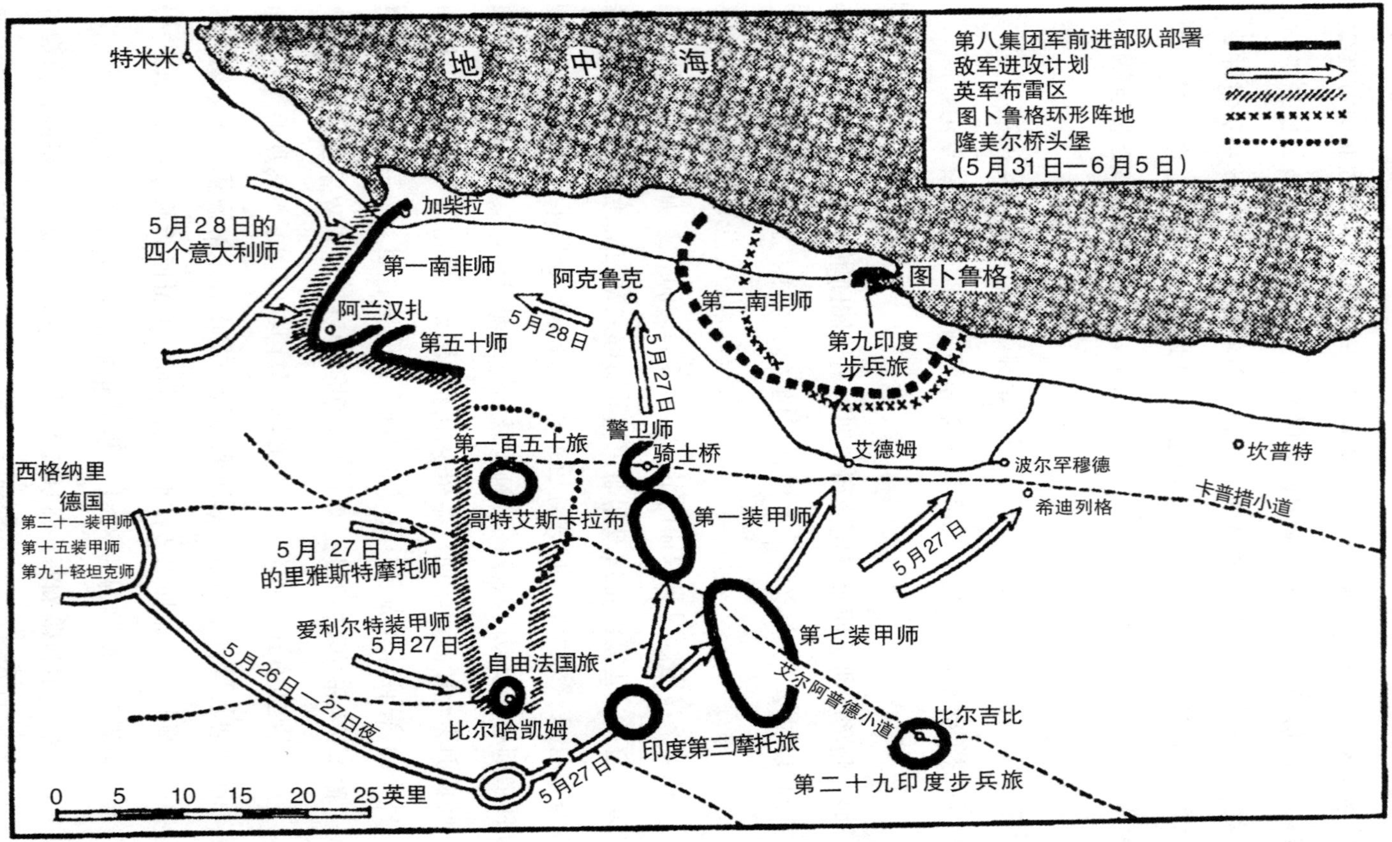

隆美尔 5 月 27 日和 28 日的计划

这些国家的君主和元首——意大利国王兼埃塞俄比亚皇帝、罗马帝国的领袖和德意志帝国的元首。

我们从缴获的敌人的情报上得知，攻击我们的装甲部队和占领图卜鲁格是隆美尔的目标。对我们而言，他的这次行动并不意外，因此我们早就做好了准备。

敌军于27日攻击了我方位于加柴拉以南的阵地北线，但他们没有获得预想的效果。接着，他们试图经由加柴拉入口突破我方在海岸道路上的防线，但是也没有成功。我方装甲师和步兵旅与德国非洲军团在5月28日开始的三天里持续激战，由于德军有意大利机动军团的支援，战斗进行得异常激烈，两军在北起阿科鲁马、南至比尔哈坎穆、东起艾德姆、西至我方雷区的大片区域缠斗。后来，敌人在我方雷区开辟了两条运输补给的通道，其中一条沿着卡普措的总防线分布，另一条在往南十英里处。大量证据表明，我方在这些战斗中获得了巨大的战果，不过我们并不能准确地估算出我方击伤、击毁的坦克和车辆有多少。此外，每天夜里，我方都派遣空军实施夜间轰炸，目标是敌人的运输线和前沿机场。

敌人于5月31日将许多装甲部队的坦克和运输车辆部署到了在我方雷区开辟的两条通道内。为了防御我方在东侧对这些坦克和车辆发动攻击，敌人还在通道内部署了大批配备完善的反坦克炮。尽管他们的防御措施很到位，但并非覆盖所有坦克和车辆，大量坦克和车辆仍在防御屏障之外。毫无疑问，这部分坦克和车辆的命运必然是被击伤或击毁，因为在空军的支援下，我方部队围攻了它们。

我军清剿了比尔哈坎穆以东的地带，在这次行动中，大批坦克和装甲车被我们摧毁，两个大型工厂被我们占领。战役还没有结束，激战仍在继续。我们已经预料到了战役的发展方向，失败的是隆美尔，我们打乱了他第一次的进攻计划。更重要的是，这次失败使他损失惨重，代价极大。在过去的这个艰苦的一个星期里，里奇将军及其部下诺里中将、戈特中将，表现出过人的才干、坚定的决心和顽强的意志。

我很满意这样的评述："综上所述，我们应该满意目前战局的进展，接下来，战局进一步的发展应该引起我们的注意。"

我又提到了在 5 月 30 日和 31 日空袭科隆的事情，由英国飞行员驾驶的至少一千一百三十架飞机跨过大海参与了这次规模浩大的行动。我报告道："英国皇家空军派出的一千零三十六架飞机在昨天夜里再次来到欧洲大陆的上空，参与了在埃森地区的行动。这是英国皇家空军的第二次大规模空袭。在这次空袭中，有三十五架飞机没有返回。两次大规模空袭的意义在于，英国空军与德军的较量进入了一个新阶段。将来，我们将与美国空军联合作战，发动规模更大的空袭。"

我虽然很满意最初的战局，但又很担心马耳他岛的情况。

首相致奥金莱克将军和特德空军中将　　　　　　　　　1942 年 6 月 2 日

我想我不必再次强调运输船队安全抵达马耳他岛的重要性了。为了让承担护航任务的飞机——尤其是"勇士"式战斗机——能够从西边的机场起飞，我相信你们会动用一切手段的。对于占领马尔图巴后立即将其建设成一个燃油补充基地之事，你们最好能制订好计划。在你们的计划中，防守兵力、部署高射炮、供我方战斗机在必要时使用的航空油料和弹药的运输，都应该包含在内。加两次油的结果有很大的不同。你们一定安排好了我没有想到或提及的其余事项。做好所有的安排以后，要马上告诉我。

* 　　* 　　*

隆美尔的希望是，在发起进攻的第二天就能占领图卜鲁格。这是我们在后来才知道的。奥金莱克将军的看法是，在这一点上，尽管隆美尔最初的计划已经失败了，但想法仍然是对的。只有通过我方的雷区，进而坚守桥头堡，隆美尔才有卷土重来的可能。只要"自由法国"第一旅能够抵挡住陆空两方面的持续攻击，只要他们能守住比尔哈坎穆，他才能安全地从这里运送物资。

六月初的战斗主要在桥头堡和比尔哈坎穆进行。为了避免完全输掉战役的局面，隆美尔只有一个选择：在缺乏饮用水和物资的条件下，彻底消灭驻守桥头堡的第一百五十努森波兰旅。只有消灭这个旅，他的运输车队才能通过桥头堡，他的部队才能获得补给。他决定在6月1日消灭这个旅。我引用一段隆美尔说过的话：

> 我对英国人的顽强抵抗并不感到意外，这是预料之中的。德意部队迎着他们的抵抗艰难地前进。他们的指挥很有技巧。他们像过去做过的那样，直到打完最后一发子弹才停止战斗。[1]

虽然我们袭击了敌人的交通线，但是要不了多久，他们就会再次从桥头堡实施突击。这样一来，突破桥头堡也成了我们的关键。在之后的几天里，我们将时间浪费在考虑其他的计划上。几天之后的6月4日，我们又因为没有支援和处置不当遭遇了失败，一个印度步兵旅和四个野战炮团被隆美尔打败了。在此之后，主动权重新回到隆美尔手中，我们不仅失去了机会，还连累了里奇将军的部队。这场失败被奥金莱克将军称为"整场战役的转折"不无道理。

敌人的装甲部队很快突出桥头堡，继续发动进攻。"自由法国"的部队尽管防守做得很好，但最终还是放弃了比尔哈坎穆。对我们而言，又是一次沉重的打击。相比于第一阶段，由于皇家空军都未能阻止我们的溃败，因此第二阶段最初的情况更为糟糕。

---

① 德斯蒙德·杨：《隆美尔》，第267页。——原注

＊　　＊　　＊

我很重视的一个措施，是组建一支海上机动预备队。美国在 1941 年的夏天还没有宣布参加这场世界大战，但是，就在那时罗斯福总统已经被我说服，同意借给我们一些他们的运输船。在美国的这些运输船的帮助下，我们向好望角运送了两个师的兵力。在日本参战后，他们又在支援印度的过程中发挥了作用。我在 1942 年的 3 月 4 日再次向总统提出要求，用美国的运输船向好望角运送我们的另外两个师。不过，他们只是途径好望角而已，当时还没有确定最终目的地。这两个师就是我们的海上机动预备队，没有固定的目的地，因而在选择目的地时有极大的自由。根据局势分析，他们最应该去的地方是埃及的沙漠。但这只是一种可能性，我们还有其他的可能性可供选择，比如说我们因苏联在里海—高加索战线的失败而陷入更大的危机，或者日本大举入侵印度澳大利亚。

这是一个好消息，我立即转告给了奥金莱克将军。

首相致奥金莱克将军　　　　　　　　　　　　　1942 年 6 月 9 日

我始终都惦记着你们的战役，一直都在想方设法给你们提供最好的支援，以便让你们以胜利结束使命。我有些好消息要告诉你。

第八装甲师正在好望角，而第四十四装甲师也要到弗里敦了。在看清我们未来的方向之前，我为这两个师的最终去向保留了选择的空间，哪里是他们的目的地，要根据未来的需要决定。我曾经给澳大利亚政府做过许诺，一旦他们遭遇侵犯，那么这两个师会立即被派去支援他们。好在澳大利亚始终没有遭遇大规模的侵犯。经过分析，我认为近期澳大利亚也不会遭遇大规模侵犯，因为在珊瑚海和中途岛战役中日本人损失惨重，近期无力发动大的攻势。我还有过将这两个师派到印度的想法，尽管我没有给韦维尔将军做过许诺，但日本似乎有入侵印度的可能。不过，现在看来是不必了，一方面印度已经有了英国第二师、第五师和第七十师的支援，另一方面日本不可能入侵印度。

综上所述，如果澳大利亚在最近几天没有遭遇大规模的侵犯，那么我将把这两个师派给你。第八装甲师预计在6月底到达苏伊士，而第四十四装甲师则会在7月中旬到达那里。在制订计划时，你可以将这些情况考虑在内。在这两个师到达你处之后，根据整个局势的发展，我可能会要求你做好向印度调派部队的准备，他们是第二百五十二印度装甲旅和一个印度师。对此你有什么意见？请告诉我，我还要给韦维尔将军通报。

为方便你对第八装甲师的登岸、编组及最快最有效地投入战场做出合理计划，我已经将他们的具体情况通知你了。这些情况包括坦克的性能情况、精确的装载分布及数量、到达日期等。

获得这些支援部队以后，在部署你的现有兵力时，你一定能更加自由和从容。

送给你良好的祝愿。

奥金莱克将军致首相　　　　　　　　　　　　　　1942年6月10日

我受到了你的良好祝愿的鼓舞。如果之前两个星期的激战能够让你有些收获，那真是太好了，这也是我的希望。我很高兴，因为在这个战区我们有第八装甲师和第四十四装甲师。第八装甲师的长官目前就在开罗。为了让计划更加有效，我要尽快将它制订出来，不过我可能还要改变这个决定。

以后我可能会收到一项命令，要求我向印度派出一个步兵师和一个装甲旅。虽然我知道德军从安纳托利亚发起进攻的可能性很小，虽然我知道波斯面临的威胁很小，但是，为了能从容应对这些威胁，还必须制订相应的计划，如此一来，我就没有应对这些威胁的足够部队了。这一点你是知道的。相比于我这里的北线和东线面临的危险，印度面临的威胁无疑是更严重、更快的。胜败的关键是最重要的战略问题，在调动部队应付突发情况方面，只有你有权力。我只是想提醒你，如果我没有在德国人会面侵犯之前获得支援，那么，凭借目前的实力，我不能保证可以完成我在波斯、叙利亚和伊拉克承担的任务，我没有信心在这些区域的防御战中获胜。

当我知道强大的第八装甲师和第四十四装甲师赶来给我们提供支援时，就像你说的那样，我在指挥现有兵力时显得更加从容了。此外，我将伊拉克的很多部队调到了利比亚，目的也是支援第八集团军。想必你已经知道此事了。

这里的每个人都对你心怀感激。

*   *   *

奥金莱克将军在6月10日寄来一份截止到6月7日的伤亡人数估算表。他写道："不论是过去还是现在，我们都很难得到损失的人员及物资的确切数字，因为战斗仍在进行，损失仍在发生。我们估算认为，除了第五印度师，其余部队的兵力损失大概在一万人左右，其中死亡两千人，被俘八千人。"敌军被俘的有四千人，其中德国人有一千六百六十个。大炮方面，敌军损失一百二十门；我们的损失要大得多，包括十门中型炮、一百四十门野战炮、四十二门六磅弹炮和一百五十三门两磅弹炮。坦克方面，敌军损失四百辆，其中确定无疑的有二百一十一辆；我方损失三百五十辆，不过有些可能能修复。据此推算，在6月9日的战斗中，我们只有二百五十四辆巡逻坦克、六十七辆步兵坦克可用了。飞机方面，敌军损失约一百六十五架，其中德国飞机占四分之三；我们因各种原因损失一百七十六架，飞行员伤亡合计七十人。

赶来支援第八集团军的部队有第十印度师、已经被打败的第三印度摩托旅和一个装甲旅等部队，如有必要，第五印度步兵旅也将即刻赶来。战斗打响后，第八集团军获得的支援包括兵力两万五千人、坦克三百五十三辆、野战炮七十八门、反坦克炮二百二十门。[①]

飞机、大炮、坦克方面的统计是属实的，情况可以让人满意，我感到吃惊的是人员方面的统计，损失大概一万人，其中阵亡两千人，被俘八千人。阵亡和被俘分开统计，而且比例悬殊，这让我感到发生了无法让人高兴的事情。我的回信没有提到这一点，因为这似乎并非引起位于开罗的司令部的重视。

首相致奥金莱克将军　　　　　　　　　　　　　1942 年 6 月 11 日

　　你报告的情况和数字对我很有用。我们不能因为人们希望用策略制胜或反击制胜而惧怕持久战，因为我们没有理由惧怕长期的消耗战。与里奇将军相比，隆美尔的消耗肯定更快更大，因为我们有交通运输上的优势。这方面我们有明证，用最快的速度送给你的增援就能说明问题。此外，因为相关人员的出色表现，我们的修复工作进展很顺利。请向里奇将军转达我的问候，人们大为称赞他坚定顽强的意志。你们的一举一动都在大家的关注里。

　　奥金莱克将军的回复如下：

奥金莱克将军致首相　　　　　　　　　　　　　1942 年 6 月 11 日

　　你 6 月 11 日的电文宽容体贴，很鼓舞人心，我很感激。

　　我们的损失很严重，我不能保证下一次能否避免这样的损失，因为这也是我担心的。不过，你说得对，敌人的处境不值得我们羡慕，因为我们有更加丰富的资源。

　　你对里奇将军的问候我已经转达到了，相信他也很感激。

---

　　① 包括战争伊始就在那里的第三印度摩托旅。——原注

*　　*　　*

在占领比尔哈坎穆以后，隆美尔获得了新的行动自由，再加上得到了足够的支援，便指挥装甲部队从南方发动攻击，很快突破了"大锅"。这时，我军已经转移了侧翼，一直坚守在战线北端阵地上的第一南非师和第五十师的余部则可能被敌军切断。

为了争夺连接艾德姆和"骑士桥"的山脊，敌我两军从6月12日起连续激战两天。经过这场激烈的坦克大战，我军的装甲部队损失严重，敌军则获得了胜利，占领了山脊。负责守卫"骑士桥"这一交通枢纽的是警卫旅，战斗打响以后，皇家骑兵师的第二团也被派来协助他们，但未能扭转失败的结局，全部部队被迫撤退。幸好有皇家空军的大力支援，第一南非师和第五十师才得以及时撤退，正是因为撤退及时，他们才没有全军覆没。到14日，这场战役的形势发生巨变，结果已经很明显了。

国务大臣凯斯给我发来了一封与军事情报有关的电报。

国务大臣致首相　　　　　　　　　　　　　　　1942年6月14日

西部沙漠上的战役有多么严重，想必你已经知晓。昨天——6月13日——奥金莱克将军才从里奇将军那里回来，这就是说，他在那里停留了整整一天，很晚才回来。在此期间，他们商定派兵驻守阿科鲁马（位于图卜鲁格以西十六英里）——艾德姆（位于图卜鲁格以南十六英里）一线。驻守加柴拉的第一南非师和第五十师正在撤退。我联系上了总司令，请他关注战区的战局变化和支援情况。

我完全信任奥金莱克将军的领导才能和指挥现有部队作战的能力，如果他有分身术就好了，那样的话，他就可以兼顾指挥中心和第八集团军的前线阵地。我甚至希望他将参谋长留在指挥中心，而自己则亲赴前线。似乎他对这个做法毫无兴趣，我也不能勉强他。既然战役交由他指挥，那么他就有权决定如何安排部下。

皇家空军在特德空军中将的指挥下表现出色，或者我应该用一个更准确的说法，就是：这个战区的空中优势在我们这一边。今明两天就能知道那两支派往马耳他岛的运输船队的消息。空军认为，对于向西前进的运输船队而言，西部沙漠是个有利条件。明天，意大利海军的水上舰艇可能会袭击这支运输船队。

我同意凯西先生的看法，我不仅认为奥金莱克将军应该到前线亲自指挥战斗，甚至还在一个月前向奥金莱克将军提出过类似建议。他的全部工作是指挥沙漠上的战事，但在他看来，这只是他的一部分职责，作为中东总司令，他承担着很多职责。然而，正是这些过多的职责束缚了他。他认为他必须重视一直存在着的来自北方的危险，远在伦敦的我们却并不这么认为，因为我们所在的位置更容易做出判断。他让里奇将军承担这场有决定意义的战役的战斗责任，这是一个不偏不倚的安排。里奇将军曾经是他的副参谋长，但最近不再担任这个职务了。他似乎不放心自己的安排，不停地给里奇将军发布命令。当他决定改正错误，亲自接管直接指挥权时，已经晚了。灾难发生后，他接受了国务大臣三番五次的建议，做了一开始就应该做的事。

基于以上的原因，在我看来，某些错误导致了奥金莱克将军个人的失败。一年以前，我和同僚们交给他很多任务，其中有很多是不恰当的，因此，我和内阁同僚们应该为他的错误负责。后来，我们三番五次地明确告诉他，我们愿意取消他承当的不恰当的任务，他却拒绝了。我认为，在战争伊始，如果他让一位部下留守开罗，代替他处理战区的杂务，他本人则亲赴前线指挥，那么我们就有获得胜利的可能。事实上，正是因为后来他亲自指挥，我们才挽回了一些损失。

这些印象带给我的痛苦你们很快就能看见。人不能停下学习的脚步，不管多大年纪都不能停止学习。因此，8月10日我给亚历山大将军做指示时，便将他的职责写清楚了。

我在 6 月 14 日给奥金莱克将军的电文中写道：

首相致奥金莱克将军　　　　　　　　　　　　　1942 年 6 月 14 日

我真诚地赞成你战斗到底的决定，因为后退的后果足以致命。保
卫图卜鲁格不仅与战争有关，更与意志力有关。我们对你的支持不会
因为结果的不同而改变。愿上帝保佑你们。

*　　*　　*

就像去年那样，图卜鲁格的问题再次摆到我们面前。这次的选择与去
年一样，尽一切可能守住它。在浪费了一个月的时间以后，叙利亚的新西
兰师又被奥金莱克将军调回来了。虽然被调回来了，但它还是来晚了，没
能及时赶上图卜鲁格保卫战。

首相致奥金莱克将军　　　　　　　　　　　　　1942 年 6 月 14 日

1. 里奇将军准备如何处置加柴拉的部队？将他们撤往哪里？你
说撤到“老边界”指的是哪里？为了阻止敌人一门心思地围攻埃及，
我们不论如何都要守住图卜鲁格。这是我们在 1941 年 4 月经历过的
事情。

2. 你将新西兰师调回西部沙漠的决定令我高兴。他们将于何时在
何地展开？

3. 这些都经过了帝国总参谋长的许可，但是我需要随时掌握情况。

奥金莱克将军致首相　　　　　　　　　　　　　1942 年 6 月 15 日

1. 我已经要求里奇将军守住总防线阿科鲁马—艾德姆—比尔古比
了。但是，这一措施只能保证敌人无法在此防线以东活动，并不能保
证将此防线当作持续设防的战线固守，因为它不是防守严密的战线。

图卜鲁格保卫战

不论如何，从加柴拉调来的两个师都能加强它的力量。我的确不希望第八集团军被围困在图卜鲁格，同样这并不代表我做好了放弃图卜鲁格的打算。

以下是我给里奇将军的命令：

（1）不准敌人越过阿科鲁马—艾德姆—比尔古比总防线。

（2）他的部队不能被围困在图卜鲁格。

（3）只要具备条件，就要对敌人发动攻击。

为了便于及早发动反击，我认为应该在塞卢姆—玛达雷纳堡一带组建预备队。

2. 新西兰师还在调动途中，十至十二天就能完成集结。不过，在必要时，先头部队要能到得更早。

奥金莱克将军发给里奇将军的命令没有明确要求他守住图卜鲁格，因此我们很不满意。为了了解事实，我再次发出如下电文：

首相致奥金莱克将军　　　　　　　　　　　　　　1942 年 6 月 15 日

得知你没有放弃图卜鲁格的打算，我们很高兴。在战时内阁看来，你给里奇将军的命令可以这样理解：里奇将军可以根据实际情况，在必要时留下足以守卫图卜鲁格的部队。

对于这一理解，奥金莱克将军表示认可。

奥金莱克将军致首相　　　　　　　　　　　　　　1942 年 6 月 16 日

这种理解是对的。现在，里奇将军正在进行的工作，就是将他认为足够的兵力——四个旅——留在图卜鲁格。他们足以守卫图卜鲁格，即使图卜鲁格陷入与世隔绝都能固若金汤。此外，他还留下了充足的武器弹药、饮用水和粮食。第八集团军近期准备采取的行动是，将艾德姆作为中心固守，同时动用所有的机动部队打击敌人，确保敌人不能在艾德姆及图卜鲁格以东活动。在发给里奇将军的命令中，我也提到了这一点，他有能力完成任务。

现在，敌人在边境上没有设防阵地，因为设防阵地都被我们占领了。仅从这一点就能看出，相比于去年，今年的形势发生了很大的改变。虽然我们在短期内无法使用坎普特的机场，但这并不妨碍我们的战斗机升到图卜鲁格上空。我认为，除非敌军的数量远远大于情报上面的数字，否则敌军不可能实现对图卜鲁格的围困，也不可能抵挡住边境阵地的攻势。在这种情况下，避免敌人占领边境和图卜鲁格之间的地盘就很容易。

关于这个问题，我同国务大臣、其他总司令做过商讨，他们表示同意。

首相致奥金莱克将军   1942 年 6 月 16 日

我们很高兴你说要密切联系援军以便将第八集团军重新部署在新防线上。内阁得知你有动用所有力量守卫图卜鲁格的决心时，感到很高兴。我们欢迎你的这些决策。

虽然现在我们还无法对战争的战术做出判断，但是我们可以肯定，如果你能拿回主动权，如果你能让我们所有的部队协同作战，局势必然有利于我们。出现这样的机会绝非不可能，随着局面的改变，也许它就会出现。现在，敌人正处在压迫中，如果能保持这种压迫，让他们不能喘息，那么这种机会就更近了。在装甲战争中，可以应用对攻方有利的战略逐步展开。虽然守方在以往的战争中占到过便宜，但也得服从攻方的战略。

谨代表大家祝你好运。

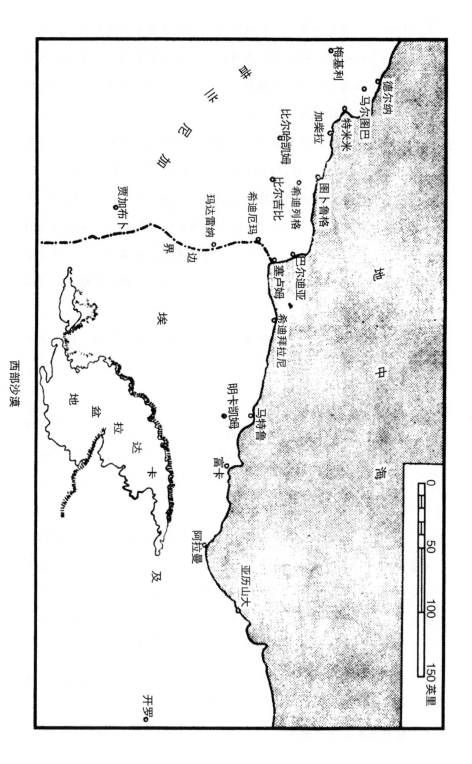

西部沙漠

*　　*　　*

　　我们很有信心，因为我们已经有经验了。除此之外，从理论上讲，相比于 1941 年，我们的处境有了极大的好转——的确如奥金莱克将军所言。在邻近图卜鲁格的一条防线上，我们部署了一个集团军的兵力，给他们提供支援的是刚刚修建的一条宽轨铁路。在部署兵力时，我们可以依据传统的战争原则，用直角将前线的中心和主要基地连接起来，不再像过去那样主要依靠海洋交通的侧翼，不再局限于那样的方式。由于过去发生过很多不幸的事情，所以现在我仍然有些担忧，但我坚信局势一定会好转，因为双方的兵力发生了巨大的变化，而且隆美尔供应方面有极大的困难。

　　奥金莱克将军还在等待实施他的计划的时机。在过去的几个月里，图卜鲁格是什么情况呢？我们都不清楚。他们加固那里的工事了吗？哪些工事还能发挥作用呢？这些都是我挂念的事情。要知道，由于奥金莱克将军决定打防御战，因此那些工事至关重要，价值无法估算。

　　守卫图卜鲁格一事上使用的"暂时"一词的另一种意义伦敦还没有意识到。如果我们在主要战役上遭遇失利，那么我们也得再次像守卫孤堡那样守住图卜鲁格，那时，第八集团军应经由图卜鲁格的交通线退守马特鲁港。这是我们的意图，我们以为总司令也能接受。如果能实现这个意图，图卜鲁格将仍然能给敌军的侧翼施以威胁。隆美尔必然不会对此置之不理，他必然不惜拉长自己的战线以围困图卜鲁格。这样一来，敌军的处境就更加艰难了。我认为，从长远来看，即使双方都动用了最大的兵力，我们也不必担心，因为新西兰师离图卜鲁格很近，海上也有强援赶来。

　　华盛顿还有一些需要处理的事宜，因此我决定按照原定计划第二次访问华盛顿，以解决那些影响整体战略的重要问题。同僚们支持我的出访。

第二十二章　再访华盛顿

为 1942 年和 1943 年的行动制订统一计划——"合金管"就是原子弹——我在 6 月 16 日写给国王的信——访问美国——飞机在有惊无险中降至美国——总统为我驾车时我的重大思考——早期的原子裂变——我在 6 月 20 日与总统及霍普金斯的会谈——"重水"及劳而无功的冒险——美国决定建立原子弹制造工厂——我的总体战略计划的笔记——我们丢掉图卜鲁格——患难见真情——一次有关未来战略的会谈——我第一次见到艾森豪威尔和克拉克——艾森豪威尔和克拉克得到横渡海峡的作战计划——晚间会谈——引人瞩目的新闻标题——参观杰克逊炮台——表扬美国陆军的组织工作——奥金莱克将军给我发来电文——我再次向奥金莱克将军做出保证——6 月 25 日的会谈——回国

　　敲定 1942 年和 1943 年里的作战计划是我此次访问美国的主要目的，我要跟美国方面商定最后的决定。史汀生先生和马歇尔将军等人——他们代表了美国当局的一般意见——为了确保美国能在 1942 年里在地面和空中大规模地与德国作战，倾向于立即决定某些计划，否则，美国的三军参谋长就可能修改"德国第一"的战略考虑。"金合管"是使我担心的另一个问题。所谓"合金管"，就是原子弹的早期密码代号，现在我必须跟美国签订明确的协议，因为我们的研究和试验已经达到这一步了。关于此事，人们认为只有我出面才行。对于解决眼下的一些重要的战略问题，我们是相当重视的，因此，战时内阁才会决定由帝国总参谋长和伊斯梅将军陪同我在沙漠战役的关键时刻离开伦敦。

我放弃了乘船只由海路前往美国，决定乘飞机走空中航线，因为，在这种困难时期，形势紧急，危机无处不在。在飞行途中，我们只有二十四个小时无法得到充分而及时的报告。为了避免耽误做出对形势的预判和对事实的决策，我们做好了充分的准备，确保埃及发来的电文能及时传来、我们做出的指示能快速发出。

如果不是得到国王的要求，首相通常不会正式向国王提出由谁继承自己的职位。但是，现在是战争期间。在最近一次的每周例行谒见中国王向我提出了这个要求，我写了下面的信答复他。

尊敬的陛下：

在将要开始的行程中，如果我遭遇不测，希望陛下能接受我的建议，委托外交大臣安东尼·艾登先生组织新政府。我认为，他是一位出色的大臣，不论是从下议院最大政党的角度来看，还是从我有幸主持的联合政府的角度来看，他都是合适的人选。我相信，在处理陛下的事务时，他有足够的当前形势需要的果断和干练。

> 您忠实的臣下
>
> 温斯顿·丘吉尔
>
> 唐宁街十号，白厅
>
> 1942 年 6 月 16 日

我将负责这次空中行程的任务特意交给了凯利·罗杰斯上尉。尽管在1月份飞经百慕大时遭遇了危险，并且我现在已经知道了这件事，但我依然很相信他和他的波音水上飞机。陪同我登上飞机的还有陆军部计划局局长斯图尔特准将（他在卡萨布兰卡会议之后的回国途中遭遇了空难）、查尔斯·威尔逊爵士、汤普森海军中校和马丁先生。

6月17日接近午夜之时，天气条件极好，月圆天晴，我们飞离了斯塔兰腊尔。在长达两小时的时间里，我一直坐在副驾驶员椅上，一边欣赏海洋的景色，一边思考着让人忧心的战事。后来，我睡了一觉，直到飞抵甘得时才醒来，那时已是天色大亮了。在原先的计划中，我们要在这里补充油料，但实际上并不需要加油，所以向机场方面说明情况后，很快又起飞了。时间似乎过得很慢，因为在阳光里飞行，时间就显得很长。在六小时里我们吃了两顿饭，而且两顿都是午饭。我们计划到达目的地后再吃晚饭。

飞行的最后两个小时，我们离开海洋来到陆地上空。我们抵达华盛顿上空的时间，大概是美国时间七点钟。我们的降落地点在波托马克河附近。在降落时，我看到了华盛顿纪念碑，我发现这个纪念碑的高度与我们的飞行高度相当，约五百五十英尺。我对飞行员凯利·罗杰斯上尉说道，如果我们在世界上所有能撞上的建筑物里恰恰撞上这个纪念碑，可就不只是不幸了，而是极大的不幸。他告诉我，他会小心地避开的。最终，我们安全、平稳地降落到了地面上，结束了长达二十七个小时的飞行。在降落地点等候我们的，有哈利法克斯勋爵、马歇尔将军及多名美国高官。由于天色太晚，我们来不及飞到海德公园了，便去了英国驻美国大使馆，在那里吃晚饭。我阅读了最近收到的全部电报，没有重要信息，然后又露天吃了晚饭。英国大使馆所在地是整个华盛顿最凉快的地区之一，即使与白宫相比都足够凉快。

总统在海德公园那里的机场等着我的到来，所以，在到达华盛顿的第二天——6月19日——的清晨，我就去了海德公园。这一次的降落并不顺利，我遭遇了经历中最大的颠簸，而总统就在地面上看着我们。他对我表示热烈的欢迎，还亲自开车送我到他位于海德公园的个人院落——位于赫德森河对岸的峭壁上。他开着车陪我在海德公园游览，只为让我见识一番那里的美景，但在此过程中，我多次陷入沉思。众所周知，总统无法用脚操纵汽车，因为他的身体有残疾，但这些情况似乎并没有影响他开车，他的手臂和手腕力气很大。他告诉我，有位著名的拳击手很羡慕他的臂力，还请我试了一番他的力量。他的臂力让我感到放心，但是实话实说，我对汽车的性能有些不放心，因此在经过赫德森河边的悬崖时，以及在草坪边缘掉头或者倒车时，我还是有些担心。在此期间，我们一直在讨论公事。值得注意的是，为了避免影响他开车，我注意有所保留，但是，与正式会谈取得的成果相比，我们在开车期间的谈话取得的成果更大。

听说帝国的总参谋长也陪着我一起来了，总统很高兴。他兴高采烈地回忆起青年时的往事。多年以前，布鲁克将军的父亲到海德公园拜访过总统的父亲，因此，总统对能够在同一地点接待父亲友人的儿子感到高兴。两天后，他见到了布鲁克将军，果然显得很热情。由于布鲁克将军的过人魅力和出色人格，他们之间很快建立了亲密的友情。毫无疑问，这将推动事务的进展。

*　　　*　　　*

为了让总统对我方的意见做到心中有数，在我到达之前做好准备，我提前向哈里·霍普金斯先生透露了我方希望达成的协议的要点，请他转告给总统。在诸多问题当中，最复杂的是"合金管"，后来的事实证明，这是一个极其重要的问题。

为了更好地说明当时的情况，我认为我应该引用我在1945年8月6日广岛被原子弹轰炸成废墟后发表的那份声明：

> 因原子裂变释放出能量的可能性，在1939年已经得到了世界各国科学家的公认。不过，想让可能成为事实，需要解决的问题还有很多。

在当时，任何一个科学家都不会想到，第一颗原子弹在 1945 年会被制造出来并投入使用。即便如此，即便我们的科学家有诸多要求，英王陛下及其政府还是英明地意识到，针对原子弹的研究工作应该保持下去。这一切都是因为这一计划有着巨大的潜力。这一阶段的主要研究是在牛津、剑桥、利物浦、伯明翰以及伦敦的帝国理工学院等大学校园里展开的。成立联合政府时，组织和推动这项工作的是飞机制造部，顾问是由乔治·汤姆森爵士领导的由科学家组成的委员会。那时，我们根据当时的一般协议，不仅大范围地搜集相关信息，而且让联合王国和美国的科学家交换意见。

经过艰苦的努力，到 1941 年夏季，我们取得了显著成绩。顾问委员会在报告里表示，他们认为，第一颗原子弹完全有可能赶在世界大战结束前制造出来。彻韦尔勋爵——向我实时提供这方面进展和其他科技方面进展的负责人——在 1941 年 8 月底的报告中称，我们的进展很大。当时，负责所有科技委员会的科研工作的是枢密院长约翰·安德森爵士。据此，在综合了我们最近准备充足的高级普通炸药的威力后，我正式在 1941 年 8 月 30 日向参谋长委员会提到这个问题。当时的备忘录如下：

××致伊斯梅将军，转参谋长委员会

虽然我个人对当前的炸药的意见是非常满意的，但是，如果还能有所改进，我们也不能成为阻碍。综上，我的意见是，按照彻韦尔勋爵的建议办。至于为此负责的内阁大臣，应该是约翰·安德森爵士。

参谋长委员会对此有何意见，请转告于我。

三军参谋长的意见是，在优先的条件下立即遵照彻韦尔勋爵的建议行动。于是，为了指导这项工作，在科学和工业部门，我们成立了专门的机构，为了保密，这个机构被称为"合金管局"，负责人是从卜内门公司借调而来的 W.A. 埃克斯先生。由于约翰·安德森爵士在这项工作上有极其出色的表现，因此，在卸任枢密院长之后，我安排他担任财政大臣，继续主管这项工作。为了给他提供必要的帮助，我还给他组建了一个咨询委员会。

总统在 1941 年 10 月 11 日给我的信中建议，应该在这项工作上采取联合努力。此后，英美两国就联合工作了，这个研究计划扩大了，部分英国科学家还被派往美国。1942 年夏季，之前的各种预测终于得到了更确切、更普遍的肯定。下一步的讨论方向是，是否有必要成立能够大批量生产的工厂。

*　　　*　　　*

我和总统在海德公园见面时，也提及了这一问题。由于总统要等待来自华盛顿的更多情报，因此，虽然我随身带着相关文件，讨论还是又往后推迟了一天。20 日的午饭后，会谈开始了，就在楼下的一间小的突出的阴暗的房间里。尽管天气酷热，但我的美国朋友们——总统和哈里先生——似乎并不在意，总统坐在跟房间差不多大小的写字台边上，哈里在他身后。

我首先向总统介绍了我们取得的巨大进展，又告诉他，科学家坚信，我们能够在世界大战结束前制造出原子弹。总统回答说，他们也有很大的进展，但是没有人能预料在实践中会发生什么，因为还没有进行全面试验。说到这里，不论是我还是他，都觉得很可能劳而无功。情报显示，德国人正在想方设法得到"重水"（这一可怕而特殊的名词我们已经能够在我们的秘密情报中看到了），因此，如果第一颗原子弹被敌人抢先造出来，局面会有什么变化呢？虽然科学家的推断总是招致人们的质疑，虽然科学界也为此争执不断，但是，这毕竟是一个令人恐惧的范围，我们不敢冒险，不敢被敌人抢先。

因此，我提出我的主张：立即搜集所有情报，共同公平地工作，公平地分享所有结果。下一个问题是在哪里建立研究工厂。在此之前，我们都明白，这项工作耗资巨大，不仅如此，还要做好从其他领域随时抽调人力和物力支援的准备。看上去这个工厂不能建立在英伦三岛上，因为这样的工厂不仅规模巨大，而且很吸引人，而英国正在遭受敌机的空袭。我们的意见是，在先进程度上，我们至少应该与伟大的盟国同步，因此，这个工厂可以在加拿大。事实上，加拿大的确合适，因为在采集的铀的供应上，他们工作积极，贡献极大。但是，做出这样一个决定还是很难的，毕竟这个工厂不仅耗资数百万英镑，还要消耗战斗力，更何况不论是哪国的科学家都无法保证能成功。我们认为，如果美国政府拒绝，我们就在加拿大独自建立工厂；如果加拿大政府也拒绝，我们就把工厂搬到帝国其他的土地上去。总统的表态令我高兴，他认为美国有建立工厂的决心。于是，我们达成了协定，做出了共同决定。我认为，总统之所以能做出这一决定命运的重大决定，是因为我跟他提到了英国取得的进展和科学家对成功的信念。我对此深信不疑。

关于这件事，在后面几卷书里我还会详细叙述。

＊　　　＊　　　＊

还是在 6 月 20 日这一天，我向总统提交了我们需要尽快做出的战略决定的照会：

秘密　　　　　　　　　　　　　　　1942 年 6 月 20 日

1. 目前我们面临的最大、最迫切的危险是，不断有大量船只沉没。我们能接受的是战斗中不可避免的船只沉没，为了减少除此之外的船只沉没的情况的发生，我们有什么更好的措施吗？何时可以实现在加勒比海和墨西哥湾的护航？还能减少不必要的货运行动吗？为了增加护航舰队的规模，是否可以考虑减少商船的吨数？如果可以，能减少到多少？

2. 关于"波黎勒"作战计划的准备工作还得坚持下去，目前正在进行全部工作。最好能在 1942 年实施这一计划，如果不能，那么到

1943年就必须实施了。我们计划在9月初派遣六到八个师在法国北部登陆，我们正在进行相关准备。由于这一登陆计划不仅帮不了俄国人，还会引起德国人对法国人的报复，甚至可能导致1943年的主要战役推迟，因此被称为"能引起灾难的行动"。英国政府不会支持这种行动。因此，我们的态度是，如果在登陆以后，我们不能长久地留在法国，那么在实质登陆方面，今年对法国没有计划。

3. 截至目前，在制订1942年9月的作战计划方面，英国还没有哪个负责任的军事当局能提出一个有可能成功的计划，看来只能指望目前看不到迹象的德军士气尽衰了。在这方面，你的参谋长们有计划吗？能攻击哪些地方呢？在登陆时可以利用哪种登陆艇？指挥官是谁？英国部队要提供支援吗？需要哪些方面的援助？英王陛下的政府非常希望你们有恰当且有可能成功的计划，我们不仅非常欢迎，还愿意与你们共同承担风险和牺牲。这是我们一贯坚持的态度。

4. 如果没有一个能够使任何负责当局都认可的计划，那么，在法国方面，在1942年9月就不会发生大的战役。这样的话，我们还能做些什么呢？接受大西洋战场在1942年里不发生任何战役的局面吗？为了得到一些有利的阵地，在"波黎勒"计划的总体制内，我们是否应该在一些地区有所行动？对俄国而言，这样的行动或许可以或直接或间接地减少负担。既然如此，我们应该好好研究在法属西北非的行动。

总统派自己的专车在20日的深夜将我们送回华盛顿，到达华盛顿时，已是第二天早上八点钟了。接着，我们在重重保卫下来到白宫。在那里，我住进了一间有空调的宽敞的房间里。我终于有了舒适的感觉，尽管室温有30度，但是相比于白宫大部分房间，温度已经算低了。在吃早饭前，我花费了一个小时阅读电报和新闻。早饭后，我在走廊里见到了哈里，然后与伊斯梅将军一起去了总统的书房。我们刚到书房不久，总统就收到了一封电报，他什么都没有说，只是将电文递到我手上。我看了电报的内容，很简短：

> 图卜鲁格失守，两万五千人成了俘虏。

令人震惊的消息，我甚至不敢相信这是事实。我告诉伊斯梅，立即向伦敦求证。伊斯梅很快就给我带来了哈弗得海军上将[①]的电文。

> 图卜鲁格已经失守，局势因此更加恶化，亚历山大港随时面临大规模的空袭。为了应对意外，在月圆时节到来之际，我已经命令东方舰队前往运河南岸。希望在本周末英王陛下的军舰"伊丽莎白女王"号能离开船坞。[②]

在我能回忆起来的世界大战期间遭遇的打击中，这是最大的打击。图卜鲁格的失守，在军事上不仅有严重影响，对英国军队的名誉也有严重影响。之前，八万五千名新加坡守军向数量少于自己的日军投降，现在又有两万五千名——实际数量是三万三千名——图卜鲁格守军向数量可能只有自己一半的敌人投降，要知道他们可是久经沙场的部队。如果沙漠上的部队的士气都是如此，那么，我们必然不能应对非洲东北部即将到来的危机。

这是属于我的痛苦时刻，我的确感到震惊，也并不打算向总统隐藏我的震惊和痛苦。失败归失败，耻辱归耻辱，不是一码事。这两位美国朋友

---

① 哈弗得海军上将于该年5月31日接替坎宁安海军上将，担任地中海舰队司令。——原注

② 由于此时的亚历山大港即将遭遇由战斗机掩护的俯冲式轰炸机的袭击，哈弗得海军上将因此做出此决定。——原注

表现出了极大的同情心和仗义心肠，这是很可贵的，没有什么比这些更可贵的。他们既没有责怪我，也没有说任何让我感到尴尬的话。

总统问道："我们能怎样帮助你呢？"

我回答道："请将你们能够调动的所有'谢尔曼'式坦克尽可能地交给我们，迅速调到中东战场。"

总统立即召唤马歇尔将军。马歇尔将军很快就来了，并且很快就知道了我的要求。他回答道："我们现在才开始生产'谢尔曼'式坦克，刚刚生产出几百辆，也已经装备给装甲部队了。您知道的，收回士兵手中的武器是很难的，更何况他们之前使用的都是旧式武器。但是，既然英国很需要，我们还是愿意想办法。另外，我们还可以调拨一百门105厘米口径的自动榴弹炮给他们。"

为了完全确定此事，我立即表示，与承诺相比，美国人的行动更好。很快，美国派出速度最快的六艘运输船前往苏伊士运河，船上装载的除了那一百门自动榴弹炮，还有三百辆"谢尔曼"式坦克。这批坦克是在匆忙中上路的，匆忙得连发动机都没有完全安装好。倒霉的是，在百慕大附近，装载坦克发动机的船只被敌人击沉了。得到消息，总统和马歇尔将军不等我们提出要求，就立即调配了新的发动机，让一艘快船运送到中东。

能共患难的朋友才是真朋友。

*   *   *

布鲁克将军和哈里·霍普金斯也加入到关于未来战略的讨论之中。伊斯梅将军保留的一份记录，记载了军事方面的结论：

1.1943年实施的"波黎勒"作战计划的准备工作，不仅要全力地快速进行，还要尽可能地扩大规模。在所有准备工作中，美国和英国在1942年采取攻势最为关键。

2. 相比于其他战场，如果能够成功地于1942年在法国或其他低海拔国家采取行动，那么从政治和军事战略方面看，收获将更大。因此，我们应当调动一切可能的力量、进度和策略，制订这方面的计划，并开展准备工作。在克服必然存在的困难、应对显而易见的危险时，态度必须坚决。如果能制订一个全面而稳妥的计划，就应该立即实施。如果经过充分的检查，发现即使费尽全力也不能保证成功，就得转而制订其他计划。

3. 应当详细而有针对性地检查在法属北非实施"体育家"计划的可能性，尽快完成各项准备工作。还留在美国的准备参加"波黎勒"计划的部队，可以用来实施"体育家"计划。此外，联合参谋部应仔细考虑可否于1942年秋冬季在挪威和伊比利亚半岛发起战事。

4. 伦敦方面的主要精力应放在筹划"波黎勒"计划上，华盛顿方面的主要精力应放在筹划"体育家"计划上。

＊　　　＊　　　＊

哈里在6月21日的午饭后对我说道："有两位美国将军受到总统、马歇尔将军和陆军的重视，总统希望你能会见他们。"这两位将军是艾森豪威尔少将和克拉克少将。我同意了。于是，当天下午五点钟，我就在自己的房间见到了他们。虽然他们都是杰出的军官，但是在此之前我并不认识他们，不过他们很快就给我留下了深刻的印象。在来我这儿以前，他们去见了总统，这也是总统第一次会见他们。我和他们谈论了1943年渡过英吉利海峡攻打欧洲大陆的事情，在当时这一行动被我们称为"围剿"。我们似乎一直在谈论这件事，因为他们的注意力就集中在这里。谈话持续了一个多小时，过程也很愉快。在离开伦敦的两天前，也就是6月15日，我给三军参谋长写过一份文件，为了向他们表明我个人很关心这个计划，我将那份文件的副本给了他们。我在文件中提出我的初步想法，集中在这种计划的方法和规模上。对于这份文件表现出的精神，他们表示满意。我猜测，总统之所以介绍我认识这两位将军，是因为在这个计划中他们将发挥重大作用。当时，我推测计划将在 1943 年春夏进行。从那时起，我和他们之间建立了友谊，令我欣慰的是，在经历了战争之后，我们的友谊至今还在。

似乎是为了考验我的热情程度，一个月后，艾森豪威尔将军询问我，是否可以送给马歇尔将军一份那个文件的副本。我表示同意。

＊　　　＊　　　＊

另一次会谈于晚上九点半在总统办公室进行，美国三军参谋长也在场。会谈谈论了海军的形势，还谈论了德军潜艇在美国东海岸一带袭击船只之事。我认为，护航范围应该立即扩大到加勒比海和墨西哥湾，并向金海军上将提出这一主张。金海军上将对此没有异议，但表示不能立即落实，需要等待适合的可以利用的护航船只。

我和总统在两个小时后的晚上十一点半又会谈了一次，马歇尔、金海军上将、阿诺德、蒂尔、布鲁克和伊斯梅也在场。会谈的重点是：中东局势的不断恶化，美国已经向那里派出了接受过沙漠作战训练的第二装甲师，未来是否可以再派遣更多美军？结论是：是否继续派遣美军应该结合航运形势慎重考虑。在总统完全同意后，我可以告知奥金莱克将军一个好消息：8 月份时他有望得到增援，增援部队是装备有"李"式坦克和"谢尔曼"式坦克的训练有素的美国装甲师。

＊　　　＊　　　＊

在全世界范围内，图卜鲁格的失守引发了极大的反应。22 日中午，总统、我和霍普金斯三个人一起吃午饭。正在此时，军事情报局局长埃尔默·戴维斯进来了，同时带来了很多报纸。这些报纸的新闻标题格外吸引人："英国人愤怒了""丘吉尔遭到不信任投票""英国政府或因图卜鲁格的失守垮台"。按照行程安排，我将接受马歇尔将军的邀请，到南卡罗来纳州参观军营，计划在马歇尔将军和史汀生先生的陪同下，坐 23 日晚上的火车出发。但在此时，表情严肃的戴维斯先生问我，我是否坚持已经安排好了的行程，在非洲和国内发生影响如此重大的事件时，我是否合适在美国参观军营。我告诉他，我当然要继续安排好的日程。二十多位议员会因为是否信任政府到议会提反对意见吗？我对此感到怀疑。后来的事实表明，不满政府的议员最终也只有这么多。

就这样，第二天晚上，我坐上了开往南卡罗来纳州的火车。在下一个酷热的清晨，我们就来到了杰克逊炮台——当然，火车没有到站，而是停到了空地上。当我们走向阅兵场时，我想起了印度的平原，也是这样炎热。首先检阅的是装甲兵和步兵的分列式，然后观看了跳伞演练。参加跳伞演练的士兵有一千名，我还没有见过这么多人同时跳伞，场面真是震撼。我的背上背着一个"报话机"，这种设备很方便，我还是第一次使用。到了下午，我们又观看了实弹野战演练。

参观临近结束时，我问伊斯梅——在这里提到此事，我还得感谢他："你感觉怎么样？"

他回答道："让他们去打德国人，简直就是白白送死。"

我说道："不。他们很快就能学会战争，因为他们太特别了。"

不过，我一直没有把上述看法告诉美国主人，在面对他的时候，我总是说，我们得花至少两年的时间才能培养出一个合格的战士。正如我所言，两年以后，南卡罗来纳州的这些士兵也会变得老练起来。1946年，我以私人的身份受到正在五角大楼参加会议的美军首长的欢迎，我认为有必要叙述一下我在当时说过的一番话。

我很欣赏组建美军的方式，从组织方面看，这个方式堪称奇迹。对于一个拥有资金、时间和军纪的强大国家而言，组建一支庞大的部队并非难事，但美军的情况有些不同。开战以前，美军的规模只有几十万人，要依靠这样一个弱小的基础建成一支强大的军队，这太难了，速度之快令人称奇。

我在两三年前去过南卡罗来纳州，在马歇尔将军的陪同下访问了正在接受训练的美国陆军，在你们眼里，那里情景可能会被称为"量产军队"，我就看到了那个情景。在迅速的大规模的轮训之后，他们被组建为军队，之后继续加以完善。我有幸见证了这样一支强大军队的组建，在很短的时间里，在原有的规模很小的基础上，组建一支战斗力极强的庞大军队，这是一个壮举，一项伟大的成就，值得其他国家的军队敬佩和羡慕，也值得他们学习。

但组建部队并不是全部的成就，或者说还不是其中最大的成就。组建军队是一方面，管理和指挥军队又是另一方面。我认为美军之中还有一个秘密，一个现在还不能解释的秘密：美国的常备军事人员极少，只借助这些人，不仅能完成空军和陆军的各军种组建，还能从中诞生指挥官和管理人员，然后倚赖他们管理和指挥军队，甚至将军队迅速派遣到士兵从未去过的远方。

＊　　　＊　　　＊

我们在 24 日下午乘飞机回华盛顿。我在那里收到了很多报告。奥金莱克将军给我发了一封电报：

奥金莱克将军致首相　　　　　　　　　　　　1942 年 6 月 24 日

我感到无比愧疚，因为在时下的危急时刻，由于我指挥的部队遭遇大溃败，你也深受打击。与一年前我刚刚担任总司令时相比，除了图卜鲁格失守之外，其他方面的局势并无不同。对敌人而言，不论从哪方面看，图卜鲁格都是极其重要的，除了供应方面的便利，他们再也不必为牵制这里而分散兵力了……

接着，他汇报了兵力部署情况。然后又写道：

我们非常感激你和美国总统，由于你的建议，他给我们提供了极大的援助，由于你的安排，我们很快就能得到这些援助。与即将从印度调配而来的"李"式坦克和"格兰特"式坦克一样，我们很欢迎美国第二装甲师前来增援。长期以来，在伊拉克和波斯，尤其是在产油区，我们在治安方面一直面临着困难，但是，由于你向我保证不必将印度步兵师和装甲旅调回国，我的压力因此减轻不少。根据特德空军中将的说法，飞机被调配到我的战场以后，我们的实力将得到大幅提升。

对于你在去年一年对我的援助，我向你表示衷心的感谢。对于我在上个月遭遇的挫败，全部责任在我，我向你表示歉意。

在离开华盛顿之前，奥金莱克将军终于相信我依然百分之百信任他。

首相致奥金莱克将军   1942 年 6 月 25 日

总统曾经计划给你调派美国第二装甲师，按照计划，7 月 5 日前后，这个师就将被调到苏伊士运河一带。但是，我们在后来又认为，在 7 月份运输这个师难度极大。马歇尔将军便提出了一个在帝国总参谋长看来对你们更有利的建议。根据这个建议，你不仅能得到充足的英国增援，还能得到大批的美国现代化装备。下面就是马歇尔将军的建议。

作为援助的一部分，美国的一百门 105 厘米口径自动榴弹炮和三百辆"谢尔曼"式坦克将被立即运送到中东战场，负责运送它们的是从哈瓦那运糖船队中抽调的海上辎重运输船，7 月 10 日前后，它们将以十五海里和十三海里的时速前往苏伊士运河一带。随行的有数量较少的美方相关人员……

你不必在意国内事务的发展。不管你有什么意见，哪怕是对我指挥战争有意见，或者对发动攻击的时间有看法，我都愿意与你一起承担责任，给予你百分之百的信任……

亚历山大港弥漫的沮丧和恐慌情绪使我感到不安，海军急着撤离红海的想法也同样使我不安，请将我的这个意见传达给哈弗得。不论能否采取预防措施，不论"伊丽莎白女王"号能否尽快驶离船坞，我们都应该勇敢而坚定，对战斗充满信心。总统告诉我，他从罗马得到情报，在进攻马特鲁阵地前，隆美尔可能会有所拖延。我的意见是，拖延的时间可能不止三四个星期。

所有在尼罗河三角洲的军方人员和有战斗力的忠诚之士，最好能在经历过这次危机后，振奋精神，鼓起继续战斗的勇气。这也是我的希望。在中东战场也一样，只要是有战斗力的男人，都应该是敢于死战的勇士。为了加强马特鲁阵地的防御力量，我的意见是，可以抽调各级军官和后勤人员前往前线，充实兵营和各部门。在中东战场，有七十多万人领取政府的军饷，你完全可以向前线派遣数千人。如果英伦三岛遭遇敌人的入侵，那么我们的处境跟你现在的处境就没有什么不同了。在这种处境下，你必须跟我们一样，一样紧张，一样坚毅果断。

*　　*　　*

我在 25 日会见了印度和自治领的代表们，之后又参加了太平洋作战委员会的会议。25 日晚，我赶往巴尔的摩，因为我的水上飞机停在那儿。我的美国朋友——总统、哈里·霍普金斯和艾夫里尔·哈里曼——或者在白宫与我道别，或者赶来为我送行。在一直通到河里的那块有顶棚的狭长的临时跳板两侧，挤满了负责安全保卫的武装警察，他们神情严肃，气氛显得有些紧张。飞机起飞前，我得知警察抓获了一个值班的便衣。这个人握着一把手枪，声称要杀我，警察将他扑倒在地，接着逮捕了他。后来他被证实是一个疯子，如果警察要求疯子走开，疯子是不会听话的，因此警察认为疯子是危险分子。

我们在第二天早晨飞抵帕特伍德，在那里补充了燃油，又吃了龙虾，然后就起飞了。在飞行期间，在吃饭时间之外，我只吃了很少的食物，除此之外就是尽可能地多睡觉。黎明时，飞机飞过北爱尔兰上空，靠近克莱德河。很快，飞机降落了。在那里等待我的，有佩克——我的一个私人秘书——和我的火车、积压了四五天的报纸。接着，我坐上火车，去了英国南部。我们丢掉了补缺选举中的一个席位，因为在莫尔顿的选举中我们失败了。这只是图卜鲁格失守带来的诸多后果中的一个。

我在这段时间里似乎注定要倒霉。我躺着翻看了几页公文，然后就睡着了，四五个小时后就到伦敦了。这几个小时里，我一直睡着，睡觉真是一件幸福的事情。战时内阁的成员等在外面，他们是来迎接我的。很快，我就回到了内阁办公室。

第二十三章 不信任投票

联合政府的力量很强大——我们在军事上遭遇接二连三的失败——一项有利的不信任动议——我拒绝了撤回动议的建议——我收到克里普斯爵士的报告——7月1日开始公开辩论——约翰·沃得罗－弥尔恩爵士发表演讲——横生枝节——罗杰·凯斯爵士的意见——出现矛盾——温特顿勋爵向我发难——霍尔·贝利沙先生也向我发难——结束争辩——自由讨论——一场预料之外的灾难——图卜鲁格失守——美国报纸对英国情况的不实报道——我们在战前就缺少坦克——两位将军：奥金莱克和里奇——我要求投票表决——国防大臣丘吉尔（也就是我）的辩护——反对派得到二十五票——罗斯福总统感到很欣慰——巧合事件

当下议院的二十多位议员随声附和报纸上尖锐刺耳的批评和议论时，包括我在内的更多政府人员则心情抑郁、情绪悲观。我意识到，为了避免眼下这个由一党执政的政府重蹈 1940 年 5 月张伯伦政府垮台的覆辙，必须进行一次不信任投票。要知道，当时推翻张伯伦的权力的，正是一场激烈的讨论。不过，眼下的形势与那时有些不同，由于 2 月份的那次改组，我不仅得到了主要大臣的全部支持，而且他们全都坚定而忠诚。民族联合政府极为团结，占据着压倒性的优势。此外，所有肩负责任的熟悉情况、关心时局的人，似乎也很信任我，他们全都态度坚定，从不参与私底下的阴谋或讨论。总之，我们有一个强大而坚固的为同一个目标努力的团队，既能承受挫折，也有能力抵御任何政治攻势。

我们经历了太多的失败，在缅甸、马来亚和新加坡的失败，奥金莱克将军在沙漠战役中的失败，因为难以解释而至今未做出解释的图卜鲁格战役的失败，在北非的失败——包括沙漠部队的撤退和所有利比亚和昔兰尼加阵地的失守，包括向埃及撤退四百英里和五万人部队的损耗，也包括枪炮弹药和车辆等战备物资的损失。我们被迫撤退到两年前据守的马特鲁防线后面。在我们身后，隆美尔率领德军步步紧逼。他们何以如此嚣张？因为我们损失的物资被他们据为己有，坐的是我们的汽车，烧的是我们的燃油，就连发射的子弹炮弹也是我们的。墨索里尼和隆美尔距离开罗城（也可能是一片名叫开罗的废墟）已经不远了，只要再取得几场胜利，再挺进若干英里，他们就可以在开罗相聚了。然而，各种即将爆发的未知危机在我们遭遇上述失败的关键时期酝酿着，接下来的局面会变成什么样呢？又有谁能预测？

议会在新加坡失守前进行过信任投票，因此，虽然眼下有必要明确议会的形势，但要求下院再进行一次信任投票是很难的。好在这个困难也有办法解决，就是让议员对议程安排自发进行不信任投票，当然，这样做的都是持有不满意见的议员。

＊　　＊　　＊

在 6 月 25 日的议程表上有这样一项动议：

> 对于皇家部队在当前严峻形势下表现出的英勇和坚韧，下议院深表敬佩。不过，对于政府在指挥战争方面的表现，下议院难言信任。

提出这样一项动议的是约翰·沃得罗－弥尔恩议员。这位先生是掌握着大权的保守党财政委员会的主席，是一位很有权势的人。我一直都在关注保守党财政委员会，尤其是他们提出的关于行政浪费却效果不佳的报告，还引起了我的研究兴趣。他们与战争以外的人士联系较多，掌握着很多有价值的情报。

这项动议在得到海军元帅罗杰·凯斯爵士、前陆军大臣霍尔·贝利沙先生的附议后，形势变得明朗了。我知道，我们面临的一场严峻考验已经形成了。在此之前，在一些报纸上和议会的私下议论里，已经有了一些征兆，有人声称即将出现一场决定性的政治危机。我当即表示，我们将在7月1日召开会议，以便展开公开辩论。

首相致奥金莱克将军　　　　　　　　　　　　　1942年6月29日
　　我认为，在星期四下午的不信任投票辩论中，当我要发言时，我必须做出决定，即：自6月25日起，你已经取代里奇担任了指挥。

埃及局势走向恶化已是不可避免的了，不仅如此，大多数议论都认为，在隆美尔的攻势下，我们很快就会丢掉开罗和亚历山大港。为了出席开罗和亚历山大港的入城仪式，墨索里尼已经决定亲自前往隆美尔的总部。这样的话，几乎在同一时刻，我们——议会和非洲前线——都将迎来最大的困境。有些指责我们的人的热情突然消失了，因为他们意识到面对的这个联合政府十分团结。不仅如此，提出这项动议的人也表示想撤回动议，因为在埃及局势日趋严峻之时似乎不宜进行公开讨论。但这只是他们的一厢情愿，我们还有我们的考虑。我们认为，有必要让形势明朗起来，因为我们的朋友和敌人在过去的接近三个星期里密切注视着我们，这场日益紧张的政治和军事形势吸引了几乎全世界的关注。因此，我们不允许他们退缩。

丘吉尔先生致约翰·沃得罗－弥尔恩爵士　　　　1942年6月30日
　　你6月30日给我的信我在今天早上交给了战时内阁，受他们委托，我要通知你：我们已经做好了将你的动议交付讨论的所有准备。由于几天之间这种挑战政府权威和能力的行为已经传遍全球，我们认为有必要进行公开讨论，而且应该立即得出结论。

海军中校金－霍尔在辩论即将开始之时，要求约翰·沃得罗－弥尔恩爵士推迟动议，理由是利比亚正在进行激烈的战争。约翰·沃得罗－弥尔恩爵士的回答是，他愿意勉强同意，前提是政府为国家利益考虑。于是，我发表了这样一份声明：

对于这个动议，我态度坚决，没有丝毫迟疑，因为我已经仔细考虑过了。不过，推迟辩论的可能不是没有，得有人因局势严峻而提出这种建议。现在，这个动议不仅早已列入议会议程，甚至已经传遍全球。在刚出现这个问题时，它在美国造成的情绪强烈而激动，这是我在美国亲眼看见的。关于我们稳定的制度和政府的力量，国内的人是很清楚的，但别的国家的人不清楚这些，也感受不到国内的舆论。我认为，相比于立即展开讨论，推迟讨论危害更大，毕竟在过去的一个多星期里，由于事态的发展，全球各个地方的人都在议论此事。

* * *

斯塔福德·克里普斯爵士将他认为我将遭到的批评的要点列举出来，写成报告交给我。由于我将自己的发言安排在辩论的最后，所以在辩论期间我有充足的时间考虑这份报告。①

斯塔福德·克里普斯爵士致首相　　　　　　　　1942 年 7 月 2 日
有一件确定无疑的事实：在下议院乃至全国，充斥着各种意见。人们对新闻报道的普遍反应能从不信任投票中得到体现吗？我们明确

---

① 我在 7 月 2 日即将开始发言时，拿到这份报告。——原注

地知道，答案是否定的。在有两万人参加的莫尔顿补缺选举中，政府的候选人只得到六千二百二十六人的支持。之所以出现这种结果，利比亚战局的影响是一方面，另一方面则反映了人们的不安和对我们的不信任。在我看来，不论从何种角度来看，选举人的个人情感并不是对首相持反对意见的情感，他们的确有不满，但这主要是因为某件错误的事情，要求也只是立即纠正错误。

根据我的推测，人们的不满情绪主要体现在如下六个方面：

1. 对非官方发布的关于开罗局势的过于乐观的消息不满。尽管这些消息不是政府发布的，但是，报纸之所以能够得到这方面消息，还是由军事部门给他们提供的消息引导的。尽管军事部门给报纸提供消息的初衷，是希望他们有乐观的报道，但政府的声明没有消除这种乐观情绪，没有对过于乐观的消息予以纠正。在这种情况下，人们就有了这种印象：战局已经十分严峻，但军事部门没有意识到，而且，前线的指挥官在不准确的情报的干扰下总是判断失误。在这种报纸消息的影响下，人们自然无比震惊于图卜鲁格的失守和马特鲁的撤退。

2. 对指挥官才能的不满。由于奥金莱克将军曾经说过，隆美尔已是筋疲力尽、处境堪忧，因此，人们普遍认为，如果我们的指挥官才能出色，也许早就战胜隆美尔了。他们因此得出结论：我们的指挥不行，将更多的精力用在了防御上，在必要关头没有勇气打反击。

人们因此对我们的陆军司令甚至总司令产生了怀疑，人们不相信他们真的掌握了现代化和机械化战争的战略及策略。他们正在考虑更换军事指挥官的问题，主张将真正具有指挥机械化战争的经验和才能的人换到军事指挥的岗位上来。

3. 对最高军事指挥部门的不满。由人们对指挥官才能的意见可知，他们普遍怀疑指挥战争的最高军事部门，在面对隆美尔的军队时，找不到正确的策略。有两个与此相关的事实证明了这种怀疑：其一，陆军和空军还没有达到预想中的协作效果；其二，最高级的军事指挥部门应该努力和有共同计划。

4. 对武器装备的不满。这方面的不满最为强烈。人们难以相信，我们在坦克、反坦克炮等关键武器装备上的水平，在战争进行的三年中始终不及敌人。他们认为，这是导致我们不断失败的主要原因。

5. 对发明研究工作的不满。虽然我们的科学家和发明家才能出众，但有很多人认为，我们没有让他们发挥更大的作用，尤其是有效的装备竞赛上更是如此。不仅如此，我们还能够在组织方法方面做得更好，以便从装备竞赛这个重要方面得到更多。

6. 对空军的不满。奥金莱克将军说过，我们的空军士气旺盛，但在事实上，他们没能抵挡住敌人的攻势。因此，人们不知道该如何理解奥金莱克将军的说法。人们因此又产生了更多的怀疑，怀疑空军的先进装备的作用，怀疑包括俯冲轰炸机在内的一些飞机的型式。在与敌人的空战中，即使我们占据着优势，也不能保证有效的空中打击，究其原因，则是在飞机的型号方面，我们的分歧过于僵化。老实说，这让我们极为不安。

在对远程飞机的使用方面，我们能做得更好吗？要知道，我们驻扎在地中海的海军太薄弱了。但是，这就产生一个新问题：我们该怎样阻挠利比亚的敌人得到援助？

以上就是我总结的使人们感到不安的主要的几个问题，它们来自于国民当中喜欢考虑问题的那些人。

*　　　*　　　*

主要的问题由约翰·沃得罗－弥尔恩爵士在他的那场动人的演讲中提出。辩论随即开始。他表示："这项动议的攻击目标是伦敦的中枢机构，而非战争前线的军事指挥者。我要说明的是，我们之所以失败，主要原因不在利比亚或其他战争前线，而在伦敦。国防大臣一职由首相兼任，是这场战争中我们犯的第一个严重错误。"接着，就担任这两种职务的人肩负的重大职责，他做了详尽的阐述。

他说道："关于担任参谋长委员会主席一职的人选，我的意见是必须是专职人员，而且有过人的能力。关于海军军官和陆军军官任命者的人选，我的意见是必须不被任何力量制约，而且要有魄力。关于皇家部队统帅的人选，我的意见是必须有能获得所有能保证胜利的武器的强大力量，同时能够让三军军官在面对上司的错误干涉时也能坚持自己的方针。我的意见中最重要的是，如果这个人无法实现要求他达到的目标，就得交出权力。首相没有谨慎细致地审查国事、国防大臣等军事官员——官职并不重要，没有及时指导军事，是我们遭遇失利的原因。我们的战时行政机构存在的基本缺陷，是造成过去几个月甚至两年间我们遭遇的一系列灾难的根本原因。这是连最普通的英国人都清楚的事实。"

本来这段话他说得很好，但他并不打算到此为止，又说了后面这些画蛇添足的话。他说道："倘若格洛斯特公爵殿下能征得国王陛下的同意，而他本人也愿意的话，他不要再担任行政上的职责，只担任部队的总司令，必然是个受人欢迎的举动。"由于在人们看来，这个提议会将王室牵连进一场纷争当中，因此从他的议案考虑，这个建议是有害的。而且，将任命军事上的最高统帅一事与王室成员联系起来，很容易让人想到独裁。从他提到这个建议开始，他的演讲就变得苍白无力了，哪怕它是那么详细，也不起作用了。

在演讲即将结束时，他说道："我们需要的那位统帅王室所有武装力量的人选，应该是为了取得胜利能付出所有时间的人。下议院应该明确一点：为了让他能够独立地履行职责，一旦出现合适人选，就要授予他权限。"

已经被解除了联合作战指挥官职务的海军元帅罗杰·凯斯爵士对约翰·沃得罗-弥尔恩爵士的动议表示附议。解除职务使他深感不满，不仅如此，即使在没有解除职务之时，他也时常不满，因为我经常拒绝他的建议。不过，他对我的攻击还是有所保留的，因为我们之间有很深的交情。

我的顾问团队——三军参谋长——是这位海军元帅主要的攻击目标。他说道："在担任首相时，他在挪威、伽里柏利和地中海进行了三次能够改变战役大局的战略攻势，但三次全都失败了，究其原因，则是他的法定海军顾问不愿意分担他的责任，不愿意承担风险。这种失败让人不可忍受。"他的发言引起了众人的关注，因为论点与原来的提案不一致。于是，斯蒂芬先生——一位独立工党的议员——提出抗议，说道："要求进行不信任投票的理由，是首相不对军事指挥进行适当干预。但现在附议人支持动议的理由，好像变成了首相没能对军事指挥进行充分干涉。"这一点下议院也察觉到了。

罗杰·凯斯爵士说道："我们对首相的希望是，他能处理好国事，再次团结人民，以便完成这个难以完成的重任。"这时，工党的另一位议员说道："讨论内阁在战争中的指挥调度问题是这项动议的目的，首相在动议达成时就得辞职。然而，如今这位高贵仗义的议员，却发出了'留下首相'的倡议。"罗杰·凯斯爵士回应道："首相就得辞职？那可是一场灾难！"

辩论还在继续，但由上面的情况可以看出，辩论双方在辩论伊始就闹翻了。尽管如此，谁都不想停下来。

发起攻击的人越来越积极了，纷纷争抢着发言。他们的态度可以由奥利弗·利特尔顿上校发表的疾风骤雨似的演说看出。奥利弗·利特尔顿上校是刚刚上任的制造部部长，他控诉的是我们的装备问题。坐在后排的保守党议员支持政府，尤其是他们当中的布思比先生，在发言中表达了对我们的强有力的支持。

恢复了攻击力的温特顿勋爵是下议院的元老，他将所有的力量都集中到了我这里。他说道："当时的海军大臣、现在的政府首相，才是政府当中实际主持纳尔维克战役的人……由于指责首相要遵守宪法的规定，所以谁都不敢这样做……不论我们这里发生了什么，不论我们这里遭遇了什么，'不要指责首相'是我们每个人都知道的解释。'元首永远不会犯错'是德国人的道德和理智，而我们正在向这种状态靠拢……在过去的三十七年里，我一直在下议院，但是，在这三十七年里，这种试图推掉首相身上的责任的情况，我还从来没有遇到过……我们现在遭遇的一系列灾难在上一次世界大战中可没有遭遇过，既然元首永远不会犯错，那么政府该怎样推卸责任呢？让我们拭目以待吧！在1940年，我们全都认可首相，因为他在意志和勇气上是我们的统帅。但在那以后，就不是这样了，因为新发生了很多情况。如果眼下的局势继续恶化，那么，其他人能做到的否定自己的最大行动——回到同僚当中，邀请其中的一位接替他组织政府，这位令人尊重的先生同样应该做到。适合担任首相的人有很多，有好几位现在就在国务大臣议席上，现在的首相——这位令人尊重的先生——应该成为他的下属。在处理我国与美国、俄罗斯的关系方面他是对的，因此他也许能胜任外相一职。"

差不多直到第二天凌晨三点钟，这些措辞生动的演讲才结束，坦白地说，我由于在准备第二天的答辩，所以只听到了其中的一半。然而，虽然我在忙于准备答辩，但关乎埃及存亡的战役，才是能集中我的注意力的大事。

*　　　*　　　*

7月2日，辩论继续进行，每个人的精神似乎都很饱满，所以有很多人自由发言。一位议员发表了下面这番演讲：

我们有五六位将军拥有法国、波兰和捷克斯洛伐克等其他国家的国籍，不仅如此，他们还接受过德式训练，会使用德式武器，也善于运用德国战术。我们的尊严因此受到了伤害。但是，在我们还没有培养出自己的军事人才时，为什么不暂时委派他们到前线指挥部队呢？他们的军衔与里奇将军一样，重用他们会犯错误吗？至少相比于我们自己的将军，他们更懂得如何打仗。我的意见是，既然我们自己的将军昏聩无能，既然他们指挥的战争总是失败，那么，为了减少英军的伤亡，我们何不将部队交给联合王国中其他成员国的将军指挥呢？

人们嘲讽隆美尔，说他如果参加英军部队，现在最多晋升到中士。[①]部队里有很多类似的笑话，请问首相先生，是这样吗？在我们的部队里，有一个名叫迈克尔·邓巴的装甲旅中士——他的军衔说明了我们是如何重用军事人才的。但是，在西班牙时，他是参谋长，曾经指挥十五万人的部队在埃布罗河打过胜仗。到了英国呢？他只是个中士！为什么会这样呢？因为阶级偏见充斥着英军部队。毫无疑问，你得改变这种局面，除此之外没有选择。即使政府没有从下议院得到改变这种局面的勇气，它一样会被改变，会被局势改变。我说的这些不会立即引起下议院的重视，但只需要等一个星期——下星期一或者星期二，你们就会想起我的意见。

眼下最大的事是批评政府，我们就是要发出呼声，即使并不完全正确，也要发出我们的呼声。

霍尔·贝利沙先生是前任陆军大臣，他的发言总结了这项反政府议案。他说道："埃及失守的可能——上帝保佑，不要让这种可能变成现实。我记得首相曾经说过，我们能保住新加坡、能保住克里特，还说过利比亚的德军被打败了。可是，结果如何呢？现在，当听到他说我们能保住埃及时，我无比忧虑。下议院必须做出决定了，因为人们无法相信一个三番五次判断出错的人。我们的远东帝国在过去的不到一百天的时间里丢掉了，还有什么会在接下来的一百天里丢掉？我们应该想清楚，什么才是最危险的。议员们要扪着良心投票。"

---

① 这说明了一点，对于隆美尔在两次世界大战期间长久而杰出的军旅生涯，他一无所知。——原注

在霍尔·贝利沙先生结束发言以后，我发表了整场辩论里最后的演讲。下议院人满为患，面对拥挤的人群，我谈到了我所能想到的所有问题。

漫长的辩论就要结束了。即使在战争期间，议会还能举行畅所欲言的公开辩论，这充分说明了我们的议会制度的民主性。为了阻挠人民对政府的信任，为了说明内阁大臣的无能，简直无所不用其极，所有能想到的、能找到的，都成了证据。这种举动破坏了政府大臣的自信心，也伤害了部队和工人，部队不信任来自政府的支持，工人不相信亲手制造的武器的效用。这种举动让政府成了首相领导的笨蛋，不仅伤害了他，还可能将这种伤害扩大到全国。我在世界各地的朋友为我伤心，因为发生在这里的一切经由报纸和广播，已经传遍全球。所谓"亲者痛，仇者快"，在朋友伤心的同时，敌人会感到无比痛快。尽管如此，我并不反对这种畅所欲言的民主，它就像我们正在遭遇的危机一样，只有我们国家才有，别的国家没有拥有它的勇气。我的意见是，一切不能到此为止，应当就此意见向下议院发出郑重呼吁。

整个沙漠战场的形势，包括整个地中海地区的形势，因为昔兰尼加和埃及战场在过去两个星期的失败，发生了彻底的改变。我们损失了五万兵力，他们中的大部分人被俘虏了；此外，尽管我们进行了周密的破坏计划，仍然有大批战备物资被抢走了。隆美尔指挥的敌人正在向富饶的尼罗河三角洲挺近，他们刚刚穿过沙漠，完成了四百英里的推进。现在还不能得知上述情况对西班牙、土耳其、法国和法属北非带来多大的恶果。失去在中东和地中海的希望，就是我们现在的处境，在法国沦陷以后，这是最坏的处境。如果有人打算在描述这种处境时使用更加灰暗的措辞，以便让自己从中获得利益，那么他完全可以随自己心意。

突发性是这种处境令人痛心的特征。最最出人意料的事件，莫过于图卜鲁格在一天内失守，要知道那里驻扎着一支两万五千人的部队。这种意外奥金莱克将军和中东的最高指挥部没有预料到，甚至战时内阁、三军参谋长及陆军总参谋部也没有预料到，下议院和平民又怎么能预料到呢？奥金莱克将军在图卜鲁格失守前夜发来电报，称他向图卜鲁格派出了最适当的防守兵力，图卜鲁格形势乐观，有足够使用三个月的物资储备。图卜鲁格是位于塞卢姆到哈尔法亚、卡普措到玛达雷纳堡的由德国人修筑的坚固阵地，我们对它进行了改建。它跟我们的新铁路构成了一个直角，因为新的铁路线就在它的后方延伸。在利比亚新战役伊始，我们背靠大海，将侧翼暴露给敌人，有了这道阵地，我们改变了这种处境。因此，奥金莱克将军跟我们有一致的想法，就是保住这一阵地。只有保住这一阵地，我们才能等来正在陆续赶来的援兵，才可能在未来发起反击。

我是在 21 日早晨看到图卜鲁格失守的报告的。那天是星期天，我去了总统办公室。看到那个报告后，我的第一反应是震惊，觉得难以置信。然而，事实不容置疑。伦敦转给我的电文很快也到了，说的也是这件事。这件事令我痛苦万分，希望下议院能体会我的这种心情。当时，为了完成一项重要的使命，我去了我们的一个伟大的盟国，一些人因此妄下结论，说政府官员不会像民间评论家那样，对人民的遭遇深感痛心，因为在遇到挫折时，政府能保持冷静。事实绝非如此，相比于处理国家大事的政府官员，还有人更加痛心吗？我不相信。后来，我的痛苦不仅没有减轻，还加重了，因为我又看到了一些报道，它们没有真实地叙述英国和下议院的情绪。在海洋的另一边发表的下议院的消息，连下议院自己看到都会震惊。在这里提出问题，当电报上传来部分议员或者无政治组织的独立议员的议论时，很容易被视为下议院的意见。不仅这些议论可能成为证明英国的政治基础处于风雨飘摇中的正式的文件，就连发生在议会走廊里的闲谈、吸烟室里的窃窃私语和舰队街街谈巷议，都能起到这样的作用。

　　推断、预测到处都是，即使在美国，我还在报纸上看到了类似"丘吉尔被下议院要求回国述职""回国后的丘吉尔将被政治危机包围"这样的头条标题。当时，我正代表英国进行一场与世界大战的大局相关的国事谈判，报纸上的论调对我的损害是显而易见的。好在我们的盟友美国是一个既能同安乐又能共患难的真朋友，国内的这些谣言才没有影响到我肩负的使命。美国人始终明白，这场战争是艰难而持久的，不仅不容易应付，不仅不会在短期内结束，过程也会多有不幸。与我的处境相反的是，我与高层人物的交情在这种背景下愈发深厚了。

　　尽管如此，我依然要重申我的意见。在我国肩负着重要使命的官员当中，除了我以外，还有人在国外期间遭遇过来自本国的嘲讽吗？我认为不会有这样的人了。在遭遇到这种不幸的日子里，始终支撑着我的是我对英国人民坚定的信念，所以，我愿意相信他们不是故意嘲讽我的。在面对主人时，我解释道，下议院的意见并非像议会里发表长篇大论的那些人所说的，就像在报道英美关系时掺杂上有损于英澳关系的谣言的部分记者代表不了受人尊敬的新闻工作者那样，那些议员也代表不了议会。此外，我还解释道，为了得到证明，在我回国时，下议院将会拿出一个正式的意见，这个意见将是慎重的和负责任的。同时，这也是我现在的要求。

　　关于我们的装甲力量的劣势和坦克的落后，因为陆军部在战前就有记载，因此，相比于霍尔·贝利沙先生的心虚理亏，我在这个问题上的发言显得更加理直气壮。我说道：

　　英国人提出了设计坦克的构想，而法国人则提出了像现在这样运用装甲部队的思路，关于后一点，在戴高乐将军的著作里有记载。再后来，德国人加入其中，依照他们的要求改进了这些构想。在战争开始前的三四年里，德国人费尽全力地设计坦克、制造坦克，夜以继日地钻研装甲战争。在同一时期，即使我们缺乏制造大批坦克的资金，人们也可以轻松地给陆军大臣提供建议，建议他制造坦克的模型、进行装甲战争的实验，甚至在工厂里制造仪表等，因为这些步骤可以让坦克和反坦克武器在战争伊始就大规模问世。

在贝利沙时期——我可以这样称呼——结束时，我们的装甲车只有二百五十辆，能够携带弹炮的就更少了。后来，在法国的战场上，德国人摧毁或俘获了它们……

对于高贵的温特顿伯爵提到的我应负的"宪法上的责任"，我必须负责，也愿意负责。如他所说，我在已经发生的所有事件上都有责任。我的意见是，在这些责任中，我没有干涉我们和敌人作战的技术方面。

我坚信，中东地区在未来一两个月内不会发生比这次西部沙漠战役更重要的战事，再加上我认为奥金莱克将军是最合适的人选，因此，我在战役开始前一再催促他亲自指挥。但战役最终的指挥官还是里奇将军，因为奥金莱克将军认为他没有必要亲自指挥，还陈述了充分的理由。直到 6 月 25 日，他才亲自接管了指挥权，这一点在星期二时我已经告知下议院了。我得承认，尽管我立即批准了这次指挥官的变更，但对里奇将军来说，由于我不能轻易地依据这次战役中的事情作出判断，所以我做出最终判断依据的也不是这件事。

我尊重每位军事指挥官，政府的角色——在他们与指责他们的人之间——我觉得政府是中立角色，他们应该得到不止一次的公正。众所周知，每个人都可能犯错，都在教训中成长；每个人都会倒霉，但不会次次倒霉。军事指挥官们如果没有感觉到来自政府的强大支持，那么不管是谁，不管是什么理由，都不能让他们冒险。对他们而言，冒险要具备两个条件，其一是不必担忧国内的情况，其二是能做到将全部的精力用于对付敌人。我认为应该再加上一句：政府官员冒险应该具备的条件，是很多忠诚团结的人在身后支持他们。现在有人要求我们做什么，诸位都看一看吧！可是，如果我们照办了，如果我们没有成功，他们又会怎样攻击我们，也请诸位想象一下！众所周知，如果你愿意在政府效力，那么你必须效忠于政府，在战争期间尤其如此……

就像外交文件里记载的他们的话那样，我要求自己也能享有自由辩论的权利，我要说些"足够忠诚和足够尊重"的话。与以往的议会相比，现在的议会的责任有些特殊。在它开始执政时，世界上出现了各种罪恶。在过去，我得到了下议院很多的帮助，所以，当这些罪恶从这个世界上消失时，我希望下议院能见证那个时刻。要实现这个目的，下议院需要在这段必不可少的过程中，始终坚定地支持它自己选择的政府，给政府提供牢靠的基础。下议院的角色，不能是引发危机的工具，不能被舆论界抱有不满情绪的人操纵，必须成为永久稳定的因素。根据民主和议会制度组建的政府有有所作为的勇气，是这次战争中让民主和议会制取胜的必需条件。如果无事生非的谴责和抱怨不要困扰王室的大臣们，如果我们不要给敌人的宣传推波助澜，那么，在这个世界上，我们的名声就不至于招致诋损。不仅如此，所有下议院议员的意见在越是重要的时候，越要清晰地表达出来。在世界性事务中，不仅发表言论的人应该被当成一种因素，所有人——包括聆听的人、围观的人和思考的人，都应该被当成一种因素。

总之，我们之所以战斗，是为了我们的生命，为了我们的事业——这项事业甚至比生命更宝贵。我们能取得胜利吗？我们没有做出预测的权力，但是只要我们尽职尽责，就一定能取得胜利。尽管批评是有益的，有建设性的严肃批评和私底下的批评更是如此，但这并非下议院的职责，支持或者改选政府才是下议院的职责。下议院只有两个选择，改选或者支持，如果不能改选，那就要支持，在战争期间不会有第三个选择。说到我们在国外造成的坏影响，5月份的辩论就能造成这种影响，敌人只要听到我们之间敌对的演讲，就会大肆渲染。

通常而言，辩论结束以后就要表决——或者找机会表决，尤其是与战争有关的辩论。在这次表决中，下议院不仅要明确地表达大部分的意见，而且以后也要这样做。至于下议院的特权和权威，那些力量弱小的兄弟——请允许我称呼他们为"力量弱小的兄弟"——将不能剥夺或垄断，大多数议员必须忠于职责。用这个方式或那个方式做出决定，就是我的要求。

现在，议会里出现的一些敌对意见成了报纸上煽动性论调的共鸣，它们指的是停止我负责的监督和指挥战争的权力。由于在这些天的辩论里已经充分讨论过这个问题了，所以现在我不打算再为自己辩解一番。三军参谋长在眼下的安排中，在向海陆空三军发出有效的直接指令时，不仅要不停地召开会议，还要求联合参谋长委员会及为他们服务的各个部门提供协助。战争就是这样被一天天推进的。这一切都在我的监督之下，因为我既是首相，也是国防大臣。而我自己的行为，则在战时内阁的监督控制之下。所有重要问题我都要咨询战时内阁，所有重要决定我都要通过它发出。而且，我发出的所有指令、拟定的所有调查报告、起草的所有电文——我的几乎所有工作——都有记录，都有据可查。如果对我的评判是依据这些记录做出的，我会百分之百接受。

我的要求不是宽恕我和陛下的政府。在我担任首相和国防大臣之前，大英帝国的命运到了生死关头。为了维护前任，我也竭尽全力，在此之后，我接受了任命。我是你们的公仆，你们只要乐意，就可以罢免我，这是你们的权力。但是，在其他方面，你们却没有权力。比方说，如果你们不能给我采取有效行动的权利，就不能要求我担负责任：如果你们像那位受人尊敬的议员说的"权威在各方面制约首相"，就不能要求我像首相那样负责。下议院有绝对的权利，如果在今天或者未来它行使了这种权力，那么，我可以毫无遗憾地昂首离开下议院，因为我已经在得到的权力范围内履行了责任。如果发生了这种状况，我只有一个希望，希望我的继任者能够得到你们不肯给我的权力——当然，只是适当的权力。

不信任投票的动议人提出了一个更大的问题，这个问题远比个人问题大，就是应该由一位军事界人士或尚未点名的人士接替我的职责，全面指挥战争，而由我担负的各项国防职责将就此解除。这个接替我的人，要担任参谋长委员会主席，有权控制帝国所有的部队，当然也有权任免将领。如果他不能从政府同僚——如果他愿意称他们是同僚的话——满足要求，他不仅不介意与他们展开较量，还可能随时辞职，或者让一位王室成员担任陆军总司令。虽然动议人没有明说，但我完全有理由相信，在这位接替我的人眼中，首相只是一个附庸，就像过去那样，在政局出现危机时，首相替他向议会解释，替他请求议会的谅解。尽管如此，这也是一种与议会制度截然不同的制度，只不过与议会制度相比，它更接近于独裁，或者会变成独裁制度。我个人的态度很明确：不会参与其中。

就在这时，约翰·沃得罗－弥尔恩爵士打断了我，说道："尊敬的朋友，我希望你没有忘记过去的话，'被战时内阁制约'。"

我回答道：

所谓"被战时内阁制约"是指，如果这位掌握着所有军事权力的人士觉得自己的意志未能满足，应该随时提出辞职。就我个人而言，并不乐意参与这样的方案，也不认为应该将它推荐给下议院。

现在的事态有些严重，因为来自各个党派的议员全都拒绝为这项不信任动议投票，这是很不好的。已经发生的事情已经相当严重了，为了让下议院意识到严重性，我请求你们完成投票。在全世界范围内的任何一个国家，包括我们的敌人和朋友，都知道了我们遭受指责之事，都在关注着这件事，他们要看一看下议院是否有真正的信心和决断。在美国、在俄国，包括遥远的中国，包括任何一个被法西斯侵略的国家，他们都在看着我们，要看看英国的政府是否坚强而团结，要看看英国的领导人能否获得支持。因此，我希望你们完成投票，你们的投票能证明这些。如果指责我们的人获得极少的支持，那么他们就不是投票不信任联合政府，而是对提出这一动议的人的不信任。那时，很多人会为此欢呼，包括我们的朋友，也包括这项事业的忠实公仆；那时，我们努力要推翻的暴君将失望不已，他会听到丧钟。

下议院最终的表决结果是，约翰·沃得罗-弥尔恩爵士失败了，他提出的不信任动议只获得了二十五票，而我获得了四百七十五票。远在美国的朋友对此很着急，他们是真的着急，好在结果能让他们欣慰。我睡醒以后，就收到了他们发来的贺电。

总统致首相   1942 年 7 月 2 日

　　祝贺你！

哈里·霍普金斯致首相   1942 年 7 月 2 日

　　我因为下议院在今天的投票感到欣慰。虽然以后还有这样的日子，但坦白地说，这真不是好日子。遇到困难时，胆小怯懦的人总想逃避，在打赢战争之事上，他们毫无用处。你一定能亲眼看到英国渡过难关的，因为你有强大的力量、坚韧不屈的精神和百折不挠的勇气。你也知道，总统不会离你而去，在如今的失利和将来的胜利面前，我们始终患难与共，荣辱共当。

希望你得到更大的权力。

我回复道：

首相致哈里·霍普金斯先生　　　　　　　　　　　　1942 年 7 月 3 日

我对你真是感激不尽。我在国内获得的胜利一定让你和总统感到欣慰。希望将来有向你告知具体情况的机会。

*　　　*　　　*

在瓦尔特·埃里奥特先生的演讲中，他提到一个奇特的历史事实，与麦考利记载的皮特执政的情况相关。他说道："在国家处在关系到存亡的斗争期间，皮特出任了国家首脑。最终，经过八年的战争，英国损失了无数的生命和财富，而皮特领导的英国部队因为没有取得任何辉煌的战绩而被欧洲人嘲笑。他们在陆地上屡战屡败，只得在敌人的追逐下乘船逃回英国。"尽管如此，根据麦考利的记载，下议院始终支持着皮特。瓦尔特·埃里奥特先生继续说道："在这段漫长的困难时期，皮特在议会之外遭遇无数次失败和危机，但在议会内部，他始终能化险为夷，始终能获得胜利。最终，任何一个政党都不反对他了。这是发生在 1799 年的事情，在那个多灾多难的时节，最多时候也只有二十五个人反对政府。这件事的奇妙之处在于，历史竟然真的重演了。"在表决结果出炉之前，他也没有想到结果竟是惊人的相似。在图卜鲁格失守那天，我在白宫对总统和霍普金斯提到的数字也是二十五！所以我也觉得奇妙。

附　　录

新加坡的防务

陆军中将亨利·博纳尔爵士的备忘录

我们在 1921 年决定在新加坡建立一个用于应对海军、陆军和空军进攻的海军基地。我们准备将它建立在面对柔佛海峡的新加坡岛北岸，因为这里正对着海军舰船的停泊区。我们认为，只有新加坡岛一带的航线处在英国舰队的控制之下，这个基地才是安全的。这不仅是我们在 1921 年时的认识，也是后来若干年里的认识。

在英国舰队到达之前，驻守基地的空军和地面部队要能够抵挡住敌人的攻势；在英国舰队到达以后，他们就能与周边的任何海军对抗，还能将周边任何空军和陆军的交通切断。那时，日本还没有展开对中国及中国周边的扩张，因此我们按照敌人从日本出发最初的估计，认为"援军到达前的时间"是七十天。日本人只能通过突然袭击的方式进攻新加坡，因为在我们的舰队到达前，留给日本人的时间并不多。我们的防卫计划就是依据以上分析部署的，也正因为如此，驻防兵力不多。

根据当时——二十世纪二十年代——的国际形势，没有人认为有必要在现代化的国防上投入巨资，但是，1933 年日本退出了国联，情况有所不同，内阁才认为有必要在国防上更积极一些。

现在，国防问题因空军的发展有所变化，也就是说，空军力量对国防的影响增大了。舰载飞机和起飞自海岸基地的航程不断加长的飞机已经能威胁到新加坡了，而我们的飞机也能够担负超远距离的袭击侦察等任务。新加坡在 1933 年以前只有一个空军机场，现在那里除了新建成的两个机场之外，东海岸还有正在建设的机场。最终，机场的辐射范围将达到暹罗边境。陆军的任务也随之增加，他们的新任务是，不仅要保证我们能正常使用机场，还要保证不让敌人以机场为平台破坏我们的基地。相关部门在这个问题上产生了分歧，因为机场的设置只强调作战飞行，忽略了地面的防御。但是，如果没有强大的空军使用新机场，或者在防御上无法得到相关部门的协作，那么新建机场纯属浪费，还存在危险。

在 1937 年，我们全面评估了总体形势，然后在主要的两个假设的基础上，对防务做出估计。这两个假设是：

海上威胁是对我们的利益的主要威胁；

为了保护印度、自治领和印度洋上的交通线，我们能够在三个月内向远东派遣一支力量强大的舰队。

从实质上对比 1937 年和 1921 年的意见，变化其实不大，但是 1939 年的意见就有很大变化了。1939 年，援军到达前的时间更正为一百八十天，而且允许将预备部队部署到扩大的规模上、将印度的一个步兵旅派来。

局势因第一年的战果再次发生改变，这些变化主要包括日军占领中国的华南地区及海南岛、印度支那局势在法国溃败后发生变化、飞机航程延长，最重要的变化是，为了与德意舰队抗衡，我们必须将一只力量强大的舰队留在欧洲海面，这导致的结果是，如果远东吃紧，我们将无法抽调出够用的海军力量。

三军参谋长在 1940 年 8 月检查了形势，主要得出如下结论：

1. 如果要向远东派遣能够保护我们的利益的舰队，得等到打败德国和意大利以后才行，至少要尽快消灭他们的大部分海军力量。损失是不可避免的，我们的目标就是要让它降到最低。为了便于未来力量强大以后夺回我们的地位，现在至少得保留一个落脚点。

2. 在新加坡岛的防御上集中我们的所有力量也无济于事，守住马来亚全境才是现在该做的。但这样做又需要增加陆军和空军。

3. 依靠空军是我们在缺少舰队时应有的对策。然而，由于在未来较长的一段时间内没有足够的空军力量，我们得增加地面部队的数量。

4. 海军单独与德国、意大利或者日本作战之事从来没有出现在我们的海军建设计划当中。因此，只有在地中海地区与意大利海军的战事及早获胜，我们才有可能顾及远东地区的海战。

驻防在马来亚的空军拥有的一线飞机数量，在1940年8月时达到四十八架。在听取了当地指挥官的意见以后，三军参谋长认为，为了使英国皇家空军履行好新的职责，应该在远东地区部署包括保护印度洋贸易的五十四架一线飞机在内的三百三十六架一线飞机。这一数字在1940年10月的新加坡会议上增加到五百八十二。空军方面认为不可能达到这一目标，三军参谋长承认这一数字只是理想，要想保证适当安全，有三百六十六架一线飞机就足够了。

英国皇家空军在马来亚的飞机数量在1941年12月7日达到一百五十八架（包括二十四架"牛羚"式飞机），批准的第一线预备飞机的数量是一百五十七架，但实际只有八十八架。

除了防御海岸、防御领空和辅助部队之外的驻防马来亚的陆军部队，在1940年8月是十九个营和一个山炮旅。三军参谋长在此时建议，当空军的飞机数量达到三百三十六架时，除了辅助部队，驻守的陆军数量最少应该在十八个营（六个旅）。在马来亚驻军总司令官的建议下，三军参谋长在1941年1月将营的数量增加到了二十六个；在空军能够履行自己的职责后，陆军的兵力应该达到三个师。如此一来，除了辅助部队，防守兵力总计应有三十六个营。

珀西瓦尔将军在1941年8月提出将驻防兵力增加到四十八个营，三军参谋长接受了他的建议，但有种意见认为，在能够预见的未来不可能实现这个目标。驻防马来亚的陆军力量（不包括海岸防御部队和防空部队）在1941年12月17日达到三十二个营、七个野战炮团、一个山炮团和两个反坦克炮团，虽然没有坦克部队，但总兵力达到了七万六千三百人。[①]

陆军部的目标——并不是珀西瓦尔将军的目标——就要达到了，但只是数量接近，质量反倒有所下降，因为最近由印度而来的部队缺乏甚至没有训练，战斗力极差。距离战争打响不足一个月时，七个野战炮团中的三个才到达目的地，他们也因此错过了使用其他兵器进行丛林作战训练的机会。

马来亚的防御力量

皇家空军
（缅甸之外的远东地区）

1940年8月的规模	参谋长委员会于1940年8月批准的规模	总司令建议的规模	1941年12月7日的规模
马来亚：84	马来亚：282 印度洋：54 合计：336	总数：582	马来亚：158

陆 军
（只计算马来亚的正规营数）

1940年8月的规模	参谋长委员会在皇家空军达到批准规模时同意的规模	参谋长委员会在皇家空军达到批准规模时同意的规模	珀西瓦尔将军在皇家空军达到批准规模时建议的规模	1941年12月7日的规模
9	18（1940年8月） 26（1941年1月）	36	48	32

---

① 印度正规部队和地方志愿部队总计十六个营的兵力没有包括在内，因此也不在争议范围内。他们不是作战部队的一部分，作用几乎都是安保和固定的警戒。——原注

皇家海军
（1941 年 12 月 7 日，以新加坡为基地）

舰队单位	
远东舰队	中国指挥区域内的海军力量
主力舰：2	轻型巡洋舰：3
驱逐舰：5	驱逐舰：4
	内河炮舰：3
	皇家澳大利亚海军扫雷艇：4

地方防御部队
（商船改装，由地方志愿部队使用）

辅助巡逻艇和防潜舰艇：18
辅助扫雷艇：17
武装汽艇：12